A Função Notarial dos Advogados e dos Solicitadores

A Função Notarial dos Advogados e dos Solicitadores

Teoria e Prática

2022 • 2ª Edição • Reimpressão

Fernando Neto Ferreirinha
Inspector do Notariado Aposentado

ALMEDINA

A FUNÇÃO NOTARIAL DOS ADVOGADOS E DOS SOLICITADORES – TEORIA E PRÁTICA

AUTOR
Fernando Neto Ferreirinha
1ª edição: Novembro, 2010
EDIÇÕES ALMEDINA, S.A.
Rua Fernandes Tomás, nºs 76 a 80
3000-167 Coimbra | Portugal
Tel.: (+ 351) 239 851 904 · Fax: (+351) 239 851 901
www.almedina.net · editora@almedina.net
DESIGN DE CAPA
FBA.
PRÉ-IMPRESSÃO
EDIÇÕES ALMEDINA, S.A.
IMPRESSÃO E ACABAMENTO
PAPELMUNDE

Maio, 2022
DEPÓSITO LEGAL
463145/19

ALMEDINA | GRUPOALMEDINA

Biblioteca Nacional de Portugal – Catalogação na Publicação

FERREIRINHA, Fernando Neto

A função notarial dos advogados e dos solicitadores : teoria e prática. – 2ª ed.
– (Manuais profissionais)
ISBN 978-972-40-8133-5

CDU 347

PREFÁCIO

A função notarial norteia-se hoje por um novo estatuto, o qual instituiu o sistema do ***notariado latino*** *que se rege pelos princípios da legalidade, autonomia, imparcialidade, exclusividade e livre escolha.*

A concessão de funções notariais a profissionais livres, designadamente a advogados e solicitadores, coloca aos operadores da justiça a questão de saber até que ponto é que a assessoria prestada apenas a um dos interessados, sobretudo nos negócios formalizados por documento particular autenticado, colide (ou pode colidir) com o dito princípio da imparcialidade.

Ante essa possibilidade, talvez alguns destes profissionais, cientes da enorme responsabilidade a que está associada a concessão das novas competências, continuem a confiar aos notários a realização, por escritura pública, dos negócios de transmissão de bens imóveis em que os seus clientes sejam interessados.

Mas outros há, certamente, que pretendem, com toda a legitimidade, fazer uso das novas atribuições em sede de direito notarial.

Julgo, por isso, que a publicação desta obra pode ser útil aos advogados e solicitadores e a todos os que, por dever do ofício, necessitem de lidar com o direito notarial.

I. FUNÇÃO NOTARIAL

1. Os órgãos da função notarial

O órgão próprio da função notarial é, de acordo com o comando do art. 2.º do Código do Notariado (CN), o notário.

Excepcionalmente – diz o art. 3.º do mesmo diploma –, desempenham funções notariais:

a) Os agentes consulares portugueses;

b) Os notários privativos das câmaras municipais e da Caixa Geral de Depósitos, recrutados, de preferência, de entre os notários de carreira;

c) Os comandantes das unidades ou forças militares, dos navios e aeronaves e das unidades de campanha, nos termos das disposições legais aplicáveis;

d) As entidades a quem a lei atribua, em relação a certos actos, a competência dos notários.

Em caso de calamidade pública podem ainda desempenhar todos os actos da competência notarial quaisquer juízes ou sacerdotes e, bem assim, qualquer notário, independentemente da área de jurisdição do respectivo serviço.

Passando por cima das alíneas a), b) e c) – cujo conteúdo não interessa a esta obra [1] –, os termos genéricos em que está redigida a precedente alínea *d)* dão a entidades diversas a possibilidade de exercerem funções notariais.

Essa competência – como avisadamente se observa no comentário ao correspondente artigo 3.º do Código do Notariado na edição de 1973 da extinta Direcção-Geral dos Registos e do Notariado – está, porém, condicionada à existência de preceito especial de lei que a reconheça e tem sido sempre limitada a certa categoria de actos relativamente aos quais se mostre plenamente justificada a medida.

Isto porque, de um lado, o melindre e particular responsabilidade da actividade notarial mal se compadece com o seu exercício por entidades que não possuam a necessária preparação geral e especializada, mas muito principalmente porque o uso desmesurado da faculdade aludida faria correr o risco de esvaziar-se a função, sem interesse capaz de o justificar e com todos os inconvenientes resultantes da dispersão.

Para referenciar apenas um caso muito antigo e outro mais recente de entidades a quem a lei tenha atribuído, em relação a certos actos, a competência dos notários, diremos, por exemplo, que desde a entrada em vigor do Decreto n.º 2607, de 2 de Setembro de 1916, os directores do Arquivo Nacional, das bibliotecas do Estado e dos arquivos distritais têm legitimidade para passar certidões dos documentos notariais que hajam ou venham a ser transferidos para esses estabelecimentos e, também exemplificativamente, que desde o início da vigência do Decreto-Lei n.º 28/2000, de 13 de Março, têm vindo a ser publicados vários diplomas legais concedendo a diversas entidades – advogados,

[1] O leitor interessado em conhecer os comentários do autor acerca do conteúdo dessas alíneas a), b) e c) pode consultar as notas ao art. 3.º do Código do Notariado anotado, 3.ª edição, 2018, Almedina.

solicitadores, câmaras de comércio e indústria, conservadores e oficiais dos registos – algumas competências próprias dos notários, como certificação e conferência de fotocópias, autenticação de documentos, reconhecimentos de assinaturas, realização de documentos alusivos à transferência de bens imóveis, etc.

2. Competência dos advogados e dos solicitadores

É da competência dos advogados e dos solicitadores em matéria de funções notariais que aqui curamos.

Tudo começou com o *Decreto-Lei n.º 28/2000, de 13 de Março,* que lhes atribuiu competência para a extracção de fotocópias dos originais que lhes sejam presentes para certificação e para a certificação da conformidade de fotocópias com os documentos originais apresentados para esse fim, atribuindo a lei a essas fotocópias o valor probatório dos originais.

Depois, o *Decreto-Lei n.º 237/2001, de 30 de Agosto,* permitiu-lhes a feitura de reconhecimentos de assinaturas com menções especiais, por semelhança, nos termos previstos no Código do Notariado, e traduções (ou certificações de tradução) de documentos, com a mesma força probatória que teriam se fossem realizados por notários.

A competência atribuída aos advogados e solicitadores pelo diploma acabado de citar foi alargada pelo art. 38.º do *Decreto-lei n.º 76-A/2006, de 29 de Março,* na medida em que lhes foi permitido fazer reconhecimentos simples e com menções especiais, presenciais e por semelhança, autenticar documentos particulares, certificar (ou fazer e certificar) traduções de documentos nos termos previstos na lei notarial, com a mesma força probatória que teriam se tivessem sido realizados com intervenção notarial.

O *Decreto-Lei n.º 125/2006, de 29 de Junho,* introduziu no nosso ordenamento jurídico uma via inovadora para a constituição de sociedades comerciais e civis sob forma comercial do tipo por quotas e anónima: a *constituição online de sociedades.*

Além das pessoas directamente interessadas na constituição da sociedade comercial (pessoas singulares e pessoas colectivas), também os advogados e os solicitadores podem recorrer ao regime previsto neste Decreto-Lei n.º 125/2006, nas condições abaixo indicadas no capítulo VI.

O *Decreto-Lei n.º 8/2007, de 17 de Janeiro,* alterou a redacção do art. 38.º do Decreto-Lei n.º 76-A/2006, de 29 de Março, para que a competência aí atribuída aos advogados e aos solicitadores fosse alargada à extracção de fotocópias dos originais que lhes sejam presentes para certificação, à conferência de fotocópias, à certificação da conformidade de documentos electrónicos com os documentos originais, em suporte de papel, e à digitalização dos originais que lhes sejam apresentados para certificação.

Finalmente, o *Decreto-Lei n.º 116/2008, de 4 de Julho,* criou condições para que os advogados e os solicitadores, além de outras entidades, passassem a prestar serviços relacionados com negócios relativos a bens imóveis, em regime de "balcão único", permitindo que tais negócios pudessem ser realizados por documento particular autenticado.

Concluindo e no que aos advogados e aos solicitadores diz respeito, têm eles competência para a prática dos seguintes actos notariais:

a) Extracção de fotocópias dos originais que lhes sejam presentes para certificação;

b) Conferência de fotocópias com os documentos originais;

c) Certificação da conformidade de documentos electrónicos com os documentos originais, em suporte de papel, e digitalização dos originais que lhes sejam apresentados para certificação;

d) Realização de reconhecimentos simples e com menções especiais, presenciais e por semelhança;

e) Autenticação de documentos particulares;

f) Feitura e certificação de traduções de documentos;

g) Promoção da constituição *online* de sociedades;

h) Formalização de negócios relativos a bens imóveis por documento particular autenticado.

É claro que, além desta competência específica na área do notariado, os advogados e os solicitadores também podem lavrar documentos particulares – autenticados ou não, ou com reconhecimento de assinaturas ou sem ele –, relativos a actos para os quais a lei já antes se contentava com essa forma mais simples ou para os quais deixou de exigir a escritura pública.

Entre outros, podemos apontar os seguintes casos [2]:

– O contrato-promessa;

– O pacto de preferência;

– O arrendamento urbano;

– O arrendamento rural;

– A locação de estabelecimento comercial ou industrial (vulgo, cessão de exploração);

– A transmissão da posição de locatário no arrendamento não habitacional;

[2] O leitor interessado em conhecer as vicissitudes da maioria destes tipos de actos e a forma como devem ser redigidos pode consultar a obra do autor "Manual de Direito Notarial".

– O trespasse;

– Os actos relativos a sociedades, tais como a constituição, a alteração do contrato social (onde se inclui o aumento e a redução do capital), a cisão, a fusão e a transformação, a dissolução, etc., com ressalva da constituição e do aumento de capital em que se verifique a transmissão de bem imóvel, hipótese em que continua a ser exigida a forma legalmente determinada para negócios jurídicos que envolvam bens dessa natureza;

– A constituição de cooperativas.

3. Impedimentos dos advogados e dos solicitadores

Para além dos casos em que ao notário é legítima a recusa da prática de determinados actos, designadamente quando tenha dúvidas sobre a integridade das faculdades mentais dos intervenientes, quando os actos forem nulos ou não couberem na sua competência, ou quando não for feita provisão por conta dos honorários e despesas – cfr. n.º 2 do art. 11.º e n.º 3 do art. 19.º do Estatuto do Notariado (EN), aprovado pelo Decreto-Lei n.º 26/2004, de 4 de Fevereiro [3] –, a lei proíbe-lhe, no n.º 2 do art. 13.º desse Estatuto, a prática de actos em que tenha interesse pessoal ou quando neles tenha interesse o seu cônjuge, ou pessoa em situação análoga há mais de 2 anos, algum parente ou afim em linha recta ou até ao 2.º grau da linha colateral, ou quando neles intervenha como procurador ou representante legal o seu cônjuge, ou pessoa em situação análoga há mais de 2 anos, algum parente ou afim em linha recta ou até ao 2.º grau da linha colateral (o impedimento baseado

[3] Alterado pela Lei n.º 51/2004, de 29 de Outubro, pelo DL n.º 15/2011, de 25 de Janeiro, e pela Lei n.º 155/2015, de 15 de Setembro, que o republicou.

na afinidade não desaparece com a dissolução por morte do casamento que a origina, face à actual redacção do art. 1585.º do CC).

Os actos notariais que forem praticados inobservando esta proibição são insanavelmente nulos, como adiante veremos.

O notário é, como vimos, o órgão próprio da função notarial, mas nas circunstâncias actuais torna-se necessário chamar a atenção para o facto de tais impedimentos atingirem todos aqueles a quem, excepcionalmente, a lei atribuiu o desempenho de certas funções tradicionalmente reservadas aos notários – cfr. n.º 3 do art. 3.º do CN.

Assim, um advogado ou um solicitador não pode, a nosso ver, reconhecer a sua assinatura, a do seu cônjuge, parente ou afim na linha recta ou no 2.º grau da linha colateral, bem como não pode autenticar documentos nem fazer ou certificar traduções, certificar fotocópias de documentos e, em geral, praticar actos em que sejam partes ou beneficiários, directos ou indirectos, quer ele próprio, quer as referidas pessoas.

O problema dos impedimentos dos advogados para intervirem em actos notariais foi apreciado e resolvido de acordo com a orientação acabada de expor, pelo menos em dois casos chegados ao nosso conhecimento.

São eles:

– O Acórdão da Relação de Évora de 07.07.2005, em cujo sumário se pode ler:

1 – O advogado subscritor da petição inicial, mandatário do A. e representante dos seus interesses, não pode traduzir, ele próprio, documentos e certificar a sua própria tradução, destinados a fazer prova no processo que patrocina, por não estarem asseguradas as garantias mínimas de rigor, isenção e fidelidade.

2 – As limitações e incompatibilidades, impostas aos notários, são aplicáveis, mutatis mutandis, à actividade de tradução e reconhecimento de documentos, exercida pelos Srs. Advogados, nos termos do disposto nos arts. 5.º n.º 1 e 6.º do DL n.º 237/01.

– O Parecer n.º E-10/07 do Conselho Fiscal da Ordem dos Advogados, com data de 20 de Outubro de 2007, no qual se concluiu:

"O advogado não pode realizar acto notarial de que seja beneficiário, designadamente, não pode efectuar reconhecimentos de assinaturas em procuração passada a seu favor".

Questão diversa e que necessita de ser analisada, tendo em vista o disposto no citado art. 13.º do EN, é a da validade da certificação de fotocópias, de traduções, de reconhecimentos e de termos de autenticação, feitos por advogados e solicitadores, de documentos (ou em documentos) relativos a sociedades – a cujos cargos directivos pertençam ou nas quais tenham interesse directo – ou que lhes tenham conferido poderes para celebrar contratos – mormente de compra e venda e hipoteca – e simultaneamente poderes forenses, sempre que tais fotocópias, traduções e reconhecimentos se destinem a instruir processos em que a sociedade seja parte.

(Sobre incompatibilidades e impedimentos dos advogados, vide, especialmente, os arts. 81.º a 83.º do Estatuto da Ordem dos Advogados, aprovado pela Lei n .º 145/2015, de 9 de Setembro; dos solicitadores e agentes de execução, os arts.102.º e 103.º do Estatuto da Ordem dos Solicitadores e Agentes de Execução, aprovado pela Lei n.º 154/2015, de 14 de Setembro)

II. EXECUÇÃO DOS ACTOS NOTARIAIS

O art. 3.º, n.º 3, do CN estipula que os actos praticados no uso da competência de que gozam os órgãos especiais da função notarial – advogados e solicitadores, no caso sujeito – devem obedecer ao preceituado nesse código, na parte que lhes for aplicável.

Há, neste contexto, regras que têm de ser observadas.

Assim:

1. **Materiais utilizados**

A lei não impõe o tipo de materiais que devem ser usados na composição dos actos, contanto que sejam de cor preta e confiram à escrita duração e inalterabilidade, o que, desde logo, afasta a possibilidade do uso de lápis.

Fica, no entanto, de pé a faculdade de a Direcção-Geral dos Registos e do Notariado (hoje, IRN, I.P.) poder ordenar ou proibir o uso de determinados materiais ou processos gráficos para a escrita dos actos – art. 39.º do CN.

2. Composição

Em princípio, é permitido o uso de qualquer processo gráfico, à mão ou à máquina, desde que os caracteres sejam nítidos, embora se encontre vulgarizado hoje o processamento informático dos actos.

É o que diz, em traços gerais, o art. 38.º do CN.

O uso de um carimbo está igualmente generalizado, sobretudo nos reconhecimentos e na certificação de fotocópias.

3. Redacção

Determina o art. 42.º do CN que os actos notariais sejam escritos em língua portuguesa e redigidos com correcção, em termos claros e precisos, evitando-se, desse modo, as expressões e as frases inúteis.

Não é, pois, possível escrever os actos numa qualquer língua estrangeira, ainda que o advogado ou o solicitador a dominem.

O preceito manda ainda que a terminologia adoptada seja aquela que melhor traduza, em linguagem jurídica, a vontade das partes, por forma a evitar a inserção nos documentos de menções supérfluas ou redundantes.

O legislador abriu, porém, uma excepção quanto à superfluidade ou à redundância da reprodução no contexto dos actos de normas contidas em preceitos legais vigentes ou que deles resultem directamente: tal reprodução não deve considerar-se supérflua se for feita por indicação expressa das partes e for alegado que é essencial ao melhor esclarecimento da sua vontade negocial.

4. Uso de algarismos e de abreviaturas

Os actos notariais são, em princípio, escritos por extenso e sem espaços em branco (sem embargo de a transcrição dos originais nas traduções, certidões de teor e públicas-formas não extraídas sob a forma de fotocópia dever ser feita com as abreviaturas e algarismos que neles existirem).

O uso de algarismos e abreviaturas é permitido nos casos previstos nas alíneas do n.º 3 do art. 40.º do CN, a saber, no que à competência dos advogados e solicitadores diz respeito: reconhecimentos, registos e contas; indicação da naturalidade e residência; menção dos números de polícia dos prédios, nas inscrições matriciais e valores patrimoniais tributários; numeração de artigos e parágrafos de actos redigidos em forma articulada e na numeração das folhas dos documentos; referenciação de diplomas legais e de documentos arquivados ou exibidos; e palavras usadas para designar títulos académicos ou honoríficos.

5. Espaços em branco e ressalvas

Os espaços em branco devem ser inutilizados por meio de um traço horizontal, nunca se devendo deixar ficar linhas em branco entre o texto dos actos e as assinaturas, para fazer eventuais ressalvas, pois tal procedimento é proibido pelo n.º 4 do art. 40.º do CN.

Deve ter-se sempre presente também o comando do art. 41.º do mesmo diploma, no que tange à obrigatoriedade de serem expressamente ressalvadas (antes da assinatura dos actos ou dos documentos complementares de cujo texto constem e pelo punho do advogado ou solicitador que os assina) as palavras traçadas, emendadas, escritas sobre rasura ou entrelinhadas. É que as palavras (emendadas, escritas sobre rasura ou entrelinhadas) não ressalvadas consideram-se não escritas, sem prejuízo do disposto no n.º 2 do art. 371.º do Código Civil, e as traçadas, mas legíveis, que não forem ressalvadas consideram-se não eliminadas.

A forma de se fazerem as ressalvas não obedece a requisitos especiais, podendo, por exemplo, escrever-se: *Emendei: "......." Entrelinhei: "......." Rasurei: "......." Tracei: ".......".*

Deve ter-se o maior cuidado na eliminação das palavras escritas – *feita por meio de traços que as cortem e de forma a que as palavras traçadas permaneçam legíveis* –, pois a inobservância deste procedimento conduz à nulidade do acto, por vício de forma, nos termos do art. 70.º n.º 1 *c)* do CN.

III. CERTIFICAÇÃO E CONFERÊNCIA DE FOTOCÓPIAS

1. **Distinção entre certidões, públicas-formas e conferências de fotocópias**

Como vimos supra, os advogados e os solicitadores têm competência para extrair fotocópias dos originais que lhes sejam presentes para certificação, para conferir fotocópias com os documentos originais e para certificar a conformidade de documentos electrónicos com os documentos originais, em suporte de papel, e digitalizar os originais que lhes sejam apresentados para certificação.

Para melhor compreensão da matéria, ora em estudo, convém caracterizar as certidões, as públicas-formas e as conferências de fotocópias.

Certidões são os documentos expedidos por notário ou outro depositário público autorizado que provam o conteúdo dos instrumentos, registos e documentos arquivados nos cartórios ou noutras repartições públicas – cfr. arts. 383.º do CC e 164.º do CN.

Públicas-formas são cópias também expedidas por notário ou outro oficial público autorizado de documentos estranhos ao arquivo do cartório ou ao arquivo de outras repartições públicas que, para esse efeito, lhes sejam presentes – cfr. arts. 386.º do CC e 171.º do CN.

Se o documento estranho ao arquivo do cartório ou de outra repartição pública for fotocopiado fora do cartório notarial pode, ainda assim, o notário proceder à *conferência da fotocópia*, desde que tanto a fotocópia como o documento lhes sejam apresentados para esse fim, embora o notário possa exigir – o que é francamente recomendável – que a fotocópia seja extraída no próprio cartório, quando a natureza ou a extensão desses documentos implique uma conferência excessivamente demorada – cfr. art. 171.º-A do CN.

Assim feita a distinção entre certidões, públicas-formas e conferências de fotocópias, torna-se claro que a competência dos advogados e dos solicitadores não abrange a extracção de certidões dos documentos por si realizados, mas tão só a passagem de públicas-formas e de fotocópias-conferidas relativas a documentos que lhes sejam apresentados.

Além disso:

– Se a lei considera como *públicas-formas* as cópias de documentos estranhos ao arquivo dos cartórios que sejam presentes aos notários para esse efeito, então as fotocópias dos originais apresentados aos advogados ou aos solicitadores para certificação têm a mesma designação e o mesmo valor, qual seja o valor probatório dos originais – cfr. art. 387.º, n.º 2, do CC; e

– Se o documento for fotocopiado fora do escritório do advogado (ou do solicitador) pode este proceder à *conferência da fotocópia*, desde que tanto a fotocópia como o documento sejam apresentados para esse fim, embora o advogado (ou o solicitador) possa exigir, pelas razões expostas, que a fotocópia seja extraída no próprio escritório, quando a natureza ou a extensão desses documentos implique uma conferência excessivamente demorada.

2. Requisitos

Os advogados e os solicitadores têm de apor ou inscrever nos documentos fotocopiados a declaração de conformidade com o original, o local e a data da realização do acto, o nome e assinatura do autor da certificação, bem como o carimbo profissional ou qualquer outra marca identificativa da entidade que procede à certificação, atribuindo a lei a essas fotocópias o valor probatório dos originais.

Isto, porque as públicas-formas e as fotocópias-conferidas devem conter os requisitos comuns previstos no art. 160.º do CN (designação de quem as emite, a numeração das folhas, a menção da data e do escritório, a rubrica e a assinatura do advogado e, em especial, a declaração de conformidade com o original – n.º 2 do art. 171.º do mesmo código.

As *públicas-formas de bilhete de identidade e de passaporte* (que não podem ser extraídas se o prazo de validade de tais documentos se mostrar ultrapassado ou se eles se encontrarem em mau estado de conservação, salvo quando requeridas pelo tribunal) devem conter ainda a menção do número, data de emissão e entidade emitente do original do documento – n.os 3 e 4 desse art. 171.º do CN.

Podem extrair-se *públicas-formas de documentos escritos em língua estrangeira* que o advogado ou o solicitador dominem, se o interessado alegar que a entidade perante a qual elas vão fazer fé não exige tradução – n.º 5 do ainda art. 171.º do mesmo diploma.

O serviço de *conferência de fotocópias de bilhete de identidade ou de passaporte* não é permitido, quando o prazo de validade destes documentos se mostrar ultrapassado ou se eles se encontrarem em mau estado de conservação – cfr. n.º 3 do art. 171.º-A do CN.

A validade dos actos acabados de referir depende de registo em sistema informático, cuja regulamentação – designadamente o seu funcionamento, os seus termos e os custos que lhe estão associados – está prevista na Portaria n.º 657-B/2006, de 29 de Junho.

A competência e gestão do sistema pertence à Ordem dos Advogados, no caso de acto praticado por advogado, ou à Ordem dos Solicitadores e Agentes de Execução, no caso de acto praticado por solicitador.

Estas entidades devem garantir os meios de segurança necessários à sua utilização, mediante o uso de meios de autenticação das pessoas que a ele têm acesso.

Exemplificando:

a) ***Acto praticado por advogado***

Para entrar na "área reservada" do *site* da Ordem dos Advogados – *www.oa.pt* – é preciso o utente autenticar-se mediante a introdução do "número de utilizador" e da "*password*".

Depois, é só seguir as indicações que o sistema vai fornecendo:

– Registo de autenticações e certificações;

– Novo registo;

– Natureza e espécie do acto a registar, optando pelo tipo de acto que se pretende registar: "certificação de fotocópias", "reconhecimento simples", "reconhecimento com menções especiais por semelhança", "reconhecimento com menções especiais presenciais", "autenticação de documentos particulares", "certificação de traduções de documentos", "tradução e certificação de tradução de documentos" (no caso concreto da matéria que estamos a tratar, a opção recairia, naturalmente, na "certificação de fotocópias");

– Identificação dos interessados, que podem ser pessoas singulares ou colectivas, respectivamente, pelo bilhete de identidade, passaporte, carta de condução, cartão de cidadão ou NIPC (está, assim, obviamente, afastado o conhecimento pessoal como forma de identificar qualquer interessado);

– Observações, que são destinadas a referenciar o documento. No caso que estamos a tratar: "certificação de fotocópia relativa a ..." (identificar o documento, mas de forma simplificada);

– Registar (o sistema assume a data e a hora da realização do registo do acto, o qual só será de acesso público se for accionada a correspondente opção);

– Comprovativo, a imprimir, do qual consta o número de registo que é depois aposto no documento que formaliza o acto.

No sistema ficam registados, no final, os seguintes elementos:

a) Identificação da natureza e espécie do acto;

b) Identificação dos interessados;

c) Identificação da pessoa que pratica o acto;

d) Data e hora da execução do acto;

e) Número de identificação do acto.

b) ***Acto praticado por solicitador***

O *site* da Ordem dos Solicitadores e Agentes de Execução é www.osae.pt, devendo o utente autenticar-se também mediante a introdução do "número de utilizador" e da "*password*".

Os passos a seguir são semelhantes aos anteriormente descritos para os advogados.

Tanto quanto sabemos, a única particularidade de relevo a assinalar no registo da natureza e espécie do acto (autenticação de documentos; certificação; reconhecimentos; tradução certificada) reside no facto de os solicitadores terem de apor no documento uma vinheta contendo o número do selo de autenticação.

3. Encargos

Os encargos devidos pelos documentos que vimos tratando referem-se apenas aos honorários, já que não estão sujeitos ao pagamento de imposto do selo.

Por determinação do art. 2.º do Decreto-Lei n.º 28/2000, de 13 de Março, os advogados e os solicitadores não podem por este serviço cobrar preço superior ao resultante da tabela em vigor nos cartórios notariais.

Assim, os honorários *máximos* a cobrar são os seguintes, previstos no art. 10.º, n.º 7, dessa tabela, aprovada pela Portaria n.º 385/2004, de 16 de Abril:

– Por cada certificação de fotocópia (seja pública-forma ou conferência), até 4 páginas, inclusive – € 16,81;

– A partir da 5.ª página, por cada página a mais, € 2,10.

Acresce o IVA.

O que se disse pressupõe que pode ser cobrado pelo serviço um preço inferior ao indicado ou até nada se cobrar (atente-se em que hoje o próprio notário pode abster-se de cobrar os custos integrais resultantes da aplicação da dita tabela, pois o n.º 3 do seu art. 9.º foi revogado pela Portaria n.º 574/2008, de 4 de Julho).

4. Minutas

1.ª hipótese: *pública-forma*

F ..., advogado (ou solicitador) com escritório em ...

Eu, abaixo assinado, F ..., titular da cédula profissional n.º ... emitida por ... em ..., certifico que esta fotocópia, composta de ... folhas, está conforme o original e foi extraída de ...

(por exemplo, a procuração lavrada em ... no cartório notarial de ...), a qual me foi presente para este efeito.

.. de .... de ......

.... (assinatura e carimbo)

Honorários: ....

IVA ....

Total ....

(ou, se for o caso, **acto gratuito**)

Registado na Ordem dos ... sob o n.º ... (rubrica)

2.ª hipótese: *conferência de fotocópia*

F ..., advogado (ou solicitador) com escritório em ...

Eu, abaixo assinado, F ..., titular da cédula profissional n.º ... emitida por ... em ..., certifico que esta fotocópia, composta de ... folhas, está conforme o original de ... (identificar o documento).

Mais certifico que tanto o original como esta fotocópia me foram apresentados para fins desta conferência.

.. de .... de ....

.... (assinatura e carimbo)

Honorários: ....

IVA ....

Total ....

(ou, se for o caso, **acto gratuito**)

Registado na Ordem dos ... sob o n.º ... (rubrica)

IV. TERMOS DE AUTENTICAÇÃO E RECONHECIMENTOS

Os documentos escritos podem ser autênticos ou particulares: **autênticos** são os documentos exarados, com as formalidades legais, pelas autoridades públicas, nos limites da sua competência ou, dentro do círculo de actividade que lhe é atribuído, pelo notário ou outro oficial público provido de fé pública; são **particulares** todos os outros documentos – art. 363.º do CC [4].

Os *documentos autênticos* fazem prova plena dos factos que referem como praticados pela autoridade ou oficial público respectivo, só podendo ser ilidida essa força probatória com base na falsidade – n.º 1 do art.º 371.º e n.º 1 do art. 372.º, ambos do CC.

[4] (Sobre a validade, eficácia e valor probatório dos ***documentos electrónicos e a assinatura digital***, vide o DL n.º 290-D/99, de 2 de Agosto, alterado pelos DLs n.os 62/2003, de 3 de Abril, 165/2004, de 6 de Julho, 116-A/2006, de 16 de Junho, e 88/2009, de 9 de Abril (tendo este último diploma republicado aqueles DLs n.os 290-D/99 e 116-A/2006), e regulamentado pelos seguintes diplomas: Portaria n.º 1178-E/2000, de 15 de Dezembro (alterada pela Portaria n.º 8-A/2001, de 3 de Janeiro); Decreto Regulamentar n.º 25/2004, de 15 de Julho; Portaria n.º 1350/2004, de 23 de Outubro; e Portaria n.º 597/2009, de 4 de Junho).

Os *documentos particulares* devem ser assinados pelo seu autor, ou por outrem a seu rogo, se o rogante não souber ou não puder assinar.

Se a letra e a assinatura, ou só a assinatura, forem reconhecidas presencialmente, nos termos das leis notariais, o respectivo documento particular faz prova plena quanto às declarações atribuídas ao seu autor, sem prejuízo da arguição e prova da falsidade do documento – arts. 373.º e ss. do CC.

Os documentos particulares podem ser autenticados, quando confirmados pelas partes perante notário ou, no caso que ora interessa, perante advogado ou solicitador.

Os *documentos particulares autenticados* nos termos da lei notarial têm a força probatória dos documentos autênticos, embora não os substituam quando a lei exige documento desta natureza para a validade do acto – art. 377.º do CC.

Como dissemos e agora relembramos, a validade dos actos acabados de referir depende de registo em sistema informático, cuja regulamentação – designadamente o seu funcionamento, os seus termos e os custos que lhe estão associados – está prevista na Portaria n.º 657-B/2006, de 29 de Junho.

A competência e gestão do sistema pertence à Ordem dos Advogados ou à Ordem dos Solicitadores e Agentes de Execução, consoante o caso, as quais devem garantir os meios de segurança necessários à sua utilização, mediante o uso de meios de autenticação das pessoas que a ele têm acesso.

O registo informático é efectuado no momento da prática do acto, devendo o sistema informático gerar um número de identificação que é aposto no documento que formaliza o acto.

Veja-se, a propósito deste assunto, o que antes se disse ao tratarmos da certificação e conferência de fotocópias.

Os impedimentos dos notários atingem todas as pessoas ou entidades a quem, excepcionalmente, a lei atribuiu o desempenho de certas funções que àqueles estavam tradicionalmente reservadas.

Deste modo, designadamente, um advogado (ou um solicitador) não pode autenticar documentos ou reconhecer assinaturas em documentos em que ele, o seu cônjuge, parente ou afim na linha recta ou no 2.º grau da linha colateral sejam interessados.

Assim o entendeu, no que aos advogados diz respeito – mas, a nosso ver, aplicável também aos solicitadores –, o parecer n.º E-10/07 do Conselho Fiscal da Ordem dos Advogados, com data de 20 de Outubro de 2007, no qual se concluiu que *"O advogado não pode realizar acto notarial de que seja beneficiário, designadamente, não pode efectuar reconhecimentos de assinaturas em procuração passada a seu favor"*.

1. **Termos de autenticação**

1.1. ***Requisitos***

Apresentado ao advogado (ou ao solicitador) um documento particular para fins de autenticação, deve esta ser reduzido a termo.

O termo de autenticação deve ser lavrado no próprio documento a que respeita ou em folha anexa – cfr. n.º 4 do art. 36.º do CN.

Quando for lavrado em folha anexa, será esta agrafada ao documento, de molde a não permitir a sua separação, numerando-se e rubricando-se todas as folhas.

Um meio expedito de evitar a separação das folhas será apor a rubrica e o carimbo do advogado de maneira a abranger as duas folhas.

Para tal, pode dobrar-se a primeira folha pela margem lateral esquerda, que se faz coincidir com igual margem da folha seguinte. A rubrica e o carimbo serão apostos na 2.ª e 3.ª lauda do documento, de forma a abranger as duas folhas na parte superior destas.

Outro modo será dobrar o canto superior esquerdo das duas folhas, formando triângulo, e lacrar à primeira folha o vértice do triângulo oposto à base.

O termo deve satisfazer, na parte aplicável e com as necessárias adaptações, às formalidades comuns dos actos notariais e conter ainda os seguintes elementos:

a) A declaração das partes de que já leram o documento ou estão perfeitamente inteiradas do seu conteúdo e que este exprime a sua vontade; e

b) A ressalva das emendas, entrelinhas, rasuras ou traços contidos no documento e que neste não estejam devidamente ressalvados – vide n.ºs 1 e 2 do art. 151.º, que remetem para os arts. 46.º, n.º 1, alíneas *a)* a *n)*, 48.º e 65.º a 69.º.

Quando o documento que se pretende autenticar não estiver assinado pelo seu autor, mas por outrem a seu rogo (por ele não saber ou não poder assinar), o termo deve conter ainda, como requisitos especiais, o nome completo, a naturalidade, o estado e a residência do rogado e a menção de que o rogante confirmou o rogo no acto da autenticação, depois de o documento lhe ter sido lido – arts. 152.º do CN e 373.º, n.º 4, do CC.

Se o documento disser respeito a negócios jurídicos que, embora anteriores ou mesmo laterais à formalização de contratos translativos de imóveis, tiverem um resultado económico equivalente à transmissão desse tipo de bens [cfr. hipóteses contempladas e definidas nas alíneas *a) e b)* do n.º 3 do art. 2.º do CIMT – contrato-promessa de aquisição, em que seja clausulado que o promitente adquirente pode ceder a sua posição contratual a terceiro e contrato de cessão dessa posição] e os interessados pretenderem autenticá-lo, o art. 49.º do CIMT obriga a arquivar a declaração para a liquidação do IMT e o correspondente comprovativo da cobrança (ou o documento comprovativo da isenção do imposto).

Em tal hipótese, deve o termo de autenticação incluir a referência à liquidação e ao pagamento prévio do imposto e a menção do arquivamento dos correspondentes documentos (ou do documento comprovativo da isenção do respectivo imposto).

Quando tal aconteça, os advogados ou os solicitadores devem submeter, até ao dia 15 do mês seguinte, à Direcção-Geral dos Impostos, em suporte informático, uma relação desses actos ou contratos sujeitos a IMT, ou dele isentos, em que intervieram a fazer o termo de autenticação, relação essa que deve conter, relativamente a cada um deles, o número, data e importância dos documentos de cobrança ou os motivos da isenção, nomes dos contratantes, artigos matriciais e respectivas freguesias, ou a menção dos prédios omissos – cfr. n.º 5 do art. 49.º do CIMT.

1.2. *Encargos*

Os encargos devidos pelos termos de autenticação referem-se apenas aos honorários, já que não estão, *por si sós*, sujeitos ao pagamento de imposto do selo.

O art. 38.º, n.º 5, do Decreto-Lei n.º 76-A/2006, de 29 de Março, determinava que os advogados e os solicitadores não podiam por este serviço cobrar preço superior ao resultante da tabela em vigor nos cartórios notariais.

Antes da entrada em vigor da alteração introduzida pela Portaria n.º 1416-A/2006, de 19 de Dezembro, ao art. 10.º da tabela de honorários, os notários podiam cobrar, relativamente aos termos de autenticação, as seguintes quantias:

– Por cada termo de autenticação com um só interveniente, € 21,01;

– Por cada interveniente a mais, € 5,04; e

– Por cada termo de autenticação de procuração, os honorários correspondentes à procuração.

Actualmente, estes actos são de custo livre.

Acresce o IVA.

O que se disse pressupõe que pode não ser cobrada importância alguma pelo serviço (atente-se em que hoje o próprio notário pode abster-se de cobrar os custos integrais resultantes da aplicação da dita tabela, pois o n.º 3 do seu art. 9.º foi revogado pela Portaria n.º 574/2008, de 4 de Julho).

Como se disse, *os termos de autenticação não estão em si mesmos sujeitos a pagamento de imposto de selo.*

Até à entrada em vigor da Lei n.º 3-B/2010, de 28 de Abril, e de acordo com o que se achava estabelecido na revogada alínea *n)* do n.º 1 do art. 2.º do CIS, os advogados e os solicitadores eram os sujeitos passivos do imposto de selo devido pelos documentos que lhes fossem apresentados, nos termos da alínea n) do art. 5.º desse diploma, para quaisquer efeitos legais e, portanto, também para fins de autenticação. Em consequência disso, tinham de liquidar, cobrar e depositar o imposto que fosse devido.

Com a revogação dessa alínea n) pela dita Lei n.º 3-B/2010, os advogados e os solicitadores deixaram de ser sujeitos passivos do imposto, o qual, nos termos da alínea *h)* do n.º 1 do art. 2.º do CIS, terá de ser previamente liquidado e pago pelos interessados que emitam os documentos a autenticar.

Há, no entanto, que ter atenção que o n.º 1 do art. 42.º do CIS considera solidariamente responsáveis com o sujeito passivo pelo pagamento do imposto as pessoas ou entidades habilitadas legalmente a autenticar documentos, quando, *por qualquer forma*, intervierem nos actos e contratos e receberem ou utilizarem livros, papéis e outros documentos, sempre que tenham colaborado na falta de liquidação ou arrecadação do imposto ou, na data daquela intervenção, recepção ou utilização, não tenham exigido a menção a que alude o n.º 6 do art. 23.º.

Assim, cumprindo o que se acha estabelecido nos arts. 8.º e 23.º, n.º 6, do CIS, nos termos de autenticação realizados por advogados e solicitadores tem de ser mencionada, sempre que haja lugar a qualquer isenção, a disposição legal que a prevê, e, quando for devido imposto, o seu valor e a data da liquidação, o que pode fazer-se, por exemplo, assim: **"Liquidado hoje o imposto do selo da verba ... da tabela geral, na importância de ... €"**.

Registe-se, a este propósito que o imposto devido pelos contratos aludidos na verba 2 da tabela (arrendamento e subarrendamento, incluindo as alterações aí previstas), é actualmente liquidado pela Autoridade Tributária e Aduaneira (AT) com base na declaração de modelo oficial, considerando-se o acto tributário praticado no serviço de finanças da área da situação do prédio – arts. 23.º, n.ºs 6 e 8, e 60.º.

Com a entrada em vigor das alterações [introduzidas pela Lei do Orçamento do Estado para 2015], passa a ser da exclusiva responsabilidade dos locadores e sublocadores comunicar à AT os contratos de arrendamento, subarrendamento e respectivas promessas, bem como as suas alterações e cessação.

Registe-se ainda que estão *isentos do imposto do selo*, por exemplo, conforme preceituam os arts. 1.º, n.º 5, alínea *e)*, 6.º, alíneas *a)*, *b)*, *c)*, *d)*, e *e)*, e 7.º, n.º 1, alíneas *i)*, *j)* e *t)*:

a) Os sujeitos passivos de IRC, ainda que dele isentos, nas transmissões gratuitas, embora só para efeitos da verba 1.2 da tabela geral;

b) O Estado, as Regiões Autónomas, as autarquias locais e as suas associações e federações de direito público e quaisquer dos seus serviços, estabelecimentos e organismos;

c) As instituições de segurança social;

d) As pessoas colectivas de utilidade pública administrativa e de mera utilidade pública;

e) As instituições particulares de solidariedade social e entidades a estas legalmente equiparadas;

f) O cônjuge ou unido de facto, descendentes e ascendentes, nas transmissões gratuitas sujeitas à verba 1.2 da tabela geral de que forem beneficiários (as doações feitas em conjunto a filhos, genros e noras, estão sujeitas a imposto em relação à metade destes);

g) Os empréstimos com características de suprimentos, incluindo os respetivos juros, quando realizados por detentores de capital social a entidades nas quais detenham diretamente uma participação no capital não inferior a 10 % e desde que esta tenha permanecido na sua titularidade durante um ano consecutivo ou desde a constituição da entidade participada, contando que, neste caso, a participação seja mantida durante aquele período.

h) Os mútuos constituídos no âmbito do regime legal do crédito à habitação até ao montante do capital em dívida, quando deles resulte mudança da instituição de crédito ou sub-rogação nos direitos e garantias do credor hipotecário, nos termos do artigo 591.º do CC; e

i) As aquisições onerosas ou a título gratuito de imóveis por entidades públicas empresariais responsáveis pela rede pública de escolas, destinadas directa ou indirectamente à realização dos seus fins estatutários.

Estão também isentos de imposto de selo:

a) As cooperativas de primeiro grau, de grau superior e as régies cooperativas, sobre os actos, contratos, documentos, títulos e outros factos, incluindo as transmissões gratuitas de bens, quando este imposto constitua seu encargo – vide n.os 13 e 14 do art. 66.º-A do EBF (na redacção da Lei n.º 114/2017 – Orçamento do Estado para 2018).

b) A Santa Sé, a Conferência Episcopal Portuguesa, as dioceses e demais jurisdições eclesiásticas, bem como outras pessoas jurídicas canónicas constituídas pelas competentes autoridades eclesiásticas para a prossecução de fins religiosos, sobre as aquisições onerosas ou gratuitas de bens imóveis para fins religiosos e, bem assim, sobre os actos de instituição de fundações, uma vez inscritas no competente registo do Estado – cfr. art. 26.º, n.º 3, da Concordata entre a República Portuguesa e a Santa Sé.

1.3. *Minutas*

1.ª hipótese: *documento assinado pelos interessados*

Termo de autenticação

No dia ... no meu escritório sito em ..., perante mim, F... advogado (ou solicitador) titular da cédula profissional n.º ... emitida por ... em ..., compareceram F ... e mulher F ... naturais de ... e residentes habitualmente em ..., pessoas cuja identidade verifiquei por ..., os quais me apresentaram, para fins de autenticação, a procuração (ou o contrato-promessa de compra e venda ou outro documento de natureza diversa, etc.) supra (ou retro ou em anexo), declarando que já a leram e assinaram e que ela exprime a sua vontade.

Este termo foi lido aos interessados e aos mesmos explicado o seu conteúdo.

....

....

....

(assinaturas dos interessados e, eventualmente, dos abonadores ou de outros intervenientes acidentais, e do advogado ou solicitador)

Honorários: ....

IVA ....

Total ....

(ou, se for o caso, **acto gratuito**)

Registado na Ordem dos ... sob o n.º ... (rubrica)

2.ª hipótese: *documento assinado a rogo, por o interessado não saber ou não poder assinar*

Termo de autenticação

No dia ... no meu escritório sito em ..., perante mim, F... advogado (ou solicitador) titular da cédula profissional n.º ... emitida por ... em ..., compareceu F ..., casado, natural de ... e residente habitualmente em ..., pessoa cuja identidade verifiquei por ..., o qual me apresentou, para fins de autenticação, o contrato-promessa de compra e venda em anexo, declarando, depois de lho ter lido, que está perfeitamente inteirado do seu conteúdo, que ele exprime a sua vontade e que não o assina por ...(não saber ou não poder), mas que está a seu rogo assinado por F ..., casado, natural de ... e residente habitualmente em ..., pessoa cuja identidade verifiquei por ..., rogo que o interessado confirmou neste acto.

Este termo foi lido ao interessado e ao mesmo explicado o seu conteúdo.

....

(assinatura do advogado ou solicitador e, eventualmente, dos abonadores ou de outros intervenientes acidentais, mas a assinatura do advogado ou do solicitador será sempre a última) [5]**.**

Honorários: ....

IVA ....

Total ....

(ou, se for o caso, **acto gratuito**)

Registado na Ordem dos ... sob o n.º ... (rubrica)

3.ª hipótese: *documento assinado por representante de pessoa colectiva*

Termo de autenticação

No dia ... no meu escritório sito em ..., perante mim, F... advogado (ou solicitador) titular da cédula profissional n.º ... emitida por ... em ..., compareceram F ..., F ... e F ..., casados, naturais de ... e residentes habitualmente em ..., os quais outorgam na qualidade de directores e em representação da associação ..., com sede em ..., NIPC...

Verifiquei a identidade dos outorgantes, a qualidade em que outorgam e os poderes necessários para este acto por ...

E por eles me foi apresentado, para fins de autenticação, o documento supra, declarando que já o leram e assinaram e que ele exprime a vontade da sua representada.

[5] Os termos de autenticação deviam conter a impressão digital do rogante, por indicação expressa do art. 164.º do Código do Notariado, aprovado pelo Decreto-Lei n.º 47619, de 31 de Março de 1967, na redacção do Decreto-Lei n.º 67/90, de 1 de Março.

O CN em vigor, aprovado pelo Decreto-Lei n.º 207/95, de 14 de Agosto, não faz referência a essa exigência no art. 152.º, correspondente àquele art. 164.º.

Apesar de a lei não o obrigar, a prática que vem sendo seguida na generalidade dos cartórios continua a incluir a impressão digital dos rogantes nos termos de autenticação, prática que se nos afigura merecer aprovação.

Este termo foi lido aos interessados e aos mesmos explicado o seu conteúdo.

....

....

....

(assinaturas dos interessados e do advogado ou do solicitador)
Honorários: ....
IVA ....
Total ....
(ou, se for o caso, **acto gratuito**)
Registado na Ordem dos ... sob o n.º ... (rubrica)

2. **Reconhecimentos**

2.1. *Espécies*

Por determinação do art. 153.º do CN, os reconhecimentos notariais podem ser simples ou com menções especiais.

O ***reconhecimento simples*** respeita à letra e assinatura, ou só à assinatura, do signatário do documento e é sempre presencial, isto é, feito na presença do advogado (ou solicitador) ou realizado estando o signatário presente ao acto.

O ***reconhecimento com menções especiais*** é o que inclui, por exigência da lei ou a pedido dos interessados, a menção de qualquer circunstância especial que se refira a estes, aos signatários ou aos rogantes e que seja conhecida do advogado (ou do solicitador) ou por ele verificada em face de documentos exibidos e referenciados no termo.

O reconhecimento com menções especiais tanto pode ser presencial como por semelhança.

É certo que o n.º 6 deste art. 153.º designa por semelhança o reconhecimento com a *menção especial relativa à qualidade de representante do signatário* feito por simples confronto da assinatura deste com a assinatura aposta no bilhete de identidade ou documento equivalente, emitidos pela autoridade competente de um dos países da União Europeia ou no passaporte ou com a respectiva reprodução constante de pública-forma extraída por fotocópia.

Mas, como se observa no BRN n.º 7/2003 – I caderno – a pp. 20 e ss. sob o tema "Reconhecimento de assinaturas por advogados", na interpretação deste n.º 6 não deve descurar-se nem o teor do n.º 3 do art. 153.º (onde se define o reconhecimento com menções especiais), nem o teor do art. 1.º do Decreto-Lei n.º 250/96, de 24 de Dezembro (que aboliu os reconhecimentos feitos *por semelhança e sem menções* especiais relativas aos signatários), nem o preâmbulo do próprio diploma (onde se dizia dever o Governo reduzir o âmbito de aplicação do reconhecimento por semelhança *unicamente a situações que comportem menções especiais*), o que significa que, se bem ajuizamos, também se pode fazer por semelhança o reconhecimento de assinatura com a menção de qualquer circunstância especial que se refira aos interessados, designadamente na qualidade de representante, e com certificação dos poderes para o acto.

Sobre os reconhecimentos na qualidade de representante de pessoa colectiva, com poderes para o acto, o Conselho Técnico da DGRN deliberou em 26.01.2001 – cfr. BRN n.º 2/2001 (II caderno) pp. 50 e 51 – o seguinte:

"I – O n.º 1 do artigo 9.º do Regulamento do Registo de Automóveis, constante do Decreto n.º 55/75, de 12 de Fevereiro, exige, a propósito da regularidade da representação de pessoas colectivas ou sociedades interessadas no registo, que o reconhecimento notarial da assinatura do signatário contenha a declaração da sua qualidade de representante da pessoa colectiva ou sociedade e de que tem poderes para o acto.

II – Como decorre do n.º 1 do artigo 6.º do Código das Sociedades Comerciais, a capacidade de gozo da sociedade compreende os direitos e as obrigações *necessários ou convenientes à prossecução do seu fim*.

III – Assim, a sociedade comercial tem capacidade para alienar veículos automóveis mesmo nos casos em que a actividade de compra e venda desses bens não se inclua no seu objecto, se tal se revelar necessário ou conveniente à prossecução do seu fim.

IV – Nas sociedades por quotas é ao gerente que compete a celebração dos actos aludidos no número anterior, uma vez que cabem nos seus poderes funcionais, sem necessidade de deliberação dos sócios, se o contrato social não dispuser diversamente – cfr. artigos 252.º, 259.º e 246.º do CSC.

V – De resto, os actos praticados pelos gerentes, em nome da sociedade e dentro dos poderes que a lei lhes confere – quer tais actos se compreendam no objecto social, quer ultrapassem o âmbito da actividade que constitui o seu objecto, sem prejuízo do disposto no n.º 1 do artigo 6.º do CSC – vinculam-na para com terceiros, restando apenas à sociedade a possibilidade de lhes opor as limitações de poderes resultantes do seu objecto social, se provar que o terceiro sabia ou não podia ignorar que o acto não respeitava essa cláusula e se entretanto a sociedade o não assumiu, por deliberação expressa ou tácita dos sócios – vide n.os 1 e 2 do artigo 260.º do CSC.

VI – Não é, assim, legítima a recusa do reconhecimento da assinatura do(s) gerente(s) de sociedade por quotas, aposta em requerimento para registo automóvel, com a menção de que o(s) signatário(s) têm poderes para o acto, mesmo nos casos em que o objecto da sociedade não compreenda a alienação de veículos automóveis – cfr. artigo 173.º do Código do Notariado – muito embora se não possa considerar supérflua a consignação no termo do reconhecimento da declaração prestada pelo signatário de que o acto é necessário ou conveniente à prossecução dos fins da sociedade.

VII – Também, por outro lado, não deve o conservador recusar o registo automóvel com o argumento de que o reconhecimento notarial não contém a expressa menção de que o ou os signatários têm "poderes para o acto", desde que dele conste que são representantes da sociedade, já que a representação implica aqueles mesmos poderes".

Os reconhecimentos de assinatura, sem menções especiais e por semelhança, deixaram de poder ser exigidos, a partir da entrada em vigor do Decreto-Lei n.º 232/82, de 17 de Junho, desde que fosse exibido o bilhete de identidade do signatário – cfr. art. 6.º desse diploma.

O artigo único do Decreto-Lei n.º 21/87, de 12 de Janeiro, na redacção do art. 2.º do Decreto-Lei n.º 207/95, de 14 de Agosto, retomou a mesma doutrina, acrescentando o passaporte do signatário ou as públicas-formas, quer dele quer do bilhete de identidade, como documentos que podiam ser exibidos para o efeito.

Os arts. 1.º e 2.º do Decreto-Lei n.º 250/96, de 24 de Dezembro, vieram abolir os reconhecimentos notariais de letra e assinatura, ou só de assinatura, feitos por semelhança e sem menções especiais relativas aos signatários e substituir a exigência de reconhecimento por semelhança ou sem determinação de espécie, estabelecida em qualquer disposição legal, pela indicação feita pelo signatário do número, data e entidade emitente do bilhete de identidade ou documento equivalente emitido pela autoridade competente de um dos países da União Europeia ou do passaporte.

Igual doutrina consta do art. 31.º do Decreto-Lei n.º 135/99, de 22 de Abril, diploma que procurou reunir as normas vigentes no contexto da modernização administrativa.

2.2. *Requisitos*

Como dissemos, os documentos particulares devem ser assinados pelo seu autor, ou por outrem a seu rogo, se o rogante não souber ou não puder assinar.

Nada obsta a que uma só pessoa assine um documento a pedido de diversas outras, se tal lhe for rogado.

A assinatura feita a rogo só pode ser reconhecida como tal por via de reconhecimento presencial, devendo o rogo ser dado ou confirmado perante o advogado (ou solicitador) no próprio acto – vide arts. 154.º do CN e 373.º, n.º 4, do CC.

Os reconhecimentos são lavrados no próprio documento a que respeitam ou em folha anexa – cfr. n.º 4 do art. 36.º do CN (quando forem lavrados em folha anexa, será esta agrafada ao documento e por forma a evitar a possibilidade da sua separação) –, numerando-se e rubricando-se todas as folhas, devendo o termo conter:

– A designação do dia, mês, ano e lugar em que forem lavrados ou assinados e, quando solicitado pelas partes a indicação da hora em que se realizaram;

– A menção do nome completo do signatário ou do rogante e a referência à forma como foi verificada a sua identidade (com indicação de ter sido por conhecimento pessoal do advogado ou do solicitador ou por exibição de algum dos documentos a que alude o art. 48.º, cujo número, data e serviço emitente terá de ser referenciado, ou por declaração de dois abonadores);

– A menção, nos reconhecimentos com menções especiais, dos documentos exibidos que forem referenciados;

– A menção, nos reconhecimentos de assinatura a rogo, de que o rogante não sabe ou não pode assinar e que deu ou confirmou o rogo perante o advogado (ou solicitador) no próprio acto do reconhecimento da assinatura e depois de lhe ter sido lido o documento;

– A assinatura do advogado ou do solicitador e, antes dela, a dos abonadores que intervierem nos reconhecimentos presenciais; e

– A menção alusiva ao arquivamento da declaração para a liquidação do IMT e do competente comprovativo da cobrança, nos reconhecimentos de assinaturas apostos nos contratos-promessa de aquisição de bens imóveis, com cláusula da cedência da posição contratual do promitente adquirente a terceiro, ou nos contratos de cessão dessa posição contratual – cfr. arts. 154.º e 155.º do CN e 49.º, n.º 1, do CIMT.

Vale aqui, quanto à aposição da impressão digital do rogante, o que se disse para os termos de autenticação assinados a rogo.

Nos reconhecimentos é permitido o uso de algarismos e abreviaturas, de acordo com o preceituado na alínea *a)* do n.º 3 do art. 40.º do CN.

2.3. *Assinaturas que não podem ser reconhecidas*

Convém dizer antes de mais que o advogado (ou solicitador) deve recusar-se a reconhecer a assinatura, ou a letra e a assinatura, com fundamento nos mesmos motivos por que deve, legitimamente, recusar a prática de qualquer acto notarial que lhe seja solicitado, ou seja, nos casos a que se reporta o art. 173.º do CN: quando o acto for nulo, não couber na sua competência ou estiver pessoalmente impedido de o praticar; se tiver dúvidas sobre a integridade das faculdades mentais dos intervenientes ou se as partes não fizerem os preparos devidos.

Para além deles, o art. 157.º prevê casos específicos em que é legítima a recusa do reconhecimento de assinaturas.

Assim:

– Quando elas constarem de documento cuja leitura não seja facultada ao advogado ou ao solicitador;

– Quando se encontrarem apostas em papel sem nenhuns dizeres, valendo a mesma proibição em relação ao reconhecimento da letra ou assinatura apostas em documento que contenha linhas ou espaços em branco não inutilizados;

– Quando tiverem sido inseridas em documento escrito em língua estrangeira que o advogado (ou o solicitador) não domine, salvo se o documento estiver traduzido, nos termos previstos no art. 172.º do CN, ou for traduzido por perito da escolha do advogado ou solicitador, ainda que verbalmente, sem formalidades especiais;

– Quando o documento estiver escrito ou assinado a lápis ou tiverem sido utilizados na sua feitura materiais que não ofereçam garantia de fixidez; e

– Quando o documento titular acto ou contrato que beneficie de isenção do imposto do selo, se não estiver mencionada a disposição legal que confere o benefício.

Parece-nos que, no último caso, a proibição só deverá prevalecer se o advogado (ou o solicitador) não tiver conhecimento do preceito legal que isente o documento do pagamento do imposto, pois, de contrário, nada justifica que o acto solicitado seja recusado, embora tenha de ser averbada ao documento, por exigência do art. 8.º do Código do Imposto do Selo, a disposição legal que concede a isenção.

É claro que, se a proibição de efectuar o reconhecimento existir só pelo facto de o documento não conter o averbamento da disposição legal que o isenta do imposto, por maioria de razão o reconhecimento ficará vedado, quando não se mostrar pago o imposto devido, se a sua liquidação e pagamento *não competirem ao advogado ou ao solicitador.*

Se o documento onde se efectuar o reconhecimento de assinaturas disser respeito a negócios jurídicos que, embora anteriores ou mesmo laterais à formalização de contratos translativos de imóveis, tiverem um resultado económico equivalente à transmissão desse tipo de bens [cfr. hipóteses contempladas e definidas nas alíneas a) e b) do nº 3 do art. 2º do CIMT – contrato-promessa de aquisição, em que seja clausulado que o promitente adquirente pode ceder a sua posição contratual a terceiro, e contrato de cessão dessa posição], o art. 49º do CIMT obriga a arquivar a declaração para a liquidação do IMT e o correspondente comprovativo da cobrança (ou o documento comprovativo da isenção do imposto).

Em tal hipótese, deve o termo de reconhecimento incluir a referência à liquidação e ao pagamento prévio do imposto e a menção do arquivamento dos correspondentes documentos (ou do documento comprovativo da isenção do respectivo imposto).

Quando tal aconteça, os advogados e os solicitadores devem submeter, até ao dia 15 do mês seguinte, à Direcção-Geral dos Impostos, em suporte informático, uma relação desses actos ou contratos sujeitos a IMT, ou dele isentos, em que intervieram a fazer o reconhecimento das assinaturas, relação essa que deve conter, relativamente a cada um deles, o número, data e importância dos documentos de cobrança ou os motivos da isenção, nomes dos contratantes, artigos matriciais e respectivas freguesias, ou a menção dos prédios omissos – cfr. n.º 5 do art. 49.º do CIMT.

2.4. *Encargos*

Os encargos devidos pelos reconhecimentos referem-se aos honorários, já que, em princípio, não estão, por si sós, sujeitos ao pagamento de imposto do selo.

O art. 38.º, n.º 5, do Decreto-Lei n.º 76-A/2006, de 29 de Março, determinava que os advogados e os solicitadores não podiam por este serviço cobrar preço superior ao resultante da tabela em vigor nos cartórios notariais.

Antes da entrada em vigor da alteração introduzida pela Portaria n.º 1416-A/2006, de 19 de Dezembro, ao art. 10.º da tabela de honorários, os notários podiam cobrar, relativamente aos reconhecimentos, as seguintes quantias:

– Pelo reconhecimento de cada assinatura e de letra e assinatura, € 9,24; e

– Pelo reconhecimento que contenha, a pedido dos interessados, menção de qualquer circunstância especial, € 15,13.

Actualmente, estes actos são de custo livre.

Acresce o IVA.

O que se disse pressupõe que pode não ser cobrada importância alguma pelo serviço (atente-se em que hoje o próprio notário pode abster-se de cobrar os custos integrais resultantes da aplicação da dita tabela, pois o n.º 3 do seu art. 9.º foi revogado pela Portaria n.º 574/2008, de 4 de Julho).

Relativamente à liquidação e cobrança do imposto do selo nos actos, contratos e factos objecto dos reconhecimentos e bem assim nos casos de isenção, aplica-se a doutrina anteriormente exposta sobre os termos de autenticação, para onde se remete o leitor.

2.5. *Minutas*

1.ª hipótese: *reconhecimento simples*

F ..., advogado (ou solicitador) com escritório em ...

Eu, abaixo assinado, F ..., titular da cédula profissional n.º ... emitida por ... em ..., reconheço a assinatura (ou a letra e a assinatura) supra (ou retro, ou infra, ou ao lado, ou no documento anexo) de F ... feita (ou feitas) na minha presença pelo próprio, pessoa cuja identidade verifiquei por ...

ou

F ..., advogado (ou solicitador) com escritório em ...

Eu, abaixo assinado, F ..., titular da cédula profissional n.º ... emitida por ... em ..., reconheço a assinatura (ou a letra e a assinatura) supra (ou retro, ou infra, ou ao lado, ou no documento anexo) de F ..., pessoa cuja identidade verifiquei por ..., o qual, estando presente neste acto, confirmou como sendo da sua autoria a referida assinatura (ou as referidas letra e assinatura).

.. de .... de ....

..............................[6]

Liquidado hoje o imposto de selo da verba 2 na importância de ... € (se for o caso)

Honorários: ....

IVA ....

Total ....

(ou, se for o caso, **acto gratuito**)

Registado na Ordem dos ... sob o n.º ... (rubrica)

[6] Quando intervêm abonadores nos reconhecimentos presenciais, as suas assinaturas devem preceder a de quem presidir ao acto – cfr. n.º 6 do art. 155.º.

2.ª hipótese: *reconhecimento simples a rogo*

F ..., advogado (ou solicitador) com escritório em ...

Eu, abaixo assinado, F ..., titular da cédula profissional n.º ... emitida por ... em ..., reconheço a assinatura retro de F ..., feita na minha presença e na do rogante F ..., o qual não assina por não saber (ou não poder), sendo o rogo dado perante mim neste acto, depois de lido o documento ao rogante.

Verifiquei a identidade do rogado e do rogante por ...

ou

F ..., advogado (ou solicitador) com escritório em ...

Eu, abaixo assinado, F ..., titular da cédula profissional n.º ... emitida por ... em ..., reconheço a assinatura retro de F ..., feita a rogo de F ..., o qual não assina por não saber (ou não poder), sendo o rogo confirmado perante mim neste acto, depois de lido o documento ao rogante.

Verifiquei a identidade do rogado e do rogante por ...

.. de .... de ....

....

Honorários: ....

IVA ....

Total ....

(ou, se for o caso, **acto gratuito**)

Registado na Ordem dos ... sob o n.º ... (rubrica)

3.ª hipótese: *reconhecimento com menções especiais presencial*[7]

F ..., advogado (ou solicitador) com escritório em ...

Eu, abaixo assinado, F ..., titular da cédula profissional n.º ... emitida por ... em ..., reconheço a assinatura supra de F ...,

[7] O reconhecimento com menções especiais pode também ser a rogo, quando o rogante não saiba ou não possa assinar, desde que o reconhecimento seja presencial e o rogo dado ou confirmado perante o advogado (ou o solicitador) no próprio acto, depois de lido o documento ao rogante.

feita na minha presença pelo próprio, pessoa cuja identidade verifiquei por ... na qualidade de presidente da direcção e em representação da Associação ... NIPC..., com sede em ..., com poderes para o acto como verifiquei por exibição das fotocópias, já conferidas pelo cartório notarial de ... em ..., extraídas dos estatutos da referida pessoa colectiva, da acta da eleição dos órgãos sociais para o biénio de... a ... e da respectiva tomada de posse.

.. de .... de ....

....

Honorários: ....

IVA ....

Total ....

(ou, se for o caso, **acto gratuito)**

Registado na Ordem dos ... sob o n.º ... (rubrica)

4.ª hipótese: *reconhecimento com menções especiais por semelhança*

F ..., advogado (ou solicitador) com escritório em ...

Eu, abaixo assinado, F ..., titular da cédula profissional n.º ... emitida por ... em ..., reconheço a assinatura supra de F ..., por confronto com a assinatura aposta no bilhete de identidade (ou passaporte) n.º ... emitido em ... por ... – que serviu também para verificar a sua identidade –, na qualidade de gerente e em representação da sociedade ..., com sede em ..., com o capital social de..., matriculada na conservatória de ... sob o número ..., correspondente ao número de identificação de pessoa colectiva, com poderes para o acto, como verifiquei por exibição de uma certidão emitida em ... pela dita conservatória (ou pela informação constante da certidão permanente disponibilizada em sítio da Internet).

.. de .... de ....

....

Honorários: ....
IVA ....
Total ....
(ou, se for o caso, **acto gratuito**)
Registado na Ordem dos ... sob o n.º ... (rubrica)

V. TRADUÇÕES

1. Generalidades

A tradução compreende a versão para a língua portuguesa do conteúdo integral do documento, quando escrito numa língua estrangeira ou a versão para uma língua estrangeira do seu conteúdo integral, quando escrito em língua portuguesa – n.º 1 do art. 172.º do CN.

Em regra, o documento escrito em língua estrangeira, apresentado ao advogado (ou ao solicitador) para instruir actos notariais, deve ser acompanhado da correspondente tradução, a qual pode ser feita por notário (ou por outro advogado ou solicitador), pelo consulado português no país onde o documento foi passado, pelo consulado desse país em Portugal ou, ainda, por tradutor idóneo – n.º 3 do art. 44.º.

Como dissemos e agora relembramos, a validade dos actos acabados de referir depende de registo em sistema informático, cuja regulamentação – designadamente o seu funcionamento, os seus termos e os custos que lhe estão associados – está prevista na Portaria n.º 657-B/2006, de 29 de Junho.

A competência e gestão do sistema pertence à Ordem dos Advogados ou à Ordem dos Solicitadores e Agentes de Execução, consoante o caso, as quais devem garantir os meios de segurança necessários à sua utilização, mediante o uso de meios de autenticação das pessoas que a ele têm acesso.

O registo informático é efectuado no momento da prática do acto, devendo o sistema informático gerar um número de identificação que é aposto no documento que formaliza o acto.

Veja-se, a propósito deste assunto, o que antes se disse ao tratarmos da certificação e conferência de fotocópias.

Nas circunstâncias actuais torna-se necessário chamar uma vez mais a atenção para o facto dos impedimentos dos notários atingirem todas as pessoas ou entidades a quem, excepcionalmente, a lei atribuiu o desempenho de certas funções que àqueles estavam tradicionalmente reservadas.

Deste modo, designadamente, um advogado (ou um solicitador) não pode fazer ou certificar traduções em que ele próprio, o seu cônjuge, parente ou afim na linha recta ou no 2.º grau da linha colateral sejam interessados.

Assim foi entendido no Acórdão da Relação de Évora de 07.07.2005 em cujo sumário se pode ler o seguinte:

"1 – O advogado subscritor da petição inicial, mandatário do A. e representante dos seus interesses, não pode traduzir, ele próprio, documentos e certificar a sua própria tradução, destinados a fazer prova no processo que patrocina, por não estarem asseguradas as garantias mínimas de rigor, isenção e fidelidade.

2 – As limitações e incompatibilidades, impostas aos notários, são aplicáveis, mutatis mutandis, à actividade de tradução e reconhecimento de documentos, exercida pelos Srs. Advogados, nos termos do disposto nos arts. 5.º n.º 1 e 6.º do DL n.º 237/01"[8].

Este aresto será, a nosso ver, aplicável por analogia à actividade dos solicitadores.

2. **Modalidades**

A tradução de documentos pode ser feita e certificada por advogado ou solicitador ou feita por tradutor ajuramentado e certificada por qualquer dessas entidades.

Se a tradução for feita por tradutor idóneo em certificado aposto na própria tradução ou em folha anexa (*certificado de exactidão da tradução*), deve mencionar-se a forma pela qual foi feita a tradução e o cumprimento das formalidades previstas no n.º 3 do art. 44.º, ou seja, a afirmação feita pelo tradutor perante o advogado (ou o solicitador), sob juramento ou compromisso de honra, de ser fiel a tradução – cfr. n.º 3 do art. 172.º.

Os tradutores não são tradutores oficiais, sendo normalmente nomeados por indicação dos interessados. De contrário, não se justificava o juramento ou o compromisso de honra que lhes é exigido.

O documento traduzido e a tradução devem ser ligados um ao outro, por forma a estabelecer a sua interdependência, sendo de aconselhar a agrafagem e a colocação, sobre os agrafes, de lacre.

[8] Citação extraída do parecer n.º E-10/07 do Conselho Fiscal da Ordem dos Advogados com data de 20 de Outubro de 2007.

3. Requisitos

Além dos requisitos comuns a que se refere o n.º 1 do art. 160.º do CN, a tradução deve conter:

– A indicação da língua em que o documento está escrito;

– A declaração de que o texto foi fielmente traduzido e a declaração de conformidade com o original;

– A referência aos averbamentos, cotas de referência e contas que estiverem lançados no documento;

– A transcrição das abreviaturas e algarismos existentes nos originais; e

– A menção dos selos e demais legalizações, estampilhas e verbas de pagamento do imposto do selo constantes dos originais e das irregularidades ou deficiências constantes do texto que viciem o acto ou o documento, incluindo, a pedido dos interessados, as ressalvas feitas nos originais – vide n.os 2 e 4 do art. 172.º e n.º 2 do art. 40.º do CN.

4. Encargos

Os encargos devidos por estes actos dizem respeito aos honorários, uma vez que não estão sujeitos a imposto do selo.

O art. 38.º, n.º 5, do Decreto-Lei n.º 76-A/2006, de 29 de Março, determinava que os advogados (e solicitadores) não podiam por este serviço cobrar preço superior ao resultante da tabela em vigor nos cartórios notariais.

Antes da entrada em vigor da alteração introduzida pela Portaria n.º 1416-A/2006, de 19 de Dezembro, ao art. 10.º da tabela de honorários, os notários podiam cobrar a quantia de € 20,17 pelo certificado de exactidão de tradução de cada documento realizado por tradutor ajuramentado.

Actualmente, estes actos são de custo livre.

Acresce o IVA.

O que se disse pressupõe que pode não ser cobrada importância alguma pelo serviço (atente-se em que hoje o próprio notário pode abster-se de cobrar os custos integrais resultantes da aplicação da dita tabela, pois o n.º 3 do seu art. 9.º foi revogado pela Portaria n.º 574/2008, de 4 de Julho).

5. Minutas

1.ª hipótese: *tradução feita por advogado (ou solicitador)*

F ..., advogado (ou solicitador) com escritório em ...

Eu, abaixo assinado, F ..., titular da cédula profissional n.º ... emitida por ... em ..., certifico que para tradução me foi apresentado o documento anexo escrito em língua ... cuja versão para a língua portuguesa tem o seguinte teor integral: "......................".

Tem aposto no final uma estampilha no valor de ..., com os seguintes dizeres: "......" e à margem um averbamento que diz textualmente o seguinte: ".........".

Está conforme o original.

.. de .... de ....

....

Honorários: ....

IVA ....

Total ....

(ou, se for o caso, **acto gratuito**)

Registado na Ordem dos ... sob o n.º ... (rubrica)

2.ª hipótese: *tradução feita por tradutor ajuramentado* em certificado aposto na própria tradução ou em folha anexa

F ..., advogado (ou solicitador) com escritório em ...

Eu, abaixo assinado, F ..., titular da cédula profissional n.º ... emitida por ... em ..., certifico que hoje compareceu neste escritório F ..., pessoa cuja identidade verifiquei por ..., o qual me afirmou, sob compromisso de honra de bem ter desempenhado as suas funções, que o texto do documento anexo de ... (indicar a sua espécie), outorgado no dia ... por F ... e F ... (identificação como consta do documento), escrito em língua ..., foi por ele fiel e integralmente traduzido para a língua portuguesa, como consta do teor da tradução supra (ou da tradução em anexo).

.. de .... de ....

....

.... (assinatura do tradutor e do advogado ou solicitador)

Honorários: ....

IVA ....

Total ....

(ou, se for o caso, **acto gratuito**)

Registado na Ordem dos ... sob o n.º ... (rubrica)

VI. CONSTITUIÇÃO *ONLINE* DE SOCIEDADES

1. Generalidades

O Decreto-Lei n.º 125/2006, de 29 de Junho (alterado pelos Decretos-Leis n.ºs 318/2007, de 26 de Setembro, 247-B/2008, de 30 de Dezembro, 33/2011, de 7 de Março, e 209/2012, de 19 de Setembro), introduziu no nosso ordenamento jurídico uma via inovadora para a constituição *online* de sociedades comerciais e civis sob forma comercial do tipo por quotas e anónima, com ou sem a simultânea aquisição, pelas sociedades, de marca registada.

A constituição *online* de sociedades opera-se através de sítio na Internet com o endereço *www.empresaonline.pt*, donde consta o funcionamento e as funções do sítio que permite a constituição *online* dessas sociedades, bem como os termos em que se deve processar a indicação dos dados e a entrega de documentos pelos interessados.

Convém dizer, desde já, que o regime previsto neste diploma legal não é aplicável às sociedades cujo capital seja realizado com recurso a entradas em espécie em que, para a transmissão dos bens com que os sócios entram para a sociedade, seja exigida forma mais solene do que a forma escrita, e às sociedades anónimas europeias.

O procedimento de constituição destas sociedades é da competência do Registo Nacional de Pessoas Colectivas (RNPC), independentemente da localização da sede da sociedade a constituir, podendo o RNPC distribuir por outras conservatórias do registo comercial a tramitação dos procedimentos de constituição *on-line* de sociedades.

Além das pessoas directamente interessadas na constituição da sociedade comercial (pessoas singulares e pessoas colectivas), também os advogados e os solicitadores, devidamente autenticados pelo certificado digital que comprova a sua qualidade profissional, podem recorrer ao regime previsto no citado Decreto-Lei n.º 125/2006, enviando através do sítio na Internet o pacto ou o acto constitutivo da sociedade, com as assinaturas dos seus subscritores reconhecidas presencialmente.

Relativamente ao pacto social ou acto constitutivo da sociedade, podem os interessados optar por pacto ou acto constitutivo de modelo aprovado ou por envio do pacto ou do acto constitutivo por eles elaborado e submetido à apreciação.

Os advogados ou os solicitadores têm de certificar a identidade dos subscritores do pacto e, se for esse o caso, a sua capacidade e os seus poderes de representação, e ainda que os mesmos manifestaram a sua vontade em constituir a sociedade.

Quanto à escolha da firma, os interessados podem optar por uma firma constituída por expressão de fantasia previamente criada e reservada a favor do Estado – associada ou não à aquisição de uma marca previamente registada a favor do Estado – ou pela verificação da admissibilidade da firma comprovada através da disponibilização do respectivo certificado por eles requerido.

O diploma prevê que o registo do pacto ou acto constitutivo da sociedade seja realizado imediatamente ou no prazo máximo de dois dias úteis, consoante os interessados optem por pacto ou acto constitutivo de modelo aprovado ou por submeter pacto ou acto constitutivo por si elaborado.

O serviço competente deve inscrever o facto no ficheiro central das pessoas colectivas e codificação da actividade económica (CAE) e proceder a vários actos, designadamente: envio aos interessados do cartão de identificação de pessoa colectiva e comunicação do número de identificação da sociedade na segurança social; promoção das publicações legais; envio da pasta da sociedade à conservatória do registo comercial territorialmente competente, etc.

2. **Trâmites**

Para aceder ao serviço da criação da empresa através do aludido site *www.empresaonline.pt* é necessário um certificado digital qualificado, como é o caso dos advogados e dos solicitadores.

Os passos a dar são, sucintamente, os seguintes:

– Reserva do nome da empresa, a partir da lista do Nomes Fantasia disponível no serviço de criação da Empresa Online;

– Opção pelo tipo de pacto social (modelo pré-aprovado ou modelo elaborado pelo interessado);

– Adesão ao centro de Arbitragem, se existir para o CAE da empresa e concelho da morada da sede;

– Validação do pacto social;

– Assinatura e envio de documentos;

– Pagamentos (o sistema indica a forma de pagamento pelo Multibanco dos custos inerentes à constituição da sociedade: fixos, consoante o pacto seja de modelo pré-aprovado ou livre, e variáveis, caso do imposto do selo);

– Detecção de inconformidades;

– Recepção de *email* informando a constituição da sociedade;

– Envio de certidão do registo comercial, cartão de pessoa colectiva e recibo de pagamento dos emolumentos por correio para a morada da sede da sociedade;

– Publicação no *site* do Ministério da Justiça;

– Disponibilização da informação da constituição da sociedade à Administração Fiscal e à Segurança Social.

3. Selo

No que diz respeito às *sociedades de capitais* – definidas no art. 66.º como sendo as anónimas, por quotas e em comandita por acções –, a *constituição* estava sujeita ao imposto de selo da verba 26.1 da tabela geral, mas a Lei n.º 3-B/2010, de 28 de Abril, revogou-a, não havendo, por isso, hoje, lugar à liquidação da taxa aí prevista.

4. Minutas

O sistema apresenta na Internet dois modelos pré-aprovados de pacto de sociedade anónima, dois de sociedade por quotas e um de sociedade unipessoal por quotas, com instruções de preenchimento e com indicação dos documentos necessários, pelo que não vale a pena reproduzi-los aqui.

No caso de os interessados optarem por elaborar o pacto, sugerimos ao leitor a consulta do nosso "Manual de Direito Notarial", onde poderá encontrar, no § 28.º do capítulo X referente às escrituras públicas, várias minutas sobre constituição de sociedades.

VII. DOCUMENTOS PARTICULARES AUTENTICADOS

1. O princípio da liberdade de forma

O art. 219.º do Código Civil, ao preceituar que a validade da declaração negocial não depende da observância de forma especial, salvo quando a lei o exigir, estabelece o *princípio da liberdade declarativa ou liberdade de forma ou consensualidade.*

Nos casos excepcionais em que a lei prescrever uma certa forma – aliás numerosos e frequentes –, se ela não for observada, a declaração negocial é nula.

1.1. *A exigência de escritura pública*

Nos termos do art.º 80.º do CN, na redacção que lhe foi dada pelo Decreto-Lei n.º 116/2008, de 4 de Julho, devem especialmente celebrar-se por *escritura pública*:

– As justificações notariais;

– Os actos que importem revogação, rectificação ou alteração de negócios que tenham sido celebrados por escritura pública;

– As habilitações de herdeiros;

– Os actos de constituição de associações e de fundações, bem como os respectivos estatutos, suas alterações e revogações.

1.2. *A exigência de escritura pública ou de documento particular autenticado*

O Decreto-Lei n.º 116/2008, de 4 de Julho, criou condições para que os advogados e os solicitadores (e outras entidades) passassem a prestar serviços relacionados com negócios relativos a bens imóveis, vindo, em consequência, a permitir que tais negócios – antes enquadrados na disciplina daquele art. 80.º do CN – pudessem ser realizados também por documento particular autenticado.

Isso significa que hoje podem revestir a forma de *escritura pública ou documento particular autenticado*, por imperativo do seu art. 22.º:

– Os actos que importem reconhecimento, constituição, aquisição, modificação, divisão ou extinção dos direitos de propriedade, usufruto, uso e habitação, superfície ou servidão sobre coisas imóveis;

– Os actos de constituição, alteração e distrate de consignação de rendimentos e de fixação ou alteração de prestações mensais de alimentos, quando onerem coisas imóveis;

– Os actos de alienação, repúdio e renúncia de herança ou legado, de que façam parte coisas imóveis;

– Os actos de constituição e liquidação de sociedades civis, se esta for a forma exigida para a transmissão dos bens com que os sócios entram para a sociedade (a esta forma está também sujeita, a nosso ver, a constituição ou o aumento do capital social das sociedades comerciais quando os sócios entrem com bens imóveis para a sociedade ou quando do património a liquidar façam parte bens desta natureza, atento o que dispõem os artigos 7.º, n.º 1, e 89.º, n.º 1, do Código das Sociedades Comerciais, e alínea g) do art. 22.º daquele Decreto-Lei n.º 116/2008);

– Os actos de constituição e de modificação de hipotecas, a cessão destas ou do grau de prioridade do seu registo e a cessão ou penhor de créditos hipotecários;

– As divisões de coisa comum e as partilhas de patrimónios hereditários, societários ou outros patrimónios comuns de que façam parte coisas imóveis;

– Em geral, todos os demais actos que importem reconhecimento, constituição, aquisição, modificação, divisão ou extinção dos direitos de propriedade, usufruto, uso e habitação, superfície ou servidão sobre coisas imóveis, para os quais a lei não preveja forma especial.

E, para não deixar de fora da sua previsão qualquer outro acto, o n.º 2 do art. 23.º daquele Decreto-Lei n.º 116/2008 estatuiu que todas as disposições legais, regulamentares ou outras que pressuponham ou exijam a celebração de escritura pública para a prática de actos que importem reconhecimento, constituição, aquisição, modificação, divisão ou extinção dos direitos de propriedade, usufruto, uso e habitação, superfície ou servidão sobre coisas imóveis ou outros equivalentes àqueles em relação aos quais se torna esta forma facultativa são entendidas como pressupondo ou exigindo a celebração de escritura pública ou a autenticação do documento particular que formaliza o acto.

1.3. *A exigência de mero documento particular*

Há depois uma quantidade enorme de actos para os quais a lei exige apenas *documento particular*, designadamente:

– Contrato-promessa;

– Pacto de preferência;

– Doação de móveis;

– Arrendamento urbano;

– Mútuo de valor superior a € 2 500 e não superior a € 25 000;

– Renda vitalícia, se a coisa ou direito alienado for de valor inferior a € 25 000;

– A transacção, em certos casos;

– A constituição de sociedades;

– A alteração do contrato de sociedade (incluindo o aumento ou redução de capital, a cisão, a fusão e a transformação);

– A dissolução da sociedade;

– A constituição originária da sociedade unipessoal por quotas;

– A "transformação" de sociedade por quotas ou de estabelecimento individual de responsabilidade limitada (EIRL) em sociedade unipessoal por quotas;

– A constituição de EIRL;

– A alteração do acto constitutivo do EIRL;

– A redução do capital do EIRL;

– A constituição de agrupamento complementar de empresas sem capital próprio ou se não forem efectuadas entradas em bens diferentes de dinheiro para cuja transmissão seja necessária escritura pública;

– O penhor de participações sociais;

– A transmissão entre vivos de (e a constituição de direitos reais de gozo sobre) parte social nas sociedades em nome colectivo, quando a sociedade não tiver bens imóveis;

– A unificação de quotas;

– A partilha (e a divisão entre contitulares) de quotas;

– A constituição de sociedades de advogados, excepto quando haja entradas de bens imóveis;

– A constituição das cooperativas de ensino;

– A constituição das "régies cooperativas" ou cooperativas de interesse público;

– A constituição das caixas agrícolas;

– A constituição das cooperativas de 1.º grau, bem como as alterações de estatutos, a fusão e a cisão de cooperativas;

– A constituição das empresas municipais, intermunicipais e regionais;

– A constituição das cooperativas de habitação e construção;

– A constituição das cooperativas de comercialização; e

– A constituição de sociedade anónima europeia com sede em Portugal, bem como a alteração dos estatutos decorrente da transferência de sede de sociedade anónima europeia para Portugal [9].

1.4. *O caso dos documentos particulares autenticados*

Os documentos particulares autenticados que titulem actos sujeitos a registo predial devem conter os requisitos legais a que estão sujeitos os negócios jurídicos sobre imóveis, aplicando-se subsidiariamente o Código do Notariado, estando a validade da autenticação destes documentos (e de todos os documentos que os instruam) dependente do seu depósito electrónico – cfr. n.os 1 a 3 do art. 24.º do dito Decreto-Lei n.º 116/2008, de 4 de Julho.

Os falados documentos particulares não podem, em princípio, ser autenticados enquanto não se encontrar pago ou assegurado o imposto municipal sobre as transmissões onerosas de imóveis e liquidado o imposto do selo, devendo constar do termo de autenticação o valor dos impostos e a data da liquidação ou a disposição legal que prevê a sua isenção – n.os 1 e 2 do art. 25.º do mesmo diploma.

O facto de tais documentos deverem conter os requisitos legais a que estão sujeitos os negócios jurídicos sobre imóveis e de se lhes aplicar subsidiariamente o Código do Notariado torna obrigatória,

[9] A forma como muitos destes actos devem ser redigidos consta da assinalada obra do autor "Manual de Direito Notarial".

na sua elaboração, a observância dos requisitos gerais e especiais por ele exigidos, os quais devem estar devidamente ordenados, ocupando o seu lugar próprio.

No que concerne às escrituras públicas, a prática notarial encara-as como sendo constituídas por três partes essenciais.

A primeira começa pela denominação do acto, mencionando-se depois a data e o lugar da celebração, a identificação do cartório, de quem presidiu à sua celebração, dos outorgantes e das pessoas que eles eventualmente representem e a verificação da identidade dos intervenientes.

Segue-se a parte atinente ao conteúdo do acto jurídico por ela formalizado e onde é usual, quando se descrevem prédios e o instrumento respeita a factos sujeitos a registo, fazer as menções relativas à matriz e ao registo.

A escritura conclui-se depois pela inserção das demais formalidades e menções exigidas, conforme os casos, designadamente as alusivas ao arquivamento ou exibição de documentos, à intervenção de abonadores, testemunhas, intérpretes, peritos e leitores, e às advertências, terminando com a leitura e explicação do instrumento, as assinaturas devidas e as referências à estatística, à conta e à liquidação do selo.

Porém, *no tocante aos documentos particulares autenticados*, a ordenação tem, a nosso ver, de ser diferente.

Em primeiro lugar, aparece o documento de transmissão do imóvel assinado apenas pelos interessados, embora seja recomendável que a sua elaboração seja feita sob a orientação do advogado ou solicitador para, assim, ficar assegurado o cumprimento das disposições legais aplicáveis a cada caso concreto.

Depois, imediatamente a seguir, é que intervém o advogado ou o solicitador para lavrar o competente termo de autenticação, o qual deve ser lido e explicado a todos os interessados, que o devem assinar juntamente com o advogado ou solicitador e, eventualmente, com outros intervenientes acidentais.

Ora, se é legítimo e indispensável fazer no documento de transmissão as menções alusivas à espécie do acto, às pessoas singulares ou colectivas que nele intervêm e ao seu objecto – referenciado pelos dados da matriz e do registo como elementos identificadores dos imóveis –, é só no termo de autenticação que aparece a figura do advogado ou do solicitador – devidamente identificado pelo nome, cédula profissional e escritório onde exerce a sua actividade – e é nele que devem ser integralmente identificados os interessados no negócio – mesmo que o tivessem sido antes no documento de transmissão – e revelada a forma como a sua identidade foi verificada de acordo com a lei notarial, além de ser também aí que devem ser inseridas as demais formalidades, respeitantes ao arquivamento ou à exibição de documentos ou a outras menções legais, à intervenção de abonadores, testemunhas, intérpretes, peritos e leitores, e feitas as legais advertências.

Para ilustrar o que acabamos de escrever, vamos, já de seguida, apresentar um exemplo de minuta de contrato de compra e venda lavrado por documento particular autenticado, demonstrativo da forma como (e do lugar onde) os requisitos dos actos notariais costumam ser inseridos.

Assim:

Compra e venda **(1)**

PRIMEIRO – F..., NIF ..., e mulher F..., NIF ..., casados sob o regime da comunhão geral, naturais da freguesia de ..., concelho de ..., habitualmente residentes no lugar de ..., intervindo ele por si e como procurador em representação de F..., NIF ..., e mulher F..., NIF ..., casados sob o mencionado regime de bens, naturais e residentes habitualmente no dito lugar de ...; e

SEGUNDO – F..., NIF ..., casado com F... sob o regime de comunhão de adquiridos, natural da freguesia de ..., concelho de ... e residente habitualmente em ...

Disseram os primeiros:

Que, em seu nome e em nome dos representados por ele varão, vendem ao segundo, pelo preço de ... euros, já recebido **(2)**, *um prédio urbano, destinado exclusivamente a habitação, composto de casa de rés-do-chão, sito na Rua... n.º ... do referido lugar de ..., inscrito na respectiva matriz sob o artigo ..., com o valor patrimonial tributário de ... €;*

Que o referido prédio está descrito na Conservatória do Registo Predial de... sob o número ... da freguesia de... e está nela registada a aquisição a favor dos transmitentes pela inscrição ... **(3)**

Disse o segundo que aceita a presente venda, nos termos exarados, e que destina o prédio ora adquirido a sua habitação própria e permanente.

Coimbra, .. de .... de ....

....

....

....

(assinaturas dos intervenientes)

Termo de autenticação

No dia ... (e hora, se tal for solicitado), no meu escritório sito em ..., perante mim, F..., advogado (ou solicitador) titular da cédula profissional n.º ... emitida por ... em ... **(4)**, *compareceram:*

PRIMEIRO – Dr. F..., NIF ..., e mulher F..., NIF..., casados sob o regime da comunhão geral, naturais da freguesia de..., concelho de... onde habitualmente residem no lugar de..., intervindo ele por si e como procurador em representação **(5)** *de F..., NIF .... e mulher F..., NIF..., casados sob o mencionado regime de bens, naturais e residentes habitualmente no dito lugar de..., no uso dos poderes que lhe foram conferidos por procuração; e*

SEGUNDO – F..., NIF..., casado com F... sob o regime de comunhão de adquiridos, natural da freguesia de... concelho de... e residente habitualmente em ... **(6)**

Verifiquei a identidade dos intervenientes por exibição dos cartões de cidadão, respectivamente, números ..., ... e ..., emitidos em ..., ... e ..., pela República Portuguesa (ou bilhetes de identidade números, respectivamente, ..., ... e ..., emitidos em ... pelos SIC de ...) **(7)**

E por eles me foi apresentado, para fins de autenticação, o documento anexo que é um contrato de compra e venda, tendo declarado que já o leram e assinaram e que ele exprime a sua vontade e a dos representados.

Os outorgantes informaram que o negócio titulado por este documento não foi objecto de intervenção de empresa de mediação imobiliária, tendo sido advertidos de que, se for falsa a informação prestada, incorrem na pena correspondente ao crime de desobediência previsto no artigo 348.º do Código Penal **(8) (9)**.

A ficha técnica de habitação referente ao imóvel alienado por este documento foi entregue ao comprador neste acto **(10)**.

Arquivado **(11)**:

a) A mencionada procuração;

b) A declaração para a liquidação do imposto municipal sobre as transmissões onerosas de imóveis e o documento número ... comprovativo de que a presente transmissão beneficia da isenção do referido imposto, nos termos do art. 9.º do CIMT, por o imóvel se destinar a habitação própria e permanente;

c) O documento número ... comprovativo do pagamento do imposto do selo da verba 1.1 da tabela geral, no montante de ... €, liquidado hoje.

Exibido **(12)**:

a) Fotocópia passada em ...pela Câmara Municipal de..., extraída do alvará de licença de utilização n.º ... por ela emitido em ... de ... de ..., referente ao citado prédio **(13)**;

b) Caderneta predial urbana emitida em ... via Internet, por onde verifiquei os elementos matriciais citados; e

c) Certidão de teor da descrição e das inscrições prediais em vigor, passada em... pela conservatória do registo predial de ..., com o número de ordem ...

ou

Foram verificados os elementos registais do prédio por consulta online da certidão permanente de registo predial, através do código de acesso ..., com informação em vigor pelas ... horas, ... minutos e ... segundos de hoje **(14)**.

Este termo foi lido aos interessados **(15)** *e aos mesmos explicado o seu conteúdo* **(16)**. ....

....

....

...........*(assinaturas dos interessados e do advogado ou do solicitador)*

Verbete estatístico n.º ... (rubrica)

NOTAS:

1 – Sobre denominação do documento, vide infra 2.1.

2 – Os n.ºs 5 e 6 do art. 47.º do CN, na redacção da Lei n.º 89/2017, de 21 de Agosto, determinam que o instrumento destinado a titular actos sujeitos a registo deve conter, sempre que esteja em causa o pagamento de uma quantia, a indicação do momento em que tal ocorre e do meio de pagamento utilizado.

Caso o pagamento ocorra antes ou no momento da celebração do acto, deve ser consignado no instrumento:

a) Tratando-se de pagamento em numerário, a moeda utilizada;

b) Tratando-se de pagamento por cheque, o seu número e a entidade sacada;

c) Tratando-se de pagamento através da realização de uma transferência de fundos:

i) A identificação da conta do ordenante e da conta do beneficiário, mediante a menção dos respectivos números e prestadores de serviços de pagamento;

ii) Quando o ordenante ou o beneficiário não realize a transferência por intermédio de uma conta de pagamento, mediante a menção do identificador único da transacção ou do número do instrumento de pagamento utilizado e do respectivo emitente.

Nenhuma dificuldade existirá quando o pagamento se efectuar em numerário (com indicação da moeda utilizada: euros, libras, etc.) ou por meio de cheque (indicando-se o seu número e o nome do banco sacado).

Quando o pagamento se efectuar por transferência de fundos, terão de ser indicados os números das contas bancárias donde sai o pagamento e para a qual ele transita, excepto quando o ordenante ou o beneficiário não realize a transferência por intermédio de uma conta de pagamento, hipótese em que terá de se mencionar o identificador único da transacção (número da referência gerado pelo sistema de SIBS) ou do número do instrumento de pagamento utilizado e do respectivo emitente (exemplo: cartão de débito ou de crédito emitido pelo banco ...).

No tocante ao pagamento em numerário, o art. 63.º-E da Lei Geral Tributária, aditado pela Lei n.º 92/2017, de 22 de Agosto, veio determinar que é proibido pagar ou receber em numerário em transacções de qualquer natureza que envolvam montantes iguais ou superiores a € 3 000, ou o seu equivalente em moeda estrangeira, sendo que este limite passa para € 10 000, ou o seu equivalente em moeda estrangeira, sempre que o pagamento seja realizado por pessoas singulares não residentes em território português e desde que não actuem na qualidade de empresários ou comerciantes.

A realização de transacções em numerário que excedam os limites legalmente previstos é punível com coima de € 180 a € 4 500 – art. 129.º do Regime Geral das Infracções Tributárias, na redacção daquela Lei n.º 92/2017.

3 – Sobre menções alusivas ao registo e à matriz, vide infra 2.7.

4 – Sobre data, lugar e hora da realização do acto e identificação do advogado, vide infra 2.2.

5 – Sobre representação, vide infra 2.5 (no caso desta minuta, 2.5.2).

6 – Sobre identificação dos intervenientes, vide infra 2.3.

7 – Sobre verificação da identidade dos intervenientes, vide infra 2.4.

8 – Nos termos do art. 40.º da Lei n.º 15/2013, de 8 de Fevereiro, a escritura pública ou documento particular que titule negócio sobre bem imóvel (negócio que vise a constituição ou aquisição de direitos reais sobre bens imóveis, a permuta, o trespasse ou o arrendamento dos mesmos ou a cessão de posição em contratos cujo objecto seja um bem imóvel) deve mencionar a informação prestada pelos outorgantes sobre se os citados negócios foram ou não objecto da intervenção de empresa de mediação imobiliária (com indicação, em caso afirmativo, da respectiva denominação social e número de licença ou registo junto do Instituto da Construção e de Imobiliário, I.P.), bem como a advertência de que incorrem na pena correspondente ao crime de desobediência previsto no artigo 348.º do Código Penal, no caso de falsearem essa informação.

Quando haja indícios da intervenção na mediação de negócios sobre bens imóveis de pessoa singular ou colectiva que não esteja legalmente habilitada para o exercício da actividade de mediação imobiliária, o notário ou profissional equiparado deve enviar ao falado Instituto, no prazo de 15 dias, cópia dos documentos em que tal intervenção conste.

9 – Sobre advertências, vide infra 2.9.

10 – O n.º 1 do art. 9.º do Decreto-Lei n.º 68/2004, de 25 de Março, determina que não pode ser celebrada escritura pública (e agora também documento particular autenticado) que envolva a aquisição a título oneroso da propriedade de prédio ou fracção destinada à habitação sem que o titulador se certifique da existência da *ficha técnica da habitação* e de que a mesma é entregue ao comprador.

A exigência da aludida ficha técnica não se aplica relativamente aos prédios construídos antes da entrada em vigor do Regulamento Geral das Edificações Urbanas, aprovado pelo Decreto-Lei n.º 38 382, de 7 de Agosto de 1951, nem aos prédios que se encontrem edificados e sobre os quais exista licença de utilização ou haja requerimento apresentado para a respectiva emissão antes de 30 de Março de 2004, data da entrada em vigor do dito diploma – cfr. n.º 2 do art. 2.º desse Decreto-Lei n.º 68/2004.

O mesmo se diga se a aquisição ocorrer antes de 16 de Agosto de 2004, data da entrada em vigor da Portaria n.º 817/2004, de 16 de Julho – cfr. deliberação tomada pelo CT no proc. R.P. n.º 161/2006 e homologada em 26.08.2007.

Diga-se, a propósito, que a Portaria n.º 817/2004, de 16 de Julho – que veio depois aprovar o modelo dessa ficha técnica da habitação –, exige que a citada ficha seja *entregue em suporte de papel* ao consumidor adquirente do prédio urbano ou fracção autónoma destinada a habitação.

Convém, por isso, não esquecer que *nos documentos particulares autenticados de aquisição a título oneroso de prédio ou fracção autónoma destinada a habitação, relativamente às quais seja exigível a ficha técnica da habitação, o advogado (ou o solicitador) deve mencionar que se certificou da entrega dessa ficha, em suporte de papel, ao comprador.*

A existência de ficha técnica de habitação pode ser anotada à descrição, dando-se, assim, aos cidadãos a possibilidade de encontrarem, num único local, toda a informação considerada necessária para a aquisição e celebração de negócios jurídicos sobre imóveis – alínea b) do n.º 1 do art. 90.º-A do Código do Registo Predial, na redacção do Decreto-Lei n.º 116/2008, de 4 de Julho.

O DL n.º 118/2013, de 20 de Agosto, visando assegurar e promover a melhoria do desempenho energético dos edifícios através do *Sistema Certificação Energética dos Edifícios* (SCE), considera abrangidos pelo SCE os edifícios ou fracções, novos ou sujeitos a grande intervenção, e ainda todos os edifícios ou fracções existentes a partir do momento da sua venda, dação em cumprimento ou locação posterior a 1 de Dezembro de 2013, salvo, designadamente, nos casos de venda ou dação em cumprimento a comproprietário, a locatário, em processo executivo, a entidade expropriante ou para demolição total confirmada pela entidade licenciadora competente – cfr. art. 3.º.

O art. 4.º considera, entre outros, excluídos do SCE as instalações industriais, agrícolas ou pecuárias; os edifícios ou fracções exclusivamente destinados a armazéns, estacionamento, oficinas e similares; os edifícios unifamiliares com área útil igual ou inferior a 50 m2; os edifícios de comércio e serviços devolutos; e os edifícios em ruínas.

Nos termos dos n.os 2 e 3 do art. 5.º, a existência de pré-certificado ou de certificado SCE é verificada aquando da celebração de contratos de compra e venda ou locação (ficando consignado no contrato o número do certificado ou pré-certificado), devendo os tituladores comunicar à ADENE os casos em que não seja evidenciada a existência de pré-certificado ou certificado SCE, identificando o edifício ou fracção e o seu anterior e actual proprietário.

Deste modo, os proprietários dos edifícios e sistemas técnicos abrangidos pelo SCE são obrigados a obter o pré-certificado e o certificado e entregar cópia deles ao promitente-comprador ou locatário no acto de celebração de contrato-promessa de compra e venda ou locação e o original no acto de celebração da compra e venda, ficando sujeitos às contra-ordenações previstas no art. 20.º – cfr. ainda art. 14.º.

A Portaria n.º 349-A/2013, de 29 de Novembro, regulamenta as competências da entidade gestora do SCE, aprovando vários anexos sobre as actividades dos técnicos, as categorias de edifícios, para efeitos de certificação energética, bem como os tipos de pré-certificados e certificados SCE e responsabilidade pela sua emissão, etc.

Convém, no entanto, notar que *o referenciado diploma não impõe qualquer obrigação a notários ou às entidades com competência para autenticar contratos de compra e venda*.

Impõe, isso sim, ao proprietário, e apenas a este, a obrigação de apresentar o certificado emitido no âmbito do SCE ao potencial comprador (locatário ou arrendatário), nos casos em que este é exigível.

Vide neste sentido, o despacho de 25 de Novembro de 2013 do Presidente do Conselho Directivo do IRN, segundo o qual cabe à entidade tituladora (ou à entidade que proceder à autenticação dos documentos particulares que titulem compra e venda) indagar da existência de certificado e, sendo apresentado, mencioná-lo no título ou no termo de autenticação.

Se o certificado não for apresentado incumbir-lhe-á comunicar esse facto à ADENE.

11 e 12 – Sobre arquivamento e exibição de documentos, vide infra 2.8.

13 – A utilização dos edifícios ou suas fracções autónomas concluídos a partir de 3 de Março de 2008 – data da entrada em vigor das alterações introduzidas ao Decreto-Lei n.º 555/99, de 16 de Dezembro, levadas a cabo pela Lei n.º 60/2007, de 4 de Setembro – passa a estar sujeita apenas a *autorização*, em vez de *licença*.

A apresentação de autorização de utilização é *dispensada* se a existência desta estiver anotada à descrição e o prédio não tiver sofrido alterações – n.º 4 do art. 1.º do Decreto-Lei n.º 281/99, de 26 de Julho, e alínea *a)* do n.º 1 do art. 90.º-A do Código do Registo Predial, na redacção que lhes foi dada pelo Decreto-Lei n.º 116/2008, de 4 de Julho.

14 – A visualização *online* da certidão deve efectuar-se na altura da assinatura do termo de autenticação, indicando-se o momento preciso da informação em vigor, a fim de evitar que, antes disso, tenha sido apresentado qualquer pedido de registo de ónus ou encargo não referenciado no acto.

15 – Sobre intervenientes acidentais, vide infra 2.10.

16 – A alínea *l)* do n.º 1 do art. 46.º do CN não exige que do instrumento conste a menção de este ter sido lido em voz alta e na presença simultânea de todos os intervenientes, contrariamente ao preceituado na lei anterior.

Mantém-se, porém, a obrigação de o título ser lido em voz alta e na presença simultânea de todos os intervenientes, por força do n.º 1 do art. 50.º do mesmo diploma.

Os requisitos a que estão sujeitos os documentos particulares autenticados merecem, no entanto, algumas notas adicionais, seguindo-se, na sua apreciação, até onde for possível, a ordem indicada pelo art. 46.º do CN.

2. **Requisitos gerais e especiais**

2.1. ***Denominação do documento***

A lei não exige a referência a este elemento.

Trata-se, porém, de uma menção conveniente para se identificar o tipo ou a natureza do acto lavrado.

Esta menção deve fazer-se em termos concisos, como, por exemplo, compra e venda, doação, partilha, etc.

Não obstante, nota-se que não é a denominação do acto que decide qual o negócio jurídico por ele titulado, mas sim o respectivo conteúdo.

2.2. *Data, lugar e hora da realização do acto e identificação do advogado ou do solicitador*

O documento e o termo de autenticação devem conter a data e o lugar em que foram lavrados e assinados e, quando solicitado pelas partes, o termo deve ainda conter a indicação da hora da sua realização.

No termo de autenticação deve referenciar-se concretamente a localização do escritório do advogado (ou do solicitador), mediante a menção do respectivo endereço, ou seja, o nome da rua, número de polícia e local da sua situação.

O advogado (ou o solicitador) deve ser identificado pelo nome, número da cédula profissional, data da sua emissão e entidade emitente.

A falta da menção da data e lugar em que foi lavrado o termo de autenticação é causa de nulidade, nos termos do art. 70.º, n.º 1, alínea *a)*, do CN.

2.3. *Identificação dos intervenientes*

A identificação é a dos intervenientes e a dos seus representados: aqueles e estes, se forem pessoas físicas, serão identificados pelo nome completo, estado, naturalidade e residência habitual, indicando-se, se algum não for português, a sua nacionalidade – cfr. art.º 46.º, n.º 1, alínea *c)*, primeira parte, e n.º 4, do CN.

Como o documento se destina a titular actos sujeitos a registo, quando a pessoa a quem o acto respeitar for casada, indicar-se-á também o nome completo do cônjuge e o regime de bens do casamento – cfr. alínea *a)* do n.º 1 do art. 47.º do CN.

As sociedades devem ser identificadas pela indicação da firma, tipo, sede, conservatória do registo onde se encontrem matriculadas, número de matrícula e de identificação de pessoa colectiva e, sendo caso disso, pela menção de que a sociedade se encontra em liquidação; as de capitais devem indicar ainda o capital social, o montante do capital realizado, se for diverso, e o montante do capital próprio segundo o último balanço aprovado, sempre que este for igual ou inferior a metade do capital social – vide art. 171.º, n.os 1 e 2, do Código das Sociedades Comerciais.

As demais pessoas colectivas pela denominação, sede e número de identificação de pessoa colectiva – cfr. n.º 1, alínea *c)*, segunda parte, do art. 46.º do CN.

O número fiscal de contribuinte – instituído *originariamente*, tanto para as pessoas singulares como para as pessoas colectivas e entidades equiparadas (NIF ou NIPC), pelo DL n.º 463/79, de 30 de Novembro – passou a constar também da identificação dos intervenientes, sempre que do acto resultem obrigações fiscais.

A implementação do regime atinente ao cartão de cidadão, cartão da empresa e cartão de pessoa colectiva veio alterar as regras de emissão do cartão de contribuinte, pelo que o *DL n.º 14/2013, de 28 de Janeiro, harmonizando a legislação sobre a identificação fiscal dos contribuintes, revogou o dito DL n.º 463/79.*

O número de identificação fiscal é obrigatório para as pessoas singulares e colectivas ou entidades legalmente equiparadas que se encontrem sujeitas ao cumprimento de obrigações ou pretendam exercer os seus direitos junto da Administração Tributária e Aduaneira (AT) e é abreviadamente designado por NIF ou NIPC, respectivamente.

O NIF das entidades abrangidas pelo RRNPC corresponde ao NIPC que for atribuído a essas entidades, após emissão de certificado de admissibilidade de firma ou denominação ou de inscrição no ficheiro central de pessoas colectivas.

Às heranças indivisas pode também ser atribuído um NIF.

Como decorre do anteriormente dito, o NIF deve ser mencionado e comprovado nos actos notariais quando deles decorram obrigações fiscais e sempre que os interessados se dirijam à Administração Tributária e Aduaneira, designadamente em todas as declarações, participações, guias de entrega de imposto, requerimentos, petições, exposições, reclamações, impugnações, recursos, ou quaisquer outros documentos que sejam ou devam ser apresentados nos serviços de Administração Tributária.

Após a atribuição de NIF, é sempre emitido cartão de contribuinte a todas as pessoas singulares, excepto às que se encontrem obrigadas a obter cartão de cidadão, nos termos do art. 3.º da Lei n.º 7/2007 (ou seja, cidadãos nacionais, residentes em Portugal ou no estrangeiro, a partir dos 6 anos de idade ou logo que a sua apresentação seja exigida para o relacionamento com algum serviço público).

O cartão emitido pelo RNPC para as entidades sujeitas ao seu regime jurídico serve, para os devidos efeitos, como cartão de contribuinte dessas entidades.

Relativamente aos fundos e às entidades não contempladas no regime jurídico do RNPC que se encontrem sujeitas ao cumprimento de obrigações fiscais ou pretendam exercer os seus direitos junto da Administração Tributária, é emitido cartão de contribuinte após validação informática da declaração de início de actividade.

Quanto às heranças indivisas apenas é emitido cartão de contribuinte quando o cabeça-de-casal, seu representante ou gestor de negócios, o solicitem.

A Lei n.º 7/2007, de 5 de Fevereiro, criou o cartão de cidadão, que contém, além de outros elementos relevantes para a sua identificação, o *número de identificação fiscal.*

O DL n.º 247-B/2008, de 30 de Dezembro, criou o cartão da empresa e o cartão de pessoa colectiva, que passam a conter, num único documento físico, além de outros, designadamente o número de identificação da segurança social (NISS) da empresa ou da pessoa colectiva, o NIPC – atribuído pelo RNPC na sequência de emissão de certificado de admissibilidade de firma ou denominação ou de inscrição no ficheiro central de pessoas colectivas – que é, como se sabe, relevante para a identificação das empresas e das pessoas colectivas perante quaisquer autoridades e entidades públicas ou privadas e que serve como *cartão de contribuinte* dessas entidades.

Com o cartão da empresa e o cartão de pessoa colectiva deixam os cidadãos e as empresas de estar onerados com a obtenção de dois cartões – o cartão de identificação da pessoa colectiva e o cartão de identificação fiscal – passando a ter, num cartão único, toda a informação relevante.

Tanto o cartão da empresa como o cartão de pessoa colectiva podem ser pedidos através da Internet em *www.empresaonline.pt* ou em *www.irn.mj.pt* e nos serviços de registo.

Além da emissão do cartão da empresa e do cartão de pessoa colectiva em suporte físico, é disponibilizado, de forma gratuita e automaticamente, no momento da inscrição da pessoa colectiva ou entidade equiparada no FCPC, o cartão electrónico da empresa ou da pessoa colectiva, mediante a atribuição de um código de acesso, tendo o mesmo valor e efeitos do que o cartão da empresa ou de pessoa colectiva.

O cartão da empresa pode conter o código de acesso à certidão permanente de registo comercial da empresa que, se for dado a qualquer outra entidade, evita que esta lhe possa pedir uma certidão de registo comercial em papel.

Os modelos do cartão da empresa e do cartão da pessoa colectiva foram aprovados pela Portaria n.º 4/2009, de 2 de Janeiro, deles constando diversos elementos visíveis de identificação: nome, firma ou denominação; NIPC; NISS; domicílio ou morada da sede; natureza jurídica e data da constituição; código CAE e CAE secundário; código do cartão electrónico; tipo de documento e número de emissão, único e sequencial.

2.4. *Verificação da identidade dos intervenientes*

A verificação da identidade dos intervenientes pode fazer-se por um dos seguintes modos:

a) conhecimento pessoal (a utilização deste meio não deve ser facilitada).

b) bilhete de identidade, documento equivalente (v.g., cartão de cidadão) ou *carta de condução*, se tiverem sido emitidos por um dos países da União Europeia.

Os seis países que a constituíram foram: República Federal da Alemanha, França, Bélgica, Itália, Holanda (Países Baixos) e Luxemburgo.

Em 1972 entraram: Reino Unido, Dinamarca e Irlanda.

Em 1986, os países do sul: Grécia, Portugal e Espanha.

Em 1994, os países ditos neutros e ricos: Áustria, Suécia e Finlândia.

Em 2003, mais 10 novos países: Eslovénia, Eslováquia, República Checa, Chipre, Estónia, Letónia, Malta, Polónia, Lituânia e Hungria.

Em 2007 aderiram mais 2: Bulgária e Roménia.

Em 2013 tem lugar o último alargamento: Croácia.

Em 23 de Junho de 2016 ocorreu no Reino Unido um referendo que ditou a vitória do "Brexit" e, consequentemente, o início do processo da sua saída da União Europeia.

Registe-se, a título de curiosidade, que a Lei n.º 37/2006, de 9 de Agosto, regula o exercício do direito de livre circulação e residência dos cidadãos da União Europeia e dos membros das suas famílias no território nacional.

Quanto aos B.I. de cidadãos de fora da União Europeia são plenamente reconhecidos os relativos aos nacionais de São Tomé e Príncipe, da Guiné-Bissau, de Angola e de Moçambique (conforme os Acordos Judiciários ou de Cooperação Jurídica e Judiciária entre Portugal e esses países) e aos brasileiros (para os que não gozam do estatuto de igualdade os seus B.I. são válidos por 12 meses; para os que gozam do estatuto de igualdade conferido pela Convenção sobre a Igualdade de Direitos e Deveres entre Brasileiros e Portugueses é fornecido, para uso interno, documento de identidade de modelo igual ao dos portugueses, com menção da sua nacionalidade e referência àquela convenção).

As condições e procedimentos de ***entrada, permanência, saída e afastamento de cidadãos estrangeiros do território português, bem como o estatuto de residente de longa duração*** encontram-se regulados na Lei n.º 23/2007, de 4 de Julho, alterada pelas Leis n.ºs 29/2012, de 9 de Agosto, 56/2015, de 23 de Junho, 63/2015, de 30 de Junho, 59/2017, de 31 de Julho, 102/2017, de 28 de Agosto (que a republicou), e 26/2018, de 5 de Julho (a Lei n.º 23/2007 foi regulamentada pelos Decretos Regulamentares n.ºs 84/2007, de 5 de Novembro e 2/20013, de 18 de Março, DL n.º 31/2014, de 27 de Fevereiro, e Decretos Regulamentares n.ºs 15-A/2015, de 2 de Setembro, e 9/2018, de 11 de Setembro).

Nos termos do art. 4.º da referida lei n.º 23/2007, o seu âmbito de aplicação reporta-se a cidadãos estrangeiros e apátridas, não sendo, porém, aplicável a:

a) Nacionais de um Estado membro da União Europeia, de um Estado parte no Espaço Económico Europeu ou de um Estado terceiro com o qual a Comunidade Europeia tenha concluído um acordo de livre circulação de pessoas;

b) Nacionais de Estados terceiros que residam em território nacional na qualidade de refugiados, beneficiários de protecção subsidiária ao abrigo das disposições reguladoras do asilo ou beneficiários de protecção temporária;

c) Nacionais de Estados terceiros membros da família de cidadão português ou de cidadão estrangeiro abrangidos pelas alíneas anteriores.

Tudo isto sem prejuízo das obrigações decorrentes da Convenção Relativa ao Estatuto dos Refugiados, adoptada em Genebra em 28 de Julho de 1951, alterada pelo Protocolo Adicional à Convenção Relativa ao Estatuto dos Refugiados, adoptado em Nova Iorque em 31 de Janeiro de 1967, das convenções internacionais em matéria de direitos humanos e das convenções internacionais em matéria de extradição de pessoas de que Portugal seja Parte ou a que se vincule e dos regimes especiais constantes de:

a) Acordos bilaterais ou multilaterais celebrados entre a Comunidade Europeia ou a Comunidade Europeia e os seus Estados membros, por um lado, e um ou mais Estados terceiros, por outro;

b) Convenções internacionais de que Portugal seja Parte ou a que se vincule, em especial os celebrados ou que venha a celebrar com países de língua oficial portuguesa, a nível bilateral ou no quadro da Comunidade dos Países de Língua Oficial Portuguesa;

c) Protocolos e memorandos de entendimento celebrados entre Portugal e Estados terceiros – cfr. art. 5.º.

Ao cidadão estrangeiro e apátrida autorizado a residir (temporária ou permanentemente) em território português é emitido um ***título de residência***, o qual substitui, para todos os efeitos legais, o documento de identificação, sem prejuízo do regime previsto no Tratado de Amizade, Cooperação e Consulta entre a República Portuguesa e a República Federativa do Brasil, assinado em Porto Seguro em 22 de Abril de 2000 – cfr. arts. 74.º e 84.º da dita Lei n.º 23/2007.

O título de residência é também concedido a quem tenha sido reconhecido o *estatuto de refugiado* ou o estatuto de protecção subsidiária e a quem tenha sido reconhecido o estatuto de membro da família de beneficiário do estatuto de refugiado ou de membro da família de beneficiário do estatuto de protecção subsidiária – vide Portaria n.º 1432/2008, de 10 de Dezembro.

A Lei n.º 7/2007, de 5 de Fevereiro (alterada pelas Leis n.ºs 91/2015, de 12 de Agosto, e 32/2017, de 1 de Junho, que a republicou), criou o *cartão de cidadão*, que contém os dados de cada cidadão relevantes para a sua identificação, incluindo, por isso, além de outros, o *número de identificação civil*.

Este cartão – que constitui título bastante para provar a identidade do titular perante quaisquer autoridades e entidades públicas e privadas em todo o território nacional (e fora dele, quando a sua eficácia extraterritorial for reconhecida por normas comunitárias e convenções internacionais) – é de obtenção obrigatória para todos os cidadãos nacionais, residentes em Portugal ou no estrangeiro, a partir dos 20 dias após o registo do nascimento.

Dispõe o art. 19.º da dita Lei n.º 7/2007 que o cartão de cidadão é válido até à data nele indicada, fixada de acordo com a portaria dos membros do Governo responsáveis pelas áreas da modernização administrativa e da justiça.

O art. 61.º do citado diploma legal permite, porém, a emissão de cartão de cidadão com o prazo de validade de um ano, quando se suscitem dúvidas sobre a nacionalidade do requerente, não podendo o cartão nesse caso conter qualquer referência sobre o elemento relativo à nacionalidade.

Uma vez emitido, o cartão de cidadão produz de imediato todos os seus efeitos, substituindo o bilhete de identidade (e também, convém dizê-lo, o cartão de contribuinte, o cartão de utente dos serviços de saúde e o cartão de identificação da segurança social), sendo o único documento de identificação dos cidadãos, a partir de 31 de Dezembro de 2017, excepto em relação aos bilhetes de identidade que se encontrem válidos naquela data.

c) passaporte

Os passaportes podem ter uma das seguintes categorias:

a) Comum;
b) Diplomático;
c) Especial;
d) Para estrangeiros.
e) Temporário.

Os passaportes previstos nas alíneas a), b), c) e d) revestem a forma de passaporte electrónico.

O passaporte pode ser substituído, nas condições previstas no DL n.º 83/2000, de 11 de Maio, por *título de viagem única* – cfr. DL n.º 83/2000, de 11 de Maio[10].

[10] Alterado pelos DLs n.ºs 278/2000, de 10 de Novembro, e 108/2004, de 11 de Maio, pela Lei n.º 13/2005, de 26 de Janeiro, pelos Dls n.ºs 138/2006, de 26 de Julho, 97/2011, de 20 de Setembro, e 54/2015, de 16 de Abril, Lei n.º 32/2017, de 1 de Junho, e DL n.º 19/2018, de 14 de Março.

Os passaportes servem para a verificação da identidade dos seus titulares, quer os portadores residam ou não em Portugal, não devendo ser aceites os que são válidos "apenas para viajar".

A Portaria n.º 302/2015, de 22 de Setembro, aprovou, em anexo, o modelo de título de viagem para os cidadãos estrangeiros residentes em Portugal na qualidade de refugiados, revestindo a forma de passaporte electrónico com zona de leitura óptica e *chip* de leitura por radiofrequência, nos termos da lei reguladora do direito de asilo.

d) declaração de dois abonadores.

De assinalar que as testemunhas instrumentárias podem servir de abonadores.

Nos termos dos arts. 48.º, n.º 1, alínea *d)*, e 67.º, n.º 3, os abonadores e as testemunhas estão também sujeitos à verificação da sua identidade – e, por maioria de razão, os intérpretes, peritos e leitores –, a qual só por um dos meios previstos nas alíneas *a)* a *c)* desse art. 48.º pode ser feita (ou seja, por conhecimento pessoal, pela exibição do bilhete de identidade, de documento equivalente ou da carta de condução, se tiverem sido emitidos pela autoridade competente de um dos países da União Europeia – e, evidentemente, do cartão de cidadão – ou pela exibição do passaporte.

Mas o titulador deverá também, relativamente aos peritos médicos, certificar-se das suas habilitações académicas, se delas não tiver conhecimento pessoal. Para tal, bastará fazer a exibição das respectivas cédulas profissionais.

O bilhete de identidade, carta de condução, cartão de cidadão e passaporte devem ser mencionados no acto pelo número, data de emissão e serviço emitente e os seus dados não podem diferir dos fornecidos pelos interessados, a menos que se trate da residência ou do estado civil e, neste último caso, se comprove por documento que a alteração não ocorreu há mais de 6 meses.

A propósito deste tema da verificação da identidade dos intervenientes, convém dizer que a Lei n.º 83/2017, de 18 de Agosto, veio estabelecer *medidas de natureza preventiva e repressiva de combate ao branqueamento de capitais e ao financiamento do terrorismo*, medidas cuja observância, tanto quanto sabemos, não têm sido bem acolhidas no seio da classe dos advogados e também, como é natural, na classe dos solicitadores.

Apesar disso, não queremos deixar de dar a conhecer o que sobre o tema escrevemos, dirigido aos notários, em nova edição do Manual de Direito Notarial.

A definição de *branqueamento de capitais* está na alínea j) do n.º 1 do art. 2.º:

– As condutas previstas no art.º 368.º-A do Código Penal, ou seja, a conversão ou transferência de bens provenientes da prática dos factos ilícitos típicos de lenocínio, abuso sexual de crianças ou de menores dependentes, extorsão, tráfico de estupefacientes e substâncias psicotrópicas, tráfico de armas, tráfico de órgãos ou tecidos humanos, tráfico de espécies protegidas, fraude fiscal, tráfico de influência, corrupção, peculato e participação económica em negócio, fraude na obtenção ou desvio de subsídio, subvenção ou crédito e infracções económico-financeiras, com recurso à tecnologia informática, e as de dimensão internacional ou transnacional.

– A aquisição, a detenção ou a utilização de bens, com conhecimento, no momento da sua recepção, de que provêm de uma actividade criminosa ou da participação numa actividade dessa natureza; e

– A participação num desses actos, a tentativa e a cumplicidade na sua prática, bem como o facto de facilitar a sua execução ou de aconselhar alguém a praticá-lo.

O *financiamento do terrorismo* define-o a alínea s) do mesmo n.º 1 como sendo as condutas previstas no artigo 5.º-A da Lei de combate ao terrorismo (Lei n.º 52/2003, de 22 de Agosto, alterada pelas Leis n.ºs 59/2007, de 4 de Setembro, 25/2008, de 5 de Junho, 17/2011, de 3 de Maio, e 60/2015, de 24 de Junho), designadamente: fornecimento, recolha ou detenção de fundos ou bens de qualquer tipo, bem como produtos ou direitos susceptíveis de ser transformados em fundos, com a intenção de serem utilizados ou sabendo que podem ser utilizados, total ou parcialmente, no planeamento, na preparação ou para a prática, por exemplo, dos crimes contra a vida, a integridade física ou a liberdade das pessoas e contra a segurança dos transportes e das comunicações, crimes de produção dolosa de perigo comum, através de incêndio, explosão, libertação de substâncias radioactivas ou de gases tóxicos ou asfixiantes, de inundação ou avalancha, desmoronamento de construção, contaminação de alimentos e águas destinadas a consumo humano ou difusão de doença, praga, planta ou animal nocivos, crimes que impliquem o emprego de energia nuclear, armas de fogo, biológicas ou químicas, substâncias ou engenhos explosivos, meios incendiários de qualquer natureza, encomendas ou cartas armadilhadas, sempre que, pela sua natureza ou pelo contexto em que são cometidos, sejam susceptíveis de afectar gravemente o Estado ou a população que se visa intimidar.

Estão obrigadas aos ditames da lei as entidades a que se referem os arts. 3.º e 4.º (entidades financeiras e não financeiras, respectivamente) e também, nos termos do art. 5.º, as entidades aí descritas, que a lei considera equiparadas a entidades obrigadas.

Entre as entidades não financeiras obrigadas estão, nos termos dos arts. 2.º, n.º 1, alínea r), 4.º, n.º 1, alínea f), e n.º 2, os *advogados, solicitadores, notários e outros profissionais independentes da área jurídica, constituídos em sociedade ou em prática individual,* os quais estão sujeitos às determinações da lei e ao cumprimento dos deveres que ela lhes impõe, quando intervenham, por conta de um cliente ou noutras circunstâncias, *fundamentalmente* em:

a) Operações de compra e venda de bens imóveis, estabelecimentos comerciais ou participações sociais; e

b) Operações de constituição de sociedades, de outras pessoas colectivas ou de centros de interesses colectivos sem personalidade jurídica (isto é: os patrimónios autónomos, tais como condomínios de imóveis em propriedade horizontal, heranças jacentes e fundos fiduciários (*trusts*) de direito estrangeiro) que envolvam a realização das contribuições e entradas de qualquer tipo para o efeito necessárias.

Os deveres a cujo cumprimento as entidades obrigadas estão sujeitas na sua actuação são o de controlo, de identificação e diligência, de comunicação, de abstenção, de recusa, de conservação, de exame, de colaboração, de não divulgação, e de formação, estando em geral ***proibidas de praticar actos de que possa resultar o seu envolvimento em qualquer operação de branqueamento de capitais ou de financiamento do terrorismo, devendo adoptar todas as medidas adequadas para prevenir tal envolvimento*** – art. 11.º, n.ºs 1 e 3.

Atentemos em alguns desses deveres que têm de ser observados pelas entidades obrigadas:

– O *dever de identificação*, quando intervenham em actos que titulem transacções de montante igual ou superior a € 15 000, independentemente de a transacção ser realizada através de uma única operação ou de várias operações aparentemente relacionadas entre si, ou que constituam uma transferência de fundos de montante superior a € 1 000 ou se suspeite que as operações, independentemente do seu valor, possam estar relacionadas com o branqueamento de capitais ou com o financiamento do terrorismo ou quando existam dúvidas sobre a veracidade ou a adequação dos dados de identificação dos clientes previamente obtidos – cfr. art. 23.º.

A *identificação dos clientes e dos respectivos representantes* é efectuada nos termos do art. 24.º:

a) No caso de *pessoas singulares*, mediante recolha e registo dos seguintes elementos identificativos: fotografia; nome completo; assinatura; data de nascimento; nacionalidade constante do documento de identificação; tipo, número, data de validade e entidade emitente do documento de identificação; número de identificação fiscal ou, quando não disponha de número de identificação fiscal, o número equivalente emitido por autoridade estrangeira competente; profissão e entidade patronal, quando existam; endereço completo da residência permanente e, quando diverso, do domicílio fiscal; naturalidade; outras nacionalidades não constantes do documento de identificação.

b) No caso das *pessoas colectivas ou de centros de interesses colectivos sem personalidade jurídica*, mediante recolha e registo dos seguintes elementos identificativos: denominação; objecto; morada completa da sede social e, quando aplicável, da sucursal ou do estabelecimento estável, bem como, quando diversa, qualquer outra morada dos principais locais de exercício da actividade; número de identificação de pessoa colectiva ou, quando não exista, número equivalente emitido por autoridade estrangeira competente; identidade dos titulares de participações no capital e nos direitos de voto de valor igual ou superior a 5 %; identidade dos titulares do órgão de administração ou órgão equivalente, bem como de outros quadros superiores relevantes com poderes de gestão; país de constituição; código CAE (Classificação das Actividades Económicas), código do sector institucional ou outro código de natureza semelhante, quando exista.

c) No caso dos *representantes dos clientes*, as entidades obrigadas verificam igualmente o documento que habilita tais pessoas a agir em representação dos mesmos.

Quanto aos *meios comprovativos dos elementos identificativos*, o art. 25.º dispõe que para efeitos da *verificação da identificação das pessoas singulares*, as entidades obrigadas exigem sempre a apresentação de documentos de identificação válidos, dos quais constem a fotografia, o nome completo, a assinatura, a data de nascimento, a nacionalidade constante do documento de identificação, e o tipo, número, data de validade e entidade emitente do documento de identificação.

A comprovação dos dados referidos é efectuada através da utilização electrónica do cartão de cidadão com recurso à plataforma de interoperabilidade da administração pública, após autorização do titular dos documentos ou do respectivo representante, ou através de Chave Móvel Digital, ou com recurso a plataformas de interoperabilidade entre sistemas de informação emitidos por serviços públicos, nos termos do Regulamento (UE) 910/2014, do Parlamento Europeu e do Conselho, de 23 de Julho de 2014.

Fora destes casos, a comprovação dos documentos referidos é efectuada mediante a reprodução do original dos documentos de identificação, em suporte físico ou electrónico; cópia certificada dos mesmos; o acesso à respectiva informação electrónica com valor equivalente, designadamente através do recurso a dispositivos que confiram certificação qualificada, nos termos a definir por regulamentação ou da recolha e verificação dos dados electrónicos junto das entidades competentes responsáveis pela sua gestão.

Para efeitos da *verificação da identificação das pessoas colectivas ou de um centro de interesses colectivos sem personalidade jurídica*, as entidades obrigadas exigem sempre a apresentação do cartão de identificação da pessoa colectiva, da certidão do registo comercial ou, no caso de entidade com sede social situada fora do território nacional, de documento equivalente emitido por fonte independente e credível, que comprovem a denominação; o objecto; a morada completa da sede social e, quando aplicável, da sucursal ou do estabelecimento estável, bem como, quando diversa, qualquer outra morada dos principais locais de exercício da actividade; e o número de identificação de pessoa colectiva ou, quando não exista, número equivalente emitido por autoridade estrangeira competente.

Além disso, quando o cliente for uma pessoa colectiva ou um centro de interesses colectivos sem personalidade jurídica, as entidades obrigadas têm de conhecer quem são os *beneficiários efectivos do cliente,* em função do concreto risco de branqueamento de capitais e de financiamento do terrorismo – diz o n.º 1 do art. 29.º.

– Consideram-se b*eneficiários efectivos das entidades societárias,* quando não sejam sociedades com acções admitidas à negociação em mercado regulamentado:

a) A pessoa ou pessoas singulares que detêm a propriedade ou o controlo, directo ou indirecto, de uma percentagem suficiente de acções ou dos direitos de voto ou de participação no capital de uma pessoa colectiva;

b) A pessoa ou pessoas singulares que exercem controlo por outros meios sobre essa pessoa colectiva;

c) A pessoa ou pessoas singulares que detêm a direcção de topo, se, depois de esgotados todos os meios possíveis e na condição de não haver motivos de suspeita, não tiver sido identificada nenhuma pessoa nos termos das alíneas anteriores; ou subsistirem dúvidas de que a pessoa ou pessoas identificadas sejam os beneficiários efectivos.

Para os efeitos de aferição da qualidade de beneficiário efectivo, quando o cliente for uma entidade societária, as entidades obrigadas:

a) Consideram como indício de propriedade directa a detenção, por uma pessoa singular, de participações representativas de mais de 25 % do capital social do cliente;

b) Consideram como indício de propriedade indirecta a detenção de participações representativas de mais de 25 % do capital social do cliente por entidade societária que esteja sob o controlo de uma ou várias pessoas singulares; ou várias entidades societárias que estejam sob o controlo da mesma pessoa ou das mesmas pessoas singulares;

c) Verificam a existência de quaisquer outros indicadores de controlo e das demais circunstâncias que possam indiciar um controlo por outros meios.

– Consideram-se b*eneficiários efectivos dos fundos fiduciários*:

a) O fundador (settlor);

b) O administrador ou administradores fiduciários (trustees) de fundos fiduciários;

c) O curador, se aplicável;

d) Os beneficiários ou, se os mesmos não tiverem ainda sido determinados, a categoria de pessoas em cujo interesse principal o fundo fiduciário (trust) foi constituído ou exerce a sua actividade;

e) Qualquer outra pessoa singular que detenha o controlo final do fundo fiduciário (trust) através de participação directa ou indirecta ou através de outros meios.

– Consideram-se b*eneficiários efectivos de pessoas colectivas de natureza não societária, como as fundações, ou de centros de interesses colectivos sem personalidade jurídica de natureza análoga a fundos fiduciários*, a pessoa ou pessoas singulares com posições equivalentes ou similares às mencionadas imediatamente antes – cfr. art. 30.º.

As entidades obrigadas recolhem, relativamente aos beneficiários efectivos do cliente, pelo menos, os seguintes elementos identificativos: fotografia; nome completo; assinatura; data de nascimento; nacionalidade constante do documento de identificação; tipo, número, data de validade e entidade emitente do documento de identificação – art. 32.º, n.º 1.

A comprovação desses elementos identificativos dos beneficiários efectivos do cliente efectua-se através da utilização electrónica do cartão de cidadão com recurso à plataforma de interoperabilidade da administração pública, após autorização do titular dos documentos ou do respectivo representante, ou através de Chave Móvel Digital – art. 32.º, n.º 4.

De acordo com o art. 33.º, as pessoas colectivas que estabeleçam ou mantenham relações de negócio com entidades obrigadas ou com estas realizem transacções ocasionais disponibilizam-lhes em tempo útil informação sobre o seu proprietário legal ou titular formal, sobre os seus beneficiários efectivos e dados detalhados sobre a natureza do controlo exercido pelo beneficiário efectivo e os interesses económicos subjacentes.

Isto, sem embargo de as entidades obrigadas poderem consultar as informações constantes do *registo central do beneficiário efectivo*, sempre que o cliente, nos termos da legislação específica (Lei n.º 89/2017, de 21 de Agosto, que abordaremos adiante), estiver obrigado a registar os seus beneficiários efectivos em território nacional – diz o art. 34.º.

– O *dever de comunicação*, sempre que souberem, suspeitarem ou tiverem razões suficientes para suspeitar que certos fundos ou outros bens provêm de actividades criminosas ou estão relacionados com o financiamento do terrorismo, informando de imediato, por sua própria iniciativa, o Departamento Central de Investigação e Acção Penal da Procuradoria-Geral da República (DCIAP) e a Unidade de Informação Financeira – cfr. arts. 43.º e 44.º.

Segundo cremos, mantém-se a doutrina anteriormente vigente no domínio da revogada Lei n.º 25/2008, de 5 de Junho, segundo a qual a informação deve ser dirigida ao Procurador-Geral da República, mediante envio da comunicação para o endereço electrónico *uai.dciap@pgr.pt* e à Unidade de Informação Financeira da Polícia Judiciária, mediante preenchimento do formulário electrónico disponível em *www.policiajudiciaria.pt/portalweb/page/%7B05D39412-A622-466C-8-82F8-3C0D4794F548%7D* – cfr. ainda deliberação do Conselho Directivo do IRN n.º 01CD/2014 de 27 de Março.

– O *dever de abstenção* relativamente à celebração ou de algum modo à participação em quaisquer negócios de que, no âmbito da sua actividade profissional, resulte a violação dos limites à utilização de numerário, previstos em legislação específica – cfr. art. 10.º.

É o caso do art. 63.º-E da Lei Geral Tributária, aditado pela Lei n.º 92/2017, de 22 de Agosto, o qual veio determinar que é proibido pagar ou receber em numerário em transacções de qualquer natureza que envolvam montantes iguais ou superiores a € 3 000, ou o seu equivalente em moeda estrangeira, sendo que este limite passa para € 10 000, ou o seu equivalente em moeda estrangeira, sempre que o pagamento seja realizado por pessoas singulares não residentes em território português e desde que não actuem na qualidade de empresários ou comerciantes.

A par deste caso particular, há um *dever geral de abstenção* que impende sobre as entidades obrigadas, relativamente à execução de qualquer operação ou conjunto de operações, presentes ou futuras, que saibam ou que suspeitem poder estar associadas a fundos ou outros bens provenientes ou relacionados com a prática de actividades criminosas ou com o financiamento do terrorismo – art. 47.º.

Quando tal acontecer, os notários procedem de imediato à respectiva comunicação nos termos acabados de referir, informando adicionalmente a DCIAP e a Unidade de Informação Financeira que se absteve de executar uma operação ou conjunto de operações ao abrigo do mencionado dever.

No caso de considerar que a abstenção não é possível ou que, após consulta ao DCIAP e à Unidade de Informação Financeira, é susceptível de prejudicar a prevenção ou a futura investigação das actividades criminosas de que provenham fundos ou outros bens, do branqueamento de capitais ou do financiamento do terrorismo, as operações podem ser realizadas, comunicando o notário ao DCIAP e à Unidade de Informação Financeira, de imediato, as informações respeitantes às operações.

A Unidade de Informação Financeira, no prazo de dois dias úteis a contar do recebimento das comunicações do notário, pronuncia-se sobre as mesmas, remetendo ao DCIAP a informação apurada.

O notário pode executar as operações relativamente às quais tenha exercido o dever de abstenção quando não seja notificado, no prazo de seis dias úteis a contar da comunicação efectuada, da decisão do DCIAP de suspensão temporária; ou quando seja notificado, dentro do mesmo prazo, da decisão do DCIAP de não determinar a suspensão temporária, podendo as mesmas ser executadas de imediato.

No caso de considerar que a abstenção não é possível, o notário faz constar de documento ou registo (conservados nos termos do artigo 51.º e colocados, em permanência, à disposição das autoridades sectoriais) as razões para a impossibilidade do exercício do dever de abstenção e as referências à realização das consultas ao DCIAP e à Unidade de Informação Financeira, com indicação das datas de contacto e dos meios utilizados.

– O *dever de recusa* em iniciar relações de negócio, realizar transacções ocasionais ou efectuar outras operações, quando não obtenham os elementos identificativos e os respectivos meios comprovativos previstos para a identificação e verificação da identidade do cliente, do seu representante e do beneficiário efectivo, incluindo a informação para a aferição da qualidade de beneficiário efectivo e da estrutura de propriedade e de controlo do cliente; ou a informação sobre a natureza, o objecto e a finalidade da relação de negócio – art. 50.º.

– O *dever de conservação* por um período de sete anos após o momento em que a identificação do cliente se processou ou, no caso das relações de negócio, após o termo das mesmas, as cópias, registos ou dados electrónicos extraídos de todos os documentos que obtenham ou lhes sejam disponibilizados pelos seus clientes ou quaisquer outras pessoas, no âmbito dos procedimentos de identificação e diligência; a documentação integrante dos processos ou ficheiros relativos aos clientes e às suas contas, incluindo a correspondência comercial enviada; e quaisquer documentos, registos e análises, de foro interno ou externo, que formalizem o cumprimento do disposto na lei que se vem analisando – art. 51.º.

– *Dever de exame*, com especial cuidado, das condutas, actividades ou operações cujos elementos caracterizadores as tornem susceptíveis de poderem estar relacionadas com fundos ou outros bens que provenham de actividades criminosas ou que estejam relacionados com o financiamento do terrorismo (atentas a natureza, a finalidade, a frequência, a complexidade, a invulgaridade e a atipicidade da conduta, da actividade ou das operações), tendo em vista o cumprimento ou não do dever de comunicação – art. 52.º.

– *Dever de colaboração* relativamente ao que lhes for requerida pelo DCIAP e pela Unidade de Informação Financeira, bem como pelas demais autoridades judiciárias e policiais, pelas autoridades sectoriais e pela Autoridade Tributária e Aduaneira, da forma que se encontra prevista no n.º 2 do art. 53.º.

– *Dever de não divulgação*, por parte das referidas entidades e dos seus colaboradores, ao cliente ou a terceiros que foram, estão a ser ou irão ser transmitidas as comunicações legalmente devidas ou quaisquer informações relacionadas com aquelas comunicações e que se encontra ou possa vir a encontrar-se em curso uma investigação ou inquérito criminal, bem como quaisquer outras investigações, inquéritos, averiguações, análises ou procedimentos legais a conduzir pelas autoridades judiciárias, policiais ou sectoriais – cfr. art. 54.º.

Há, finalmente, que assinalar, sobre ilícitos disciplinares e respectivas sanções, que a violação, por notário, advogado ou solicitador dos deveres previstos na mencionada lei ou na respectiva regulamentação constitui uma ***infracção de natureza disciplinar***, punível em conformidade com o estatuto da respectiva ordem profissional e demais legislação e regulamentação aplicáveis – art. 183.º.

Quando nos termos do estatuto a infracção seja punível com pena de multa, o limite máximo desta é elevado para o dobro, no caso do montante correspondente ao benefício económico resultante da prática da infracção ser determinável e superior a € 500 000.

No caso dos notários, o poder disciplinar é da competência do Ministro da Justiça e da Ordem dos Notários, nos termos do disposto no n.º 1 do art. 62.º do EN – n,ºs 1 e 3 do art. 184.º.

Convém ter em atenção que a Lei n.º 89/2017, de 21 de Agosto, aprovou em anexo o **Regime Jurídico do Registo Central do Beneficiário Efectivo** (RCBE), previsto no art. 34.º da mencionada Lei n.º 83/2017.

Estão sujeitas ao RCBE as entidades societárias, os fundos fiduciários e as pessoas colectivas de natureza não societária, como as fundações, ou os centros de interesses colectivos sem personalidade jurídica de natureza análoga a fundos fiduciários – cfr. art. 3.º do citado Regime Jurídico.

Consideram-se *beneficiários efectivos* dessas entidades as pessoas elencadas no art. 30.º da Lei n.º 83/2017, ou seja, essencialmente as pessoas físicas que controlam uma empresa, fundação, entidade empresarial, sociedade civil ou comercial, cooperativa, fundo ou *trust*, através da propriedade das participações sociais (designadamente, a detenção de 25% do capital social, de forma directa (propriedade) ou indirecta (direitos de voto) ou de outros meios definidos nessa lei (por exemplo, direitos especiais que permitem controlar a entidade) ou, em casos especiais, a direcção de topo (gerente, administrador, director, etc.).

Por isso, os arts. 3.º e 7.º da Lei n.º 89/2017 determinam que *os documentos que formalizem a constituição de sociedades civis e comerciais, cooperativas, fundações ou de entidades sujeitas ao RCBE devem conter a identificação das pessoas singulares que detêm, ainda que de forma indirecta ou através de terceiro, a propriedade das participações sociais ou, por qualquer outra forma, o controlo efectivo da sociedade.*

E o n.º 1 do art. 4.º acrescenta que as sociedades comerciais (e as outras entidades) devem *manter um registo actualizado* dos elementos de identificação dos sócios, com discriminação das respectivas participações sociais; das pessoas singulares que detêm, ainda que de forma indirecta ou através de terceiro, a propriedade das participações sociais; e de quem, por qualquer forma, detenha o respectivo controlo efectivo – art. 4.º, n.º 1.

Para efeitos do disposto neste art. 4.º, os sócios são obrigados a informar a sociedade de qualquer alteração aos seus elementos de identificação, no prazo de 15 dias a contar da data da mesma (podendo ainda a sociedade notificar o sócio para, no prazo máximo de 10 dias, proceder à essa actualização, sob pena de a sociedade poder amortizar as respectivas participações sociais, no caso de incumprimento injustificado do dever de informação pelo sócio, após a falada notificação) – art. 5.º.

Diga-se, a propósito, que o incumprimento pela sociedade (ou por qualquer das mencionadas entidades) do dever de manter um registo actualizado dos elementos de identificação do beneficiário efectivo constitui contra-ordenação punível com coima de (euro) 1 000 a (euro) 50 000 – art. 6.º.

O registo do beneficiário efectivo, de que vimos falando, é obrigatório para todas essas entidades constituídas em Portugal ou que aqui pretendam fazer negócios.

A entidade gestora do Registo Central do Beneficiário Efectivo (RCBE) – cujo regime jurídico foi aprovado pela citada Lei n.º 89/2017 – é o Instituto dos Registos e do Notariado, I.P. (IRN,I.P.), sendo a obrigação declarativa cumprida através do preenchimento e submissão de um formulário electrónico em *https://rcbe.justica.gov.pt*.

Dos arts. 6.º e 7 do Regime Jurídico do RCBE extrai-se a conclusão de que o beneficiário efectivo pode ser declarado por gerentes, administradores ou pessoas com funções equivalentes, autenticando-se com cartão de cidadão ou chave móvel digital; fundadores das entidades, na sequência de procedimentos especiais de constituição imediata; advogados, notários e solicitadores com poderes de representação, autenticados com certificados digitais profissionais.

Na declaração do beneficiário efectivo são recolhidos os dados constantes do art. 9.º do Regime Jurídico, quanto às entidades ou aos titulares de participações sociais que sejam pessoas colectivas, relativamente ao beneficiário efectivo e às pessoas singulares referidas nos n.ºs 1 e 2 do art. 8.º e relativamente ao declarante.

A *declaração inicial do beneficiário efectivo* é sempre efectuada com o registo de constituição da sociedade ou com a primeira inscrição no Ficheiro Central de Pessoas Colectivas, consoante se trate ou não de entidade sujeita a registo comercial – art. 12.º, n.º 1.

No domínio da vigência da Portaria n.º 233/2018, de 21 de Agosto (que regulamentou a Lei n.º 89/2017), para as *entidades activas* já existentes no dia 1 de Outubro de 2018, a primeira declaração de beneficiário efectivo devia ser feita a partir de 1 de Janeiro, nos seguintes períodos:

– entidades sujeitas a registo comercial – de 1 de Janeiro a 30 de Abril de 2019;

– outras entidades – de 1 de Maio até 30 de Junho de 2019.

Para as *entidades constituídas a partir de 1 de Outubro de 2018*, devia efectuar-se a primeira declaração de beneficiário efectivo no prazo de 30 dias:

– após a constituição da entidade sujeita a registo comercial;

– após a inscrição definitiva no Ficheiro Central de Pessoas Colectivas de entidade não sujeita a registo comercial;

– após a atribuição de NIF pela Autoridade Tributária e Aduaneira, quando se trate de entidade que não deva ter inscrição no Ficheiro Central de Pessoas Colectivas.

Depois da primeira inscrição, todas as entidades estavam obrigadas a actualizar toda a informação que consta dessa declaração:

– sempre que existam alterações aos dados declarados, no prazo de 30 dias a contar do facto que a origina;

– no momento da extinção, dissolução ou cessação, de facto ou de direito, da entidade deve ser cumprido o dever de declaração de todas as alterações ocorridas quanto aos respectivos beneficiários efectivos;

– a partir de 2020, em confirmação anual até ao dia 15 de Julho de cada ano – cfr. arts. 14.º e 15.º.

Entretanto, a Portaria n.º 200/2019, de 28 de Junho, revogando os arts. 13.º e 17.º da assinalada Portaria n.º 233/2018, veio, nos arts. 2.º a 4.º, determinar o seguinte:

Prazo para a declaração inicial

A declaração inicial das entidades sujeitas ao RCBE constituídas à data de entrada em vigor da presente portaria (ou seja, 28 de Junho de 2019), deve ser efectuada, de forma faseada, nos termos seguintes:

a) Até 31 de Outubro de 2019, as entidades sujeitas a registo comercial;

b) Até 30 de Novembro de 2019, as demais entidades sujeitas ao RCBE.

Consulta do RCBE

1 – As entidades obrigadas, nos termos definidos na Lei n.º 83/2017, de 18 de Agosto, devem efectuar consultas ao RCBE

após 31 de Janeiro de 2020, excepto se às mesmas for disponibilizado, em momento anterior, o respectivo código de acesso.

2 – O disposto no número anterior aplica -se a todas as entidades sujeitas ao RCBE, ainda que constituídas após 1 de Outubro de 2018.

Confirmação anual da informação

A confirmação anual da informação sobre o beneficiário efectivo é dispensada em 2020, incluindo para as entidades cuja declaração foi efetuada em 2018, sem prejuízo da actualização da informação a que deva haver lugar.

2.5. ***Representação***

Como ensinava Manuel de Andrade, os negócios jurídicos são, de ordinário, realizados directamente pelas pessoas em cuja esfera jurídica eles produzem os seus efeitos.

Acontece, porém, frequentemente, ser uma a pessoa que conclui o negócio e outra a pessoa no interesse de quem ele é concluído. Torna-se então necessário que a intenção de realizar o negócio no interesse de outrem se exteriorize mediante a declaração – normalmente acompanhada de prova dos pertinentes poderes – de que o negócio é concluído *em nome doutrem*.

Fala-se nestes casos em representação, a qual consiste na realização de um negócio em nome doutrem para na esfera jurídica desse outrem serem produzidos os correspectivos efeitos – cfr. art. 258.º do CC.

Como se sabe, a pessoa que age em nome doutrem chama-se *representante* e *representado* o dono do negócio.

Atendendo à origem do poder representativo, é usual classificar-se a representação em legal ou necessária e voluntária.

A representação legal ou necessária é a representação própria de certos incapazes de direito e das pessoas colectivas, mas, relativamente à representação destas, há quem forme com ela uma categoria autónoma designada por representação orgânica.

A cada uma delas (assim entendidas como legal, voluntária e orgânica) nos iremos referir separadamente, na parte que mais interessa ao direito notarial.

2.5.1. *Representação legal*

O domínio de aplicação da representação legal resulta das disposições que a consagram para suprir a incapacidade dos menores ou dos maiores impossibilitados, por razões de saúde, deficiência, ou pelo seu comportamento, de exercer, plena, pessoal e conscientemente, os seus direitos ou de, nos mesmos termos, cumprir os seus deveres.

A lei determina a necessidade da representação, indicando quem é o representante e quais são os seus poderes representativos.

Os poderes do representante não lhe são outorgados pela autonomia da vontade do representado, inscrevem-se na sua esfera jurídica *ex vi legis*, não podendo o representante renunciar a esses poderes.

O Código do Notariado exige que se faça alusão no acto notarial aos documentos que justifiquem a qualidade de representante, mencionando-se, no caso de representação legal (e também no de representação orgânica), terem sido verificados os poderes necessários para o acto.

A doutrina acabada de enunciar – que, aliás, consta da alínea *e)* do n.º 1 do art. 46.º – não é, porém, aplicável aos pais que outorguem na qualidade de representantes de filhos menores, segundo nos diz o n.º 5 desse artigo.

2.5.1.1. *Incapacidade de menores*

A incapacidade dos menores é suprida pelo exercício das responsabilidades parentais e, subsidiariamente, pela tutela – art. 124.º.

a) Exercício das responsabilidades parentais

Na constância do matrimónio (e o mesmo se diga quando a filiação se encontre estabelecida relativamente a ambos os progenitores e estes vivam em condições análogas às dos cônjuges) o exercício das responsabilidades parentais pertence a ambos os pais.

Os pais exercem as responsabilidades parentais de comum acordo e, se este faltar em questões de particular importância, qualquer deles pode recorrer ao tribunal, que tentará a conciliação.

Se um dos pais praticar acto que integre o exercício das responsabilidades parentais, presume-se que age de acordo com o outro, salvo quando a lei expressamente exija o consentimento de ambos os progenitores ou se trate de acto de particular importância (de notar que, nos termos do n.º 1 do art. 44.º do Regime Geral do Processo Tutelar Cível (RGPTC), aprovado pela Lei n.º 141/2015, de 8 de Setembro, quando o exercício das responsabilidades parentais seja exercido em comum por ambos os pais, mas estes não estejam de acordo em alguma questão de particular importância, pode qualquer deles requerer ao tribunal a resolução do diferendo).

Quando um dos pais não puder exercer as responsabilidades parentais por ausência, incapacidade ou outro impedimento decretado pelo tribunal, caberá esse exercício unicamente ao outro progenitor ou, no impedimento deste, por decisão judicial, à seguinte ordem preferencial de pessoas:

– Ao cônjuge ou unido de facto de qualquer dos pais;
– A alguém da família de qualquer dos pais.

É então recomendável deixar exarado no contexto do respectivo instrumento notarial a causa do impedimento do faltoso.

Por morte de um dos progenitores, o exercício das responsabilidades parentais pertence ao sobrevivo ou, no impedimento deste, por decisão judicial, alguém da sua família (ou com quem esteja casado ou unido de facto), sem prejuízo de o tribunal dever ter em conta disposição testamentária do progenitor falecido, caso exista, que designe tutor para a criança – cfr. arts. 1901.º a 1904.º e 1911.º do CC.

Em caso de divórcio, separação judicial de pessoas e bens, declaração de nulidade ou anulação do casamento, e quando os cônjuges estiverem separados de facto as responsabilidades parentais relativas às questões de particular importância para a vida do filho são exercidas em comum por ambos os progenitores nos termos que vigoravam na constância do matrimónio, salvo nos casos de urgência manifesta, em que qualquer dos progenitores pode agir sozinho.

O exercício das responsabilidades parentais relativas aos actos da vida corrente do filho cabe ao progenitor com quem ele reside habitualmente, ou ao progenitor com quem ele se encontra temporariamente – cfr. art. 1906.º do CC.

Quando o filho for confiado a terceira pessoa – por acordo, decisão judicial ou nos casos de perigo para a segurança, saúde, formação moral e educação do filho – cabem a esta os poderes e deveres dos pais que forem exigidos pelo adequado desempenho das suas funções – art. 1907.º do CC.

No caso de a filiação se encontrar estabelecida apenas quanto a um dos pais e este não puder exercer as responsabilidades parentais por ausência, incapacidade ou outro impedimento decretado pelo tribunal, caberá esse exercício, por decisão judicial, à pessoa com quem ele estiver casado ou unido de facto ou a alguém da família do pai.

Relativamente ao exercício conjunto das responsabilidades parentais pelo único progenitor da criança e pelo seu cônjuge ou unido de facto, a Lei n.º 137/2015, de 7 de Setembro, introduziu no CC uma disposição inovadora, o art. 1904.º-A, que diz o seguinte:

"1 – Quando a filiação se encontre estabelecida apenas quanto a um dos pais, as responsabilidades parentais podem ser também atribuídas, por decisão judicial, ao cônjuge ou unido de facto deste, exercendo-as, neste caso, em conjunto com o progenitor.

2 – O exercício conjunto das responsabilidades parentais, nos termos do número anterior, depende de pedido do progenitor e do seu cônjuge ou unido de facto.

3 – O tribunal deve, sempre que possível, ouvir o menor.

4 – O exercício das responsabilidades parentais, nos termos do presente artigo, inicia-se e extingue-se antes da maioridade ou emancipação apenas por decisão judicial, com fundamento nos artigos 1913.º a 1920.º -A.

5 – Em caso de divórcio, separação de pessoas e bens, declaração de nulidade ou anulação do casamento, separação de facto ou cessação da coabitação entre os corresponsáveis parentais aplica-se o disposto nos artigos 1905.º e 1906.º, com as devidas adaptações."

É claro que, se o acto a praticar pelos pais em representação dos filhos menores estiver dependente de autorização judicial – vide arts. 1889.º e 1890.º do CC – ou do Ministério Público, terá de se fazer prova dessa autorização.

Falámos em autorização judicial ou do Ministério Público, porque, nos termos da alínea *b)* do n.º 1 e da alínea b) do n.º 2 do art. 2.º do Decreto-Lei n.º 272/2001, de 13 de Outubro (alterado pelo Decreto-Lei n.º 324/2007, de 28 de Setembro, e pelas Leis n.ºs 61/2008, de 31 de Outubro, 122/2013, de 26 de Agosto, e 49/2018, de 14 de Agosto, esta em vigor a partir de 1 de Setembro), actualmente é da competência do Ministério Público a autorização para a prática de actos pelo representante legal do incapaz, quando legalmente exigida, sendo necessária a autorização judicial apenas quando esteja em causa a outorga de partilha extrajudicial e o representante legal concorra à sucessão com o seu representado, nomeando-se então curador especial, bem como nos casos em que o pedido de autorização seja dependente de processo de inventário ou de acompanhamento.

Num caso destes, dir-se-á, por exemplo, quando se identificarem os pais:

PRIMEIRO – F... e mulher F... naturais e residentes... que intervêm em representação legal de seu filho F..., de ... anos de idade (se o menor tiver idade núbil, entendemos que deve indicar-se não a idade mas o estado), natural e residente... devidamente autorizados para este acto por decisão do Ministério Público..., como se comprova por certidão que apresentam.

SEGUNDO – ...

b) ***Tutela***

Se entrar em funcionamento o instituto da *tutela*, por os pais haverem falecido ou por estarem inibidos do exercício das responsabilidades parentais quanto à regência da pessoa do filho (ou impedidos de facto há mais de 6 meses desse exercício) ou se forem incógnitos, o cargo de tutor recairá sobre a pessoa designada pelos pais ou pelo tribunal de menores – cfr. arts. 124.º, 1921.º, 1927.º, 1928.º, n.º 3, e 1931.º do CC –, ficando o tutor com os mesmos direitos e obrigações dos pais – cfr. art. 1935.º do mesmo diploma.

A representação legal terá, então, como se compreende, de ser verificada pelo documento que designe o tutor – testamento, documento autêntico ou autenticado, ou documento exarado pelo tribunal, conforme os casos –, tendo em atenção que devem ser recusados os actos proibidos ao tutor pelo art. 1937.º e que os previstos no art. 1938.º deverão ser previamente autorizados.

Convém no entanto notar que a constituição do *apadrinhamento civil* (cujo regime jurídico foi estabelecido pela Lei n.º 103/2009, de 11 de Setembro, alterada pela Lei n.º 141/2015, de 8 de Setembro) faz terminar a tutela, deixando o menor de estar obrigatoriamente a ela sujeito – cfr. arts. 1921.º, n.º 3, e 1961.º, alínea *g)*, ambos do CC.

2.5.1.2. *Incapacidade de maiores*

A Lei n.º 49/2018, de 14 de Agosto – com entrada em vigor 180 dias após a sua publicação, ou seja, 10 de Fevereiro de 2019 –, criou o *regime jurídico do maior acompanhado* e eliminou os institutos da interdição e da inabilitação previstos no CC.

O art. 26.º do referido diploma diz que a lei tem aplicação imediata aos processos de interdição e de inabilitação pendentes aquando da sua entrada em vigor, cabendo ao juiz utilizar os poderes de gestão processual e de adequação formal para proceder às adaptações necessárias nos processos pendentes, dado que aos actos dos requeridos se aplica a lei vigente no momento da sua prática.

E diz ainda que:

– Às interdições decretadas antes da entrada em vigor da presente lei aplica-se o regime do maior acompanhado, sendo atribuídos ao acompanhante poderes gerais de representação e cabendo ao juiz autorizar a prática de actos pessoais, directa e livremente, mediante requerimento justificado, e ao acompanhante autorizar os actos antes submetidos à aprovação do curador.

– Os tutores e curadores nomeados antes da entrada em vigor da citada lei passam a acompanhantes, aplicando-se-lhes o regime adoptado pela nova lei.

2.5.1.2.1. *O regime jurídico do maior acompanhado*

Compulsando os arts. 138.º a 156.º do CC, na redacção que lhes foi dada pela dita Lei n.º 49/2018, fica-se com a seguinte ideia geral sobre o regime:

O maior que esteja impossibilitado, por razões de saúde, deficiência, ou pelo seu comportamento, de exercer, plena, pessoal e conscientemente, os seus direitos ou de, nos mesmos termos, cumprir os seus deveres, beneficia das medidas de acompanhamento que forem decididas pelo tribunal, tendo em vista assegurar-lhe o seu bem-estar, a sua recuperação, o pleno exercício de todos os seus direitos e o cumprimento dos seus deveres.

O acompanhante é escolhido pelo acompanhado ou pelo seu representante legal, sendo designado judicialmente.

Na falta de escolha, o acompanhamento é deferido, no respectivo processo, à pessoa cuja designação melhor salvaguarde o interesse imperioso do beneficiário, designadamente: ao cônjuge não separado, judicialmente ou de facto; ao unido de facto; a qualquer dos pais; à pessoa designada pelos pais ou pela pessoa que exerça as responsabilidades parentais, em testamento ou em documento autêntico ou autenticado; aos filhos maiores; a qualquer dos avós; à pessoa indicada pela instituição em que o acompanhado esteja integrado; ao mandatário a quem o acompanhado tenha conferido poderes de representação; ou a outra pessoa idónea.

Independentemente do que haja sido pedido, o tribunal pode cometer ao acompanhante algum ou alguns dos regimes seguintes:

a) Exercício das responsabilidades parentais ou dos meios de as suprir, conforme as circunstâncias;

b) Representação geral ou representação especial com indicação expressa, neste caso, das categorias de actos para que seja necessária;

c) Administração total ou parcial de bens;
d) Autorização prévia para a prática de determinados actos ou categorias de actos; ou
e) Intervenções de outro tipo, devidamente explicitadas.

Convém salientar que *os actos de disposição de bens imóveis carecem de autorização judicial prévia e específica.*

No entanto, *o exercício pelo acompanhado de direitos pessoais e a celebração de negócios da vida corrente são livres,* salvo disposição da lei ou decisão judicial em contrário, sendo pessoais, entre outros, os direitos de casar ou de constituir situações de união, de procriar, de perfilhar ou de adoptar, de cuidar e de educar os filhos ou os adoptados, de escolher profissão, de se deslocar no país ou no estrangeiro, de fixar domicílio e residência, de estabelecer relações com quem entender e de testar.

O internamento do maior acompanhado depende de autorização expressa do tribunal.

Os actos praticados pelo maior acompanhado que não observem as medidas de acompanhamento decretadas ou a decretar são anuláveis, quando forem posteriores ao registo do acompanhamento ou quando forem praticados depois de anunciado o início do processo, mas apenas após a decisão final e caso se mostrem prejudiciais ao acompanhado.

2.5.2. ***Representação voluntária***

Ao contrário do que acontece com a representação legal, a lei não impõe a necessidade da representação voluntária.

Na representação voluntária os poderes do representante procedem da vontade do representado, mediante negócio jurídico destinado a conferi-los, a procuração – cfr. art. 262.º do CC –, a qual, quando for exigível intervenção notarial, pode ser lavrada por instrumento público, por documento escrito e assinado pelo representado com reconhecimento presencial da letra e assinatura ou por documento autenticado – n.º 1 do art. 116.º do CN.

O Código de Seabra identificava o instituto da representação voluntária (também chamada representação convencional) com o mandato.

Para esse diploma, onde houvesse representação voluntária havia mandato e, inversamente, onde existisse contrato de mandato existia também representação.

A representação voluntária e o contrato de mandato são regulados no Código Civil de 1966 com autonomia: a primeira, nos arts. 262.º a 269.ª; o segundo, nos arts. 1157.º a 1184.º.

A propósito da representação voluntária, o n.º 1 do art. 262.º preceitua que a procuração é o acto (entenda-se, *negócio jurídico unilateral*) pelo qual alguém atribui a outrem voluntariamente *poderes representativos*, ao passo que, nos termos do art. 1157.º, mandato é o *contrato* pelo qual uma das partes se obriga a praticar um ou mais actos jurídicos *por conta da outra*.

A procuração é, portanto, um negócio jurídico diferente e independente do mandato, não havendo identificação entre eles.

Pode existir representação sem mandato (por exemplo: a procuração com poderes para a aquisição de determinado bem não vincula, por si só, o procurador a praticar o acto), assim como pode haver mandato sem representação (quando ao mandatário – que, como se sabe, age *por conta do mandante* – não tenham sido conferidos também poderes para agir *em nome dele*).

A representação voluntária deriva, como se disse, da procuração.

Com ela nasce entre o representado e o procurador uma relação de representação, designada por *relação de gestão* ou *relação ges-*

tória, a que o Código Civil chama *rela*ção jurídica que determina a procuração ou *relação jurídica que serve de base à procuração* – cfr., respectivamente, n.º 1 do art. 264.º e n.º 1 do art. 265.º.

Esta relação entre o representado e o procurador não se confina ao contrato de mandato, podendo derivar de outros tipos contratuais, dos quais resulte que uma das partes desenvolva uma actividade a favor de outra, vinculando-a, como acontece, por exemplo, no contrato de prestação de serviços de advogado ou solicitador.

No que respeita à representação voluntária, a lei contenta-se com a alusão aos documentos que justifiquem tal qualidade, os quais deverão ficar arquivados, se o não estiverem já.

Muitas vezes os poderes conferidos em procurações acham-se substabelecidos, hipótese em que se exigirão não só estas como também os substabelecimentos.

É supérflua qualquer referência à verificação de poderes, mas, como é evidente, o advogado tem que se certificar previamente, através da leitura do documento, que o representante tem os necessários poderes para intervir em nome do representado, pois, se ele não tem poderes para o acto que vai realizar, a menção da qualidade de procurador é falsa.

Na sequência da Lei n.º 19/2008, de 21 de Abril, o *Decreto Regulamentar n.º 3/2009, de 3 de Fevereiro* (alterado pelo DL n.º 209/2012, de 19 de Setembro), criou uma base de dados de procurações destinada a organizar e manter actualizada a informação respeitante às procurações, em especial a relativa às procurações irrevogáveis que contenham poderes de transferência da titularidade de imóveis.

Para tanto, *as entidades e profissionais perante os quais sejam outorgadas procurações irrevogáveis (e a respectiva extinção) que contenham poderes de transferência da titularidade de imóveis (ou outras procurações irrevogáveis cuja obrigatoriedade de registo venha a ser estabelecida na lei) passam a ter que promover, obrigatoriamente, o respectivo registo, através da transmissão electrónica de dados e documentos, no sítio da Internet com o endereço www.procuracoesonline.mj.pt, mantido pelo IRN.*

Estas procurações apenas produzem efeitos depois de registadas.

É facultativo o registo de quaisquer outras procurações (e a respectiva extinção) celebradas por escrito, independentemente da forma pela qual sejam outorgadas, podendo o pedido deste registo ser promovido pelo mandante, pelo mandatário ou pela entidade perante a qual for outorgada a procuração ou reconhecidas as respectivas assinaturas.

A Portaria n.º 307/2009, de 25 de Março (alterada pela Portaria n.º 286/2012, de 20 de Setembro), estabelece os termos em que se processa a transmissão electrónica de dados e de documentos relativos ao registo obrigatório de procurações irrevogáveis e ao registo facultativo de outras procurações celebradas por escrito.

O assinalado sítio da Internet permite as seguintes funções:

a) A autenticação dos utilizadores através do certificado digital do Cartão de Cidadão ou mediante certificado digital que comprove a qualidade profissional do utilizador: advogados, notários e solicitadores (quando o registo for efectuado por conservadores, oficiais de registo e notários afectos ou integrados em serviços dependentes do IRN, I.P., o reconhecimento da qualidade do utilizador é feito mediante autenticação no Sistema Integrado de Registo Predial – SIRP);

b) A indicação da data da outorga da procuração ou da sua extinção;

c) O preenchimento electrónico dos dados relativos aos mandantes e aos mandatários que sejam pessoas singulares (nome, estado civil – sendo casado, o nome do cônjuge e o regime de bens –, residência habitual ou domicílio profissional, número de identificação fiscal e número de identificação civil) ou colectivas (firma, sede, número de pessoa colectiva) e, no caso de procuração outorgada para celebração de negócio jurídico sobre bem imóvel, os dados relativos à identificação desse bem (número da descrição predial, freguesia e concelho, se estiver descrito, e artigo matricial, freguesia e concelho, no caso contrário);

d) O envio electrónico dos documentos necessários para promover o respectivo registo;

e) A certificação da data e da hora em que o pedido de registo foi concluído;

f) O envio automático do comprovativo electrónico do pedido de registo ao requerente do registo, com menção do código de identificação atribuído ao respectivo registo; e

g) A realização do registo da procuração de forma automática e por meios electrónicos, sem necessidade de validação ou confirmação do mesmo por meios humanos.

Por cada registo de procuração é disponibilizado um comprovativo com menção do código de identificação atribuído ao documento, o qual é enviado por correio electrónico à entidade que procedeu ao registo e aos sujeitos que constam da procuração, *após confirmação do pagamento da quantia devida*.

O código de identificação é disponibilizado pelo prazo de 3 meses, sendo devido o montante de € 10,00 por essa disponibilização, expirando 3 meses após 1 de Outubro de 2012 a validade dos códigos de identificação que foram atribuídos às procurações registadas electronicamente ao abrigo do citado Decreto Regulamentar n.º 3/2009.

O acesso directo e gratuito à base de dados é garantido aos magistrados judiciais e do Ministério Público no âmbito da prossecução das suas funções, aos órgãos de polícia criminal competentes para a investigação criminal e a outras entidades públicas a quem a lei atribua competências em matéria de prevenção e combate à corrupção e à criminalidade económico-financeira, evitando-se, assim, pedidos de informação, consultas ou deslocações dessas entidades a serviços públicos ou privados.

Finalmente, a Portaria n.º 696/2009, de 30 de Junho (alterada pelas Portarias n.ºs 286/2012, de 20 de Setembro, e 358/2015, de 14 de Outubro), veio estabelecer os termos e condições da disponibilização de acessos electrónicos com valor de certidão às procurações registadas através da Internet.

Designa-se por *certidão permanente de registo de procurações* a disponibilização do acesso à informação, em suporte electrónico e permanentemente actualizada, da reprodução dos registos em vigor (respeitantes ao tipo de procuração, data de outorga e data e hora do registo da mesma, identificação da entidade que procedeu ao registo, dos mandantes, dos mandatários e dos prédios) e dos documentos arquivados para os quais os registos remetam, respeitantes a uma procuração registada electronicamente

O acesso à informação, *durante o prazo de validade da certidão permanente*, efectua-se mediante a introdução do código de identificação disponibilizado aos mandantes e mandatários no sítio da Internet com o endereço *www.procuracoesonline.mj.pt*, mantido pelo IRN, como se disse supra.

A certidão permanente é disponibilizada pelo prazo de um, três ou cinco anos, podendo ser renovada por iguais períodos de tempo.

O pedido de subscrição ou de renovação do acesso à certidão permanente está sujeito ao pagamento das taxas previstas no art. 4.º-B da citada Portaria n.º 696/2009, na redacção actual da dita Portaria n.º 385/2015.

Deste jeito, os cidadãos e as empresas deixam de ter de pedir e pagar cópias certificadas de procurações sempre que os seus procuradores necessitam de comprovar os seus poderes ao abrigo de uma procuração.

Os poderes de representação voluntária passam a poder ser comprovados perante qualquer entidade pública ou privada, através do código de acesso à certidão da procuração registada.

Há ainda a ter em conta que em certos casos (ou para a prática de certos actos) não devem ser aceites procurações com poderes genéricos.

Exemplos:

– A lei repele que se transmitam, abstractamente, poderes de um cônjuge para o outro, embora se contente com uma especificação claramente estabelecida, quer por forma directa, quer indirectamente – pode ler-se no Código do Notariado, edição de 1973 da DGRN. Dá satisfação à exigência legal tanto a fórmula em que um dos cônjuges concede ao outro poderes para vender determinado prédio, como aquela em que apenas confere poderes para venda dos prédios que lhe pertencem sitos em certa localidade.

Sempre que um dos cônjuges apresente procuração, na qual o outro lhe confere poderes para alienar bens sitos em determinado concelho, não deve ser celebrada a venda sem a verificação prévia de que, à data em que tal procuração foi outorgada, os bens eram já propriedade do mandante. No caso de os bens terem sido adquiridos posteriormente à data da procuração, esta não deve ser aceite, pois é intuitivo que a concessão de poderes para esse negócio não podia estar na previsão do mandante.

O art. 1684.º do CC, preceituando que o consentimento conjugal, nos casos em que é legalmente exigido, deve ser especial para cada um dos actos, tem como finalidade principal impedir que os cônjuges, mediante a atribuição um ao outro de poderes indiscriminados, possam alterar, na constância do casamento, o estatuto legal que regula as suas relações patrimoniais.

Ora, o mesmo princípio da especialidade deve vigorar na outorga de poderes entre os cônjuges, pois, de contrário, cair-se-á no contra-senso de exigir, por um lado, que o consentimento conjugal seja especial para cada acto e de permitir, por outro, que um dos cônjuges pratique os mesmos actos com procuração outorgada pelo outro apenas com poderes conferidos em termos genéricos.

Como é evidente, o domínio de aplicação deste princípio da especialidade é limitado às relações entre os cônjuges, sendo, consequentemente, estranho à outorga de poderes a terceiros, quer por um, quer por ambos os cônjuges.

– A procuração para partilhas, não necessitando de conter poderes especificados ou minuciosos, não pode, porém, deixar de compreender a individualização do acto ou contrato de que se trata (Parecer da Procuradoria-Geral da República de 12/7/45 *in* Boletim do Ministério da Justiça, ano V, p. 443); e

– A procuração para fazer doações tem, pelo menos, que designar o donatário e determinar o objecto da doação – art. 949.º, n.º 1, do Código Civil.

Refira-se ainda que o art. 263.º do Código Civil, ao dispor sobre a capacidade do procurador, não exclui a possibilidade de serem atribuídos voluntariamente poderes de representação a pessoas colectivas.

Em tal caso, a determinação das pessoas físicas que, de facto, exercerão esses poderes dependerá – observadas as disposições legais aplicáveis – do disposto nos respectivos estatutos e, sendo o caso, da deliberação dos órgãos competentes – parecer dos Serviços Jurídicos da DGRN, *in* BRN n.º 10/98.

2.5.3. *Representação orgânica*

Estando as pessoas colectivas impossibilitadas de agir por si próprias, o exercício dos seus direitos tem de ser realizado por intermédio de pessoas singulares que, integrando o competente órgão de administração, estão incumbidas de actuar por elas, praticando, em seu nome e no seu interesse e ainda no âmbito dos poderes que lhes são atribuídos, os actos que irão produzir os correspondentes efeitos na sua esfera jurídica.

Para além dos poderes de administração – sendo os actos praticados dentro do objecto social definidos como de administração ordinária –, o órgão de administração tem poderes representativos, competindo-lhe no âmbito destes poderes dar cumprimento às deliberações tomadas em assembleia geral.

As pessoas colectivas também podem ser representadas por procuradores.

As procurações têm de ser emitidas pelos directores, administradores ou gerentes, nos termos previstos nos estatutos ou no tipo de sociedade, agindo os procuradores nos estritos limites dos poderes conferidos.

A representação das pessoas colectivas incumbe:

a) Nas associações e fundações, a quem os estatutos determinarem ou, na falta de disposição estatutária, à administração (vulgo, direcção) ou a quem por ela for designado – art. 163.º do Código Civil;

b) Nas sociedades em nome colectivo e por quotas, à gerência, e nas sociedades anónimas, à administração estruturada segundo uma de três modalidades: conselho de administração, conselho de administração, compreendendo uma comissão de auditoria, e conselho de administração executivo, conselho geral e de supervisão – cfr. arts. 192.º, 252.º, 278.º, 390.º e 405.º do Código das Sociedades Comerciais.

A questão da representação orgânica será aqui abordada relativamente às pessoas colectivas de direito comum e de direito canónico e às sociedades comerciais.

A capacidade das **pessoas colectivas**, regulada no Código Civil, *abrange todos os direitos e obrigações necessários ou convenientes à prossecução dos seus fins*, salvo os que forem vedados por lei ou forem inseparáveis da personalidade singular – art. 160.º do respectivo Código.

Quer dizer: o fim estatutário de uma pessoa colectiva constitui, em princípio, a medida da sua capacidade de gozo de direitos, sendo considerados nulos os actos praticados contra esse escopo – cfr. art. 294.º do mesmo código.

Os actos praticados para além do objecto também o serão, a menos que sejam necessários ou convenientes para a prossecução dos fins colectivos.

Disse-se, supra, que a representação das pessoas colectivas cabe a quem os estatutos determinarem ou, na falta de disposição estatutária, à administração em bloco ou a quem por ela for designado.

Assim, o advogado (ou o solicitador) deve consultar os estatutos e exigir, para instruir o documento particular autenticado, fotocópias da acta da eleição da administração e da acta da sua tomada de posse e, sendo caso disso, da deliberação da designação, se, evidentemente, não tiver conhecimento pessoal da qualidade que se arroga quem representar a pessoa colectiva e dos poderes que legitimam a sua intervenção, do que se fará expressa menção no texto do termo de autenticação, como o permite o n.º 3 do art. 49.º do CN.

A menção da intervenção de um director, em representação de uma associação, pode fazer-se do modo que segue: **PRIMEIRO** –

F... (estado, naturalidade e residência habitual), na qualidade de director em representação da associação denominada... com sede em..., NIPC ..., qualidade e poderes que verifiquei por certidão (ou fotocópia) de actas, que apresenta (ou por conhecimento pessoal).

Se o acto a praticar não estiver directamente contido no objecto específico da pessoa colectiva, o advogado (ou o solicitador) deve obter dos directores que a representarem a declaração – que consignará – de que o acto é necessário ou conveniente à prossecução dos seus fins.

A Lei n.º 16/2001, de 22 de Junho (Lei da Liberdade Religiosa) concedeu às **pessoas colectivas religiosas** a possibilidade de adquirirem personalidade jurídica pelo registo no competente departamento governamental, mas salvaguardou a Concordata entre a Santa Sé e a República Portuguesa, bem como a legislação aplicável à Igreja Católica – cfr. arts. 33.º e 58.º.

O Decreto-Lei n.º 134/2003, de 28 de Junho, criou então o registo de pessoas colectivas religiosas no âmbito da competência funcional do Registo Nacional de Pessoas Colectivas (RNPC), tendo a respectiva inscrição, como efeito a atribuição de personalidade jurídica – cfr. art. 1.º.

As confissões religiosas e as associações religiosas não católicas inscritas nos governos civis ou na Secretaria-Geral do Ministério da Justiça em momento anterior ao do início da vigência da citada Lei n.º 16/2001 conservaram a sua personalidade jurídica, com a obrigação de requerer a sua conversão em pessoa colectiva religiosa, no prazo de 3 meses, a contar de 1 de Dezembro de 2003, após o que seria extinto o actual registo de confissões religiosas e associações religiosas não católicas do Ministério da Justiça – cfr. art. 20º.

Logo, actualmente, estas pessoas colectivas só por certidão do respectivo registo no RNPC podem fazer prova da sua existência jurídica.

A Concordata (aprovada, para ratificação, pela Resolução da Assembleia da República n.º 74/2004 e ratificada pelo Decreto do Presidente da República n.º 80/2004, publicados no Diário da República – 1.ª Série – A – n.º 269, de 16 de Novembro de 2004) reconhece personalidade jurídica:

a) À Igreja Católica – art. 1.º, n.º 2;

b) À Conferência Episcopal Portuguesa – art. 8.º;

c) Às dioceses, paróquias e outras jurisdições eclesiásticas – art. 9.º, n.º 2; e

d) Às restantes pessoas jurídicas canónicas, incluindo os institutos de vida consagrada e as sociedades de vida apostólica canonicamente erectos, que hajam sido constituídas e participadas à autoridade competente pelo bispo da diocese onde tenham a sua sede, ou pelo seu legítimo representante, até à data da entrada em vigor da Concordata (18 de Dezembro de 2004) – art. 10.º, n.º 2.

A personalidade jurídica civil destas pessoas jurídicas canónicas, que se constituírem ou forem comunicadas após a entrada em vigor da Concordata vigente, é reconhecida através da inscrição em registo próprio do Estado em face de documento autêntico emitido pela autoridade eclesiástica competente de onde conste a sua erecção, fins, identificação, órgãos representativos e respectivas competências – art. 10.º, n.º 3.

O DL n.º 19/2015, de 3 de Fevereiro, criou, no âmbito da competência funcional do RNPC, o Registo de Pessoas Jurídicas Canónicas (RPJC), o qual é constituído por uma base de dados informatizados, contendo informação organizada e actualizada destinada à identificação das entidades canónicas e à publicitação da sua situação jurídica – art. 2.º.

Podem nele inscrever-se os institutos de vida consagrada, as sociedades de vida apostólica e as restantes pessoas jurídicas canónicas assim reconhecidas pela autoridade eclesiástica competente, ou seja, pelo Bispo Diocesano (para as pessoas jurídicas canónicas com sede na Diocese e de âmbito diocesano) e pela Conferência Episcopal Portuguesa (para as pessoas jurídicas canónicas de âmbito nacional) – art. 3.º.

A inscrição no RPJC tem por efeito a atribuição de personalidade jurídica às entidades nele inscritas – art. 4.º.

A Igreja Católica, a Conferência Episcopal Portuguesa, as dioceses, paróquias e outras jurisdições eclesiásticas, restantes pessoas jurídicas canónicas, incluindo os institutos de vida consagrada e as sociedades de vida apostólica canonicamente erectos, têm a mesma capacidade civil que o direito português atribui às pessoas colectivas de idêntica natureza – n.º 1 do art. 11.º da Concordata.

As *pessoas jurídicas canónicas que, além de fins religiosos, prossigam fins de assistência e solidariedade* desenvolvem a respectiva actividade de acordo com o regime jurídico instituído pelo direito português e gozam dos direitos e benefícios atribuídos às pessoas colectivas privadas com fins da mesma natureza – art. 12.º.

Suponhamos que é uma Fábrica da Igreja a entidade que intervém no instrumento.

A fórmula utilizada pode ser esta: *PRIMEIRO – Padre F... (estado, naturalidade e residência habitual), pároco da freguesia de..., que outorga como representante da Fábrica da Igreja de..., NIPC ..., com poderes para este acto, como verifiquei por uma credencial emitida pela diocese de... que arquivo.*

No que às **sociedades comerciais** diz respeito, a sua capacidade também compreende os direitos e obrigações necessários ou convenientes à prossecução dos seus fins, excepto os vedados por lei ou inseparáveis da personalidade singular, tal como vimos relativamente às pessoas colectivas – art. 6.º, n.º 1, do CSC.

Porém, o princípio da especialidade, consagrado para as pessoas colectivas regidas pelo direito comum, já não tem hoje, segundo a doutrina dominante, aplicação às sociedades comerciais, face à redacção do n.º 4 do falado art. 6.º.

A este propósito, escreveu Vaz Serra (RLJ, 103.º-271):

"Nestas sociedades, cujos negócios podem ter de ser realizados rapidamente e que são muitas vezes numerosos e interessam a vastas áreas e a vastos conjuntos de pessoas, não pode exigir-se dos terceiros que com elas contratam uma investigação perfeita e pormenorizada do objecto social.

Portanto, o acto, embora alheio ao objecto social, parece que deve ter-se como eficaz ao menos quando o terceiro estava de boa-fé. À administração é que cabe saber se o acto é abrangido no objecto social e os terceiros que com ela contratam podem confiar em que assim é: consequentemente, se o acto é estranho ao objecto social, nem por isso deixa de ser eficaz em relação ao terceiro, mas a administração responde para com a sociedade pela violação da cláusula estatutária relativa ao objecto ou fim social".

O advogado (ou solicitador) não tem, assim, que averiguar se certo acto se encaixa ou não no objecto social. Tem é que se certificar se os actos praticados em nome da sociedade o são pelo órgão competente para a representar e obrigar e dentro dos poderes que a lei e o contrato lhe concedem, ou seja, se os actos se integram na competência própria desse órgão ou se fazem parte da competência de outro órgão, por disposição imperativa da lei ou no silêncio do contrato social (por exemplo, nas sociedades por quotas: as matérias enumeradas no n.º 1 do art. 246.º do CSC são da **competência imperativa** dos sócios, não podendo essa competência ser transferida para outro órgão da sociedade, nem por força do contrato nem por simples deliberação deles próprios; as enumeradas no n.º 2 são da sua **competência dispositiva**, isto é, a competência só será deles se o contrato não dispuser de forma diversa).

Os actos assim realizados não são inválidos e, por tal, o advogado (ou solicitador) não pode recusar-se a praticá-los – cfr. art. 173.º.

A representação das sociedades pertence – relembra-se aqui – à gerência ou à administração, nunca aos sócios, a qual pode ser constituída por pessoas estranhas à própria sociedade, de acordo com a previsão dos arts. 191.º, n.º 2, 252.º, n.º 1, e 390.º, n.º 3, do CSC, respectivamente, para as sociedades em nome colectivo, por quotas e anónimas.

Quando o titular do órgão de representação é singular, não pode, evidentemente, haver dificuldades quanto ao exercício da actividade representativa.

Quando o órgão é composto por vários titulares, já se põe a questão de saber em que condições se vincula a sociedade, ou seja, em que condições assume ela, perante terceiros, obrigações por cujo cumprimento terá de responder.

Nas sociedades em nome colectivo, salvo convenção em contrário, todos os gerentes têm poderes iguais e independentes para a representar, podendo, no entanto, qualquer deles opor-se aos actos que o outro pretenda realizar, cabendo então à maioria dos gerentes decidir (art. 193.º).

Nas sociedades por quotas, o contrato pode estabelecer quem obriga a sociedade (um só gerente, ou a intervenção conjunta de determinado número de gerentes, ou ainda a intervenção de um gerente com poderes delegados por outro ou outros gerentes, por acta da gerência ou por procuração, embora nos pareça ser mais correcta a delegação de poderes por acta) – cláusula esta que só por alteração do pacto pode ser modificada – ou, então, o contrato ou a lei (art. 261.º, n.º 1) podem determinar que a sociedade fica vinculada pelos negócios jurídicos concluídos pela maioria dos gerentes, regendo o art. 253.º sobre a forma de se operarem as substituições.

Nas anónimas que não disponham de um só administrador ou um só director, o conselho de administração ou a direcção têm exclusivos e plenos poderes de representação, que são exercidos em conjunto pelos administradores ou directores, ficando a sociedade vinculada pelos negócios concluídos pela maioria ou por um número menor deles, fixado no contrato (arts. 405.º, n.º 2, e 408.º, n.º 1).

A *prova documental da qualidade de representante da sociedade e da suficiência dos seus poderes* faz-se por certidão do registo comercial, sem embargo de o advogado poder solicitar outros documentos para se certificar dos poderes invocados, como acontece com as fotocópias das actas de reunião dos órgãos sociais, nos casos em que a lei ou o contrato impõem para a prática de determinado acto deliberação prévia do órgão colegial próprio (dispensar-se-á a acta da reunião, se no instrumento intervierem todos os membros do órgão competente que representam a unanimidade dos seus votos) – vide art. 49.º, n.ºs 1 e 3, do CN.

Não pode, porém, ser esquecido o que sobre esta matéria dispõe o art. 75.º do Código do Registo Comercial.

Com efeito, aí se determina que o registo comercial se prova por meio de certidão, válida por *seis meses* (e não um ano, como se diz ainda no n.º 1 daquele art.º 49.º).

Se a certidão estiver arquivada no cartório pode ser aceite para além do prazo, se a situação se mantiver inalterada, quanto aos representantes e poderes de representação, ficando consignada no instrumento ou arquivada no cartório declaração nesse sentido, prestada em documento autêntico ou autenticado por todos os membros da gerência ou administração, que todos os anos deve ser renovada – n.º 2 desse art. 49.º.

Mas é evidente que a certidão comercial não pode ser aceite, por si só, para fazer tal prova, ainda que dentro do prazo de validade, se os elementos dela constantes estiverem desactualizados (porque se ultrapassou o prazo de nomeação dos corpos gerentes, ou porque a sua composição já é outra, etc.).

Para além do suporte em papel, faz igualmente prova para todos os efeitos legais e perante qualquer autoridade pública ou entidade privada a disponibilização da informação constante da certidão em sítio da Internet (n.º 5 do referido art. 75.º), passando a estar prevista no registo comercial a certidão permanente.

A *certidão permanente de registo comercial*, regulada pela Portaria n.º 1416-A/2006, de 19 de Dezembro (alterada pelas Portarias n.os 562/2007, de 30 de Abril, 1256/2009, de 14 de Outubro, 286/2012, de 20 de Setembro, e 358/2015, de 14 de Outubro) é a designação dada à disponibilização, em suporte electrónico e permanentemente actualizada, da reprodução dos registos em vigor respeitantes a entidade sediada em conservatória informatizada, bem como da menção das apresentações e dos pedidos de registos pendentes (diferente é a *certidão permanente de registos e de documentos*, arquivados na pasta electrónica das entidades inscritas no registo comercial, e a *certidão permanente do pacto social actualizado*, reguladas pela Portaria n.º 285/2012, de 20 de Setembro).

O pedido da certidão permanente de registo comercial pode ser efectuado através da Internet com o endereço *www.empresaonline.pt* ou, verbalmente, em qualquer serviço com competência para a prática de actos de registo comercial, sendo o requerente identificado pela indicação do nome ou firma e do endereço do correio electrónico, sem necessidade de utilização dos meios de autenticação electrónica.

Após a solicitação do serviço, é disponibilizado ao requerente um código que permite a visualização da certidão permanente a partir do momento em que seja confirmado o pagamento da taxa devida, sendo a entrega desse código a qualquer entidade pública ou privada equivalente à entrega de uma certidão do registo comercial.

O serviço certidão permanente é prestado mediante a subscrição de uma assinatura que pode ter a duração de um, dois, três ou quatro anos.

A fórmula utilizada para a representação da sociedade pode ser esta:

PRIMEIRO – F... e F... (estado, naturalidade e residência habitual), na qualidade de gerentes (administradores ou directores) em representação da sociedade... (firma, tipo, sede, conservatória do registo onde se encontre matriculada, número de matrícula – hoje igual ao de identificação de pessoa colectiva – e, sendo caso disso, a menção de que se encontra em liquidação, não esquecendo que nas de capitais deve indicar-se ainda o capital social, o montante do capital realizado, se for diverso, e o montante do capital próprio segundo o último balanço aprovado, sempre que este for igual ou inferior a metade do capital social), qualidade e poderes que verifiquei por ....

2.6. *Ilegitimidades conjugais*

De acordo com as pertinentes disposições do Código Civil, vemos que:

Nos regimes de comunhão e pelo que respeita a bens imóveis: carece do consentimento de ambos os cônjuges a alienação e oneração de imóveis próprios ou comuns – art. 1682.º-A.

Os actos praticados contra o disposto neste art. 1682.º-A são anuláveis a requerimento do cônjuge que não deu o consentimento, sem embargo de à alienação e oneração dos bens próprios do outro cônjuge, feita sem legitimidade, serem aplicáveis as regras relativas à alienação de coisa alheia – cfr. art.1687.º, n.os 1 e 4.

O BRN n.º 11/95 da extinta Direcção-Geral dos Registos e do Notariado divulgou uma informação, que julgamos interessante, prestada no proc. 1/152 RP 4, segundo a qual a alienação de imóveis que integraram o património comum do casal, efectuada depois de decretado o divórcio mas antes da partilha desses bens apenas por um dos ex-cônjuges, é acto nulo e não meramente anulável, de acordo com os arts. 1688.º e 892.º.

No regime de separação: cada um dos cônjuges tem o poder da livre disposição dos seus bens próprios; só é necessário o consentimento de ambos os cônjuges para a alienação e oneração da casa de morada da família (quer a casa pertença a um deles quer a ambos) – art. 1682.º-A, n.º 2.

O consentimento pode ser prestado no próprio acto ou antes da sua realização, mas, neste caso, deve ser especial e revestir a forma exigida para a procuração – art. 1684.º.

A falta de consentimento de um dos cônjuges, quando exigível, inquina o acto com o vício da anulabilidade, sanável mediante confirmação – cfr. arts. 1687.º e 288.º.

2.7. *Menções alusivas ao registo predial e à matriz*

a) ***Registo predial***

Os instrumentos respeitantes a factos sujeitos a registo – cfr. art. 2.º do Código do Registo Predial – têm que mencionar os números das descrições dos respectivos prédios na competente conservatória ou a declaração de estarem nela omissos – n.º 1 do art. 54.º do CN.

O registo predial já foi simultaneamente facultativo e obrigatório.

O registo obrigatório vigorou nos seguintes concelhos:

Açores: Ponta Delgada;

Distrito de Beja: Aljustrel, Almodôvar, Alvito, Barrancos, Beja, Castro Verde, Cuba, Ferreira do Alentejo, Mértola, Moura, Odemira, Ourique, Serpa e Vidigueira;

Distrito de Bragança: Mogadouro;

Distrito de Évora: Alandroal, Arraiolos, Borba, Estremoz, Évora, Montemor-o-Novo, Mora, Mourão, Portel, Redondo, Reguengos de Monsaraz, Viana do Alentejo e Vila Viçosa;

Distrito de Lisboa: Arruda dos Vinhos, Cascais, Loures, Lourinhã, Mafra, Oeiras, Sintra e Vila Franca de Xira;

Distrito de Portalegre: Alter do Chão, Arronches, Avis, Campo Maior, Castelo de Vide, Crato, Elvas, Fronteira, Marvão, Monforte, Nisa, Ponte de Sor, Portalegre e Sousel;

Distrito de Santarém: Coruche;

Distrito de Setúbal: Alcácer do Sal, Almada, Barreiro, Grândola, Santiago do Cacém, Sesimbra e Sines; e

Distrito de Vila Real: Mesão Frio, Peso da Régua e Santa Marta de Penaguião.

Com o Código do Registo Predial de 1984 desapareceu a dualidade de regimes – registo facultativo, registo obrigatório – permanecendo o regime facultativo, mas com uma obrigatoriedade indirecta do registo, na medida em que passou a exigir-se que, para se poderem transmitir ou onerar prédios, estes estivessem definitivamente inscritos a favor de quem os transmitisse ou onerasse.

O art. 8.º-A do Código do Registo Predial, introduzido pelo Decreto-Lei n.º 116/2008, de 4 de Julho, veio, porém, determinar a obrigatoriedade do registo dos factos discriminados no art. 2.º desse código, de entre os quais se destacam, a título exemplificativo, pela importância que assumem no notariado, os factos jurídicos que determinem a constituição, o reconhecimento, a aquisição ou a modificação dos direitos de propriedade, usufruto, uso e habitação, superfície ou servidão e os que determinem a constituição ou a modificação da propriedade horizontal.

Sobre este tema do registo predial obrigatório, vide adiante o número 4 deste capítulo VII dedicado aos documentos particulares autenticados.

A prova dos números das descrições e das referências relativas às inscrições no serviço de registo é feita pela exibição de certidão de teor, passada com antecedência *não superior a um ano* e a da não descrição dos prédios prova-se mediante a exibição de certidão válida por *três meses* – cfr. n.os 4 e 5 do art. 54.º do CN.

Porém, o n.º 2 do art. 110.º do CRP foi alterado pelo art.º 4.º do DL n.º 209/2012, de 19 de Setembro, sendo agora de *seis meses* o período de validade das certidões de registo, embora possam ser revalidadas por períodos de igual duração se a sua informação se mantiver actual.

Para além do suporte em papel, faz igualmente prova para todos os efeitos legais e perante qualquer autoridade pública ou entidade privada a disponibilização da informação constante da certidão em sítio da Internet (n.º 5 do referido art. 110.º), passando a estar prevista no registo predial, com âmbito geral, a *certidão permanente*.

A certidão permanente de registo predial, regulada pela Portaria n.º 1513/2008, de 23 de Dezembro (alterada pelas Portarias n.os 426/2010, de 29 de Junho, 286/2012, de 20 de Setembro, e 358/2015, de 14 de Outubro), veio permitir, durante o prazo da sua validade, a visualização – através da Internet em *www.predialonline.mj.pt* e mediante um código de acesso – da informação permanentemente actualizada dos registos em vigor e das apresentações pendentes respeitantes a prédio descrito, evitando-se, assim, a necessidade de obter essa informação através de certidões em papel.

A referida Portaria regula os termos em que se pode fazer o pedido de acesso à certidão permanente (através daquele sítio na Internet ou verbalmente em qualquer serviço com competência para a prática de actos de registo predial, com referência a cada prédio, mediante a indicação da freguesia e do concelho a que o mesmo pertence e do número da descrição), o prazo da sua validade e os encargos devidos, prevendo ainda que, mediante protocolo com o IRN, possam ser estabelecidas formas de pagamento agrupado com entidades públicas ou privadas que tenham um elevado nível de utilização deste serviço.

Após o pedido da certidão permanente, é disponibilizado ao requerente um código que, como dissemos, permite a sua visualização na Internet, a partir do momento em que seja confirmado o pagamento dos montantes devidos.

A certidão permanente é disponibilizada pelo prazo de seis meses, podendo ser renovada por iguais períodos de tempo.

O regime da certidão permanente de registo comercial é aplicável em tudo quanto não esteja previsto nesta Portaria.

À possibilidade de se solicitar e obter electronicamente uma certidão permanente de registo predial, a Portaria n.º 54/2011, de 28 de Janeiro, veio somar o acesso dos cidadãos e empresas a um novo serviço, *a informação predial simplificada*, que, no entanto, não dispensa a apresentação de certidão de registo predial sempre que a lei a exija.

A informação predial simplificada consiste na disponibilização *on-line*, mediante um código de acesso, de uma informação não certificada, permanentemente actualizada, que conterá a descrição do prédio e a identificação do proprietário, permitindo a qualquer cidadão verificar se se encontram registadas sobre um determinado prédio hipotecas, penhoras ou quaisquer outros ónus ou encargos.

O pedido de acesso à informação predial simplificada pode fazer-se através da Internet em *www.predialonline.mj.pt* ou verbalmente em qualquer serviço com competência para a prática de actos de registo predial, após o que é disponibilizado ao requerente um código que permite a sua visualização, a partir do momento em que seja confirmado o pagamento da taxa devida.

A citada Portaria regula o prazo da duração e da renovação da informação predial simplificada e os encargos devidos, prevendo ainda que, mediante protocolo com o Instituto dos Registos e do Notariado, I.P., possam ser estabelecidos montantes e formas de pagamento específicos com entidades públicas ou privadas que tenham um elevado nível de utilização deste serviço, designadamente as que exercem a sua actividade no âmbito do sector imobiliário.

A fórmula a utilizar no documento, no que respeita à verificação e prova das menções alusivas ao registo, pode ser esta:

Exibida certidão emitida em ... pela conservatória de ..., com o número de ordem ..., comprovativa dos elementos registrais do imóvel objecto deste contrato.

No caso de haver certidão permanente, aceita-se uma fórmula igual ou semelhante à seguinte:

Foram verificados os elementos registais do prédio por consulta online da certidão permanente de registo predial, através do código de acesso ..., com informação em vigor pelas ... horas, ... minutos e ... segundos de hoje.

Os factos de que resulte transmissão de direitos ou constituição de encargos sobre imóveis não podem ser titulados sem que os bens estejam definitivamente inscritos a favor da pessoa de quem se adquire o direito ou contra o qual se constitui o encargo – n.º 1 do art. 9.º do Código do Registo Predial.

Constituem excepções a este princípio, conhecido por princípio da legitimação de direitos, além de determinados actos do âmbito judicial (a expropriação, a venda executiva, a penhora, o arresto, a declaração de insolvência e outras providências que afectem a livre disposição dos imóveis), a partilha, os actos de transmissão ou oneração praticados por quem tenha adquirido no mesmo dia os bens transmitidos ou onerados e os casos de urgência devidamente justificada por perigo de vida dos outorgantes – cfr. n.º 2 desse art. 9.º.

E o n.º 3 conclui que, tratando-se de prédio situado em área onde não tenha vigorado o registo obrigatório, o primeiro acto de transmissão posterior a 1 de Outubro de 1984 pode ser titulado sem a exigência, acima referida, prevista no n.º 1, se for exibido documento comprovativo, ou feita justificação simultânea, do direito da pessoa de quem se adquire.

Por sua vez, o Código do Notariado reproduz nas alíneas *a)* e *b)* do n.º 3 do art. 54.º e nas alíneas *a)* e *b)* do art. 55.º, com ligeiras diferenças, essas mesmas excepções ao princípio da legitimação de direitos (embora substituindo a expressão partilha por partilha de herança) e acrescenta ao indicado elenco os actos de transmissão de prédios que façam parte de herança, desde que não descritos ou sem indicação de aquisição, se os transmitentes se encontrarem habilitados como únicos herdeiros, ou for feita, simultaneamente, a respectiva habilitação.

A referência feita no Código do Registo Predial à partilha como excepção ao princípio da legitimação de direitos – alínea *a)* do n.º 2 do art. 9.º – e à dispensa da inscrição prévia no registo de aquisição com base em partilha – n.º 3 do art. 34.º – leva-nos a concluir que, doravante, os instrumentos de partilha (qualquer que seja: partilha da herança; partilha de bens sociais; ou partilha do casal, resultante da dissolução do casamento por divórcio, da separação judicial de pessoas e bens ou da simples separação judicial de bens) podem ser realizados quer os bens partilhados estejam omissos no registo, quer estejam nele inscritos, ainda que em nome de pessoa diversa do autor da herança ou dos cônjuges ou da sociedade, embora, no último caso, o adjudicatário dos bens tenha de se defrontar no registo com o princípio do trato sucessivo.

Porém, a transmissão de prédios que façam parte de herança só é possível se os bens estiverem inscritos em nome do autor da herança ou omissos ou sem inscrição de aquisição e os transmitentes se encontrarem habilitados como únicos herdeiros, ou for feita, simultaneamente, a respectiva habilitação.

b) ***Matriz***

Sempre que nos documentos se descrevam prédios rústicos, urbanos ou mistos deve indicar-se o número da respectiva inscrição na matriz.

Tratando-se de prédios omissos, consignar-se a declaração de haver sido apresentada nos serviços de finanças a participação para a sua inscrição e ainda o número provisório de inscrição, se forem urbanos – cfr. n.º 1 do art. 57.º do CN.

Diga-se, a título de curiosidade, que a Lei n.º 78/2017, de 17 de Agosto, regulamentada pelo Dec. Regulamentar n.º 9-A/2017, de 3 de Novembro[11], estabeleceu um *sistema de informação cadastral simplificada*, destinado à imediata identificação da estrutura fundiária e da titularidade dos prédios rústicos e mistos, aplicável,

[11] Alterado pelo Dec. Regulamentar n.º 4/2019, de 20 de Setembro, que o republicou no anexo II.

como projecto-piloto, à área dos municípios de Pedrógão Grande, Castanheira de Pêra, Figueiró dos Vinhos, Góis, Pampilhosa da Serra, Penela, Sertã, Caminha, Alfândega da Fé e Proença-a-Nova.

A prova dos artigos matriciais faz-se por exibição de caderneta predial actualizada ou de certidão de teor da inscrição, passada com antecedência não superior a um ano e a da participação para a inscrição na matriz por exibição do duplicado acompanhado do recibo competente, com a dita antecedência, ou de outro documento autenticado com o selo branco (a participação para a inscrição na matriz de prédios urbanos – incluindo neles os terrenos para construção – faz-se através do preenchimento em duplicado do modelo 1 do IMI, certificando os serviços de finanças num dos exemplares o número provisório da inscrição) – cfr. n.os 2 e 3 do art. 57.º do CN.

De acordo com os n.os 4 e 5 do art.º 93.º do CIMI, na redacção que lhes deu a Lei n.º 64-A/2008, de 31 de Dezembro, os notários, conservadores e oficiais dos registos, bem como as entidades profissionais com competência para autenticar documentos particulares que titulem actos ou contratos sujeitos a registo predial, sempre que intervenham em actos ou contratos que exijam a apresentação da caderneta predial relativa a prédios objecto desses actos, contratos ou factos, podem obtê-la por via electrónica e entregá-la, gratuitamente, ao sujeito passivo, assim como podem obter, pela mesma via, a declaração modelo n.º 1 do IMI entregue para efeitos de inscrição na matriz de prédio urbano ou fracção autónoma.

A Portaria n.º 630/2007, de 30 de Maio, ao aprovar o modelo oficial da matriz rústica informatizada, aprovou também os modelos das cadernetas prediais dos prédios rústicos de base não cadastral e de base cadastral, as quais podem ser emitidas em atendimento *front office* em qualquer serviço de finanças ou via Internet.

De igual modo, as certidões de teor matricial dos prédios rústicos inscritos na matriz de base cadastral ou não cadastral poderão ser emitidas por qualquer serviço de finanças ou via Internet, mas, quando delas devam constar os elementos históricos dos prédios *não transcritos* para o sistema informático do cadastro predial, são emitidas pelo serviço de finanças da área de localização dos prédios através de impressão do sistema informático da matriz predial rústica, contendo os elementos dele constantes, e de fotocópia da matriz predial rústica em suporte de papel existente à data dessa transcrição.

É gratuita a emissão, através da Internet, de certidões de teor matricial e de cadernetas prediais.

Os documentos devem também indicar o valor de cada prédio, da parte indivisa ou do direito a que o acto respeitar (e também o valor global dos bens, descritos ou relacionados), quando deles depender a liquidação de impostos a que o acto dá causa, como sejam o de selo e o municipal sobre as transmissões onerosas de imóveis – n.º 1 do art. 63.º do CN.

O valor dos bens será o declarado pelas partes ou o patrimonial tributário.

A prova do valor patrimonial tributário faz-se por exibição das ditas caderneta ou certidão, sendo de 6 meses o seu prazo de validade – vide n.º 2 do art. 63.º do CN.

Convém ter presente que o valor patrimonial tributário dos prédios rústicos é o relevante para efeitos de IMT e de Imposto de Selo e que, segundo dispõe a alínea c) do n.º 1 do art. 27.º do Decreto-Lei n.º 287/2003, de 12 de Novembro, o imposto relativo a prédios rústicos é liquidado sobre o valor patrimonial tributário inscrito na matriz à data da liquidação, actualizado com base em factores de correcção monetária cujo limite não poderá exceder 44,21, a fixar em função do ano da última avaliação geral ou cadastral, a publicar em Portaria do Ministro das Finanças, ou pelo valor constante do acto ou do contrato, consoante o que for maior.

A Portaria n.º 1337/2003, de 5 de Dezembro, publicou em anexo um quadro de actualização dos coeficientes de desvalorização da moeda aplicáveis para actualização do valor patrimonial tributário dos prédios rústicos, do qual consta que a todos os prédios rústicos inscritos na matriz até 1970 é aplicável o coeficiente máximo de 44,21, variando os coeficientes desde o ano de 1971 até ao ano de 2002, do modo seguinte:

1971 - 42,08	1972 - 39,34	1973 - 35,76	1974 - 27,42	1975 - 23,43	1976 - 19,62	1977 - 15,06	1978 - 11,80
1979 - 9,29	1980 - 8,38	1981 - 6,85	1982 - 5,69	1983 - 4,54	1984 - 3,54	1985 - 2,94	1986 - 2,68
1987 - 2, 44	1988 - 2,22	1989 - 1,97	1990 - 1,77	1991 - 1,56	1992 - 1,46	1993 - 1,35	1994 - 1,28
1995 - 1,23	1996 - 1,19	1997 - 1,17	1998 - 1,14	1999 - 1,11	2000 - 1,08	2001 - 1,04	2002 - 1,00

Deste modo, sempre que for exibida caderneta predial obtida via Internet para prova do valor patrimonial tributário de prédios rústicos, há que ter em conta o ano de inscrição na matriz e o valor patrimonial inicial – elementos que o documento revela – e, em seguida, deve multiplicar-se o valor inicial pelo coeficiente previsto no quadro anexo à citada Portaria n.º 1337/2003 para o respectivo ano de inscrição na matriz. Assim, se, por exemplo, fosse 1971 o ano de inscrição do prédio rústico na matriz e 73, 21 € o valor inicial, como o coeficiente previsto para esse ano no anexo da dita Portaria é de 42,08, o valor patrimonial tributário do prédio para efeitos de IMT e de Imposto de Selo seria de 3 080,67 € (73,21 x 42,08).

A fórmula a utilizar no documento, no que respeita à verificação e prova das menções alusivas à matriz, pode ser esta:

Exibida caderneta predial (rústica ou urbana), obtida em ... via Internet, por onde verifiquei os elementos matriciais do prédio.

Porém, se o prédio estiver omisso na matriz, mas tiver sido feita a competente participação, então a fórmula adoptada poderá ser assim redigida:

Exibido o duplicado do pedido de participação para a inscrição do prédio na matriz entregue em ... no serviço de finanças de ...

Preceitua o art. 58.º do CN, na redacção que o citado Decreto-Lei n.º 116/2008 lhe deu, que nos instrumentos respeitantes a factos sujeitos a registo, *a identificação dos prédios deve ser feita em harmonia com a inscrição na matriz ou o pedido de correcção ou alteração desta*, quanto à localização, área e artigo de matriz tratando-se de prédios rústicos onde vigore o cadastro geométrico e quanto à área e artigo da matriz tratando-se de prédios rústicos situados em área onde não vigore o cadastro geométrico e prédios urbanos.

Essa identificação também deve ser feita em harmonia com a respectiva descrição predial, salvo se os interessados esclarecerem que a divergência resulta de alteração superveniente ou de simples erro de medição.

A desejável harmonização entre a descrição predial, a matriz e o título pressupõe a existência de um cadastro predial que identifique correctamente todos os prédios existentes no país.

Na falta dele, o legislador procurou atenuar as divergências entre a descrição e a inscrição matricial, estipulando que nos títulos deve haver harmonização com a matriz ou o pedido de rectificação ou alteração desta (quanto à localização, área e artigo de matriz, tratando-se de prédios rústicos onde vigore o cadastro geométrico, e quanto à área e artigo de matriz, tratando-se de prédios urbanos e de prédios rústicos situados em área onde não vigore o cadastro geométrico) e com a descrição, salvo se, quanto a esta, os interessados esclarecerem que a divergência resulta de alteração superveniente ou de simples erro de medição.

Caso exista diferença, quanto à área, entre a descrição e a inscrição matricial ou, tratando-se de prédio omisso no registo, entre o título e a inscrição matricial, é dispensada a harmonização se a diferença não exceder, em relação à área maior, as percentagens fixadas no n.º 3 do artigo em anotação.

A dispensa de harmonização entre a descrição e a matriz, quanto às áreas, é ditada pela consideração daquilo que será razoável tolerar em face das dificuldades práticas em obter uma medição exacta das mesmas, atentos os acidentes dos terrenos e a configuração dos prédios.

Daí que os referidos limites de tolerância devam ser tidos como referências ou balizas de contornos não flácidos mas também não cegamente inflexíveis, permitindo a lei que, caso seja declarado pelo interessado que a área correcta é a constante da matriz, se proceda à actualização, em conformidade, da área constante da descrição ou, no caso de prédio omisso no registo, se proceda à abertura da descrição com a área constante da matriz e não com a que resulta do título.

Esta faculdade de actualização da descrição ou da sua abertura com a área constante da matriz apenas pode ser utilizada uma única vez, mencionando-se na descrição, para controlar a sua utilização, o exercício dessa faculdade.

As situações de divergência de área entre a descrição e o título, resultantes de erro de medição, e as formas de as contornar estão previstas no art. 28.º-C do CRP, havendo que distinguir entre a existência de divergência de área no limite das percentagens a que se refere o n.º 3 do artigo em anotação e em percentagens superiores.

Divergência de área entre a descrição e o título no limite das percentagens

A área constante da descrição de qualquer prédio (rústico – cadastrado e não cadastrado – ou urbano) pode ser actualizada em conformidade com a que consta do título, se não tiver havido actualização prévia da descrição em conformidade com a área constante da matriz, mediante recurso à faculdade prevista no art. 28.º-B do CRP, e o proprietário inscrito esclarecer que a divergência provém de simples erro de medição.

Divergência de área entre a descrição e o título em percentagens superiores

Para se actualizar a descrição não basta invocar a existência de erro de medição, é necessário comprová-lo:

a) Na matriz cadastral, pela informação da inscrição matricial donde conste a rectificação da área e por declaração que confirme que a configuração geométrica do prédio não sofreu alteração;

b) Na matriz não cadastral, pela apresentação de planta do prédio elaborada por técnico habilitado e declaração do titular de que não ocorreu alteração na configuração do prédio; ou planta do prédio e declaração dos confinantes de que não ocorreu alteração na configuração do prédio.

2.8. *Arquivamento e exibição de documentos*

As alíneas f) e g) do n.º 1 do art. 46.º do CN tornam obrigatória a menção dos documentos arquivados e exibidos.

O princípio geral, contido no art. 27.º desse código, é serem **arquivados** os documentos apresentados para integrar ou instruir os actos.

Integram os actos os documentos complementares, a que faz alusão o art. 64.º do CN; *instruem-nos* os que se destinam a provar determinados factos de que se faz menção no documento.

É evidente que todos os documentos que integram um dado acto notarial têm de constar do arquivo do escritório do advogado, pois, como a palavra diz, fazem parte dele, formam com ele uma unidade. Logo, não há dúvidas quanto à imperatividade do seu arquivamento.

As dúvidas começam quanto aos documentos apresentados para os instruir.

Inicialmente, no Código do Notariado de 1967 era muito nítida a terminologia notarial: à exigência da "apresentação" de um documento correspondia a obrigação de o arquivar; se assim não fosse, a lei expressamente referia a sua restituição; nos casos em que o documento devia ser restituído falava-se de "exibição".

As inúmeras alterações introduzidas no Código de 1967 e a legislação avulsa, com reflexos notariais, vieram baralhar bastante as coisas e hoje fala-se de "apresentação" e de "exibição" indiferenciadamente.

Como actuar, na dúvida, sobre a exibição ou arquivamento do documento?

Na dúvida o documento deve ser arquivado.

A menção dos documentos arquivados faz-se pela referência a essa circunstância, com a indicação da natureza do documento; relativamente ao extracto da declaração para a liquidação do IMT e ao correspondente comprovativo de cobrança (correspondentes ao anterior conhecimento de sisa), deve ainda mencionar-se a data da liquidação e o número do documento que comprove a cobrança (ou que comprove a isenção).

A referência à entidade liquidadora torna-se desnecessária, em virtude de hoje a liquidação do imposto em causa estar, por lei, centralizada na Direcção-Geral dos Impostos.

A excepção ao enunciado princípio do arquivamento dos documentos é, de acordo com o mesmo art. 27.º, serem os mesmos

exibidos, o que acontece *quando a lei o exige ou quando determina que não fiquem arquivados.*

Exemplos de casos em que a lei exige a exibição temo-los nos arts. 47.º, n.º 3, 54.º, n.os 4 e 5, 55.º, alínea *b)*, 57.º, n.os 2 e 3, 62.º, n.º 1, e 63.º, n.º 2, todos do CN, para prova, respectivamente: da admissibilidade das firmas ou denominações adoptadas pelos estabelecimentos individuais de responsabilidade limitada e pelas pessoas colectivas; da omissão dos prédios no registo ou dos números das descrições e inscrições prediais; da titularidade do direito de propriedade antes de 1 de Outubro de 1984; dos artigos de matriz ou da participação para a inscrição nela; da inscrição no registo do título constitutivo da propriedade horizontal; e do valor dos bens.

Exemplos de casos em que a lei determina que não fiquem arquivados temo-los nos arts. 105.º e 138.º, relativamente aos documentos que integram ou instruem a generalidade dos instrumentos avulsos que, por regra, são entregues aos outorgantes ou aos interessados e às certidões de óbito do testador ou do doador, quando não requisitadas oficiosamente, para servirem de base a averbamentos.

A menção dos documentos exibidos faz-se pela indicação da sua natureza, data de emissão e entidade emitente e, ainda, tratando--se de certidões de registo, a indicação do respectivo número de ordem ou, no caso de certidão permanente, do respectivo código de acesso.

Os documentos (autênticos ou particulares) passados no estrangeiro, em conformidade com a lei local, são admitidos para instruir os actos notariais, acompanhados da competente tradução, independentemente de prévia legalização, a menos que o advogado tenha dúvidas fundadas acerca da sua autenticidade, caso em que a legalização se fará de acordo com a lei processual, como ensina o art. 44.º do CN.

A *tradução* faz-se por algum dos modos previstos no n.º 3 deste art. 44.º, ou seja, por notário português, pelo consulado português no país onde o documento foi passado, pelo consulado desse país em Portugal ou por tradutor idóneo que, sob juramento ou compromisso de honra, afirme, perante o notário, ser fiel a tradução, e ainda, como dito ficou, por advogados (e solicitadores, câmaras de comércio e indústria, conservadores e oficiais do registo).

A *legalização,* de acordo com o art. 440.º do Código de Processo Civil, consiste no reconhecimento da assinatura do funcionário público que haja passado ou legalizado o documento por agente diplomático ou consular português no Estado respectivo e na autenticação da assinatura deste agente pela aposição do selo branco consular.

Tratando-se, porém, de país aderente ou signatário da Convenção da Haia de 5 de Outubro de 1961 relativa à supressão da exigência da legalização dos actos públicos estrangeiros, a legalização é, em princípio, dispensável (a República Portuguesa é Parte na mesma Convenção, a qual foi aprovada para ratificação pelo DL n.º 48 450, publicado no Diário do Governo n.º 148 – 1.ª série, de 24 de Junho de 1968, e ratificada a 6 de Dezembro de 1968, conforme Aviso publicado no Diário do Governo n.º 50, 1.ª série, de 28 de Fevereiro de 1969. A Convenção entrou em vigor para a República Portuguesa a 4 de Fevereiro de 1969, de acordo com o publicado no *Diário do Governo* n.º 50, 1.ª série, de 28 de Fevereiro de 1969).

No caso de se exigir, a apostila é a formalidade pela qual uma autoridade competente do Estado Português reconhece a assinatura, a qualidade em que o signatário do acto público actuou e, sendo caso disso, a autenticidade do selo ou do carimbo que constam do acto público.

A emissão de apostilas ou a sua verificação, previstas, respectivamente nos arts. 3.º e 7.º da Convenção, competem ao Procurador-Geral da República, nos termos do n.º 1 do art. 2.º do DL n.º 86/2009, de 3 de Abril, podendo tais competências ser delegadas nos Procuradores-Gerais-Distritais do Porto, Coimbra e Évora e nos Procuradores-Gerais Adjuntos colocados junto dos Representantes da República para as Regiões Autónomas, ou em magistrados do Ministério Público que dirijam Procuradorias da República sedeadas nessas Regiões, nos termos do n.º 2 do referido art. 2.º, conforme o Despacho n.º 10266/2009, publicado no Diário da República, 2.ª série, n.º 75, de 17 de Abril, determinando-se ainda que os Procuradores-Gerais Adjuntos colocados junto dos Representantes das Regiões Autónomas da Madeira e dos Açores poderão subdelegar nos Procuradores da República Coordenadores das Procuradorias da República sedeadas nessas Regiões Autónomas as referidas competências.

Ao documento autêntico é anexado um documento uniforme (a Apostila), onde a autoridade competente do Estado de origem certifica que aquele documento é autêntico e foi exarado por oficial público, dispensando os outros Estados-Parte da Convenção a legalização dos documentos públicos que forem apostilados.

As menções que integram a apostilha não carecem de tradução [12], ao contrário do documento, quando este for apresentado para instruir o acto.

A apostila, anexa à Convenção, tem a forma de um quadrado, de 9 centímetros de lado, pelo menos, com o seguinte teor:

[12] Cfr. art. 4.º da Convenção da Haia e parecer publicado no I caderno do BRN n.º 5/2003, p. 20.

APOSTILA
(Convenção da Haia de 5 de Outubro de 1961)
1. País...
2. O presente documento público foi assinado por...
3. Actuando na qualidade...
4. Leva o selo carimbo... de... Certificado:
5. em...
6. no dia...
7. por...
8. sob o n.º...
9. Carimbo/Selo:...
10. Assinatura...

Actualmente existem 103 membros signatários da Convenção da Apostila, a começar, por ordem alfabética, na África dos Sul e a acabar na Venezuela.

Note-se que a legalização de um documento, por uma das formas referidas, tem em vista o seu valor formal e não substancial.

Existe um pouco a ideia de que qualquer documento, uma vez legalizado, mormente através de apostilha, está completo e não podem levantar-se dúvidas quanto à sua suficiência para o fim a que se destina. E não é assim.

Tomemos, como exemplo, o caso de uma procuração passada fora do país pela administração de uma sociedade estrangeira para a realização de determinados negócios jurídicos em Portugal.

Aqui é preciso verificar, em primeiro lugar, a existência legal de tal sociedade, quem a representa e se o ou os outorgantes tinham poderes para em nome da sociedade outorgar a procuração em causa. Ora, estes elementos ou são colhidos no texto da procuração ou então terão de ser apresentados outros documentos que os comprovem. A apostilha nada nos diz quanto a eles.

2.9. *Advertências*

Os instrumentos destinados a titular actos sujeitos a registo devem conter, como menção especial, a *advertência de que o registo deve ser requerido no prazo de dois meses*, se respeitarem a *actos sujeitos a registo comercial obrigatório* (designadamente os alusivos a sociedades comerciais e civis sob forma comercial, a sociedades anónimas europeias, a cooperativas, a empresas públicas, a agrupamentos complementares de empresas, a agrupamentos europeus de interesse económico e a estabelecimentos individuais de responsabilidade limitada) – cfr. art. 15.º, n.º 2, do CRC, cuja redacção é posterior à da alínea *b)* do n.º 1 do art. 47.º do CN e, por isso, se lhe sobrepõe.

Nos actos anuláveis ou ineficazes, o advogado (ou o solicitador) deve advertir as partes da existência do facto e consignar no termo de autenticação a advertência que tenha feito – art. 174.º, n.º 2, do CN.

A título de exemplo, alinham-se aqui alguns negócios que, por disposição do Código Civil, são *anuláveis*:

– Os celebrados por menores, interditos e inabilitados – arts. 125.º, 139.º, 148.º e 156.º;

– Os celebrados pelo representante consigo mesmo, seja em nome próprio, seja em representação de terceiro, a não ser que o representado tenha especificadamente consentido na celebração, ou que o negócio realizado exclua, por sua natureza, a possibilidade de conflito de interesses – art. 261.º;

– Os negócios jurídicos relativamente aos quais alguém, explorando a situação de necessidade, inexperiência, ligeireza, dependência, estado mental ou fraqueza de carácter de outrem, obtiver deste, para si ou para terceiro, a promessa ou a concessão de benefícios excessivos ou injustificados, sem prejuízo do regime especial estabelecido nos artigos 559.º-A e 1146.º para o mútuo – art. 282.º;

– A venda realizada pelos pais e avós a filhos e netos, sem consentimento dos outros filhos ou netos ou o seu suprimento judicial – art. 877.º;

– Os actos que envolvam fraccionamento efectuado ao abrigo da alínea c) do art. 1377.º, se a construção não for iniciada dentro do prazo de 3 anos – vide n.º 2 do art. 1379.º;

– Os actos praticados por um dos cônjuges sem o consentimento do outro, nos casos em que esse consentimento é exigido pela lei – arts. 1682.º, n.º 3, 1682.º-A, 1682.º-B e 1683.º, n.º 2;

– A alienação de bens de menores, e os demais actos previstos no artigo 1889.º, realizados pelos pais, como representantes daqueles, com violação do que dispõem os arts. 1889.º e 1893.º;

– Os actos praticados pelo tutor em contravenção do disposto nas alíneas *a)* a *d)* do n.º 1 do artigo 1938.º – vide art. 1940.º.

Exemplo de negócio *ineficaz* é aquele que uma pessoa, sem poderes de representação, celebre em nome de outrem, se não for por ele ratificado, como acontece na gestão de negócios – cfr. arts. 268.º e 471.º do CC.

As fórmulas a utilizar no texto dos actos, para deixar expressas estas advertências, podem ser as seguintes (a inserir depois da menção dos documentos arquivados ou exibidos):

Adverti os outorgantes da obrigação de requererem o registo deste acto no prazo de dois meses.

ou

Adverti os outorgantes de que este acto é anulável, por ... (indicar o motivo).

ou

Adverti os outorgantes de que este acto é ineficaz em relação ao dono do negócio, enquanto por ele não for ratificado.

2.10. *Intervenientes acidentais*

Acidentalmente, podem intervir nos instrumentos notariais outras pessoas, além dos interessados:

– *abonadores*, para os identificarem;

– *intérpretes e leitores*, para lhes transmitirem o conteúdo dos documentos, quando os outorgantes não compreendam a nossa língua ou sejam surdos ou mudos ou surdos-mudos;

– *peritos médicos*, para garantirem a sanidade mental de algum deles.

A identificação dos intervenientes acidentais faz-se pela indicação do nome completo, estado e residência habitual, não sendo necessária a menção da sua naturalidade.

Nos termos do art. 48.º, n.º 1, alínea *d)*, do CN, os abonadores estão também sujeitos à verificação da sua identidade – e, por maioria de razão, os intérpretes, peritos e leitores –, a qual só por um dos meios previstos nas alíneas *a)* a *c)* desse art. 48.º pode ser feita. Mas o advogado deverá também, relativamente aos peritos médicos, certificar-se das suas habilitações académicas, se delas não tiver conhecimento pessoal. Para tal, bastará fazer a exibição das respectivas cédulas profissionais.

Compete ao advogado (ou ao solicitador) verificar se os intervenientes acidentais são ou não pessoas idóneas, podendo recusar a intervenção do abonador, intérprete, perito, tradutor ou leitor que não considere digno de crédito, ainda que ele não esteja abrangido pelas proibições do n.º 1 – dizem os n.ºs 3 e 4 do art. 68.º do CN.

A incapacidade ou a inabilidade dos intervenientes acidentais determina a nulidade do acto – cfr. n.º 2 do art. 71.º do CN – e, por isso, deve prestar-se a maior atenção quanto ao cumprimento do que dispõe o citado n.º 1, segundo o qual não podem ser abonadores, intérpretes, peritos, leitores ou testemunhas:

– Os que não estiverem no seu perfeito juízo;

– Os que não entenderem a língua portuguesa;

– Os menores não emancipados, os surdos, os mudos e os cegos;

– O cônjuge, os parentes e afins, na linha recta ou em 2.º grau da linha colateral, tanto do advogado que intervier no documento como de qualquer dos intervenientes, representantes ou representados;

– O marido e a mulher, conjuntamente;

– Os que, por efeito do acto, adquiram qualquer vantagem patrimonial; e

– Os que não saibam ou não possam assinar.

Os intérpretes, peritos e leitores devem prestar juramento ou o compromisso de honra de bem desempenharem as suas funções – art. 69.º do CN.

Vejamos agora algumas fórmulas usadas na prática notarial na redacção dos actos, relativamente a esta matéria.

Abonadores:

Verifiquei a identidade dos intervenientes por declaração de F... e F... (nome completo, estado e residência habitual), cuja identidade também verifiquei por... (uma das formas previstas nas alíneas *a)* a *c)* do n.º 1 do art. 48.º do CN).

Peritos médicos:

Este termo foi lido aos intervenientes e aos mesmos explicado o seu conteúdo, tendo intervindo como peritos médicos, os Drs. F... e F... (nome completo, estado e residência habitual, titular da cédula profissional n.º ... emitida por ... em ...), cuja identidade verifiquei por ..., os quais prestaram perante mim, advogado (ou solicitador), o compromisso de honra de bem desempenharem as suas funções e abonaram, a meu pedido, a sanidade mental do segundo interveniente.

ou

A pedido do identificado F...... e não porque eu, advogado (ou solicitador), tivesse quaisquer dúvidas sobre a sanidade mental deste, intervieram como peritos médicos os Drs. F.... e F... (nome completo, estado e residência habitual, titular da cédula profissional n.º ..., emitida em ..., por ...), cuja identidade verifiquei por..., os quais, sob compromisso de honra de bem desempenhar as suas funções, abonaram a sanidade mental do mesmo.

Este termo foi lido e feita a explicação do seu conteúdo.

Intérprete de interveniente que não compreende a língua portuguesa:

Este termo foi lido aos intervenientes e aos mesmos explicado o seu conteúdo, apresentando o segundo interveniente, como intérprete da sua escolha, por não compreender a língua portuguesa, F..., casado, residente habitualmente em ..., cuja identidade verifiquei por ..., o qual prestou perante mim, advogado (ou solicitador), compromisso de honra de bem desempenhar as suas funções e transmitiu ao dito interveniente, verbalmente, a tradução deste instrumento e a mim, advogado (ou solicitador), a declaração de conformidade da sua vontade com o mesmo.

Se o advogado (ou solicitador) dominar a língua:

Este termo foi lido ...

O segundo interveniente F... não compreende a língua portuguesa, expressando-se em inglês, língua em que eu, advogado (ou solicitador), fiz ao interveniente a tradução verbal do presente documento e a explicação do seu conteúdo.

Leitor no caso de surdo que não sabe ou não pode ler:

Este termo foi lido ...

O segundo interveniente F... não pôde ouvir a leitura deste documento, por motivo de surdez, pelo que intervém neste acto, como intérprete de sua escolha, F... (nome completo, estado e residência habitual), cuja identidade verifiquei por ..., o qual, credenciado pela Federação Portuguesa das Associações de Surdos, conforme declaração que arquivo, prestou neste acto, perante mim, advogado (ou solicitador), compromisso de honra de bem desempenhar as suas funções.

Este intérprete, na presença de todos os intervenientes, fez, seguidamente, uma segunda leitura deste documento, explicando o seu conteúdo, gestualmente, ao interveniente surdo e transmitindo a mim, advogado (ou solicitador), a declaração de conformidade da vontade do mesmo.

Se o surdo souber e puder ler:

Este termo foi lido ...

O segundo interveniente F... não pôde ouvir a leitura deste documento, por motivo de surdez, pelo que o convidei a fazer a leitura do mesmo, o que ele fez de seguida.

Se o mudo conseguir manifestar a sua vontade por sinais:

Este documento foi lido aos intervenientes e aos mesmos explicado o seu conteúdo, tendo o interveniente F..., mudo,

manifestado a conformidade do mesmo com a sua vontade, por gestos, que eu, advogado (ou solicitador), e os demais intervenientes compreendemos.

Se o mudo (ou surdo-mudo) souber e puder ler e escrever:

Neste caso, a seguir ao texto do termo de autenticação e antes das assinaturas, escreve pelo seu punho, na presença do advogado e de todos os intervenientes: **Eu, abaixo assinado, F... não posso falar, mas li este documento e reconheço-o conforme à minha vontade.**

É preciso ter em atenção que a falta das formalidades descritas, quanto a leitores e intérpretes, acarreta a nulidade dos respectivos documentos, nos termos do art. 70.º, n.º 1, alínea *b)*, do CN.

2.11. *Leitura e explicação do termo e do documento*

A alínea *l)* do n.º 1 do art. 46.º do CN, na redacção que lhe foi dada pelo Decreto-Lei n.º 410/99, de 15 de Outubro, exige a menção de haver sido feita a leitura do instrumento lavrado, ou de ter sido dispensada a leitura pelos intervenientes, bem como a menção da explicação do seu conteúdo.

Importa referir que a leitura deve ser feita em voz alta, na presença simultânea de todos os intervenientes.

Quanto à explicação do conteúdo do termo e do documento e das suas consequências legais, deve ser feita pelo advogado (ou solicitador), antes das assinaturas, de forma resumida, mas de modo que os intervenientes fiquem a conhecer, com precisão, o significado e os efeitos do acto.

2.12. *Assinaturas*

As assinaturas são feitas em seguida ao contexto do acto.

Assinam os intervenientes que possam e saibam assinar, todos os demais intervenientes e, por fim, assina o advogado (ou solicitador) que presidiu ao acto.

Embora a lei não o obrigue, razões metodológicas e de facilidade de controlo aconselham a que os intervenientes assinem pela ordem por que foram nomeados.

A assinatura do advogado (ou do solicitador) é que tem de ser a última.

Quando algum interveniente não souber ou não puder assinar, o documento deve identificá-lo e mencionar a declaração que haja feito do motivo por que o não assina, se por não saber ou não poder, sendo necessário que alguém assine a seu rogo.

Os intervenientes que não saibam, ou não possam assinar, devem apor, à margem do termo de autenticação, a impressão digital do indicador direito. Não podendo ser a do indicador direito, será a do dedo que o advogado (ou o solicitador) determinar, mencionando-se, neste caso, junto à impressão digital qual o dedo a que corresponde.

Se for impossível apor a impressão digital, mencionar-se-á o facto e a causa da impossibilidade.

2.13. *Estatística e referência à liquidação do selo*

Diz o n.º 1 do art. 24.º do Decreto-Lei n.º 116/2008, de 4 de Julho, que os documentos particulares autenticados que titulem actos sujeitos a registo predial devem conter os requisitos legais a que estão sujeitos os negócios jurídicos sobre imóveis, *aplicando-se subsidiariamente o Código do Notariado.*

Ora, de acordo com o n.º 2 do art. 185.º do CN, em cada instrumento do qual deva ser extraído verbete estatístico – nos cartórios notariais isso acontece relativamente às escrituras de constituição e dissolução de sociedades, de mútuo com hipoteca e de compra e aos instrumentos de protesto de títulos de crédito – tem que se *lançar, por algarismos, a indicação do verbete ou dos verbetes que lhe correspondam, rubricando-se tal nota.*

Assim sendo, parece-nos que, no que concerne aos documentos particulares autenticados, também se deve extrair verbete estatístico de cada um desses documentos referentes à compra e venda, ao mútuo com hipoteca e à constituição de sociedades com entradas de bens imóveis para a realização do seu capital.

A entidade responsável pela recolha e divulgação da informação estatística oficial na área da Justiça, incluindo a que respeita à actividade e caracterização dos principais actos do notariado, é o Gabinete de Política Legislativa e Planeamento do Ministério da Justiça.

Os mapas e verbetes estatísticos deverão ser remetidos ao referido Gabinete – através do sítio da Internet *www.siej.gplp.mj.pt/siej* – até ao dia 10 do mês seguinte àquele a que respeita a informação.

Sempre que houver lugar a qualquer *isenção de selo*, o art. 8.º do Código do Imposto do Selo determina que se deve averbar no documento ou título a disposição legal que a prevê.

Não havendo isenção de selo, o n.º 6 do art. 23.º do mesmo código estipula que devem neles ser mencionados o valor do imposto e a data da sua liquidação.

3. Depósito electrónico

Como se disse, a validade da autenticação dos documentos particulares autenticados que titulam actos sujeitos a registo predial (e de todos os documentos que os instruam) depende do seu depósito electrónico – cfr. n.º 2 do art. 24.º do Decreto-Lei n.º 116/2008, de 4 de Julho.

Foi a Portaria n.º 1535/2008, de 30 de Dezembro (alterada pelas Portarias n.ºs 426/2010, de 29 de Junho, 286/2012, de 20 de Setembro, e 283/2013, de 30 de Agosto), que regulamentou os requisitos e as condições de utilização da plataforma electrónica para o depósito destes documentos particulares autenticados e dos documentos que os instruam.

O depósito pode ser efectuado em simultâneo com o pedido de registo predial, através do sítio na Internet com o endereço *www.predialonline.mj.pt*, mantido pelo Instituto dos Registos e do Notariado, I.P.

A mencionada Portaria permite o *cumprimento, através da Internet, das formalidades fiscais* relacionadas com a aquisição dos imóveis ou outros negócios imobiliários, estipulando ainda que as entidades com competência para realizar documentos particulares autenticados podem consultar, no sítio da Internet *www.casapronta.mj.pt* a informação relativa à manifestação da intenção de *exercício do direito legal de preferência* pelo Estado, Regiões Autónomas, municípios, outras pessoas colectivas públicas ou empresas públicas (vide, v.g., a Lei do Património Cultural, aprovada pela Lei n.º 107/2001, de 8 de Setembro, sobre direito legal de preferência a favor do Estado, Regiões Autónomas e municípios em relação a imóveis classificados, em vias de classificação ou situados em zonas de protecção).

Compete à entidade que proceder à autenticação do documento particular realizar o *depósito electrónico*, devendo este ser efectuado na data da feitura da autenticação do documento particular, salvo se houver dificuldades de carácter técnico respeitantes ao funcionamento da referida plataforma electrónica, caso em que o depósito deve ocorrer nas quarenta e oito horas seguintes.

As entidades que procederem ao depósito devem autenticar-se mediante certificado digital que comprove a qualidade profissional do utilizador.

No formulário do depósito electrónico devem ser designadamente identificados o requerente, os sujeitos, os factos, os prédios, a data da autenticação e os demais elementos essenciais dos actos titulados pelo documento particular autenticado a depositar.

Por cada depósito de documento particular autenticado é disponibilizado um comprovativo com menções de identificação da entidade autenticadora, da data e hora da submissão, dos documentos depositados e do código de identificação atribuído ao documento, que é enviado por correio electrónico à entidade que procedeu ao depósito, após confirmação do pagamento da quantia devida.

O código de identificação atribuído ao documento é disponibilizado pelo prazo de seis meses.

Pelo depósito electrónico de documentos particulares autenticados que titulam actos sujeitos a registo predial, incluindo os documentos que os instruam, é devido o emolumento previsto no n.º 18.1 do art. 21.º do Regulamento Emolumentar dos Registos e do Notariado, no valor de € 20,00, taxa esta que constitui integralmente receita do IRN, I.P. (vide, com interesse, os arts. 12.º-B e 12.º-C da citada Portaria n.º 1535/2008, aditados pela Portaria n.º 286/2012, de 20 de Setembro).

O mencionado código permite que os documentos depositados sejam visualizados, quer pela entidade autenticadora, quer por qualquer pessoa a quem esta tenha disponibilizado o código de identificação, quer por outras entidades a quem a lei concede essa faculdade, designadamente os serviços de registo e os magistrados judiciais e do Ministério Público, no âmbito da prossecução das suas atribuições.

Apesar de a consulta electrónica dos documentos depositados electronicamente substituir para todos os efeitos a apresentação perante qualquer entidade pública ou privada do documento em suporte de papel, como determina o n.º 5 do art. 24.º do dito Decreto-Lei n.º 116/2008, as entidades autenticadoras que depositem os documentos estão obrigadas a arquivar os originais dos documentos depositados – cfr. art. 8.º da Portaria.

4. Registo predial obrigatório

O art. 8.º-A do Código do Registo Predial, introduzido pelo Decreto-Lei n.º 116/2008, de 4 de Julho, veio determinar a obrigatoriedade (dir-se-á, indirecta) do registo dos factos discriminados no seu art. 2.º, de entre os quais se destacam, a título exemplificativo pela importância que assumem no notariado, os factos jurídicos que determinem a constituição, o reconhecimento, a aquisição ou a modificação dos direitos de propriedade, usufruto, uso e habitação, superfície ou servidão e os que determinem a constituição ou a modificação da propriedade horizontal.

O n.º 1 do art. 8.º-C obriga notários, advogados, câmaras de comércio e indústria, e solicitadores a promover o registo dos factos a ele sujeitos no prazo de 2 meses a contar da data da titulação das escrituras ou da realização de *documentos particulares autenticados* – cfr. ainda DL n.º 116/2008, de 4 de Julho [13].

[13] Decorre apenas do artigo 279.º, c), do CC, mas não do artigo 155.º do CRP, a regra interpretativa ou o modo de contagem do tempo quando o prazo é fixado em semanas, meses ou anos, a contar de certa data. Assim, o prazo peremptório de dois meses a contar da data em que o facto foi titulado (artigo 8.º-C, n.º 1, do CRP) extingue-se ou termina às 24 horas do dia que corresponda, dentro do último mês, a essa data, com a excepção

No caso de incumprimento da obrigação de pedir o registo nos prazos assinalados, as mencionadas entidades sujeitam-se a ter de entregar o emolumento em dobro, independentemente da gratuitidade, isenção ou redução de que o acto beneficie, recaindo sobre a entidade que está obrigada a promover o registo – e não sobre o responsável pelo pagamento do emolumento – a responsabilidade pelo agravamento do emolumento – art. 8.º-D.

O *pedido online de actos de registo predial* foi regulamentado pela Portaria n.º 1535/2008, de 30 de Dezembro, que, como vimos, também regulamentou os requisitos e as condições de utilização da plataforma electrónica para o depósito destes documentos particulares autenticados e dos documentos que os instruam.

Os interessados formulam o seu pedido e enviam, através da Internet, os documentos necessários ao registo, designadamente os que comprovem os factos constantes do pedido e os que comprovem a capacidade e os poderes de representação para o acto, salvo se a verificação da capacidade e dos poderes resultar de forma expressa e inequívoca, do título que serve de base ao pedido do registo.

Os advogados e os solicitadores que enviem documentos que instruam pedidos de registo *online* ficam obrigados a arquivar os respectivos originais.

Para efeitos do pedido de actos do registo predial *online*, a autenticação electrónica dos utilizadores faz-se pelo referido certificado digital que comprove a sua qualidade profissional.

de no último mês não existir dia correspondente (por exemplo, dia 29 de Fevereiro), pois nesse caso termina no último dia desse mês. Poderá ainda suceder que esse último dia seja sábado, domingo, feriado ou dia com tolerância de ponto, transferindo-se para o primeiro dia útil seguinte (artigo 155.º, n.º 3 do CRP) – cfr. parecer aprovado em sessão do CC de 19 de Janeiro de 2017, proferido no P.º C.P. 41/2016 STJ-CC.

O pedido de actos de registo predial *online*, através do sítio na Internet com o endereço *www.predialonline.mj.pt*, mantido pelo Instituto dos Registos e do Notariado, I.P., só é considerado validamente submetido após a emissão de um comprovativo electrónico pelo indicado sítio na Internet que indique a data e a hora em que o pedido foi concluído, comprovativo esse que deve ser enviado ao interessado através de mensagem de correio electrónico.

Após a submissão electrónica do pedido é gerada automaticamente uma referência para pagamento dos encargos devidos.

Depois de confirmado o pagamento efectuado pelo interessado, o serviço competente procede às diligências necessárias tendo em vista a realização do registo dos factos, o qual deve ser comunicado ao interessado através de correio electrónico e, sempre que possível, por *sms*, enviando também por correio electrónico ou *sms* o código de acesso à certidão permanente.

5. **Obrigações diversas**

5.1. ***Actos sujeitos a IMT***

De acordo com os n.ºs 1, 4, *a)* e *c)*, e 5 do art.º 49.º do CIMT, os advogados e os solicitadores devem submeter, até ao dia 15 de cada mês, à Direcção-Geral dos Impostos, em suporte informático:

– Uma relação dos actos ou contratos sujeitos a IMT, ou dele isentos, efectuados (ou em que os advogados ou os solicitadores tenham lavrado termo de autenticação ou reconhecido assinaturas) no mês antecedente, contendo, relativamente a cada um desses actos, o número, data e importância dos documentos de cobrança ou os motivos da isenção, nomes dos contratantes, artigos matriciais e respectivas freguesias, ou a menção dos prédios omissos.

A propósito da declaração modelo 11 e no que concerne ao cumprimento da *obrigação prevista no art. 49.º do CIMT por entidades e profissionais tituladores de documentos particulares autenticados electronicamente depositados*, o IRN publicou no seu *site* no dia 03.08.2018 a seguinte orientação técnica e/ou jurídica proferida pelo Conselho Directivo:

1. No *flash* informativo nº 224/2018, tendo por base o parecer emitido no processo nº CP 11/2016 STJSR-CC e o ofício-circulado nº 40.116 de 15.02.2018 da Autoridade Tributária, divulgou-se pelos serviços o entendimento de que a obrigação declarativa prevista no artigo 49º do CIMT (modelo 11) se transfere para os serviços de registo quando o titulador do documento particular autenticado electronicamente depositado (DPA), em fluxo temporal contínuo e no mesmo ambiente electrónico, autentique, deposite e requisite por via electrónica o registo predial dos factos titulados (cfr. artigo 24º, nº 4 do DL 116/2008, de 4/7).

2. Estando actualmente previsto no RERN (artigo 21º, nºs 18 e 19) o pagamento de emolumentos pelo depósito electrónico de documentos (cuja chave de acesso só é gerada após a confirmação do pagamento), e não permitindo o estado actual de desenvolvimento da plataforma informática do registo predial *online* ultrapassar a necessária interrupção que tal pagamento causa na continuidade temporal do procedimento de depósito electrónico, verifica-se uma impossibilidade prática de aplicar o entendimento anteriormente veiculado.

3. Nestes termos, enquanto permanecerem os constrangimentos técnicos acima descritos, a obrigação de submeter a declaração modelo 11 caberá, em qualquer circunstância, aos tituladores dos DPA, nos termos dos artigos 23º, nº 3 do DL 116/2008 e 49º do CIMT.

– Uma cópia dos documentos particulares autenticados de divisões de coisa comum e de partilhas efectuados no mês antecedente, de que façam parte bens imóveis.

Cremos que esta cópia pode ser substituída pela indicação do *código de identificação do documento particular autenticado*.

É que, como vimos, por cada depósito de documento particular autenticado é disponibilizado um comprovativo com diversas menções, de entre as quais se destaca precisamente a do código de identificação atribuído ao documento.

Ora, este código de identificação atribuído ao documento permite que os documentos depositados sejam visualizados, quer pela entidade autenticadora, quer por qualquer pessoa a quem esta tenha disponibilizado o código de identificação, quer por outras entidades a quem a lei concede essa faculdade, designadamente os serviços de registo e os magistrados judiciais e do Ministério Público, no âmbito da prossecução das suas atribuições.

Não faz sentido que a entidade autenticadora não possa disponibilizar também o dito código de identificação à Direcção-Geral dos Impostos, tendo em vista a facilitação do cumprimento desta obrigação.

5.2. *Actos sujeitos a imposto de selo*

Até à entrada em vigor da Lei n.º 3-B/2010, de 28 de Abril, e de acordo com o que se achava estabelecido na revogada alínea *n)* do n.º 1 do art. 2.º do CIS, os advogados e os solicitadores eram os sujeitos passivos do imposto de selo – tendo, por isso, de o liquidar, cobrar e depositar – relativamente aos documentos particulares autenticados admitidos em alternativa à escritura pública, com excepção do imposto devido pelos actos ou contratos previstos na verba 1.1 da tabela geral, cuja liquidação era e continua a ser da competência dos serviços centrais da Direcção-

-Geral dos Impostos – cfr. art. 23.º, n.º 4, do CIS e art. 21.º, n.º 1, do CIMT.

Com a revogação dessa alínea n) pela dita Lei n.º 3-B/2010, os advogados e os solicitadores deixaram de ser sujeitos passivos do imposto de selo devido pela realização de qualquer dos documentos particulares autenticados, o qual, nos termos da alínea *h)* do n.º 1 do art. 2.º do CIS, terá de ser previamente liquidado e pago pelos interessados.

No entanto, cumprindo o que se acha estabelecido nos arts. 8.º e 23.º, n.º 6, do CIS, nos documentos particulares autenticados realizados por advogados e solicitadores tem de ser mencionada, sempre que haja lugar a qualquer isenção, a disposição legal que a prevê, e, quando for devido imposto, o seu valor e a data da liquidação.

Há que ter em atenção que o disposto no n.º 1 do art. 42.º do CIS considera solidariamente responsáveis com o sujeito passivo pelo pagamento do imposto as pessoas ou entidades habilitadas legalmente a autenticar documentos, quando essa forma seja admitida em alternativa à escritura pública.

5.3. *Actos sujeitos a registo comercial obrigatório*

Como já dissemos, os actos de constituição e liquidação de sociedades civis, sob forma comercial, e a constituição ou o aumento do capital social das sociedades comerciais e a sua liquidação, quando os sócios entrem com bens imóveis para a sociedade ou quando do património a liquidar façam parte bens desta natureza podem revestir a forma de documento particular autenticado.

O n.º 3 do art. 23.º do referido Decreto-Lei n.º 116/2008 determina que todas as disposições legais, regulamentares ou outras, que imponham obrigações de verificação, comunicação ou participação relacionadas com a prática dos actos formalizados por documento particular autenticado devem ser entendidas como sendo impostas a todas as entidades com competência para autenticar esses documentos.

Assim, em consonância com o disposto na alínea *b)* do n.º 1 do art. 186.º do Código do Notariado e com o n.º 1 do art. 16.º do Código do Registo Comercial, os advogados e os solicitadores devem, em princípio, enviar à conservatória situada no concelho da sede da entidade sujeita a registo até ao dia 15 de cada mês a relação dos documentos lavrados no mês anterior, para prova dos factos sujeitos a registo comercial obrigatório, concretamente os actos de constituição e liquidação de sociedades civis e a constituição ou ao aumento do capital social das sociedades comerciais e a sua liquidação, anteriormente mencionados – cfr. art. 3.º, n.º 1, a), r) e t), e 15.º, n.ºs 1 e 2 do CRComercial.

No entanto, por determinação do n.º 4 do art. 24.º do dito Decreto-Lei n.º 116/2008, *se o registo do acto for pedido por via electrónica*, é dispensada a obrigação de participação desse acto às entidades públicas, devendo estas participações ser promovidas pelos serviços de registo.

A Portaria n.º 1416-A/2006, de 19 de Dezembro – a que nos referiremos adiante no § 19.º alusivo às sociedades, quando abordarmos o registo comercial obrigatório –, veio regular a *promoção online dos actos de registo comercial.*

5.4. *Actos sujeitos a IRS*

As entidades e profissionais com competência para autenticar documentos particulares que titulem actos ou contratos sujeitos a registo predial são obrigados a enviar à Autoridade Tributária e Aduaneira, por via electrónica, até ao dia 15 de cada mês, relação dos actos por si praticados e das decisões transitadas em julgado no mês anterior dos processos a seu cargo que sejam susceptíveis de produzir rendimentos sujeitos a IRS, através de declaração de modelo oficial, aprovada por portaria do membro do Governo responsável pela área das finanças – art. 123.º do CIRS.

5.5. *Remessa dos elementos estatísticos*

De acordo com o n.º 1 do art. 185.º do CN, os verbetes estatísticos extraídos dos documentos particulares autenticados relativos às compras, mútuos com hipoteca e constituições de sociedades com entradas de bens imóveis para a realização do seu capital devem ser remetidos à entidade competente, até ao dia 10 do mês seguinte àquele a que se reportam.

O Gabinete de Política Legislativa e Planeamento do Ministério da Justiça é a entidade responsável pela recolha e divulgação da informação estatística oficial na área da Justiça, incluindo a que respeita à actividade e caracterização dos principais actos do notariado.

Os mapas e verbetes estatísticos deverão ser remetidos ao referido Gabinete, através do sítio da Internet *www.siej.gplp.mj.pt/siej*.

A remessa é efectuada, como se disse, até ao dia 10 do mês seguinte àquele a que respeita a informação.

6. **Tipos de documentos particulares autenticados**

Faremos referência neste número a alguns tipos de negócios jurídicos susceptíveis de operar a transmissão ou oneração de bens imóveis e que podem revestir a forma de documento particular autenticado.

A ordem utilizada é a alfabética.

Por comodidade de exposição e de arrumação das matérias, no final de cada acto serão apresentadas não só as minutas a ele alusivas mas também, quando as circunstâncias o justifiquem, as que com ele estiverem relacionadas.

§ 1.º Abertura de crédito com hipoteca

1. Generalidades

A definição legal deste contrato encontrava-se no art. 1.º da tabela geral do imposto de selo, aprovada pelo DL n.º 21 916, de 28 de Novembro de 1932, que, textualmente, dizia:

"Para os efeitos deste artigo, entende-se por abertura de crédito a obrigação que alguém assume, por meio de instrumento público, escrito ou correspondência, de fornecer a outrem fundos, mercadorias ou outros valores, quer seja para utilizar no País quer no estrangeiro.

Consideram-se abrangidas por este artigo as cartas de crédito, quando habilitem alguém perante o destinatário a sacar as quantias que elas autorizarem, e, bem assim, a abonação definida nos artigos 627.º e 630.º do CC, uma e outra quando os signatários forem comerciantes.

Igualmente se consideram aberturas de crédito as ordens de pagamento condicionadas por forma que não seja a de identificação, cheque ou recibo".

Este contrato – que não se confunde com o contrato de conta corrente, a que se reporta o art. 344.º do Código Comercial – é normalmente encarado como *contrato-promessa de empréstimo* de dinheiro, colocado por uma instituição de crédito (a creditante) à disposição dos seus clientes (os creditados), até ao limite de certa quantia, independentemente de o dinheiro ser utilizado ou não.

A obrigação de restituir à entidade creditante os fundos que vierem a ser recebidos deriva da efectiva utilização do crédito pelo creditado, de uma só vez ou por *tranches*, e não da abertura do crédito em si mesma.

O acesso ao crédito, por via deste contrato, surge normalmente garantido por hipoteca prestada pelos creditados e, eventualmente, ainda por fiança.

Recorde-se que, nos termos da alínea *e)* do art. 22.º do Decreto-Lei n.º 116/2008, de 4 de Julho, e do art. 714.º do CC os actos de constituição de hipoteca voluntária, quando recaiam sobre bens imóveis, podem ser celebrados por *escritura pública* ou por *documento particular autenticado.*

Recorde-se ainda que os documentos particulares autenticados que titulem actos sujeitos a registo predial devem conter os requisitos legais a que estão sujeitos os negócios jurídicos sobre imóveis, aplicando-se subsidiariamente o CN, estando a validade da autenticação destes documentos (e de todos os documentos que os instruam) dependente do seu depósito electrónico.

2. Selo

Como decorre do preâmbulo do CIS, a filosofia da tributação do crédito "passou a recair sobre a sua utilização e já não sobre a celebração do respectivo negócio jurídico de concessão".

Parece-nos, por isso, que a *abertura de crédito* em si mesma não paga selo específico, ficando sujeita ao selo do n.º 17.1 da tabela apenas quando o crédito for utilizado.

Só nessa altura é que o selo é cobrado pelas instituições de crédito ou entidades a elas equiparadas.

Na *abertura de crédito com hipoteca*, destinada a garantir as obrigações decorrentes da abertura de crédito, a hipoteca ficará, a nosso ver, sujeita ao selo do n.º 10 da tabela, por ser acessória de contrato não especialmente tributado na Tabela Geral.

Porém, com a revogação da alínea *n)* do n.º 1 do art. 2.º do CIS pela Lei n.º 3-B/2010, de 28 de Abril, os advogados e os solicitadores deixaram de ser sujeitos passivos do imposto de selo que for devido pela realização de qualquer dos documentos particulares autenticados, pelo que, nos termos da alínea *h)* do n.º 1 desse art. 2.º, o imposto terá de ser previamente liquidado e pago pelos interessados que intervierem no acto, por serem os sujeitos passivos do imposto.

O documento deve mencionar o valor do imposto de selo cobrado e a data da sua liquidação – art. 23.º, n.º 6 desse código.

Recorde-se que muitas aberturas de crédito são realizadas com intervenção das caixas de crédito agrícola mútuo – um dos ramos do sector cooperativo –, as quais, como instituições de crédito devem ficar sujeitas ao mesmo regime que as demais, excepto no que decorra da sua forma cooperativa e se encontre expressa e inequivocamente previsto no EBF.

As cooperativas de primeiro grau, de grau superior e as régies cooperativas estão isentas do imposto do selo sobre os actos, contratos, documentos, títulos e outros factos, incluindo as transmissões gratuitas de bens, quando este imposto constitua seu encargo – vide n.ºs 13 e 14 do art. 66.º-A do EBF.

Ora, nos contratos de abertura de crédito com garantia celebrados pelas caixas de crédito agrícola mútuo com os seus associados, estes não podem beneficiar daquela isenção.

Já assim era entendido na vigência do Estatuto Fiscal Cooperativo, aprovado pela Lei n.º 85/98, de 16 de Dezembro [14], e assim deverá continuar a ser actualmente, segundo julgamos.

3. Minuta

Abertura de crédito
com hipoteca e procuração

PRIMEIRO: F ... e mulher F ...

SEGUNDO: F ... (em representação do banco ...)

Disseram os intervenientes na indicada qualidade:

Que o Banco ..., que o segundo representa, abre a favor dos primeiros um crédito até ao montante de ...

Em garantia deste contrato e de todas as inerentes obrigações os primeiros constituem, a favor do identificado banco, hipoteca sobre os seguintes prédios:

Um – rústico, composto de ... sito em ..., descrito na conservatória de ... sob o número ... e nela registada a aquisição a favor dos primeiros pela inscrição ...

Que o referido prédio está inscrito na matriz da freguesia de ... sob o artigo ... com o valor patrimonial tributário de ..., a que atribuem o valor de ...

Dois – rústico ...;

Que a presente hipoteca se destina a garantir o bom e integral pagamento:

***a)* Das responsabilidades e obrigações assumidas perante o referido banco, decorrentes do presente contrato de abertura de crédito, seja qual for a sua natureza ou origem e nas quais os pri-**

[14] Cfr. informações veiculadas a pp. 8 do BRN n.º 2/2003 (I caderno) e a pp.7 a 9 do BRN n.º 9/2004 (também do I caderno).

meiros outorgantes intervenham, quer derivem, designadamente, de letras, garantias bancárias, livranças, extractos de facturas, saldos devedores ou descobertos de contas de depósito à ordem ou de contas de qualquer natureza, sendo bastante para a justificação da dívida dos saldos devedores a apresentação do extracto das contas devedoras, prestação de fianças ou avales, empréstimos concedidos ou a conceder por qualquer forma, em euros ou outra moeda, quer derivem de quaisquer operações ou títulos, tudo até ao referido montante de capital de ...

b) Dos respectivos juros remuneratórios à taxa praticada pelo Banco para operações de idêntica natureza e idêntico prazo e que, unicamente para efeitos de registo, se fixa em ..., acrescida, em caso de mora, a título de cláusula penal, da sobretaxa de ...;

c) Das despesas que o Banco tenha de fazer, incluindo honorários de advogados ou outros mandatários, para assegurar ou haver o seu crédito e o cumprimento das cláusulas deste contrato, computadas para efeitos de registo em ...;

Que esta hipoteca é constituída com a máxima amplitude legal sobre os prédios rústicos atrás identificados, livres de quaisquer ónus ou limitação, incluindo as respectivas partes componentes, com todas as construções, beneficiações e acessões, presentes e futuras;

Que os primeiros mandatam o Banco conferindo-lhe poderes para efectuar quaisquer rectificações e/ou averbamentos e actualizações, respeitantes aos imóveis hipotecados, procedendo às necessárias correcções e correspondências, quer na matriz, quer no registo predial, que se apresentem necessárias ou convenientes, requerendo e praticando tudo o que necessário for aos indicados fins.

Disse o segundo: Que para o banco que representa aceita a presente hipoteca, nos termos exarados.

Local: ...

Data: ...

Assinaturas:

Termo de autenticação

No dia ..., no meu escritório sito em ..., perante mim, F..., advogado (ou solicitador) titular da cédula profissional n.º ... emitida por ... em ... compareceram:

PRIMEIRO – F..., NIF ..., e mulher F..., NIF ..., casados sob o regime de comunhão geral, naturais da freguesia de..., concelho de..., habitualmente residentes em ...; e

SEGUNDO – F..., NIF ..., casado, natural da freguesia de ..., concelho de ... e habitualmente residente em ..., que intervém na qualidade de procurador de ..., no uso dos poderes constantes de procuração que fica arquivada.

Verifiquei a identidade dos intervenientes por ...

E por eles me foi apresentado, para fins de autenticação, o documento anexo que é um contrato de abertura de crédito com hipoteca e procuração, tendo declarado que já o leram e assinaram e que ele exprime a sua vontade e a do representado do segundo interveniente.

Arquivado: documento número .... comprovativo do pagamento do imposto do selo, liquidado hoje, relativo à verba 10 da tabela geral, no montante de ...

Exibido:

***a)* Duas cadernetas prediais rústicas, obtidas hoje via Internet, por onde verifiquei os elementos matriciais dos prédios; e**

***b)* Certidão emitida em ... pela conservatória de ..., com o número de ordem ..., comprovativa dos elementos registrais referidos.**

(ou verificada a situação no registo dos assinalados imóveis por consulta online da respectiva certidão permanente de registo predial, através dos códigos de acesso ... e ..., com informação em vigor pelas ... horas, ... minutos e ... segundos de hoje).

Este termo foi lido aos interessados e aos mesmos explicado o seu conteúdo.

Assinaturas: (dos intervenientes e do advogado ou do solicitador)

Nota: A visualização *online* da certidão permanente do registo predial deve efectuar-se na altura da assinatura do termo de autenticação, indicando-se o momento preciso da informação em vigor, a fim de evitar que, antes disso, tenha sido apresentado qualquer pedido de registo de ónus ou encargo não referenciado no acto.

§ 2.º Alienação de herança ou de quinhão hereditário

1. Generalidades

Os bens singulares que constituem a herança (ou a própria herança considerada no seu todo) podem ser alienados *inter vivos* pelo herdeiro único ou por todos os herdeiros conjuntamente.

O herdeiro único pode também alienar *mortis causa* a totalidade da herança e cada um dos herdeiros, individualmente, ainda pode alienar *inter vivos* ou *mortis causa* o seu quinhão hereditário.

Entre nós, as partilhas arrastam-se, por vezes, durante anos e, por isso, os herdeiros vêem-se muitas vezes na necessidade de alienar a herança ou o seu quinhão hereditário.

Sem prejuízo do disposto em lei especial, a alienação de herança ou de quinhão hereditário é feita por *escritura pública* ou por *documento particular autenticado*, se existirem bens cuja alienação deva ser efectuada por uma dessas formas.

Fora desses casos, a alienação deve constar de *documento particular* – art. 2126.º, n.ºs 1 e 2, do CC e alínea *c)* do art. 22.º do Decreto-Lei n.º 116/2008, de 4 de Julho.

Na elaboração do documento não pode deixar de se ter presente que nos três números do artigo 2125.º do CC se estabelecem simples presunções.

Logo, o advogado (ou o solicitador) deve averiguar, em cada caso concreto, qual é a vontade das partes e afastar tais presunções, se for caso disso.

Recomenda-se especial cuidado, no tocante ao previsto no n.º 3 desse artigo (que presume excluídos da transmissão nomeadamente os diplomas e a correspondência do falecido), sempre que estejam em causa heranças de intelectuais ou figuras públicas, pois a correspondência, por exemplo, pode ter mais valor que todos os imóveis compreendidos na herança ou no quinhão.

Atente-se no facto do disposto no art. 2129.º do mesmo diploma ter carácter supletivo, pelo que é conveniente apurar se antes da alienação da herança ou do quinhão hereditário foram ou não alienados bens neles compreendidos. Em caso afirmativo, deve indagar-se a vontade das partes, relativamente aos efeitos decorrentes da aplicação do disposto nos n.ºs 1 e 2 do citado preceito.

O documento deve inserir a menção da existência ou inexistência de bens móveis na herança e, no primeiro caso, do seu valor, sabido como o IMT e o imposto de selo do n.º 1.1 da Tabela Geral apenas recaem sobre imóveis.

Aquando da leitura e explicação do seu conteúdo, as partes deverão ser advertidas da existência do direito de preferência a favor dos co-herdeiros e do prazo em que tal direito pode ser exercido – que é de 2 meses –, *se a alienação for efectuada a favor de terceiros* – cfr. n.ºs 1 e 2 do art. 2130.º do dito código.

2. IMT

Na transmissão onerosa de herança ou de quinhão hereditário que compreenda bens imóveis é devido IMT, relativamente a estes e só a estes – arts. 2.º n.º 5 *c) in fine*.

Para a liquidação do imposto, os interessados devem indicar, na declaração que estão obrigados a prestar, todos os bens imóveis e também a quota-parte que o alienante tem na herança – art. 20.º n.º 3 (no caso de a herança ou o quinhão hereditário compreender bens móveis e imóveis, terá de se fazer a destrinça entre o preço que corresponde a uns e outros, para se poder liquidar correctamente o IMT e o imposto do selo).

A liquidação do IMT é sempre promovida pelo serviço de finanças competente para a liquidação do imposto do selo; não havendo lugar à liquidação do imposto do selo, a liquidação do IMT é promovida pelo serviço de finanças onde estiverem situados os bens, e se estes ficarem situados na área de mais de um serviço de finanças por aquele a que pertencerem os de maior valor patrimonial tributário – art. 21.º n.ºs 3 e 4.

Quando não se conheça a quota do co-herdeiro alienante, o imposto é calculado sobre o valor constante do contrato em relação aos bens imóveis, devendo proceder-se à correcção da liquidação logo que se determine a quota-parte dos bens respeitantes ao co-herdeiro – art. 26.º.

O IMT deve, como regra geral, ser pago no próprio dia da liquidação ou no 1.º dia útil seguinte, sob pena de esta ficar sem efeito, mediante documento de cobrança de modelo oficial, sendo a prova do pagamento feita mediante a apresentação da declaração referida no art. 19.º, acompanhada do comprovativo da cobrança – n.º 1 do art. 36.º e art. 37.º.

Recorde-se que o n.º 6 do art. 31.º do DL n.º 287/2003, de 12 de Novembro, manteve em vigor os benefícios fiscais relativos ao imposto municipal de sisa estabelecidos em legislação extravagante ao CIMSISSD, aprovado pelo DL n.º 41 969, de 24 de Novembro de 1958, que passam a ser reportados ao IMT.

Desse modo, a aquisição por emigrantes de herança ou de quinhão hereditário com o saldo da conta emigrante é, nos termos do art. 7.º do DL n.º 540/76, de 9 de Julho, isenta nos mesmos termos que a aquisição de qualquer imóvel – despacho da DGCI, proc. 113 Not. 90, ofício de 3/6/92.

Aquele art. 7.º do DL n.º 540/76, de 9 de Julho, foi mantido em vigor pelo n.º 2 do art. 18.º do DL n.º 323/95, de 29 de Novembro (este diploma legal foi revogado pelo art. 9.º do DL n.º 169/2006, de 17 de Agosto, mas só para efeito de contratação de novas operações de crédito, pelo que a isenção subsiste relativamente às contas constituídas antes de 17 de Agosto de 2006).

3. Selo

O documento que formaliza a alienação está sujeito ao imposto de selo fixado no n.º 1.1 da respectiva tabela (que incide sobre o valor do contrato ou sobre o valor patrimonial tributário, correspondente aos imóveis compreendidos no direito alienado) o qual, porém, é liquidado pelos serviços centrais da Direcção-Geral dos Impostos, de acordo com o estatuído no n.º 4 do art. 23.º do CIS, e pago pelos interessados.

No documento tem de ser mencionado o valor do imposto e a data da liquidação – art. 23.º, n.º 6, do CIS.

No caso da alienação da herança ou do quinhão hereditário ser feita por doação, como as doações estão simultaneamente sujeitas ao imposto da verba 1.2 da tabela geral, a liquidação do imposto desta verba 1.1 é feita *a posteriori* com o da verba 1.2, como determina o n.º 5 daquele art. 23.º do CIS, na redacção da citada Lei n.º 64-A/2008.

4. Minutas

1.ª hipótese: *alienação de herança*

Alienação de herança

PRIMEIRO: F ... e F ...

SEGUNDO: F ...

E pelos primeiros foi dito:

Que, pelo preço de ..., que já receberam [15], vendem ao segundo a herança aberta por óbito de F ..., pai da interveniente mulher, falecido em ... e que teve a sua última residência habitual em ...

Que a respectiva habilitação de herdeiros foi formalizada por escritura lavrada no cartório de ..., com início a folhas ... do competente livro de notas número ...

[15] No caso de a herança (ou de quinhão hereditário, como acontece na minuta seguinte) compreender bens móveis e imóveis, terá de se fazer a destrinça entre o preço que corresponde a uns e outros, para efeito de se poder correctamente liquidar o imposto de selo e o IMT.

Além disso, os n.ºs 5 e 6 do art. 47.º do CN, na redacção da Lei n.º 89/2017, de 21 de Agosto, determinam que o instrumento destinado a titular actos sujeitos a registo deve conter, sempre que esteja em causa o pagamento de uma quantia, a indicação do momento em que tal ocorre e do meio de pagamento utilizado.

Caso o pagamento ocorra antes ou no momento da celebração do acto, deve ser consignado no instrumento:

a) Tratando-se de pagamento em numerário, a moeda utilizada;

b) Tratando-se de pagamento por cheque, o seu número e a entidade sacada;

c) Tratando-se de pagamento através da realização de uma transferência de fundos:

i) A identificação da conta do ordenante e da conta do beneficiário, mediante a menção dos respectivos números e prestadores de serviços de pagamento;

ii) Quando o ordenante ou o beneficiário não realize a transferência por intermédio de uma conta de pagamento, mediante a menção do identificador único da transacção ou do número do instrumento de pagamento utilizado e do respectivo emitente.

Declarou o segundo que aceita este contrato.
Local: ...
Data: ...
Assinaturas:

Termo de autenticação

No dia ..., no meu escritório sito em ..., perante mim, F..., advogado (ou solicitador) titular da cédula profissional n.º ... emitida por ... em ... compareceram:

PRIMEIRO – F..., NIF ..., e mulher F..., NIF ..., casados sob o regime ..., naturais de ..., concelho de..., habitualmente residentes em ...; e

SEGUNDO – F..., NIF ..., casado com F ... sob o regime de ..., natural da freguesia de ..., concelho de ... e habitualmente residente em ...

Verifiquei a identidade dos intervenientes por ...

E por eles me foi apresentado, para fins de autenticação, o documento anexo que é um contrato de alienação de herança, tendo declarado que já o leram e assinaram e que ele exprime a sua vontade.

Arquivado:

a) A declaração para a liquidação, efectuada em ..., do imposto municipal sobre as transmissões onerosas de imóveis e o correspondente comprovativo da cobrança número ... [16]

b) O documento número ... comprovativo do pagamento do imposto do selo da verba 1.1 da tabela geral, no montante de ..., liquidado hoje.

Este termo foi lido aos interessados e aos mesmos explicado o seu conteúdo.

Assinaturas: (dos intervenientes e do advogado ou do solicitador)

2.ª hipótese: *alienação de quinhão hereditário*

Alienação de quinhão hereditário

PRIMEIRO: F ... e F ...

[16] O IMT deve, como regra geral, ser pago no próprio dia da liquidação ou no 1.º dia útil seguinte, sob pena de esta ficar sem efeito – n.º 1 do art. 36.º do CIMT.

SEGUNDO: F ...

E pelos primeiros foi dito:

Que, pelo preço de ..., que já receberam [17], vendem ao segundo, seu irmão e cunhado, o quinhão hereditário que lhes pertence na herança aberta por óbito de F ..., mãe dos intervenientes varões, falecida em ... e que teve a sua última residência habitual em ...

Que desse preço ... € correspondem ao valor atribuído aos bens imóveis compreendidos no direito alienado.

Que a respectiva habilitação de herdeiros foi formalizada por escritura lavrada no cartório de ..., com início a folhas ... do competente livro de notas número ...

Declarou o segundo que aceita este contrato.

Local: ...

Data: ...

Assinaturas:

Termo de autenticação

No dia ..., no meu escritório sito em ..., perante mim, F..., advogado (ou solicitador) titular da cédula profissional n.º ... emitida por ... em ... compareceram:

PRIMEIRO – F..., NIF ..., e mulher F..., NIF ..., casados sob o regime ..., naturais de ..., concelho de..., habitualmente residentes em ...; e

SEGUNDO – F..., NIF ..., casado com F ... sob o regime de ..., natural da freguesia de ..., concelho de ... e habitualmente residente em ...

Verifiquei a identidade dos intervenientes por ...

E por eles me foi apresentado, para fins de autenticação, o documento anexo que é um contrato de alienação de quinhão hereditário, tendo declarado que já o leram e assinaram e que ele exprime a sua vontade.

Arquivado:

a) A declaração para a liquidação, efectuada em ..., do imposto municipal sobre as transmissões onerosas de imóveis e o correspondente comprovativo da cobrança número ...

[17] Vide n.ºs 5 e 6 do art. 47.º do CN.

b) O documento número ... comprovativo do pagamento do imposto do selo da verba 1.1 da tabela geral, no montante de ..., liquidado hoje.

Este termo foi lido aos interessados e aos mesmos explicado o seu conteúdo.

Assinaturas: (dos intervenientes e do advogado ou do solicitador)

§ 3.º Cessão de créditos hipotecários

1. Generalidades

A cessão de créditos está regulada nos arts. 577.º a 588.º do CC.

O credor pode ceder a terceiro uma parte ou a totalidade do crédito, contanto que a cessão não seja interdita por determinação da lei ou convenção das partes e o crédito não esteja, pela própria natureza da prestação, ligado à pessoa do credor – vide art. 577.º, n.º 1.

Exemplo de crédito que não pode ser cedido, por determinação da lei, é o previsto no art. 579.º (crédito litigioso a favor de juízes ou magistrados do Ministério Público, funcionários de justiça ou mandatários judiciais, se o processo decorrer na área em que exercem habitualmente a sua actividade ou profissão), com a excepção estabelecida no art. 581.º, e de crédito que não pode ser cedido, por estar, pela própria natureza da prestação, ligado à pessoa do credor, é o direito de habitação da casa de morada – art. 1488.º.

A cessão de créditos, de acordo com o estabelecido no art. 577.º, n.º 1, não carece do consentimento do devedor.

No entanto, para produzir efeitos em relação ao devedor, este tem de ter conhecimento dela, ou porque lhe foi notificada, ainda que extrajudicialmente, ou porque a aceitou, ou porque o cessionário prove que ele a conhecia – art. 583.º.

A cessão do crédito importa, na falta de convenção em contrário, a transmissão para o cessionário das garantias e outros acessórios do direito transmitido, que não sejam inseparáveis da pessoa do cedente – art. 582.º, n.º 1.

O cedente é obrigado a entregar ao cessionário os documentos e outros meios probatórios do crédito que estejam na sua posse – cfr. art. 586.º

O cedente só garante ao cessionário a existência e a exigibilidade do crédito, não a solvência do devedor – art. 587.º, n.º 1 –, a não ser que, expressamente, a tal se obrigue – art. 587.º, n.º 2.

Nesta última hipótese (garantia da solvência do devedor) existe uma fiança que, como tal, tem de ser levada em conta para cobrança de honorários e de selo, desde que celebrada em acto posterior à cessão.

Como se diz no n.º 1 do art. 578.º, os requisitos e os efeitos da cessão entre as partes definem-se em função do tipo de negócio jurídico que lhe serve de base e que pode ser, por exemplo, uma venda, uma doação, uma dação em cumprimento ou uma dação *pro solvendo*.

Salvo disposição legal em contrário, a cessão de créditos hipotecários, quando não seja feita em testamento e a hipoteca recaia sobre bens imóveis, deve constar de *escritura pública* ou de *documento particular autenticado* – cfr. art. 578.º, n.º 2, do CC e alínea *e)* do art. 22.º do Decreto-Lei n.º 116/2008, de 4 de Julho.

Os documentos particulares autenticados que titulem actos sujeitos a registo predial devem conter os requisitos legais a que estão sujeitos os negócios jurídicos sobre imóveis, aplicando-se subsidiariamente o CN, estando a validade da autenticação destes documentos (e de todos os documentos que os instruam) dependente do seu depósito electrónico.

O Decreto-Lei n.º 59/2006, de 20 de Março – que revogou o Decreto-Lei n.º 125/90, de 16 de Abril, com as alterações introduzidas pelos Decretos-Leis n.os 17/95, de 27 de Janeiro, e 52/2006, de 15 de Março – veio estabelecer o regime aplicável às obrigações hipotecárias e às instituições de crédito hipotecário, considerando estas como instituições de crédito que têm por objecto social a concessão, aquisição e alienação de créditos garantidos por hipoteca sobre bens imóveis, a fim de emitir obrigações hipotecárias (ver ainda, com interesse, os Avisos do Banco de Portugal n.os 5/2006 a 8/2006, publicados no Diário da República n.º 196 de 11 de Outubro de 2006).

A cessão de créditos feitas pelas instituições de crédito legalmente autorizadas a conceder créditos garantidos por hipoteca pode ser formalizada por *documento particular* e produz efeitos em relação aos respectivos devedores no momento em que se tornarem eficazes entre o cedente e o cessionário, não dependendo do conhecimento, aceitação ou notificação desses devedores – cfr. arts. 27.º e 28.º do dito Decreto-Lei n.º 59/2006.

2. Cessão de créditos em massa

O DL n.º 42/2019, de 28 de Março, estabelece um regime simplificado para a ***cessão de créditos em massa***, como tal se considerando aquela em que o cessionário seja uma instituição de crédito, sociedade financeira ou uma sociedade de titularização de créditos sempre que o preço de alienação global dos créditos a ceder seja, no mínimo, de € 50 000,00, e a carteira seja composta por, pelo menos, 50 créditos distintos.

O cessionário considera-se habilitado em todos os processos em que estejam em causa créditos objecto de cessão, competindo-lhe juntar ao processo cópia do contrato de cessão, sem prejuízo do disposto no n.º 2 do artigo 356.º do CPC.

A cessão de créditos em massa é celebrada por *documento particular,* o qual constitui título bastante para efeitos do registo da transmissão dos créditos hipotecários, ou das respectivas garantias sujeitas a registo, quando contenha o reconhecimento presencial das assinaturas do cedente e do cessionário.

Os registos necessários em função das operações de cessão de créditos em massa são realizados de forma centralizada em processo unitário e expedito, mediante uma única apresentação.

A realização dos registos dispensa a apresentação da prova da situação matricial referida no artigo 31.º do CRP.

O modo de realização do registo é regulado pela Portaria n.º 228/2019, de 22 de Julho.

3. Selo

O documento que formaliza a cessão de créditos está sujeito ao selo fixado no n.º 17.1 da tabela geral, variável em função do prazo.

Porém, com a revogação da alínea *n)* do n.º 1 do art. 2.º do CIS pela Lei n.º 3-B/2010, de 28 de Abril, os advogados deixaram de ser sujeitos passivos do imposto de selo que for devido pela realização de qualquer dos documentos particulares autenticados, pelo que, nos termos da alínea *h)* do n.º 1 desse art. 2.º, o imposto terá de ser previamente liquidado e pago pelos interessados que intervierem no acto, por serem os sujeitos passivos do imposto.

O documento deve mencionar o valor do imposto de selo cobrado e a data da sua liquidação – art. 23.º, n.º 6 desse código.

4. Minuta

Cessão de Créditos

PRIMEIRO: F ... e F ... (procuradores do banco credor)

SEGUNDO: F ... (gerente da sociedade cessionária)

E por eles, na qualidade em que respectivamente intervêm, foi dito:

Que as sociedades suas representadas acordam entre si o presente contrato de cessão de créditos, que sujeitam às seguintes cláusulas:

1.ª O Banco detém sobre a sociedade comercial por quotas ... (A) um crédito no montante global de ...;

2.ª O crédito indicado provém de um empréstimo concedido pelo banco à referida sociedade (A) no montante de ..., ao juro de ... ao ano, elevável por simples deliberação do Banco, até ao limite máximo legalmente consentido para operações de prazo idêntico, sendo o juro, em caso de mora, agravado com uma sobretaxa anual de ..., conforme contrato sob a forma de abertura de crédito, titulado por escrito particular datado de ...;

3.ª A sociedade (A), por escritura de ..., iniciada a fls. ..., do respectivo livro n.º ..., de escrituras diversas do ... Cartório Notarial de ..., em garantia do citado empréstimo, juros e demais encargos deu

de hipoteca a favor do Banco o prédio na mesma escritura identificado e tal hipoteca acha-se registada na Conservatória do Registo Predial de ..., nos termos das inscrições ...;

4.ª O Banco, pelo presente contrato, cede pelo preço de ... [18]**, que declara já ter recebido, o identificado crédito à sociedade, representada pelo segundo interveniente, que é sócia da referida sociedade (A) e nela possui uma quota do valor nominal de ..., cessão de créditos esta que o segundo interveniente declara aceitar para a sua representada;**

5.ª a) A presente cessão de créditos abrange a garantia atrás referida, a qual continuará a assegurar o cumprimento desse crédito, em benefício da cessionária;

b) Relativamente às restantes garantias previstas no contrato de empréstimo referido, o Banco declara que as mesmas deixaram de ter qualquer validade ou eficácia.

6.ª A cessionária compromete-se a dar conhecimento desta cessão à sociedade (A), através de carta expedida com data de hoje;

7.ª Quaisquer despesas resultantes do presente contrato, designadamente registais, fiscais ou outras, são da exclusiva conta e responsabilidade da sociedade cessionária.

Local: ...

Data: ...

Assinaturas:

Termo de autenticação

No dia ..., no meu escritório sito em ..., perante mim, F..., advogado (ou solicitador) titular da cédula profissional n.º ... emitida por ... em ... compareceram:

PRIMEIRO – F..., NIF ..., e F..., NIF ..., casados, naturais de ..., concelho de..., habitualmente residentes em ..., que intervêm na qualidade de procuradores e em representação do Banco ...; e

SEGUNDO – F..., casado, natural da freguesia de ..., concelho de ... e habitualmente residente em ..., que intervém na qualidade de gerente da sociedade ..., com poderes para o acto como verifiquei pela certidão e pela acta abaixo indicadas.

[18] Atenção ao que dispõem os n.ºs 5 e 6 do art. 47.º do CN.

Verifiquei a identidade dos intervenientes por ...

E por eles me foi apresentado, para fins de autenticação, o documento anexo que é um contrato de cessão de crédito hipotecário, tendo declarado que já o leram e assinaram e que ele exprime a vontade das sociedades suas representadas.

Arquiva-se:

***a)* Procuração apresentada pelos primeiros intervenientes;**

***b)* Certidão do registo comercial alusiva à sociedade representada pelo segundo interveniente [19]; e**

***c)* Fotocópia de acta com o n.º ...**

***d)* Documento número ... comprovativo do pagamento do imposto do selo relativo à verba 17.1 da tabela geral no montante de ... €., liquidado hoje.**

Este termo foi lido aos interessados e aos mesmos explicado o seu conteúdo.

Assinaturas: (dos intervenientes e do advogado ou do solicitador)

[19] A reprodução dos registos em vigor respeitantes a sociedade sediada em conservatória informatizada pode ser disponibilizada em suporte electrónico pela *certidão permanente*, a que se acede por um código entregue pela sociedade.

A entrega do código de acesso à certidão permanente equivale à entrega da certidão do registo comercial – cfr. Portaria n.º 1416-A/2006, de 19 de Dezembro, e art.º 75.º do Código do Registo Comercial.

§ 4.º Compra e venda

1. Conceito

A compra e venda representa, como se sabe, o paradigma dos contratos onerosos.

Trata-se de um contrato típico ou nominado que tem a sua regulamentação, para além de outros diplomas, nos arts. 874.º e ss. do Código Civil e nos arts. 463.º e ss. do Código Comercial.

Diz o referido art. 874.º: "Compra e venda é o contrato pelo qual se transmite a propriedade de uma coisa, ou outro direito, mediante um preço".

O art. 875.º do CC preceitua que, sem prejuízo do disposto em lei especial, o contrato de compra e venda de bens imóveis só é válido se for celebrado por *escritura pública* ou por *documento particular autenticado*.

Efeitos essenciais do contrato são, nos termos do art. 879.º, a transmissão da propriedade da coisa ou da titularidade do direito, com a obrigação para uma parte de entregar a coisa e a obrigação para a outra parte de pagar o preço, como contrapartida da vantagem económica adveniente.

Diz-se que a compra e venda é um contrato real *quoad effectum* por a transferência do direito, designadamente real, objecto do negócio jurídico, se produzir, por via de regra, por mero efeito do contrato – cfr. art. 408.º, n.º 1.

Nem sempre, porém, assim acontece.

Como resulta do n.º 2 desse art. 408.º, a transferência de coisas futuras ou indeterminadas e de frutos naturais ou de partes componentes ou integrantes não se verifica aquando da celebração do contrato, ficando dependente de um facto futuro, mas tal não significa que seja necessário celebrar outro negócio para se operar a transferência da propriedade, porque esta é sempre consequência da compra e venda.

As partes podem também convencionar que a transmissão do direito fique subordinada a um acontecimento futuro e incerto, ou seja, que o contrato fique sujeito a condição suspensiva – cfr. art. 270.º.

Quando o efeito translativo fica na dependência do pagamento do preço, estamos perante uma *cláusula de reserva de propriedade ou de titularidade*, conforme se trate de coisas corpóreas ou incorpóreas (v.g. venda de um imóvel ou de uma acção com espera de preço), que só é oponível a terceiros se for registada – vide arts. 409.º e 1302.º.

A celebração de um contrato de compra e venda com reserva de propriedade ou de titularidade obsta, naturalmente, a que se transmita o direito sobre o bem a que se reporta o negócio, enquanto o preço não for pago.

Do contrato advém para o vendedor, como obrigação principal, a de entregar a coisa, salvo se o comprador a tinha já em seu poder (v.g. venda da casa ao inquilino) ou se, pela natureza da situação, inexiste o dever de entrega (exemplo, venda de direitos de crédito).

De qualquer modo, sendo a compra e venda um negócio jurídico *quoad effectum*, a obrigação de entrega da coisa vendida, conquanto seja um dos efeitos essenciais do negócio, nada tem a ver com a transferência do direito.

A obrigação de pagar o preço constitui, como vimos, o outro efeito essencial da compra e venda.

Esta obrigação é pecuniária, em euros, mas pode ser também em moeda específica ou estrangeira – cfr. arts. 550.º, 552.º e 558º.

2. **Limitações à celebração do contrato**

Podem ser objecto da compra e venda todas as coisas, presentes ou futuras, de titularidade ou existência certa ou incerta, que a lei não declare inalienáveis e que não estejam fora do comércio.

Mesmo em relação às coisas transmissíveis, a lei estabelece muitas vezes limitações à celebração de contratos de compra e venda, o que obriga os advogados a estar atentos à observância de certos requisitos e à exigência de determinados documentos para instrução de alguns tipos de actos de alienação, sob pena de eles poderem vir a ser declarados nulos ou anulados ou, mais simplesmente, a ser considerados formalmente irregulares.

Vejamos, a título meramente exemplificativo, algumas dessas limitações.

a) – Os factos de que resulte transmissão de direitos (ou constituição de encargos) sobre imóveis não podem ser titulados sem que os bens estejam definitivamente inscritos a favor da pessoa de quem se adquire o direito (ou contra a qual se constitui o encargo) – n.º 1 do art. 9.º do Código do Registo Predial.

Esta regra, conhecida por *princípio da legitimação de direitos*, vem também prevista no n.º 2 do art. 54.º do CN.

O falado princípio, no que à compra e venda diz respeito, não tem aplicação:

– Na venda executiva (venda directa a pessoas ou entidades que tenham direito a adquirir os bens ou venda por negociação particular);

– Nos actos de transmissão praticados por quem tenha adquirido os bens transmitidos no mesmo dia e com conhecimento pessoal do advogado, que será expressamente mencionado;

– Nos casos de urgência motivada por perigo de vida dos intervenientes, devidamente comprovada (por peritos médicos ou atestado médico), ou por extravio ou inutilização do registo causados por incêndio, inundação ou outra calamidade reconhecida por despacho do Ministro da Justiça, devendo neste caso constar do instrumento o modo como foi comprovada a urgência – cfr. arts. 54.º, n.º 3, e alínea *a)* do art. 56.º do CN;

– Nos documentos relativos a prédios situados em concelho onde não tenha vigorado o registo obrigatório, que titulem o primeiro acto de transmissão ocorrido após 1 de Outubro de 1984, se for exibido documento comprovativo (por *documento comprovativo* deve entender-se aquele que prove o direito para fins de registo, como é o caso da escritura de habilitação notarial – Parecer do Conselho Técnico de 24.06.92).

Se virmos bem, a lei, ao estabelecer as excepções ao princípio da legitimação de direitos sobre imóveis, fê-lo de modo a que fosse facilmente assegurado e, portanto, respeitado, o *princípio do trato sucessivo*, consignado no art. 34.º do CRP, segundo o qual o registo definitivo de aquisição de direitos depende da prévia inscrição dos bens em nome de quem os transmite.

O princípio do trato sucessivo está plenamente salvaguardado:

– Nos casos de dispensa do registo prévio nos instrumentos relativos a prédios situados em concelho onde não tenha vigorado o registo obrigatório, com a apresentação do título do primeiro acto de transmissão ocorrido após 1 de Outubro de 1984, mesmo que seja a escritura de habilitação ou de justificação notarial;

– Na venda executiva, o n.º 4 do art. 755.º do CPC esclarece que o registo provisório da penhora não obsta a que a execução prossiga, mas não se pode fazer a respectiva venda sem que o registo se haja convertido em definitivo, pelo que é necessário que o imóvel esteja inscrito em nome do executado;

– Nos actos de transmissão praticados por quem tenha adquirido os bens transmitidos no mesmo dia, fazendo preceder o pedido de registo da 2.ª transmissão pelo do pedido de registo da 1.ª;

– No caso de extravio ou inutilização do registo causados por incêndio, inundação ou outra calamidade reconhecida por despacho do Ministro da Justiça, porque o registo é feito directamente sem necessidade de haver inscrição prévia.

b) – A lei consagra o princípio da imutabilidade dos regimes matrimoniais de bens no art. 1714.º, n.º 1, do CC.

Como consequência desse princípio, o n.º 2 desse artigo *proíbe a compra e venda entre cônjuges*, excepto quando estes se encontrem separados judicialmente de pessoas e bens.

c) – Consultando as alíneas b) e d) do n.º 1 e alínea b) do n.º 2 do art. 2.º do DL n.º 272/2001, de 13 de Outubro, na redacção do art. 12.º da Lei n.º 49/2018, de 14 de Agosto (em vigor a partir de 10.02.2019), chegamos à conclusão de que são da competência exclusiva do Ministério Público as decisões relativas a pedidos de:

– *autorização* para a prática de actos pelo representante legal do menor ou do maior acompanhado, quando legalmente exigida;

– *confirmação* de actos praticados pelo representante do menor ou do maior acompanhado sem a necessária autorização.

Quando, porém, estiver em causa autorização para outorgar partilha extrajudicial e o representante legal concorrer à sucessão com o seu representado, é necessário nomear *curador especial*, bem como nos casos em que o pedido de autorização seja dependente de processo de inventário ou de acompanhamento.

Na mesma linha de pensamento, os arts. 1889.º e 1892.º do CC prescrevem que sem autorização do Ministério Público os pais não podem como representantes legais do filho menor alienar bens ou adquirir estabelecimento comercial ou industrial, não podendo igualmente adquirir, directamente ou por interposta pessoa, bens ou direitos do filho sujeito a poder paternal.

Porém, relativamente ao âmbito e conteúdo do acompanhamento, é importante notar que o art. 145.º, n.º 3, do CC dispõe que *os actos de disposição de bens imóveis carecem de autorização judicial prévia e específica.*

Tem-se em vista evitar que, mediante uma compra e venda simulada, se façam doações encapotadas, com prejuízo da legítima, e, por isso, a proibição deve abranger não só os casos de venda directa como os de venda feita por interposta pessoa (por exemplo, a venda feita à mulher do filho do alienante, casada sob o regime da comunhão geral ou de adquiridos).

Na venda a filhos, o consentimento é prestado pelos outros filhos ou, se tiverem falecido, pelos seus sucessores; na feita a netos, pelos filhos e pelos irmãos do neto beneficiado.

d) – O*s pais e os avós não podem vender a filhos ou netos*, sem o consentimento dos outros filhos ou netos e respectivos consortes, quando casados em regime de comunhão – cfr. art. 877.º do CC.

Tem-se em vista evitar que, mediante uma compra e venda simulada, se façam doações encapotadas, com prejuízo da legítima, e, por isso, a proibição deve abranger não só os casos de venda directa como os de venda feita por interposta pessoa (por exemplo, a venda feita à mulher do filho do alienante, casada sob o regime da comunhão geral ou de adquiridos).

Na venda a filhos, o consentimento é prestado pelos outros filhos ou, se tiverem falecido, pelos seus sucessores; na feita a netos, pelos filhos e pelos irmãos do neto beneficiado.

e) O art. 1376.º do CC estipula nos seus três números que:

– os terrenos aptos para cultura *não podem fraccionar-se em parcelas de área inferior a determinada superfície mínima*, correspondente à ***unidade de cultura*** fixada para cada zona do País; importa fraccionamento, para este efeito, a constituição de usufruto sobre uma parcela do terreno;

– também *não é admitido o fraccionamento quando dele possa resultar o encrave de qualquer das parcelas*, ainda que seja respeitada a área fixada para a unidade de cultura;

– a *proibição abrange o terreno contíguo pertencente ao mesmo proprietário*, embora seja composto por prédios distintos.

Por outro lado, o art. 1378.º preceitua que *a troca de terrenos aptos para cultura só é admissível*:

– quando ambos os terrenos tenham área igual ou superior à unidade de cultura fixada para a respectiva zona;

– quando, tendo qualquer dos terrenos área inferior à unidade de cultura, da permuta resulte adquirir um dos proprietários terreno contíguo a outro que lhe pertença, em termos que lhe permitam constituir um novo prédio com área igual ou superior àquela unidade;

– quando, independentemente da área dos terrenos, ambos os permutantes adquiram terreno confinante com prédio seu.

Em jeito de complemento, o n.º 1 do art. 1379.º acrescenta que *são nulos os actos de fraccionamento ou troca contrários ao disposto nos artigos 1376.º e 1378.º*, lembrando o n.º 5 do art. 48.º da Lei n.º 111/2015, de 27 de Agosto[20], que do fraccionamento e da troca de parcelas não podem resultar prédios com menos de 20 metros de largura, prédios onerados com servidão ou prédios com estremas mais irregulares do que as do prédio original.

Importa, por isso, que resulte claro da escritura que o acto não envolve fraccionamento proibido, mesmo no caso em que a alienação de parcela de terreno iguale ou exceda a área da unidade de cultura fixada para a região onde o imóvel se localize, se o alienante ficar a dispor de terreno contíguo ao alienado cuja área não corresponda, pelo menos, a uma unidade de cultura.

Sobre a ***unidade de cultura*** dispõe o art. 49.º da citada Lei n.º 111/2015:

1 – Entende-se por unidade de cultura a superfície mínima de um terreno rústico para que este possa ser gerido de uma forma sustentável, utilizando os meios e recursos normais e adequados à obtenção de um resultado satisfatório, atendendo às características desse terreno e às características geográficas, agrícolas e florestais da zona onde o mesmo se integra.

2 – Para efeitos da determinação da unidade de cultura releva a distinção entre terrenos de regadio, de sequeiro e de floresta, categorias reconhecidas a partir das espécies vegetais desenvolvidas, bem como das características pedológicas, edáficas, hídricas, económico-agrárias e silvícolas dos terrenos, aferidas com recurso às cartas de capacidade de uso do solo.

[20] A Lei n.º 111/2015 foi alterada pela Lei n.º 89/2019, de 3 de Setembro.

3 – Sempre que não seja possível o reconhecimento do tipo de terreno, nos termos do número anterior, deve ser atribuída a categoria de terreno de sequeiro.

4 – A unidade de cultura é fixada por portaria do membro do Governo responsável pela área do desenvolvimento rural e deve ser actualizada com um intervalo máximo de 10 anos.

A Portaria n.º 219/2016, de 9 de Agosto, a par da revisão da superfície mínima, correspondente à unidade de cultura, veio também fixar a superfície máxima resultante do redimensionamento de explorações agrícolas com vista à melhoria da estruturação fundiária da exploração.

O art. 3.º dessa Portaria, na redacção da Portaria n.º 19/2019, de 15 de Janeiro, dispõe que a unidade de cultura a que se refere o art. 1376.º e para efeitos do disposto no n.º 1 do art. 1379.º do CC, para Portugal continental, é a constante do anexo II, variando em hectares, consoante os terrenos sejam de regadio, de sequeiro ou de floresta e situados no Alentejo, no Algarve, na Área Metropolitana de Lisboa, no Centro e no Norte.

A *superfície máxima* resultante do redimensionamento de explorações agrícolas com vista à melhoria da estruturação fundiária da exploração para Portugal continental é a constante do anexo I, a qual faz referência à superfície máxima em hectares, consoante os terrenos sejam de regadio ou de sequeiro e situados no Alentejo, no Algarve, na Área Metropolitana de Lisboa, no Centro e no Norte.

A este propósito convém ter presente o disposto no art. 50.º da referida Lei n.º 111/2015 sobre anexação de prédios contíguos, segundo o qual todos os prédios rústicos contíguos com uma área global inferior à unidade de cultura e pertencentes ao mesmo proprietário, independentemente da sua origem, devem ser anexados oficiosamente pelo serviço de finanças, ou a requerimento do proprietário, com inscrição do novo prédio sob um único artigo e menção da correspondência aos artigos antigos.

No caso de iniciativa do serviço de finanças, o proprietário deve ser notificado para se opor, querendo, no prazo de 30 dias.

Após a anexação, o serviço de finanças deve enviar à conservatória do registo predial certidão do teor das matrizes, com a indicação da correspondência matricial.

Feita a anotação da apresentação, o conservador efectua, oficiosa e gratuitamente, a anexação das descrições, salvo quando a existência de registos em vigor sobre os prédios a ela obste.

Note-se, no entanto, que, consoante dispõe o n.º 2 do art. 30.º dessa Lei n.º 111/2015, os prédios resultantes de operações da anexação de prédios rústicos previstas nas alíneas *b*) e *d*) do n.º 2 do art. 51.º (respectivamente, aquisição de prédio rústico confinante ou de prédios contíguos com prédio da mesma natureza, propriedade do adquirente, se a aquisição contribuir para melhorar a estrutura fundiária da exploração e desde que a operação de emparcelamento respeite os valores previstos na portaria que fixa a superfície máxima de redimensionamento; e as aquisições de prédios rústicos que excedam o quinhão ideal do adquirente em acto de partilha ou divisão de coisa comum que ponham termo à compropriedade e quando a unidade predial ou de exploração agrícola não possam fraccionar-se sem inconveniente) não podem ser fraccionados durante o período de 15 anos a partir da data do seu registo.

f) – O Decreto-Lei n.º 555/99, de 16 de Dezembro (alterado pelas Leis n.ºs 13/2000, de 20 de Julho, e 30-A/2000, de 20 de Dezembro, pelo DL n.º 177/2001, de 4 de Junho, pelas Leis n.ºs 15/2002, de 22 de Fevereiro, e 5/2004, de 10 de Fevereiro, pelo DL n.º 157/2006, de 8 de Agosto, pela Lei n.º 60/2007, de 4 de Setembro, pelos DLs n.ºs 18/2008, de 29 de Janeiro, e 26/2010, de 30 de Março, pela Lei n.º 28/2010, de 2 de Setembro, pelos DLs n.ºs 266-B/2012, de 31 de Dezembro, 136/2014, de 9 de Setembro, 214-G/2015, de 2 de Outubro, e 97/2017, de 10 de Agosto, e pela Lei n.º 79/2017, de 18 de Agosto) estabelece o regime jurídico da urbanização e da edificação.

Das operações reguladas nesse diploma a que tem maior interesse no âmbito do direito notarial é, indubitavelmente, a dos *loteamentos urbanos.*

O Decreto-Lei n.º 555/99, na versão anterior à introduzida pela citada Lei n.º 60/2007, definiu as operações de loteamento como acções que tivessem por objecto ou por efeito a constituição de um ou mais lotes destinados imediata ou subsequentemente à edificação urbana e que resultasse da *divisão* de um ou vários prédios ou do seu *emparcelamento* ou *reparcelamento.*

Passaram, assim, essas operações a abranger não apenas a divisão de prédios em lotes para efeitos de construção urbana (*loteamentos clássicos* ou *em sentido estrito*), mas também, para os mesmos fins, a unificação de vários prédios num só lote (*emparcelamentos*) e a transformação de vários prédios em vários lotes (*reparcelamentos*).

De acordo com as alterações introduzidas pelo legislador a partir de Março de 2008, através daquela Lei n.º 60/2007, a transformação fundiária traduzida no emparcelamento de vários prédios deixa de ser considerada como operação de loteamento, uma vez que a nova redacção da alínea *i)* do art. 2.º do Decreto-Lei n.º 555/99, redefinindo as operações de loteamento, englobou nelas apenas as "acções que tenham por objecto ou por efeito a constituição de um ou mais lotes destinados, imediata ou subsequentemente, à edificação urbana e que resulte da divisão de um ou vários prédios ou do seu reparcelamento", excluindo delas, portanto, as que derivem do emparcelamento.

Compreende-se porquê: a transformação fundiária em que se analisava o emparcelamento dava origem apenas a um lote (e, portanto, a uma só construção) e, portanto, não deveria estar sujeita a um procedimento administrativo tão complexo como o consagrado para a generalidade das operações de loteamento urbano, uma vez que o correcto ordenamento do território podia ser avaliado através do projecto da construção a realizar no lote a constituir.

Relativamente aos *loteamentos em sentido estrito*, a divisão fundiária resulta de um comportamento voluntário do interessado, estando, pois, afastadas desse conceito as divisões de prédios resultantes de factos naturais (v.g. desvio natural de um curso de água) ou de acções imputáveis à Administração (v.g. expropriação de uma faixa de terreno para construção de uma estrada).

Além disso, para se sujeitar ao regime jurídico dos loteamentos urbanos, a divisão fundiária deve destinar-se à construção de edifícios para usos urbanos (habitacionais, comerciais ou industriais), não podendo considerar-se loteamento o fraccionamento fundiário que vise outras finalidades, como a rectificação de estremas de prédios ou a constituição ou ampliação de logradouros.

A divisão do prédio em lotes pode ser material, mas pode também ser jurídica, resultante de venda, permuta, doação, partilha ou outro acto que origine a formação de novos prédios urbanos, como é o caso da construção num dado prédio de vários edifícios funcionalmente independentes, afectando partes específicas do solo a unidades independentes.

Estabelecidas as bases gerais de política pública de solos, do ordenamento do território e do urbanismo pela Lei n.º 31/2014, de 30 de Maio, o DL n.º 80/2015, de 14 de Maio procedeu à revisão do Regime Jurídico dos Instrumentos de Gestão Territorial.

De acordo com o seu art. 164.º, o *reparcelamento do solo urbano* é a operação de reestruturação da propriedade que consiste no agrupamento de terrenos localizados em solo urbano e na sua posterior divisão, com adjudicação dos lotes resultantes aos primitivos proprietários ou a outros interessados, sendo seus objectivos específicos:

a) Ajustar às disposições do plano intermunicipal ou do plano municipal, a configuração e o aproveitamento dos terrenos para construção;

b) Distribuir equitativamente os benefícios e encargos resultantes do plano;

c) Localizar as áreas a ceder obrigatoriamente pelos proprietários destinadas à implantação de infra-estruturas, de espaços verdes e de equipamentos públicos.

A operação de reparcelamento é da iniciativa dos proprietários, directamente ou conjuntamente com outras entidades interessadas, ou da câmara municipal, isoladamente ou em cooperação – n.º 1 do art.º 165.º –, prevendo-se nos arts. 166.º, 167.º, respectivamente, o procedimento a adoptar no reparcelamento do solo urbano de iniciativa particular e no reparcelamento do solo urbano de iniciativa da câmara municipal.

A repartição dos direitos entre os proprietários na operação de reparcelamento é feita na proporção do valor do respectivo prédio à data do início do processo ou na proporção da sua área nessa data, mas os proprietários podem fixar, por unanimidade, outro critério, tendo em conta, designadamente, a participação das outras entidades interessadas nos encargos decorrentes da operação de reparcelamento – cfr. art. 168.º.

No que concerne aos efeitos do reparcelamento, o art. 169.º esclarece que o licenciamento, a apresentação da comunicação prévia ou a aprovação da operação de reparcelamento está sujeita às normas legais e regulamentares aplicáveis às operações de loteamento e produz os seguintes efeitos:

a) Substituição, com plena eficácia real, dos antigos terrenos pelos novos lotes;

b) Transmissão para a câmara municipal, de pleno direito e livre de quaisquer ónus ou encargos, das parcelas de terrenos para espaços verdes públicos e de utilização colectiva, infra-estruturas, designadamente arruamentos viários e pedonais, e equipamentos colectivos que, de acordo com a operação de reparcelamento, devam integrar o domínio municipal.

A operação de reparcelamento que incida sobre solo urbano implica a obrigação de urbanizar a zona, recaindo a obrigação sobre quem tiver dado início ao processo de reparcelamento, podendo, no caso de reparcelamento da iniciativa dos proprietários, ser assumida por um ou vários, caso se disponham a isso – cfr. art. 170.º.

O n.º 1 do art. 49.º do mencionado Decreto-Lei n.º 555/99, na versão anterior à introduzida pela citada Lei n.º 60/2007, determinava que os instrumentos relativos a actos ou negócios jurídicos de que resultasse, directa ou indirectamente, a constituição de lotes nos termos da alínea *i)* do artigo 2.º ou a transmissão de lotes legalmente constituídos (e também, a nosso ver, a constituição de ónus de carácter real sobre eles) deviam mencionar o número do alvará, a data da sua emissão pela câmara municipal e a certidão do registo predial.

As operações de loteamento passam, com o novo regime, a ficar sujeitas a *licenciamento* (titulado por alvará – cfr. art. 74.º, n.º 1) ou, se tiverem sido antecedidas de informação prévia favorável emitida nos termos do n.º 2 do art. 14.º, a *comunicação prévia* (titulada pelo comprovativo da sua apresentação e do pagamento das taxas e do documento comprovativo da prestação de caução e da celebração do instrumento notarial a que se refere o n.º 3 do art. 44.º ou por declaração da câmara municipal relativa à sua inexigibilidade – vide art. 74.º, n.º 2).

Assim, no que concerne às operações tituladas a partir de 3 de Março de 2008, os falados instrumentos têm de mencionar o *número do alvará ou da comunicação prévia, a data de emissão do título, a data de caducidade e a certidão do registo predial.*

Os negócios jurídicos praticados com violação da obrigatoriedade de exibição e identificação do alvará de loteamento ou do comprovativo da comunicação prévia são nulos, por incumprimento de disposições legais de carácter imperativo – art. 294.º do CC.

Trata-se de uma nulidade substantiva, que impede que os mesmos sejam admitidos a registo.

A câmara municipal pode, no entanto, emitir *certidão isentando de licença* os actos que tenham por efeito o *destaque de uma única parcela* de prédio com descrição predial, desde que sejam observadas as condições previstas nos n.os 4 e 5 do art. 6.º (note-se que do destaque só podem resultar duas parcelas – o que significa que não se pode destacar uma parcela intermédia de um prédio –, entendendo-se por *parcela* a área de território física ou juridicamente autonomizada, não resultante de uma operação de loteamento, enquanto que, por *lote*, se deve entender a área de terreno resultante de operação de loteamento, licenciada ou aprovada nos termos da legislação em vigor).

Assim:

– *Situando-se o prédio em perímetro urbano*, é necessário que as parcelas resultantes do destaque confrontem com arruamentos públicos;

– *Nas áreas situadas fora dos perímetros urbanos*, exige-se que na parcela destacada só seja construído edifício que se destine exclusivamente a fins habitacionais e que não tenha mais de dois fogos e que na parcela restante se respeite a área mínima fixada no projecto de intervenção em espaço rural em vigor ou, quando aquele não exista, a área de unidade de cultura fixada nos termos da lei geral para a região respectiva (a unidade mínima de cultura para cada região do país encontra-se fixada, como se disse supra, pela Portaria n.º 219/2016, de 9 de Agosto);

– *Quando o prédio do qual vai ser destacada a parcela se localize em zona mista*, ou seja, parte dentro do perímetro urbano e parte fora desse perímetro, o n.º 10 do art. 6.º prescreve que deve observar-se o disposto nos n.os 4 e 5 do mesmo artigo, consoante a localização da parcela a destacar, ou, se também ela se situar em perímetro urbano e fora deste, consoante a localização da área maior. Nesta situação será a certidão emitida pela câmara municipal respectiva que propiciará ao titulador (e ao conservador do registo predial) o conhecimento dos pressupostos de facto eventualmente condicionantes da isenção de licença para o destaque pretendido.

Na área correspondente ao prédio originário não é permitido efectuar novo destaque no prazo de 10 anos contados da data do destaque anterior (pretendendo-se com isto evitar que, através de sucessivos actos de destaque, se realizem, indirectamente, autênticas operações de loteamento sujeitas a licenciamento), devendo este ónus de não fraccionamento, bem como o condicionamento da construção a erigir fora do perímetro urbano, ser inscritos no registo sobre as parcelas resultantes do destaque, isto é, sobre a parcela destacada e sobre a parcela restante – cfr. n.os 6 e 7 desse art. 6.º.

A certidão emitida pela câmara municipal comprovativa da verificação dos requisitos do destaque constitui documento bastante para efeitos de registo predial da parcela destacada – n.º 9 do mesmo artigo.

Salvo no caso de alvará de loteamento emitido ao abrigo dos Decretos-Leis n.os 289/73, de 6 de Junho, e 400/84, de 31 de

Dezembro, *não podem ser realizados actos de primeira transmissão de imóveis construídos nos lotes ou de fracções autónomas desses imóveis* sem que seja *exibida, perante a autoridade que celebre a escritura pública ou autentique o documento particular, certidão emitida pela câmara municipal, comprovativa da recepção provisória das obras de urbanização ou comprovativa de que a caução destinada a garantir a boa e regular execução dessas obras é suficiente ou comprovativa da sua conclusão em conformidade com os projectos aprovados, quando executadas pela câmara ou por terceiro* – cfr. n.os 2, 3 e 4 do art. 49.º.

Conclui-se, para finalizar esta matéria, que:

– *O regime jurídico dos loteamentos urbanos não tem aplicação quando a divisão do terreno corresponda a construções concluídas anteriormente à vigência do Decreto-Lei n.º 289/73, de 6 de Junho*;

– *O fraccionamento de terrenos destinados a constituir ou ampliar logradouros de prédios urbanos não configura uma operação de loteamento*, não sendo, portanto, necessária a apresentação de qualquer licença ou certidão camarária, mas deverá constar das escrituras ou do documento particular autenticado a identificação da parcela resultante do fraccionamento, a identificação do prédio urbano ao qual a parcela vai ser anexada e ainda a identificação do prédio resultante da anexação.

– É claro que também não pode ser considerado loteamento o fraccionamento fundiário que visa outras finalidades, como a *rectificação de estremas* de prédios.

g) – O Decreto-Lei n.º 281/99, de 26 de Julho, estabeleceu um princípio geral segundo o qual não podem ser realizados actos que envolvam a transmissão da propriedade de prédios urbanos ou de suas fracções autónomas sem que se faça prova da existência da correspondente *licença (ou autorização) de utilização*, perante a entidade que autenticar o documento particular (de cujo alvará se fará sempre menção expressa, com a indicação do respectivo número e data de emissão, ou da sua isenção, a qual, no caso de prédios submetidos ao regime de propriedade horizontal, deve especificar se a autorização de utilização foi atribuída ao prédio na sua totalidade ou apenas à fracção autónoma a transmitir).

A apresentação de autorização de utilização é dispensada se a existência desta estiver anotada à descrição e o prédio não tiver sofrido alterações – cfr. alínea *a)* do n.º 1 do art. 90.º-A do Código do Registo Predial.

Outro caso de dispensa da licença (ou autorização) de utilização ou de construção é o contemplado no n.º 6 do art. 833.º do Cód. Proc. Civil, versando sobre o regime da venda executiva, na modalidade de venda por negociação particular.

Aí se diz que a venda de imóvel em que tenha sido, ou esteja sendo, feita construção urbana, ou de fracção dele, pode efectuar-se no estado em que se encontre, com dispensa da licença de utilização ou de construção, cuja falta de apresentação o advogado fará consignar no documento particular autenticado, constituindo ónus do adquirente a respectiva legalização.

Ainda outro caso de dispensa da licença (ou autorização) de utilização está previsto no art. 6.º do Decreto-Lei n.º 199/2004, de 18 de Agosto, relativo à transmissão da propriedade de prédios urbanos e suas fracções autónomas pertencentes ao património de empresas privatizadas ou reprivatizadas, que, à data da privatização ou reprivatização, não dispunham de licenciamento e de autorização administrativa.

Também em relação aos prédios urbanos e fracções autónomas de prédios urbanos que sejam propriedade dos Serviços Sociais da Guarda Nacional Republicana (SSGNR) e estejam afectos à habitação dos seus beneficiários, a alínea b) do n.º 1 do art. 2.º do Decreto-Lei n.º 270/2000, de 7 de Novembro, na redacção do

Decreto-Lei n.º 116/2008, de 4 de Julho, veio dispensar da apresentação de licenças de construção e de utilização a celebração dos actos que envolvam a transmissão da propriedade dos mesmos.

Tratando-se, porém, de edifício construído antes de 7 de Agosto de 1951 (data a partir da qual passou a ser exigível a licença de utilização) não haverá lugar à exigência da exibição perante o advogado nem do alvará de licença de utilização nem do alvará de licença de construção.

A prova de que a construção é anterior a 7-8-1951 poderá ser feita através da matriz (caso de prédio inscrito antes dessa data), da respectiva certidão predial ou de certidão camarária. De qualquer modo, terá de ser feita *documentalmente* e o advogado tem de verificar que a construção não sofreu alterações depois dessa data.

Pode ainda suceder que o Regulamento Geral das Edificações Urbanas – que veio exigir a licença de utilização – só tenha entrado em vigor, no concelho da situação do prédio alienando, posteriormente a 7-8-1951 e, portanto, que o mesmo, embora construído posteriormente à citada data, não estivesse, à época da sua construção, sujeito a tal licença. Nesta hipótese, há que fazer a prova (sempre documental) de que na data da construção do prédio não era exigível, no local da sua situação, licença de utilização.

O novo regime jurídico da urbanização e da edificação, constante do Decreto-Lei n.º 555/99, de 16 de Dezembro, tornou as operações urbanísticas de utilização das edificações implantadas no solo dependentes de prévia *licença ou autorização administrativas*, uma e outra tituladas por alvará.

A alteração desse regime provocada pela Lei n.º 60/2007, de 4 de Setembro – que entrou em vigor no dia 3 de Março de 2008 –, sujeita apenas a *autorização* a utilização dos edifícios ou suas fracções, bem como as alterações da utilização dos mesmos, sendo a autorização de utilização titulada por alvará – cfr. arts. 4.º, n.º 4, e 74.º, n.º 3.

Decorre daqui, a nosso ver, que as referências feitas no citado Decreto-Lei n.º 281/99 à *licença de utilização* se devem entender, a partir das alterações introduzidas ao Decreto-Lei n.º 555/99 pelo Decreto-Lei n.º 177/2001, como feitas à *licença ou autorização de utilização* e, a partir de 3 de Março de 2008 – data do início da vigência das alterações operadas pela Lei n.º 60/2007 –, como feitas à *autorização de utilização.*

Para não inviabilizar a transmissão de *prédios urbanos já concluídos* mas ainda sem licença de utilização e ao mesmo tempo para pôr cobro à incerteza em que se encontravam numerosos adquirentes de fracções autónomas, transmitidas apenas mediante licença de construção, aquele Decreto-Lei n.º 281/99 permitiu, no seu artigo 2.º, a *substituição do alvará de licença de utilização, no caso de já ter sido requerido e não emitido, pela exibição do alvará de licença de construção, qualquer que seja o seu prazo de validade*, nas seguintes condições:

– N*a primeira transmissão de prédio urbano ou de suas fracções autónomas*, o transmitente tem de provar que requereu a licença de utilização e declarar que a construção se encontra concluída, que não está embargada, que não foi notificado da apreensão do alvará de licença de construção, que o pedido de licença de utilização não foi indeferido, que decorreram mais de 50 dias sobre a data do seu requerimento e que não foi notificado para o pagamento das taxas devidas – cfr. n.º 1, alíneas *a)* e *b)*.

– N*as subsequentes transmissões de fracções autónomas de prédios constituídos em regime de propriedade horizontal*, o transmitente, além da prova de que foi requerida a licença de utilização, apenas tem de declarar que o respectivo pedido não foi indeferido nem a licença emitida no prazo de 50 dias sobre a data do seu requerimento e que não foi notificado para o pagamento das taxas devidas – cfr. n.º 2.

Na transmissão de prédios urbanos já concluídos, mas ainda sem autorização de utilização, a substituição do alvará de autorização de utilização pela exibição do alvará de licença de construção podia fazer sentido – utilizando as próprias expressões do legislador – *durante um período transitório*, para não *inviabilizar a transmissão de milhares de prédios urbanos*, face à dificuldade então existente de alguns municípios emitirem os alvarás de autorização de utilização em tempo razoável.

Por isso, julgamos que o comando, que consta dos n.os 1 e 2 do seu art. 2.º, apesar de não estar expressamente revogado, deva manter-se actual, face às alternativas que a lei concede aos requerentes da autorização de utilização para obterem o correspondente alvará, sob pena de nunca mais se combater o flagelo das construções clandestinas ou das edificações efectuadas em desconformidade com os projectos aprovados, de que beneficiam apenas alguns industriais da construção civil e vendedores de prédios urbanos.

É preciso conciliar o legítimo interesse daqueles profissionais e dos transmitentes dos prédios com o não menos legítimo interesse dos adquirentes dos imóveis, os consumidores finais.

Entendemos, por isso mesmo, que *o respeito pelo princípio da boa-fé negocial e a segurança do comércio jurídico* reclamam que na transmissão de prédios urbanos já concluídos (ou suas fracções autónomas) seja exigível a apresentação do alvará de autorização de utilização [21].

Na *transmissão de prédios urbanos que o alienante declare como não concluídos, com licença de construção em vigor* é bastante a exibição

[21] Em sentido contrário, manifestou-se o parecer aprovado pelo Conselho Consultivo do IRN em 17.12.2013, no processo R.P. 86/2013, e homologado em 13.01.2014, que pode ser visualizado no *site* desse Instituto no sector da doutrina.

do alvará de licença de construção, independentemente do seu prazo de validade – cfr. n.º 4 do art. 2.º do dito Decreto-Lei n.º 281/ /99.

O n.º 5 deste artigo 2.º veio, no entanto, estatuir que o disposto no citado n.º 4 não é aplicável à transmissão de fracções autónomas de prédios urbanos constituídos em propriedade horizontal e a moradias unifamiliares.

O que quer isto dizer?

Para alguns autores, a redacção deste n.º 5 só pode significar que a transmissão de fracções de imóveis ou de moradias unifamiliares, ainda em construção, não requer licença de construção (e muito menos licença de utilização, dado que, por definição, esta só é exigível para as construções já terminadas, em uso ou prontas a utilizar), aplicando-se-lhe tão-somente o regime geral da compra e venda de imóveis.

Para outros, o mencionado n.º 4 do art. 2.º contém uma permissão, relativa a prédios não concluídos, que, por força do que dispõe o n.º 5, se não aplica à transmissão de fracções autónomas de prédios urbanos constituídos em propriedade horizontal e a moradias unifamiliares, pelo que a transmissão de prédios desta tipologia, desde que de construção inacabada, é colocada fora do comércio jurídico.

Este normativo (citado n.º 5 do art. 2.º do Decreto-Lei n.º 281/99, de 26 de Julho) suscitou dúvidas de interpretação no seio do Conselho Técnico da Direcção-Geral dos Registos e do Notariado, as quais levaram o director-geral a sugerir a audição urgente do Conselho Consultivo da Procuradoria-Geral da República.

No parecer, adrede elaborado – votado em 16 de Junho de 2000 e homologado por despachos do Ministro da Justiça de 2 de Julho de 2001 e do Ministro do Equipamento Social de 18 de Setembro de 2001 – foram firmadas as seguintes conclusões, como nos dá conta o I caderno do BRN n.º 4/2002 a pp. 14 e ss.:

"I – Exceptuadas do disposto no n.º 4 do artigo 2.º do Decreto-Lei n.º 281/99, de 26 de Julho, as fracções autónomas e moradias unifamiliares referidas no n.º 5 do mesmo artigo estão sujeitas ao regime regra dos artigos 1.º e 2.º, n.º 1, do citado diploma;

II – É, consequentemente, ilegal, por violação do artigo 1.º, n.º 1, do Decreto-Lei n.º 281/99, a transmissão dessas fracções autónomas e moradias ainda em construção".

Não obstante a doutrina deste parecer ser vinculativa para os notários, julgamos que se pode eventualmente sustentar a possibilidade da transmissão se operar ao abrigo do regime geral da venda de coisas futuras (arts. 408.º, n.º 2, e 880.º, n.º 1, do Código Civil) ou de as aludidas fracções autónomas e moradias em construção serem objecto de contrato de promessa de compra e venda.

De qualquer modo, a admitir-se estes negócios, terão de ser muito bem explicados às partes, mormente ao adquirente, para que não lhe restem quaisquer dúvidas sobre a posição jurídica em que fica colocado.

h) – O Decreto-Lei n.º 68/2004, de 25 de Março, estabelece um conjunto de mecanismos, visando reforçar os direitos dos consumidores à informação e à protecção dos seus interesses económicos no âmbito da aquisição de prédio urbano para habitação.

Nessa linha de pensamento, o n.º 1 do art. 9.º do referenciado diploma estatui que não pode ser celebrada a escritura pública (ou, claro, o documento particular autenticado) que envolva a *aquisição* a título oneroso *da propriedade* de prédio ou fracção destinada à habitação sem que o notário (ou o advogado) se certifique da existência da *ficha técnica da habitação* – quando exigível, é claro – e de que a mesma é entregue ao comprador [22].

[22] Decorridos mais de 10 anos da entrada em vigor do DL n.º 68/2004, verificou-se que grande parte da informação que consta da ficha técnica de habitação se encontra disponível no Livro de Obra e no certificado energético, pelo que deixa de se justificar

Esta exigência funciona, quer quando esteja em causa uma relação entre profissionais que se movimentam no mercado da construção e comercialização de imóveis e consumidores, quer nos contratos celebrados apenas entre consumidores – cfr. art. 18.º do dito diploma e Parecer dos Serviços Jurídicos da DGRN *in* BRN n.º 4/2005 – I caderno – pp. 37 e 38.

No entanto, os tituladores não ficam obrigados à observância do disposto no art. 9.º quando o documento vise titular um *contrato entre consumidores*, se o prédio urbano destinado a habitação não possuir a referenciada ficha. Ou seja, se o prédio já possuir a dita ficha *"provavelmente por no circuito já ter intervindo um profissional e a transacção ter sido realizada após a entrada em vigor do diploma – 16 de Agosto de 2004 – elemento que poderá, eventualmente, esclarecer-se com base na própria certidão de teor, emitida pela conservatória do registo predial competente, ou da escritura anterior"*, ser-lhe-á então aplicável igualmente o art. 9.º.

O modelo da ficha técnica da habitação consta da Portaria n.º 817/2004, de 16 de Julho (que entrou em vigor 30 dias após a sua publicação), onde se preceitua que a citada ficha é entregue em *suporte de papel* ao consumidor adquirente do prédio urbano ou fracção autónoma destinada a habitação.

A ficha técnica de habitação é um documento descritivo das principais características técnicas e funcionais de prédios urbanos para fins habitacionais, reportadas ao momento da conclusão

a sua existência.

Por isso, a resolução do Conselho de Ministros n.º 76/2017, logo publicada no DR de 5 de Junho, entendeu que devia convergir no livro de obra electrónico, as informações constantes da ficha técnica de habitação, do certificado energético, adiante referido, e do livro de obra, aprovado pela Portaria n.º 1268/2008, de 6 de Novembro, tendo em vista a extinção da citada ficha técnica de habitação.

Ficou ao mesmo tempo assegurado que a exigência de detenção cumulativa e simultânea de ficha técnica de habitação e de livro de obra apenas vigorasse, a título temporário, até que fosse aprovado o diploma que vier a regular o "livro de obra electrónico".

das obras de construção, reconstrução, ampliação ou alteração dos mesmos.

Convém não esquecer que nos documentos particulares autenticados que titulem a aquisição a título oneroso de prédio ou fracção autónoma destinada a habitação, relativamente à qual seja exigível a ficha técnica da habitação, o titulador deve mencionar que se certificou da entrega dessa ficha, em suporte de papel, ao comprador.

A exigência da aludida ficha técnica não se aplica relativamente aos prédios construídos antes da entrada em vigor do Regulamento Geral das Edificações Urbanas, aprovado pelo Decreto-Lei n.º 38 382, de 7 de Agosto de 1951, nem aos prédios que se encontrem edificados e sobre os quais exista licença de utilização ou haja requerimento apresentado para a respectiva emissão antes de 30 de Março de 2004 – cfr. art. 2.º, n.º 2, do citado Decreto-Lei n.º 68/2004 [23].

A existência de ficha técnica de habitação pode ser anotada à descrição, dando-se, assim, aos cidadãos a possibilidade de encontrarem, num único local, toda a informação considerada necessária para a aquisição e celebração de negócios jurídicos sobre imóveis – alínea *b)* do n.º 1 do art. 90.º-A do Código do Registo Predial, na redacção do Decreto-Lei n.º 116/2008, de 4 de Julho.

Refira-se, a propósito da ficha técnica de habitação, que o DL n.º 118/2013, de 20 de Agosto, (alterado pelos DLs n.ºs 68-A/2015, de 30 de Abril, 194/2015, de 14 de Setembro, 251/2015, de 25 de Novembro, e 28/2016, de 23 de Junho) visando assegurar e promover a melhoria do desempenho energético dos edifícios atra-

[23] Cfr. ainda a informação veiculada pelo BRN n.º 7/2004 – I caderno – pp.5 e 6 e a recomendação constante do BRN n.º 10/2004 – I caderno – pp. 12 e 13.

vés do *Sistema Certificação Energética dos Edifícios* (SCE), considera abrangidos pelo SCE os edifícios ou fracções, novos ou sujeitos a grande intervenção, e ainda todos os edifícios ou fracções existentes a partir do momento da sua venda, dação em cumprimento ou locação posterior a 1 de Dezembro de 2013, salvo, designadamente, nos casos de venda ou dação em cumprimento a comproprietário, a locatário, em processo executivo, a entidade expropriante ou para demolição total confirmada pela entidade licenciadora competente – cfr. art. 3.º.

O art. 4.º considera, entre outros, excluídos do SCE as instalações industriais, agrícolas ou pecuárias; os edifícios ou fracções exclusivamente destinados a armazéns, estacionamento, oficinas e similares; os edifícios unifamiliares com área útil igual ou inferior a 50 m2; os edifícios de comércio e serviços devolutos; e os edifícios em ruínas.

Nos termos dos n.os 2 e 3 do art. 5.º, a existência de pré-certificado ou de certificado SCE é verificada aquando da celebração de contratos de compra e venda ou locação (ficando consignado no contrato o número do certificado ou pré-certificado), devendo os cartórios notariais comunicar à ADENE os casos em que não seja evidenciada a existência de pré-certificado ou certificado SCE, identificando o edifício ou fracção e o seu anterior e actual proprietário.

Deste modo, os proprietários dos edifícios e sistemas técnicos abrangidos pelo SCE são obrigados a obter o pré-certificado e o certificado e entregar cópia deles ao promitente-comprador ou locatário no acto de celebração de contrato-promessa de compra e venda ou locação e o original no acto de celebração da compra e venda, ficando sujeitos às contra-ordenações previstas no art. 20.º – cfr. ainda art. 14.º.

A Portaria n.º 349-A/2013, de 29 de Novembro (alterada pelas Portarias n.ºs 115/2015, de 24 de Abril, e 39/2016, de 7 de Março), regulamenta as competências da entidade gestora do SCE, aprovando vários anexos sobre as actividades dos técnicos, as categorias de edifícios, para efeitos de certificação energética, bem como os tipos de pré-certificados e certificados SCE e responsabilidade pela sua emissão, etc.

Convém, no entanto, notar que *o referenciado diploma não impõe qualquer obrigação a notários ou às entidades com competência para autenticar contratos de compra e venda.*

Impõe, isso sim, ao proprietário, e apenas a este, a obrigação de apresentar o certificado emitido no âmbito do SCE ao potencial comprador (locatário ou arrendatário), nos casos em que este é exigível.

Vide neste sentido, o despacho de 25 de Novembro de 2013 do Presidente do Conselho Directivo do IRN, segundo o qual cabe à entidade tituladora (ou à entidade que proceder à autenticação dos documentos particulares que titulem compra e venda) indagar da existência de certificado e, sendo apresentado, mencioná-lo no título ou no termo de autenticação.

Se o certificado não for apresentado incumbir-lhe-á comunicar esse facto à ADENE.

i) – Nos termos do art. 40.º da Lei n.º 15/2013, de 8 de Fevereiro, o documento particular que titule negócio sobre bem imóvel (negócio que vise a constituição ou aquisição de direitos reais sobre bens imóveis, a permuta, o trespasse ou o arrendamento dos mesmos ou a cessão de posição em contratos cujo objecto seja um bem imóvel) deve mencionar a informação prestada pelos outorgantes sobre se os citados negócios foram ou não objecto da *intervenção de empresa de mediação imobiliária* (com indicação, em caso afirmativo, da respectiva denominação social e número de licença ou registo junto do Instituto da Construção e de Imobiliário, I.P.), bem como a advertência de que incorrem na pena correspondente ao crime de desobediência previsto no artigo 348.º do Código Penal (hoje, segundo julgamos, art. 348.º-A, aditado pela Lei n.º 19/2013, de 21 de Fevereiro), no caso de omitirem a informação relativa à intervenção no negócio.

Quando haja indícios da intervenção na mediação de negócios sobre bens imóveis de pessoa singular ou colectiva que não esteja legalmente habilitada para o exercício da actividade de mediação imobiliária, o notário ou profissional equiparado deve enviar ao InCI, no prazo de 15 dias, cópia dos documentos em que tal intervenção conste.

j) – Não podem transmitir-se direitos reais sobre fracções autónomas de prédios em regime de propriedade hori*zontal sem que se exiba ao notário (ou ao advogado ou solicitador) documento comprovativo da inscrição do respectivo título constitutivo no registo predial*, a menos que o acto de transmissão seja lavrado no mesmo dia e com o conhecimento pessoal do notário (ou do advogado) de que foi lavrado o título constitutivo de propriedade horizontal, circunstância que deve ser expressamente mencionada – art. 62.º do CN.

l) – A Lei n.º 107/2001, de 8 de Setembro – que estabelece as bases da política e do regime de protecção e valorização do património cultural –, veio determinar que os imóveis classificados como de interesse nacional, de interesse público ou de interesse municipal, ou em vias de classificação como tal, beneficiam automaticamente de uma zona geral de protecção de 50 metros, contados a partir dos seus limites externos, gozando os comproprietários, o Estado, as Regiões Autónomas e os municípios do direito de preferência em caso de venda ou dação em pagamento desses bens ou dos imóveis situados na respectiva zona de protecção.

Para exercitar este direito, a *alienação, a constituição de outro direito real de gozo ou a dação em pagamento dos bens classificados depende de prévia comunicação escrita ao competente serviço, constituindo o incumprimento do dever de comunicação impedimento à celebração pelos notários (ou pelos advogados e solicitadores) das respectivas escrituras (ou dos documentos particulares autenticados)* – cfr., em especial, arts. 43.º e 36.º a 38.º desse diploma legal.

Os prédios classificados ou em vias de classificação devem ter esta qualidade inscrita gratuitamente no respectivo registo predial – cfr. art. 39.º da referida Lei.

A Portaria n.º 1535/2008, de 30 de Dezembro, estipulou que as entidades com competência para realizar documentos particulares autenticados podem consultar, no sítio da Internet *www.casapronta.mj.pt* a informação relativa à manifestação da intenção de *exercício do direito legal de preferência* pelo Estado, Regiões Autónomas, municípios, outras pessoas colectivas públicas ou empresas públicas.

Como se pode ler nesse sítio, os cidadãos e empresas podem preencher e enviar por via electrónica o anúncio destinado a publicitar os elementos necessários do negócio que pretendem realizar, para que as entidades públicas com direito legal de preferência possam manifestar a intenção de exercer ou não esse direito.

As entidades públicas com direito legal de preferência passam a ter de manifestar a intenção de exercer a preferência através deste sítio, ficando as pessoas e empresas dispensadas de obter e pagar certidões negativas de exercício de direito de preferência junto dessas entidades antes de celebrar o negócio.

Aos elementos indicados no sítio apenas têm acesso as entidades com direito legal de preferência, os serviços de registo, o requerente e as pessoas ou entidades a quem este venha a facultar o respectivo código de acesso.

3. IMT

Em princípio, todas as *transmissões onerosas do direito de propriedade ou de figuras parcelares desse direito sobre bens imóveis estão sujeitas a pagamento do IMT.*

Designadamente e no que tange ao contrato em análise, estão sujeitas a pagamento de imposto, nos termos dos arts. 2.º e 12.º do CIMT:

– A compra de prédios rústicos, urbanos ou mistos;

– A compra do usufruto, uso e habitação ou da nua-propriedade desses prédios;

– A constituição do direito de superfície, através deste tipo de contrato;

– A compra de quinhão hereditário de que façam parte bens imóveis;

– A resolução, invalidade ou extinção por mútuo consentimento do contrato de compra e venda de imóveis;

– A transmissão de benfeitorias;

– A venda do direito sobre águas;

– A aquisição de bens imóveis por acessão.

Estão *isentas do pagamento do IMT* as entidades referidas no art. 6.º do CIMT, de entre as quais se destacam o Estado, as Regiões Autónomas, as autarquias locais (e, bem assim, as pessoas colectivas de utilidade pública administrativa e de mera utilidade pública e as instituições particulares de solidariedade social e entidades a elas legalmente equiparadas, quanto aos bens destinados, directa e imediatamente, à realização dos seus fins estatutários) e as aquisições mencionadas nas alíneas *f)* a *l)* do art. 6.º e nos arts. 7.º a 9.º do mesmo diploma, das quais se destacam pela sua importância no notariado as seguintes:

– De prédios para revenda;

– De prédios urbanos ou de fracções autónomas destes, derivadas de actos de dação em cumprimento, desde que a entrega dos imóveis se destine à realização de créditos resultantes de empréstimos ou fianças prestadas, nas condições descritas nos n.os 1 a 3 do art. 8.º do CIMT; e

– De prédio ou fracção autónoma de prédio urbano destinado exclusivamente a habitação *própria e permanente*, desde que o valor sobre que incidiria o imposto não ultrapasse € 92 407.

Há outras *isenções previstas em legislação avulsa* que foram mantidas em vigor pelo n.º 6 do art. 31.º do DL n.º 287/2003, de 12 de Novembro, que aprovou o CIMT (essa legislação avulsa está identificada na lista anexa a que se refere o campo 11 do quadro II das instruções de preenchimento da declaração – modelo 1 – para liquidação do IMT).

Delas se destacam, exemplificativamente:

a) A aquisição onerosa de bens imóveis para fins religiosos pela Santa Sé, pela Conferência Episcopal Portuguesa, pelas dioceses e demais jurisdições eclesiásticas, bem como por outras pessoas jurídicas canónicas constituídas pelas competentes autoridades eclesiásticas para a prossecução de fins religiosos – art. 26.º, n.º 3, alínea *a)*, da Concordata;

b) A aquisição onerosa de prédios rústicos ou urbanos ou suas fracções autónomas por emigrantes, se o valor tributável não exceder o montante correspondente ao dobro do saldo revelado pela conta-emigrante (ou ao dobro da parte do mesmo saldo, se não houver recurso ao crédito) utilizada na aquisição; se a matéria colectável exceder aquele montante, terá de se liquidar imposto sobre o excesso: por exemplo, se a aquisição foi feita por 200 000 € e foram utilizados 80 000 € dessa conta, a aquisição só beneficia de isenção até 160 000 € – vide art. 7.º do DL n.º 540/76, de 9 de Julho, na redacção do DL n.º 316/79, de 21 de Agosto, mantido em vigor pelo n.º 2 do art. 18.º do DL n.º 323/95, de 29 de Novembro (este diploma legal foi revogado pelo art. 9.º do DL n.º 169/2006, de 17 de Agosto, mas só para efeito de contratação de novas operações de crédito, pelo que *a isenção subsiste relativamente às contas constituídas antes de 17 de Agosto de 2006*);

c) A aquisição por compra a favor do locatário, no exercício do direito de opção de compra previsto no regime jurídico do contrato de locação financeira, da propriedade ou do direito de superfície constituído sobre o imóvel locado – art.º 3.º do DL n.º 311/82, de 4 de Agosto, na redacção do art. 117.º da Lei n.º 55-A/2010, de 31 de Dezembro;

d) A aquisição onerosa de prédios ou fracções autónomas com destino à instalação de empreendimentos qualificados de utilidade turística – art. 20.º do DL n.º 423/83, de 5 de Dezembro;

e) A primeira transmissão onerosa de habitações construídas ao abrigo de contratos de desenvolvimento para habitação (CDH) para habitação própria permanente – cfr. art. 17.º, n.º 4, alínea *a)* do DL n.º 236/85, de 5 de Julho;

f) A aquisição onerosa de imóveis por fundos de pensões e equiparáveis constituídos de acordo com a legislação nacional – n.º 2 do art. 16.º do EBF, aprovado pelo DL n.º 215/89, de 1 de Julho, na redacção da Lei n.º 64-B/2011, de 30 de Dezembro;

g) A aquisição onerosa de prédios urbanos destinados a reabilitação urbanística desde que, no prazo de três anos a contar da data da aquisição, o adquirente inicie as respectivas obras – n.º 2 do art. 45.º do EBF, na redacção da Lei n.º 82-D/2014, de 31 de Dezembro;

h) A aquisição onerosa de imóveis destinados à sede e ao exercício das actividades que constituam o objecto social das cooperativas – n.º 8 do art. 66.º-A do EBF, na redacção daquela Lei n.º 64-B/2011;

i) A aquisição de prédio urbano ou de fracção autónoma de prédio urbano destinado exclusivamente a habitação própria e permanente, na 1.ª transmissão onerosa do prédio reabilitado, quando localizado na área de reabilitação urbana – n.º 8 do art.71.º do EBF, na redacção do DL n.º 7/2015, de 13 de Janeiro;

j) As transmissões de prédios rústicos ocorridas em resultado de operações de emparcelamento rural realizadas ao abrigo da Lei n.º 111/2015, de 27 de Agosto, bem como a aquisição de prédio rústico confinante com prédio da mesma natureza, propriedade do adquirente, se a aquisição contribuir para melhorar a estrutura fundiária da exploração e ainda a compra ou permuta de prédios rústicos, a integrar na reserva de terras.

l) A aquisição de terrenos no âmbito do Programa de Construção de Habitações Económicas, bem como a primeira compra das habitações neles construídas. cfr. art. 5.º do DL n.º 272/93, de 4 de Agosto.

As *taxas do imposto* são, de acordo com o n.º 1, alíneas *a)* a *d)*, do art. 17.º do CIMT:

– De 6%, no máximo, na aquisição de prédio urbano ou fracção autónoma de prédio urbano destinado exclusivamente a habitação;

– De 6,5%, na aquisição de outros prédios urbanos e outras aquisições onerosas; e

– De 5%, na aquisição de prédios rústicos.

São reduzidas *para metade* as taxas do imposto:

a) Na aquisição de prédio urbano ou fracção autónoma de prédio urbano destinado exclusivamente a habitação própria e permanente (além da isenção do imposto, como dissemos, quando o valor sobre que incidir o IMT não ultrapassar € 92 407) haverá redução de taxa, se o valor se situar entre esta quantia e € 574 323 – cfr. alínea *a)* do n.º 1 do art. 17.º;

b) Na aquisição de prédio urbano ou fracção autónoma de prédio urbano destinado exclusivamente a habitação haverá apenas redução de taxa, se o valor sobre que incide o IMT não exceder € 550 836 – cfr. alínea *b)* do n.º 1 do art. 17.º.

Quando, relativamente às aquisições a que se referem estas alíneas *a)* e *b)* do n.º 1 do art. 17.º, o valor sobre que incide o imposto for superior a € 92 407, é dividido em duas partes, sendo uma igual ao limite do maior dos escalões que nela couber, à qual se aplica a taxa média correspondente a este escalão, e outra, igual ao excedente, a que se aplica a taxa marginal respeitante ao escalão imediatamente superior – cfr. n.º 3.

Para a *determinação do valor tributável* sobre que incide o IMT, atender-se-á ao valor constante do acto ou do contrato ou sobre o valor patrimonial tributário dos imóveis (este, nos rústicos, é o indicado para efeitos de IMT e de selo), consoante o que for maior.

Na determinação do valor constante do acto ou do contrato tem de se atender às importâncias e aos valores aludidos no n.º 5 do art. 12.º, a saber: a importância em dinheiro paga a título de preço pelo adquirente; o valor dos móveis dados em troca, a determinar nos termos do CIMI; o valor actual das pensões temporárias ou das pensões ou rendas vitalícias; o valor das prestações ou rendas perpétuas; o valor da prestação temporária no caso do direito de superfície; a importância de rendas que o adquirente tiver pago adiantadamente, enquanto arrendatário, e que não sejam abatidas ao preço; a importâncias das rendas acordadas, no caso de arrendamento com a cláusula de que os bens arrendados se tornam propriedade do arrendatário depois de satisfeitas todas essas rendas; e, em geral, quaisquer encargos a que o comprador ficar legal ou contratualmente obrigado. Assim, exemplificativamente, se sobre um imóvel incidir hipoteca e o comprador assumir a dívida que aquela garante, esta assunção da dívida representa preço ou parte dele, conforme for o caso, pelo que o valor do contrato será constituído pelo preço efectivamente pago, acrescido do valor da dívida assumida.

No caso de imóveis omissos na matriz ou nela inscritos sem valor patrimonial tributário, bem como no caso de bens ou direitos não sujeitos a inscrição matricial, o imposto é liquidado sobre o valor constante do acto ou contrato, corrigindo-se oficiosamente a liquidação, sendo caso disso, logo que o valor da avaliação, a efectuar nos termos do CIMI, se torne definitivo.

[cfr. art. 12.º nos n.os 1 e 2 (e também n.º 4, especialmente, as suas regras 1.ª, 7.ª e 8.ª, quanto às alienações de quinhão na compropriedade, da nua-propriedade e do usufruto) e art. 27.º]

A liquidação do IMT é de iniciativa dos interessados, que devem para o efeito apresentar, em qualquer serviço de finanças ou por meios electrónicos, uma declaração de modelo oficial devidamente preenchida.

Essa declaração deve também ser apresentada antes do acto ou facto translativo dos bens na situação de isenção – cfr. n.os 1 e 3 do art. 19.º.

O IMT deve, como regra geral, ser pago no próprio dia da liquidação ou no 1.º dia útil seguinte, sob pena de esta ficar sem efeito – n.º 1 do art. 36.º do CIMT.

4. Selo

O documento que formaliza a compra e venda está sujeito ao imposto de selo fixado no n.º 1.1 da respectiva tabela (que incide sobre o valor do contrato ou sobre o valor patrimonial tributário, conforme o que for maior) o qual, porém, é liquidado pelos serviços centrais da Direcção-Geral dos Impostos, de acordo com o estatuído no n.º 4 do art. 23.º do CIS, na redacção que lhe imprimiu a Lei n.º 64-A/2008, de 31 de Dezembro.

Deve nele mencionar-se o valor do imposto de selo cobrado e a data da sua liquidação – art. 23.º, n.º 6 desse código.

5. Minutas

1.ª hipótese: *compra e venda de fracção autónoma* (com alvará de licença de utilização e isenção de IMT nos termos do art. 9.º do CIMT)

Compra e venda

PRIMEIRO: F ... e mulher F ...

SEGUNDO: F ...

Disseram os primeiros:

Que vendem ao segundo, pelo preço de ..., que já receberam [24], a fracção autónoma destinada exclusivamente a habitação designada pela letra ... correspondente ao primeiro andar esquerdo do prédio urbano sito em ..., inscrito na respectiva matriz sob o artigo ..., sendo de ... o valor patrimonial tributário da referida fracção autónoma;

Que o referido prédio está descrito na conservatória do registo predial de... sob o número ... da freguesia de..., em regime de propriedade horizontal conforme inscrição número ..., encontrando-se registada a aquisição da dita fracção autónoma a seu favor pela inscrição ...

Disse o segundo que aceita a presente venda.

Local: ...

Data: ...

Assinaturas:

[24] Vide n,ºs 5 e 6 do art. 47.º do CN.

Termo de autenticação

No dia ..., no meu escritório sito em ..., perante mim, F..., advogado (ou solicitador) titular da cédula profissional n.º ... emitida por ... em ... compareceram:

PRIMEIRO – F..., NIF ..., e mulher F..., NIF ..., casados sob o regime ..., naturais de ..., concelho de..., habitualmente residentes em ...; e

SEGUNDO – F..., NIF ..., casado com F ... sob o regime de ..., natural da freguesia de ..., concelho de ... e habitualmente residente em ...

Verifiquei a identidade dos intervenientes por ...

E por eles me foi apresentado, para fins de autenticação, o documento anexo que é um contrato de compra e venda, tendo declarado que já o leram e assinaram e que ele exprime a sua vontade.

Os intervenientes informaram que o negócio titulado por este documento não foi objecto de intervenção de empresa de mediação imobiliária, tendo sido advertidos de que, se for falsa a informação prestada, incorrem na pena correspondente ao crime de desobediência previsto no artigo 348.º do Código Penal.

Arquivei:

a) A declaração para a liquidação do imposto municipal sobre as transmissões onerosas de imóveis e o correspondente comprovativo, com o número ..., de que a presente transmissão beneficia da isenção do referido imposto, nos termos do art. 9.º do CIMT, por se destinar a habitação própria e permanente; e

b) O documento número ... comprovativo do pagamento do imposto do selo da verba 1.1 da tabela geral, no montante de ..., liquidado hoje.

Exibiu-se:

a) Alvará de autorização de utilização n.º ... emitido pela câmara municipal de ... em ..., referente ao prédio na sua totalidade;

b) Caderneta predial urbana obtida hoje via Internet, da qual constam os elementos matriciais citados; e

c) Certidão de teor da descrição e das inscrições prediais em vigor, com o número de ordem ..., passada em... pela conservatória do registo predial de ... (ou verifiquei os elementos registais do

imóvel por consulta online da certidão permanente de registo predial, através do código de acesso ..., com informação em vigor pelas ... horas, ... minutos e ... segundos de hoje).

A ficha técnica de habitação referente ao imóvel alienado foi entregue ao comprador neste acto.

Este termo foi lido aos interessados e aos mesmos explicado o seu conteúdo.

Assinaturas: (dos intervenientes e do advogado ou solicitador)

Verbete estatístico n.º ... (rubrica)

2.ª hipótese: *compra e venda de lote de terreno para construção legalmente constituído* (com menção do alvará e da certidão do registo)

Compra e venda

PRIMEIRO: F ... e mulher F ...

SEGUNDO: F ...

Disseram os primeiros:

Que vendem ao segundo outorgante, pelo preço de ..., que já receberam [25]**, o prédio urbano composto de lote de terreno, destinado a construção urbana, designado pelo lote número ..., sito em ..., descrito na conservatória do registo predial de ... sob o número ... da freguesia de ..., onde se mostram registados a autorização de loteamento, conforme inscrição ..., e a aquisição do lote a seu favor pela inscrição ...;**

Que o prédio está omisso na matriz, mas foi apresentada em... no competente serviço de finanças, a declaração para a sua inscrição, tendo-lhe sido atribuído provisoriamente o artigo número ...

Disse o segundo que aceita este contrato.

Local: ...

Data: ...

Assinaturas:

[25] Vide n,ºs 5 e 6 do art. 47.º do CN.

Termo de autenticação

No dia ..., no meu escritório sito em ..., perante mim, F..., advogado (ou solicitador) titular da cédula profissional n.º ... emitida por ... em ... compareceram:

PRIMEIRO – F..., NIF ..., e mulher F..., NIF ..., casados sob o regime ..., naturais de ..., concelho de..., habitualmente residentes em ...; e

SEGUNDO – F..., NIF ..., casado com F ... sob o regime de ..., natural da freguesia de ..., concelho de ... e habitualmente residente em ...

Verifiquei a identidade dos intervenientes por ...

E por eles me foi apresentado, para fins de autenticação, o documento anexo que é um contrato de compra e venda, tendo declarado que já o leram e assinaram e que ele exprime a sua vontade.

Os intervenientes informaram que o negócio titulado por este documento não foi objecto de intervenção de empresa de mediação imobiliária, tendo sido advertidos de que, se for falsa a informação prestada, incorrem na pena correspondente ao crime de desobediência previsto no artigo 348.º do Código Penal.

Arquiva-se:

a) A declaração para a liquidação do imposto municipal sobre as transmissões onerosas de imóveis e o correspondente comprovativo da cobrança número ...;

b) O documento número ... comprovativo do pagamento do imposto do selo da verba 1.1 da tabela geral, no montante de ..., liquidado em ...

Exibiu-se:

a) Certidão passada por ... em ..., com o número de ordem ..., por onde verifiquei o número da descrição e as inscrições referidas e que comprova também que a dita operação de loteamento consta do alvará de licença número ..., passado em ... pela câmara municipal de ...; e

b) Certidão emitida pelo serviço de finanças de ... em ..., da qual consta que foi pedida a inscrição do prédio na matriz e que lhe foi atribuído o citado número provisório.

Este termo foi lido aos interessados e aos mesmos explicado o seu conteúdo.

Assinaturas: (dos intervenientes e do advogado ou do solicitador)

Verbete estatístico n.º ... (rubrica)

3.ª hipótese: *compra e venda de parcela de terreno para construção* (com isenção de licença)

Compra e venda

PRIMEIRO: F ... e mulher F ...

SEGUNDO: F ...

Disseram os primeiros:

Que são donos de um prédio rústico, composto de ..., sito em ..., descrito na conservatória do registo predial de ... sob o número ... da freguesia de ..., com a aquisição registada a seu favor pela inscrição ..., inscrito na matriz respectiva sob o artigo número ...;

Que destacam do aludido prédio uma parcela de terreno destinada a construção, com a área de ..., a confinar do norte e nascente com ... sul com eles vendedores e poente com estrada, e vendem-na ao segundo, pelo preço de ..., que já receberam [26].

Disse o segundo que aceita este contrato.

Local: ...

Data: ...

Assinaturas:

Termo de autenticação

No dia ..., no meu escritório sito em ..., perante mim, F..., advogado (ou solicitador) titular da cédula profissional n.º ... emitida por ... em ... compareceram:

PRIMEIRO – F..., NIF ..., e mulher F..., NIF ..., casados sob o regime ..., naturais de ..., concelho de..., habitualmente residentes em ...; e

SEGUNDO – F..., NIF ..., casado com F ... sob o regime de ..., natural da freguesia de ..., concelho de ... e habitualmente residente em ...

[26] Vide n,ºs 5 e 6 do art. 47.º do CN.

Verifiquei a identidade dos intervenientes por ...

E por eles me foi apresentado, para fins de autenticação, o documento anexo que é um contrato de compra e venda, tendo declarado que já o leram e assinaram e que ele exprime a sua vontade.

Os intervenientes informaram que o negócio titulado por este documento não foi objecto de intervenção de mediador imobiliário, tendo sido advertidos de que, se for falsa a informação prestada, incorrem na pena correspondente ao crime de desobediência previsto no artigo 348.º do Código Penal.

Arquiva-se:

***a)* A declaração para a liquidação do imposto municipal sobre as transmissões onerosas de imóveis e o correspondente comprovativo da cobrança número ...;**

***b)* O documento número ... comprovativo do pagamento do imposto do selo da verba 1.1 da tabela geral, no montante de ..., liquidado hoje; e**

***c)* Certidão camarária comprovativa de que o presente destaque está isento de licença, por reunir as condições constantes do n.º 4 do art. 6.º do Decreto-Lei n.º 555/99, de 16 de Dezembro, aplicando-se-lhe, no entanto, o disposto no n.º 6 do mesmo artigo 6.º, segundo o qual não é permitido efectuar na área correspondente ao prédio originário novo destaque no prazo de dez anos.**

Exibiu-se:

***a)* Certidão passada pela conservatória do registo predial de ... em ..., com o número de ordem ..., por onde verifiquei o número da descrição e a inscrição referidos (ou verifiquei os elementos registais referidos por consulta online da certidão permanente ...); e**

***b)* Certidão de teor emitida em ... pelos serviços de finanças de ... (ou a caderneta predial urbana obtida hoje via Internet), comprovativa do citado artigo matricial.**

Este termo foi lido aos interessados e aos mesmos explicado o seu conteúdo.

Assinaturas: (dos intervenientes e do advogado ou solicitador)

Verbete estatístico n.º ... (rubrica)

4.ª hipótese: *compra e venda de prédio urbano classificado como de interesse público*

Compra e venda

PRIMEIRO: F ... e mulher F ...

SEGUNDO: F ...

Disseram os primeiros:

Que vendem ao segundo, pelo preço de ..., que já receberam [27]**, o prédio urbano sito em ..., inscrito na respectiva matriz sob o artigo ..., com o valor patrimonial tributário de ...;**

Que o referido prédio, classificado de interesse nacional, está como tal descrito na conservatória do registo predial de... sob o número ... da freguesia de..., encontrando-se registada a aquisição a seu favor pela inscrição ...;

Que nem o Estado nem o município de ... exerceram o competente direito legal de preferência na compra deste imóvel.

Disse o segundo que aceita a presente venda.

Local: ...

Data: ...

Assinaturas:

Termo de autenticação

No dia ..., no meu escritório sito em ..., perante mim, F..., advogado (ou solicitador) titular da cédula profissional n.º ... emitida por ... em ... compareceram:

PRIMEIRO – F..., NIF ..., e mulher F..., NIF ..., casados sob o regime ..., naturais de ..., concelho de..., habitualmente residentes em ...; e

SEGUNDO – F..., NIF ..., casado com F ... sob o regime de ..., natural da freguesia de ..., concelho de ... e habitualmente residente em ...

Verifiquei a identidade dos intervenientes por ...

E por eles me foi apresentado, para fins de autenticação, o documento anexo que é um contrato de compra e venda, tendo declarado que já o leram e assinaram e que ele exprime a sua vontade.

[27] Vide n,ºs 5 e 6 do art. 47.º do CN.

Os intervenientes informaram que o negócio titulado por este documento não foi objecto de intervenção de mediador imobiliário, tendo sido advertidos de que, se for falsa a informação prestada, incorrem na pena correspondente ao crime de desobediência previsto no artigo 348.º do Código Penal.

Verificado:

Por consulta online do sítio www.casapronta.mj.pt a informação relativa à manifestação da intenção de exercício do direito legal de preferência.

Arquivado:

***a)* O extracto da declaração para a liquidação do imposto municipal sobre as transmissões onerosas de imóveis e o documento número ... comprovativo de que a presente transmissão beneficia da isenção do referido imposto, por o imóvel se destinar a habitação própria e permanente; e**

***b)* O documento número ... comprovativo do pagamento do imposto do selo da verba 1.1 da tabela geral, no montante de ..., liquidado hoje.**

Exibido:

***a)* Alvará de autorização de utilização n.º ... emitido pela câmara municipal de ... em ..., referente ao prédio na sua totalidade;**

***b)* Caderneta predial urbana, obtida hoje via Internet, por onde verifiquei os elementos matriciais do prédio; e**

***c)* Certidão emitida em ... pela conservatória de ..., com o número de ordem ..., comprovativa dos elementos registrais referidos.**

A ficha técnica de habitação referente ao imóvel alienado foi entregue ao comprador neste acto.

Este termo foi lido aos interessados e aos mesmos explicado o seu conteúdo.

Assinaturas: (dos intervenientes e do advogado ou solicitador)

Verbete estatístico n.º ... (rubrica)

5.ª hipótese: *compra e venda de prédio rústico apto para cultura* (prédio omisso no registo e transmitido pela 1ª vez após 01.10.84, com isenção de IMT por o adquirente ter prédio contíguo da mesma natureza)

Compra e venda

PRIMEIRO: F ... e mulher F ...

SEGUNDO: F ...

Disseram os primeiros:

Que são donos de um prédio rústico, composto de ..., sito em ..., com a área de ..., a confinar do norte com ... do sul com ... do nascente com ... e do poente com o comprador, omisso no registo predial e inscrito na matriz respectiva sob o artigo número ... com o valor patrimonial tributário de ..., para efeitos de IMT e de selo;

Que vendem o citado imóvel ao segundo pelo preço de ... que já receberam [28];

Que o mencionado prédio é transmitido pela primeira vez após um de Outubro de mil novecentos e oitenta e quatro e pertence-lhes por lhes ter sido adjudicado na escritura de partilha, lavrada no cartório notarial de ... no dia ... com início a folhas ... do livro de notas para escrituras diversas número ...

Disse o segundo que aceita este contrato e que, como se disse, o prédio adquirido confina do poente com o seu prédio rústico, composto de ..., sito em ... descrito na conservatória do registo predial de ... sob o número ..., com a aquisição registada a seu favor pela inscrição ... e inscrito na respectiva matriz sob o artigo número ...

Local: ...

Data: ...

Assinaturas:

Termo de autenticação

No dia ..., no meu escritório sito em ..., perante mim, F..., advogado (ou solicitador) titular da cédula profissional n.º ... emitida por ... em ... compareceram:

[28] Vide n,ºs 5 e 6 do art. 47.º do CN.

PRIMEIRO – F..., NIF ..., e mulher F..., NIF ..., casados sob o regime ..., naturais de ..., concelho de..., habitualmente residentes em ...; e

SEGUNDO – F..., NIF ..., casado com F ... sob o regime de ..., natural da freguesia de ..., concelho de ... e habitualmente residente em ...

Verifiquei a identidade dos intervenientes por ...

E por eles me foi apresentado, para fins de autenticação, o documento anexo que é um contrato de compra e venda, tendo declarado que já o leram e assinaram e que ele exprime a sua vontade.

Os intervenientes informaram que o negócio titulado por este documento não foi objecto de intervenção de mediador imobiliário, tendo sido advertidos de que, se for falsa a informação prestada, incorrem na pena correspondente ao crime de desobediência previsto no artigo 348.º do Código Penal.

Arquivado:

a) O extracto da declaração para a liquidação do imposto municipal sobre as transmissões onerosas de imóveis e o documento número ... comprovativo de que a presente transmissão beneficia da isenção do referido imposto, por se enquadrar em operação de emparcelamento rural; e

b) O documento número ... comprovativo do pagamento do imposto do selo da verba 1.1 da tabela geral, no montante de ..., liquidado hoje.

Exibido:

a) Certidão passada pela conservatória do registo predial de ... em ..., com o número de ordem ..., por onde verifiquei o número da descrição e a inscrição do prédio do comprador contíguo ao ora adquirido e estar nela omisso o prédio objecto da transacção;

b) Certidão de teor emitida em ... pelos serviços de finanças de ... comprovativa do artigo, área e valor patrimonial tributário do prédio adquirido e do artigo do prédio que com ele confina; e

c) Fotocópia da referida escritura de partilha emitida em ... pelo mencionado cartório notarial.

Este termo foi lido aos interessados e aos mesmos explicado o seu conteúdo.

Assinaturas: (dos intervenientes e do advogado ou solicitador)

Verbete estatístico n.º ... (rubrica)

§ 5.º Consignação de rendimentos

1. Generalidades

A consignação de rendimentos é uma garantia especial das obrigações, definida e regulamentada nos arts. 656.º a 665.º do CC.

Ao falar de garantia, há que distinguir entre a garantia geral e as garantias especiais das obrigações: a primeira, também conhecida por garantia comum dos credores, é o património do devedor (no caso de este não cumprir determinada obrigação aquele tem o direito de satisfazer o seu crédito coactivamente, por meio de execução do seu património); as segundas são as que asseguram o cumprimento das obrigações de modo particular, quer responsabilizando outros patrimónios, quer atribuindo ao credor direitos especiais sobre determinados bens do devedor ou de terceiro.

As garantias das obrigações classificam-se, como é sabido, em pessoais e reais: pessoais são aquelas em que outras pessoas, além do devedor, ficam responsáveis com os seus patrimónios pelo cumprimento das obrigações deste; reais são as que conferem ao devedor o direito de se fazer pagar, de preferência a quaisquer outros credores, pelo valor ou pelos rendimentos de bens certos e determinados do devedor ou de terceiro.

Exemplos das primeiras encontramo-los na fiança, na subfiança e na solidariedade passiva.

São enquadráveis nas segundas o penhor, a hipoteca, a consignação de rendimentos, os privilégios creditórios e o direito de retenção.

2. **Elementos do contrato**

Do que agora nos ocupamos é tão-somente da consignação de rendimentos.

De acordo com o preceituado no art. 656.º, as obrigações, ainda que condicionais ou futuras, podem ser garantidas mediante a consignação dos rendimentos de certos bens imóveis ou de certos bens móveis sujeitos a registo. A consignação tanto pode garantir o cumprimento da obrigação e o pagamento dos juros como apenas o cumprimento da obrigação ou só o pagamento dos juros.

A consignação de rendimentos (designada no direito antigo, anterior ao Código Civil de 1866, por *anticrese* – palavra importada do antigo direito da Grécia, de onde transitou para o direito romano, com o significado de *contra-fruição*) pode ser voluntária ou judicial, devendo o acto constitutivo (e também a alteração e o distrate) da consignação voluntária, salvo o disposto em lei especial, constar de *escritura pública*, de *documento particular autenticado* ou de *testamento*, se respeitar a coisas imóveis, e de *escrito particular*, quando recaia sobre móveis – art. 660.º, n.º 1, do CC e alínea *b)* do art. 22.º do Decreto-Lei n.º 116/2008, de 4 de Julho.

Na elaboração do contrato deve ter-se presente que:

– Só tem legitimidade para constituir a consignação quem do rendimento desses bens puder dispor durante o período estipulado no contrato – art. 657.º. E assim, o usufrutuário pode fazê-lo na vigência do seu direito de usufruto, assim como o comproprietário, relativamente ao rendimento da sua quota, mas não o usuário – art. 1.488.º.

– A consignação de rendimentos não é um acto de administração ordinária, pelo que carece do consentimento de ambos os cônjuges – cfr. art. 1678.º, n.º 3, *in fine*.

– Tem de ser indicado o quantitativo da dívida a cujo pagamento são consignados os rendimentos.

– O prazo de duração do contrato pode ser determinado ou por tempo incerto, ou até ao pagamento da dívida, com um máximo de 15 anos, quando se trate de consignação de bens imóveis. A razão da limitação do prazo da consignação em relação aos bens imóveis reside no facto de não ser conveniente, no interesse da sua rentabilidade, que esses bens permaneçam durante muito tempo fora da acção do respectivo proprietário, além de que a sua oneração por tempo muito dilatado dificultaria o comércio dos bens.

– Se trata de um acto sujeito a registo, excepto se tiver por objecto os rendimentos de títulos de crédito nominativos, devendo, neste caso, ser mencionada nos títulos e averbada, nos termos da respectiva legislação – n.º 2 do art. 660.º.

É ainda conveniente ter em consideração o disposto no art. 661.º, pois na consignação é possível estipular:

a) Que continuem em poder do concedente os bens cujos rendimentos são consignados;

b) Que os bens passem para o poder do credor, o qual fica, na parte aplicável, equiparado ao locatário, sem prejuízo da faculdade de por seu turno os locar;

c) Que os bens passem para o poder de terceiro, por título de locação ou por outro, ficando o credor com o direito de receber os respectivos frutos.

3. Selo

O documento está sujeito ao selo do n.º 10 da tabela geral, salvo quando a garantia for materialmente acessória de contrato especialmente tributado e seja constituída simultaneamente com a obrigação garantida, ainda que em instrumento ou título diferente.

Com a revogação da alínea *n)* do n.º 1 do art. 2.º do CIS pela Lei n.º 3-B/2010, de 28 de Abril, os advogados e os solicitadores deixaram de ser sujeitos passivos do imposto de selo que for devido pela realização de qualquer dos documentos particulares autenticados, pelo que, nos termos da alínea *h)* do n.º 1 desse art. 2.º, o imposto, quando devido, terá de ser previamente liquidado e pago pelos interessados que intervierem no acto, por serem os sujeitos passivos do imposto.

O documento deve então mencionar o valor do imposto de selo cobrado e a data da sua liquidação – art. 23.º, n.º 6 desse código.

4. Minuta

Consignação de rendimentos

PRIMEIRO: F ... e F ...
SEGUNDO: F ...
E pelos primeiros foi dito:

Que, por escritura lavrada no dia ... no cartório notarial de ..., com início a folhas ... do livro de notas para escrituras diversas número ..., confessaram-se devedores ao segundo outorgante da quantia de ... que ele nessa data lhes emprestou ao juro de ..., pelo prazo de ..., quantia essa que actualmente ascende a ...;

Que, por este contrato e para garantia do pagamento daquele capital e respectivos juros, consignam a favor do segundo os rendimentos dos seguintes prédios rústicos:

UM – ...;

DOIS – ...; e

TRÊS – ...

Que os mencionados bens passam, a partir de hoje, para a posse do segundo, pelo prazo de oito anos, o qual é também o da duração da presente consignação de rendimentos, podendo, porém, extinguir-se antes de decorrido o mencionado prazo, se o credor se achar integramente reembolsado do aludido capital e seus juros.

Declarou o segundo que aceita este contrato.

Local: ...

Data: ...

Assinaturas:

Termo de autenticação

No dia ..., no meu escritório sito em ..., perante mim, F..., advogado (ou solicitador) titular da cédula profissional n.º ... emitida por ... em ... compareceram:

PRIMEIRO – F..., NIF ..., e mulher F..., NIF ..., casados sob o regime ..., naturais de ..., concelho de..., habitualmente residentes em ...; e

SEGUNDO – F..., NIF ..., casado com F ... sob o regime de ..., natural da freguesia de ..., concelho de ... e habitualmente residente em ...

Verifiquei a identidade dos intervenientes por ...

E por eles me foi apresentado, para fins de autenticação, o documento anexo que é um contrato de consignação de rendimentos, tendo declarado que já o leram e assinaram e que ele exprime a sua vontade.

Arquivado documento número ... comprovativo do pagamento do imposto do selo relativo à verba 10 da tabela geral no montante de ... €., liquidado hoje.

Exibido:

a) **Três cadernetas prediais rústicas, obtidas hoje via Internet, por onde verifiquei os elementos matriciais dos prédios; e**

b) **Certidão de teor comprovativa do número da descrição e das referidas inscrições, com o número de ordem ..., passada em ... pela mencionada conservatória.**

Este termo foi lido aos interessados e aos mesmos explicado o seu conteúdo.

Assinaturas: (dos intervenientes e do advogado ou solicitador)

§ 6.º Contrato-promessa com eficácia real

1. Noção

Contrato-promessa é a convenção pela qual alguém se obriga a celebrar certo contrato, ou melhor, certo negócio jurídico, visto que nada obsta, em princípio, a que se celebre um contrato-promessa de negócio unilateral – cfr. n.º 1 do art. 410.º do CC.

A situação mais frequentemente praticada é a de ambos os contraentes assumirem a obrigação de realizar o negócio prometido – contrato-promessa bilateral.

O art. 411.º prevê também a hipótese de o contrato-promessa vincular apenas uma das partes – contrato-promessa unilateral –, tornando-se perfeito com a aceitação do promissário.

2. Forma

Em princípio, o contrato-promessa não depende da observância de forma especial.

Porém, o n.º 2 do art. 410.º determina que a promessa respeitante à celebração de contrato para o qual a lei exija documento, quer autêntico, quer particular, só vale se constar de documento assinado pela parte que se vincula ou por ambas, consoante o contrato-promessa seja unilateral ou bilateral.

Isto significa que, excepcionando o caso do n.º 2 do art. 413.º, a que mais abaixo se fará referência, para a celebração do contrato-promessa basta o documento particular, ainda que o contrato prometido tenha de revestir a forma de documento autêntico.

No caso de promessa relativa à celebração de contrato oneroso de transmissão ou constituição de direito real sobre *edifício* ou fracção autónoma dele, já construído, em construção ou a construir, o escrito tem de conter, como formalidades especiais, o reconhecimento presencial da assinatura do promitente, no caso de promessa unilateral, ou das assinaturas dos promitentes, se o contrato-promessa for bilateral, e a certificação por notário da existência da licença de construção ou de utilização – n.º 3 do art. 410.º.

A omissão destas formalidades (reconhecimento presencial e certificação da existência da licença) conduz à invalidade do contrato, embora se trate de uma invalidade especial – que alguns autores qualificam de *nulidade atípica* –, por ser, *por via de regra*, só invocável pelo promitente adquirente, pessoa cujos interesses a lei visou proteger com o estabelecimento dessas formalidades (parece-nos, no entanto, que não poderá invocar a invalidade do negócio, quando a falta de reconhecimento presencial da sua assinatura lhe for intencional e deliberadamente imputável, tendo em conta a proibição do *venire contra factum proprium*).

Dissemos *por via de regra*, porque também o promitente alienante pode invocar a invalidade, se alegar e provar que a omissão do reconhecimento presencial da assinatura do promitente adquirente – embora não intencional e deliberada – se ficou a dever a culpa deste último (referimo-nos à culpa do promitente adquirente, apenas no tocante à omissão do reconhecimento presencial da sua assinatura, porque não parece crível imputar-se-lhe culpa pela falta de apresentação da licença de construção ou de utilização, uma vez que é ao promitente alienante que cabe diligenciar pela obtenção dela).

Os advogados e solicitadores não podem recusar a feitura de reconhecimentos de assinaturas em contratos de promessa de compra e venda, com base na falta de exibição da licença ou autorização de utilização, mas, nessa hipótese, devem advertir os interessados da falta desse documento e das consequências que daí podem advir, mencionando expressamente no correspondente acto notarial a falta e a advertência feita.

3. Eficácia real da promessa

O contrato-promessa goza, em princípio, de eficácia meramente obrigacional, *inter partes*.

Porém, à promessa de transmissão ou constituição de direitos reais sobre imóveis ou móveis sujeitos a registo podem as partes atribuir eficácia real, produzindo então o contrato-promessa efeitos perante terceiros – n.º 1 do art. 413.º.

Para tanto, a lei exige a verificação dos seguintes requisitos:

– A promessa deve constar de *escritura pública* ou de *documento particular autenticado*, salvo o disposto em lei especial e a menos que a lei não sujeite o contrato prometido a essa forma, caso em que é bastante documento particular com reconhecimento da assinatura da parte que se vincula ou de ambas, consoante se trate de contrato-promessa unilateral ou bilateral – cfr. n.º 2 do art. 413.º do CC e alínea *a)* do art. 22.º do Decreto-Lei n.º 116/2008, de 4 de Julho.

– O documento deve conter a declaração expressa das partes no sentido de se atribuir à promessa eficácia real.

– A promessa deve ser inscrita no registo respectivo.

Na falta de algum dos requisitos acabados de enunciar, o contrato-promessa, se puder valer, só poderá ter eficácia meramente obrigacional.

Discute-se na doutrina se o direito previsto no n.º 1 do citado art. 413.º do CC é um *direito de natureza creditória de eficácia ampliada a terceiros por via do registo* ou se é um verdadeiro *direito real de aquisição* que confere ao respectivo titular a faculdade de obter o direito real sem a cooperação do promitente ou contra a sua vontade.

O Parecer do Conselho Consultivo n.º 9/CC/2017, proferido no processo C.P. 40/2016 STJSR-CC (Relatora Madalena Teixeira)[29], chamado a pronunciar-se sobre a questão de saber se a prioridade do registo e o ingresso do contrato definitivo no registo são requisitos bastantes para o cancelamento dos direitos constituídos após a inscrição do contrato-promessa dotado de eficácia real, tomou em conta que, apesar do reconhecimento unânime de que a promessa com eficácia real confere ao promissário adquirente uma tutela especial, traduzida na intocabilidade da sua situação jurídica face aos actos de alienação ou de oneração praticados pelo promitente alienante (ou contra ele) após o registo da promessa, "para alguns autores, a eficácia real não representa uma cassação do poder de disposição do promitente e, como tal, os atos por este praticados são válidos, porém, ineficazes em relação ao promissário", enquanto que, "para outros autores, a obtenção da celebração do contrato definitivo origina um valor negativo dos atos de disposição praticados pelo promitente, implicando a sua nulidade".

[29] Disponível na Internet em IRN>Doutrina>CC-Publicações de Registo Predial no ano de 2017.

E continua:

"Consoante a linha interpretativa ensaiada, ao titular da promessa de alienação, que tenha obtido o contrato definitivo e se confronte com o direito constituído pelo promitente a favor de terceiro, bastará então uma ação contra o terceiro assente na eficácia real da promessa e na sua prevalência, obtendo, dessa forma, o efeito útil pretendido com a aquisição da coisa, ou caberá antes a impugnação do direito do terceiro, com base no valor negativo atrás assinalado, e portanto, a interposição da competente ação de declaração de nulidade.

De todo o modo, quer se relacione a eficácia real da promessa de alienação com a invalidade dos atos de disposição a favor de terceiro praticados pelo promitente-alienante (ou contra ele), quer se entenda que, para o efeito útil pretendido pelo promissário-adquirente, a eficácia real se conjuga por via da oponibilidade e que, por isso, os atos de disposição ou de oneração do direito a que se refere o contrato prometido a favor de terceiros não enfermam de qualquer vício, pelo facto de violarem a promessa, mas não produzem efeitos contra o promissário, cremos que não é ao conservador, senão ao tribunal, que compete fazer esse acertamento e definir o melhor direito" [30].

Assim delineadas as posições, o Parecer considera que a decisão registal sobre o pedido de cancelamento dos registos a favor de terceiros que adquiriram do promitente alienante, ou contra ele, só poderá assentar num título que constate a prevalência do direito do promissário e declare a extinção dos direitos dos terceiros ou a invalidade dos factos jurídicos correspondentes e não sobre uma qualificação do melhor direito, a cargo do conservador.

[30] O citado Parecer, citando Henrique Mesquita, opina que o promissário que queira reagir contra um acto de alienação ou de oneração a favor de terceiro pode fazê-lo na própria acção de execução específica, ao abrigo das regras processuais sobre coligação de réus.

No caso concreto que levou à emissão do Parecer, o cancelamento dos registos de hipoteca e ou de penhora efectuados após o registo de promessa de alienação, não se basta com a prova de execução específica do contrato ou com a apresentação do documento comprovativo da celebração do contrato prometido. Ou seja: o cancelamento não pode prescindir de um título (uma decisão judicial), lavrado com intervenção dos titulares inscritos, onde se faça esse juízo declarativo sobre a extinção dos direitos registados e se defina o direito que há-de prevalecer.

4. IMT

Estão sujeitos a imposto municipal sobre as transmissões onerosas de imóveis, nos termos da alínea *a)* do n.º 2.º, alíneas *a)*, *b)* e *e)* do n.º 3, e alínea *a)* do n.º 5, todas do art. 2.º:

– A promessa de aquisição e de alienação, logo que verificada a tradição para o promitente adquirente;

– A celebração de contrato-promessa de aquisição e alienação em que seja clausulado no contrato, ou posteriormente, que o promitente adquirente pode ceder a sua posição contratual a terceiro e a cessão da posição contratual no exercício do direito conferido por aquele contrato-promessa.

O imposto é devido pelo primitivo promitente adquirente e por cada um dos sucessivos promitentes adquirentes, incidindo apenas sobre a parte do preço paga (sinal ou adiantamento do preço) pelo promitente adquirente ao promitente alienante ou pelo cessionário ao cedente, aplicando-se a taxa que corresponder à totalidade do preço acordado (não lhes sendo aplicável qualquer isenção ou redução de taxa), mas, sempre que o promitente adquirente ou cessionário venha a celebrar o contrato definitivo, o imposto já pago por ele será levado em conta na liquidação final – vide art. 4.º, alínea *e)*, regra 18.ª do n.º 4 do art. 12.º, art. 17.º, n. 5, e n.º 3 do art. 22.º.

– A cedência de posição contratual ou ajuste de revenda, por parte do promitente adquirente num contrato-promessa de aquisição e alienação, vindo o contrato definitivo a ser celebrado entre o primitivo promitente alienante e o terceiro (enquadra-se na previsão desta norma a situação do promitente comprador que, não tendo planeado ceder a sua posição contratual, não inseriu tal cláusula no contrato-promessa, mas por razões supervenientes venha a ceder a sua posição a terceiro);

Aplicar-se-á, então, o disposto na alínea *g)* do art. 4.º: o imposto é devido pelo contraente originário, não lhe sendo aplicável qualquer isenção, excluindo-se, porém, a incidência se o mesmo declarar no prazo de 30 dias a contar da cessão da posição contratual ou do ajuste de revenda que não houve lugar ao pagamento ou recebimento de qualquer quantia, para além da que constava como sinal ou princípio de pagamento no contrato-promessa, demonstrando-o através de documentos idóneos ou concedendo autorização à administração fiscal para aceder à sua informação bancária.

O IMT deve ser pago no prazo de 30 dias a contar da data da celebração do contrato definitivo ou a contar da data da decisão que não reconheceu o direito à exclusão da incidência do imposto, quando o interessado tiver requerido a prova prevista na citada alínea *g)* do art. 4.º – vide n.º 9 do art. 36.º do CIMT e recomendação inserta no BRN n.º 8/2004 – I caderno – pp. 11.

– A resolução, invalidade ou extinção por mútuo consentimento do contrato-promessa de compra e venda ou troca de imóveis, quando ocorrerem depois de passados 10 anos sobre a tradição ou posse.

5. Selo

Com a eliminação das verbas n.os 8 e 15.8 da Tabela Geral, este contrato deixou de estar sujeito a selo específico.

Porém, havendo tradição de bens imóveis para o promitente-comprador, terá de ser liquidado e cobrado o selo da verba 1.1. da tabela geral, como se mostra na minuta infra.

6. Minutas

1.ª hipótese: *contrato-promessa de compra e venda com eficácia real e sem tradição dos bens para o promitente-comprador*

Contrato-promessa de compra e venda

PRIMEIRO: F ... e mulher F ...

SEGUNDO: F ...

Disseram os primeiros:

Que prometem vender ao segundo, pelo preço global de ..., de que já receberam [31] a quantia de ..., os seguintes imóveis:

Número um: por ... euros, a fracção autónoma designada pela letra ...;

Número dois: por ... euros, a fracção autónoma designada pela letra ...

Disse o segundo que aceita este contrato.

Mais disseram:

Que atribuem a esta promessa eficácia real, nos termos do artigo 413.º do Código Civil, não se tendo operado a tradição dos imóveis referidos;

Que o documento definitivo de compra e venda deverá realizar-se no prazo de um ano a contar desta data, cabendo a sua marcação ao segundo interveniente, o qual avisará, com cinco dias de

[31] Vide n,ºs 5 e 6 do art. 47.º do CN.

antecedência, os primeiros da data, hora e local da realização desse documento.

Local: ...

Data: ...

Assinaturas:

Termo de autenticação

No dia ..., no meu escritório sito em ..., perante mim, F..., advogado (ou solicitador) titular da cédula profissional n.º ... emitida por ... em ... compareceram:

PRIMEIRO – F..., NIF ..., e mulher F..., NIF ..., casados sob o regime ..., naturais de ..., concelho de..., habitualmente residentes em ...; e

SEGUNDO – F..., NIF ..., casado com F ... sob o regime de ..., natural da freguesia de ..., concelho de ... e habitualmente residente em ...

Verifiquei a identidade dos intervenientes por ...

E por eles me foi apresentado, para fins de autenticação, o documento anexo que é um contrato-promessa de compra e venda, tendo declarado que já o leram e assinaram e que ele exprime a sua vontade.

Os outorgantes informaram que o negócio titulado por este contrato não foi objecto de intervenção de mediador imobiliário, tendo sido advertidos de que, se for falsa a informação prestada, incorrem na pena prevista para o crime de desobediência previsto no artigo 348.º do Código Penal.

Exibido:

a) Duas cadernetas prediais urbanas, obtidas hoje via Internet, por onde verifiquei os elementos matriciais dos prédios; e

b) Certidão de teor comprovativa dos números das descrições e das referidas inscrições, passada em ..., com o número de ordem ..., pela mencionada conservatória.

c) O alvará de autorização de utilização n.º ..., emitido pela câmara municipal de ... em ...

Este termo foi lido aos interessados e aos mesmos explicado o seu conteúdo.

Assinaturas: (dos intervenientes e do advogado ou solicitador)

2.ª hipótese: *contrato-promessa de compra e venda com eficácia real e com tradição dos bens para o promitente-comprador*

Contrato-promessa de compra e venda

PRIMEIRO: F ... e mulher F ...

SEGUNDO: F ...

Disseram os primeiros:

Que prometem vender ao segundo, pelo preço global de ..., de que já receberam [32] a quantia de ..., os seguintes imóveis:

Número um: por ... euros, a fracção autónoma designada pela letra ...;

Número dois: por ... euros, a fracção autónoma designada pela letra ...

Disse o segundo que aceita este contrato.

Mais disseram:

Que atribuem a esta promessa eficácia real, nos termos do artigo 413.º do Código Civil, tendo-se operado a tradição dos imóveis referidos para o segundo interveniente;

Que o documento definitivo de compra e venda deverá realizar-se no prazo de um ano a contar desta data, cabendo a sua marcação ao segundo interveniente, o qual avisará, com cinco dias de antecedência, os primeiros da data, hora e local da realização desse documento.

Local: ...

Data: ...

Assinaturas:

Termo de autenticação

No dia ..., no meu escritório sito em ..., perante mim, F..., advogado (ou solicitador) titular da cédula profissional n.º ... emitida por ... em ... compareceram:

PRIMEIRO – F..., NIF ..., e mulher F..., NIF ..., casados sob o regime ..., naturais de ..., concelho de..., habitualmente residentes em ...; e

[32] Vide n,ºs 5 e 6 do art. 47.º do CN.

SEGUNDO – F..., NIF ..., casado com F ... sob o regime de ..., natural da freguesia de ..., concelho de ... e habitualmente residente em ...

Verifiquei a identidade dos intervenientes por ...

E por eles me foi apresentado, para fins de autenticação, o documento anexo que é um contrato-promessa de compra e venda, tendo declarado que já o leram e assinaram e que ele exprime a sua vontade.

Os outorgantes informaram que o negócio titulado por este contrato não foi objecto de intervenção de mediador imobiliário, tendo sido advertidos de que, se for falsa a informação prestada, incorrem na pena prevista para o crime de desobediência previsto no artigo 348.º do Código Penal.

Arquiva-se:

***a)* A declaração para a liquidação do imposto municipal sobre as transmissões onerosas de imóveis e o correspondente comprovativo da cobrança número ... ;**

***b)* O documento número ... comprovativo do pagamento do imposto do selo da verba 1.1 da tabela geral, no montante de ..., liquidado hoje.**

Exibido:

***a)* Duas cadernetas prediais urbanas, obtidas hoje via Internet, por onde verifiquei os elementos matriciais dos prédios; e**

***b)* Certidão de teor comprovativa dos números das descrições e das referidas inscrições, passada em ..., com o número de ordem ..., pela mencionada conservatória.**

***c)* O alvará de autorização de utilização n.º ..., emitido pela câmara municipal de ... em ...**

Este termo foi lido aos interessados e aos mesmos explicado o seu conteúdo.

Assinaturas: (dos intervenientes e do advogado ou solicitador)

§ 7.º Dação em cumprimento

1. Conceito

A dação em cumprimento é um meio de extinção das obrigações, previsto nos arts. 837.º e ss. do CC.

Pode revestir duas formas:

a) dação em cumprimento, *datio in solutum*;

ou

b) dação em função do cumprimento, *datio pro solutum*.

A *dação em cumprimento* consiste na realização de uma prestação diferente da que é devida, com o fim de extinguir, imediatamente, a obrigação.

O devedor desonera-se do vínculo a que se acha adstrito, entregando objecto diverso do que é devido.

A *dação em função do cumprimento* também tem por objecto a realização de uma prestação diversa da que é devida, mas não visa a extinção imediata da obrigação; apenas tem por fim facilitar o seu cumprimento.

O credor satisfaz o seu crédito através da realização do valor da prestação, mas o crédito só se extingue quando for satisfeito e na medida em que o for.

A presunção estabelecida no n.º 2 do art. 840.º (a dação que tiver por objecto a cessão de um crédito ou a assunção de uma dívida presume-se dação em função do cumprimento) pode ser afastada pelas partes.

O advogado (ou o solicitador) tem de averiguar, em cada caso concreto, se há ou não extinção imediata da obrigação.

Note-se que para o devedor ficar exonerado, o credor tem de intervir, dando o seu assentimento.

Se a dação em cumprimento ou em função do cumprimento consistir na entrega de bens imóveis, o acto terá de ser celebrado por *escritura pública* ou por *documento particular autenticado* – cfr. alínea *g)* do art. 22.º do Decreto-Lei n.º 116/2008, de 4 de Julho.

2. **IMT**

Sempre que a dação de bens em pagamento tenha por objecto bens imóveis é devido imposto municipal sobre as transmissões onerosas, sendo o imposto calculado sobre o seu valor patrimonial tributário ou sobre a importância da dívida que for paga com os bens transmitidos, se for superior, a não ser que haja lugar a isenção – cfr. art. 12.º, n.º 4, regra 5.ª, do CIMT.

De entre as isenções previstas na lei, recorda-se aqui as aquisições, por instituições de crédito ou por sociedades comerciais cujo capital seja directa ou indirectamente por aquelas dominado, de prédios urbanos ou de fracções autónomas destes exclusivamente destinados a habitação, que derivem de actos de dação em cumprimento, desde que a entrega dos imóveis se destine à realização de créditos resultantes de empréstimos ou fianças prestadas, nas condições previstas no art. 8.º daquele diploma.

Esta isenção terá de ser reconhecida por despacho do Ministro das Finanças ou é de reconhecimento automático, consoante a hipótese verificada – cfr. n.º 6 *b)* e n.º 8 *a)*, ambos do art. 10.º do mesmo diploma –, mas os interessados devem mesmo assim apresentar a declaração a que se reporta o art. 19.º do CIMT antes do acto ou facto translativo dos bens – cfr. n.º 3 desse art. 19.º.

A isenção, quando a ela houver lugar, terá de ser consignada no documento, com indicação do respectivo fundamento e o documento comprovativo terá de ser arquivado.

Não obstante a isenção por despacho do Ministro das Finanças, para as situações a que se aplique, pode o requerente obter a suspensão do pagamento do imposto nos casos em que a dação em cumprimento tenha sido efectuada por devedor pessoa singular, mas se a isenção não vier a ser objecto de reconhecimento, ao imposto devido são acrescidos juros compensatórios – cfr. n.os 10 a 12 do art. 10.º do CIMT.

3. Selo

O documento que formaliza o acto está sujeito ao imposto de selo fixado no n.º 1.1 da tabela geral (no caso de a dação ter por objecto bens imóveis), calculado sobre o valor patrimonial tributário dos bens ou sobre a importância da dívida que for paga com os bens transmitidos, se for superior.

O imposto fixado nesta verba 1.1 (que incide sobre o valor do contrato ou sobre o valor patrimonial tributário, correspondente aos imóveis compreendidos no direito alienado) não é, porém, liquidado pelo advogado ou solicitador, mas antes pelos serviços centrais da Direcção-Geral dos Impostos, de acordo com o estatuído no n.º 4 do art. 23.º do CIS, na redacção que lhe imprimiu a Lei n.º 64-A/2008, de 31 de Dezembro.

O documento deve mencionar o valor do imposto e a data da liquidação – n.º 6 do art. 23.º do CIS.

4. Minuta

Dação em cumprimento

PRIMEIRO: F ... e F ..., gerentes em representação da sociedade ...

SEGUNDO: F ... e F ..., gerentes em representação da sociedade ...

E por eles, na qualidade em que respectivamente intervêm, foi dito:

Que a sociedade representada pelos primeiros, por escritura lavrada em ... com início a folhas ... do livro ... do cartório notarial de ..., confessou-se devedora à sociedade representada pelos segundos da quantia de ...;

Que, por contrato celebrado em ..., a sociedade representada pelos primeiros prometeu dar à sociedade que os segundos representam, em cumprimento da referida dívida, vários imóveis identificados no contrato de promessa de dação em cumprimento;

Que, entretanto, um dos imóveis prometidos dar em cumprimento foi alienado, tendo com o produto dessa venda sido reduzido o montante da mencionada dívida para ..., pelo é este o valor actual da dívida titulada pela identificada escritura de ...;

Que, por este contrato, os primeiros, em nome da sua representada, dão à sociedade representada pelos segundos, para pagamento integral da referida dívida, actualmente no montante de ..., os seguintes imóveis, no valor atribuído total de ..., igual ao da dívida:

UM – prédio urbano ...;
DOIS – fracção autónoma ...; e
TRÊS – fracção autónoma ...

Que os segundos, em nome da sociedade que representam, aceitam para esta, em pagamento integral da dívida aludida, os mencionados bens e, em consequência, declaram extinta a dívida.

Local: ...
Data: ...
Assinaturas:

Termo de autenticação

No dia ..., no meu escritório sito em ..., perante mim, F..., advogado (ou solicitador) titular da cédula profissional n.º ... emitida por ... em ... compareceram:

PRIMEIRO – F... e F..., casados, naturais de ..., concelho de..., habitualmente residentes em ..., gerentes da sociedade ... que intervêm em sua representação.; e

SEGUNDO – F..., casado, natural da freguesia de ..., concelho de ... e habitualmente residente em ..., gerente da sociedade ... que intervém em sua representação.

Verifiquei a identidade dos intervenientes por ... e os poderes necessários para este acto pelas certidões e actas abaixo mencionadas.

E por eles me foi apresentado, para fins de autenticação, o documento anexo que é um contrato de dação em cumprimento, tendo declarado que já o leram e assinaram e que ele exprime a vontade das suas representadas.

Os intervenientes informaram que o negócio titulado por este contrato não foi objecto de intervenção de mediador imobiliário, tendo sido advertidos de que, se for falsa a informação prestada, incorrem na pena prevista para o crime de falsidade de depoimento ou declaração.

Arquivado:

a) O extracto da declaração para a liquidação, efectuada em ..., do imposto municipal sobre as transmissões onerosas de imóveis e o correspondente comprovativo da cobrança número ...

_b)_ O documento número ... comprovativo do pagamento do imposto do selo da verba 1.1 da tabela geral, no montante de ..., liquidado hoje.

_c)_ Certidão do registo comercial alusiva às referidas sociedades; e

_d)_ Fotocópias de duas actas com os n.os ... e ...

Exibido:

_a)_ Três cadernetas prediais urbanas, obtidas hoje via Internet, por onde verifiquei os elementos matriciais dos prédios; e

_b)_ Certidão de teor comprovativa dos números das descrições e das referidas inscrições, com o número de ordem ..., passada em ... pela mencionada Conservatória.

_c)_ Os alvarás de autorização de utilização n.os ..., ... e ... emitidos pela câmara municipal de ... em ...

As fichas técnicas de habitação referentes aos imóveis alienados por este contrato foram entregues à adquirente neste acto.

Este termo foi lido aos interessados e aos mesmos explicado o seu conteúdo.

Assinaturas: (dos intervenientes e do advogado ou solicitador)

§ 8.º Direito de superfície

1. **Generalidades**

Nos termos do art. 1524.º do CC, o direito de superfície consiste na faculdade de construir ou manter, perpétua ou temporariamente, uma obra em terreno alheio, ou de nele fazer ou manter plantações.

No entanto, o art.º 1528.º diz, na parte final, que o direito de superfície pode resultar da alienação de obra ou árvores já existentes, separadamente da propriedade do solo.

Em face disto, parece que nesta figura estão abrangidas duas situações de tipo diferente: tanto é direito de superfície o direito de construir – concessão *ad aedificandum* – como o direito sobre a construção já existente em terreno alheio; tanto é direito de superfície o direito de plantar – concessão *ad plantandum* –, como o direito sobre as árvores, separadas do solo.

Dito de outro modo: as obras e as plantações tanto podem derivar da actividade do superficiário, posterior à constituição do direito de superfície, como podem já existir ao tempo da constituição desse direito, mas em ambos os casos a propriedade do solo pertence a outrem.

Se o direito de superfície consistir num direito sobre obra ou árvores já existentes, o seu objecto são essas coisas.

Quando tiver por objecto a construção de uma obra, o direito de superfície pode abranger uma parte do solo não necessária à sua implantação, desde que ela tenha utilidade para o uso da obra, mas pode também ter por objecto a construção sob solo alheio, para permitir, por exemplo, a construção de parques de estacionamento – cfr. art. 1525.º, na redacção do Decreto-Lei n.º 257/91, de 18 de Julho.

Pode também consistir num direito de construir sobre *edifício alheio*, alteando-o ou sobreelevando-o, adquirindo-se subsequentemente a porção construída (diferente, evidentemente, do direito de construir sobre o solo alheio).

Levantado o edifício, são aplicáveis as regras da propriedade horizontal, passando o construtor a ser condómino das partes comuns do prédio, ou seja, uma vez feita a construção, extingue-se a superfície, ficando criadas as condições para o nascimento, em sua substituição, da propriedade horizontal – art. 1526.º.

Esta solução deriva do facto de só através do regime da propriedade horizontal ser possível a divisão do mesmo prédio em fracções que possam pertencer individualmente a vários titulares.

Se o direito de sobreelevação se operar sobre um edifício já sujeito ao regime da horizontalidade, como se ilustra numa das minutas infra apresentadas, então o título constitutivo da propriedade horizontal carece de ser modificado porque há alteração das fracções autónomas, das percentagens, etc.

O direito de superfície pode, nos termos do art. 1528.º, constituir-se:

– Por contrato;

– Por testamento;

– Por usucapião; e

– Por alienação de obra ou árvores já existentes, separadamente da propriedade do solo, como vimos supra.

A constituição do direito de superfície deve ser celebrada por *escritura pública* ou por *documento particular autenticado* – cfr. alínea *a)* do art. 22.º do Decreto-Lei n.º 116/2008, de 4 de Julho.

O contrato que lhe der origem pode ser gratuito ou oneroso (doação, compra e venda, entrada para o capital de uma sociedade, etc.), podendo o direito de superfície – no caso de a transmissão ter por objecto um terreno ou um edifício – nascer do facto de o alienante reservar para si a faculdade de construir sobre o terreno ou sobre o edifício.

Sendo oneroso, o beneficiário fica sujeito ao pagamento de uma contraprestação que pode ser efectuada de uma só vez ou em prestações anuais, perpétua ou temporariamente.

O direito de superfície pode ser constituído por particulares – hipótese em que fica subordinado à disciplina do Código Civil – ou pelo Estado ou pessoas colectivas de direito público em terrenos do seu domínio privado – caso em que se aplica legislação especial e, subsidiariamente, as disposições do dito código – art. 1527.º.

O direito de superfície extingue-se, nos termos do art. 1536.º:

a) Se o superficiário não concluir a obra ou não fizer a plantação dentro do prazo fixado ou, na falta de fixação, dentro do prazo de dez anos;

b) Se, destruída a obra ou as árvores, o superficiário não reconstruir a obra ou não renovar a plantação, dentro dos mesmos prazos a contar da destruição;

c) Pelo decurso do prazo, sendo constituído por certo tempo;

d) Pela reunião na mesma pessoa do direito de superfície e do direito de propriedade;

e) Pelo desaparecimento ou inutilização do solo;

f) Pela expropriação por utilidade pública.

Pode ainda estipular-se no título constitutivo a extinção do direito de superfície em consequência da destruição da obra ou das árvores, ou da verificação de qualquer condição resolutiva.

Nos casos previstos nas citadas alíneas *a)* e *b)*, são aplicáveis à extinção do direito de superfície as regras da prescrição.

Acrescente-se que nas hipóteses das precedentes alíneas *a)*, *b)* e *c)* caduca o direito, em consequência do que é readquirida a plenitude da propriedade pelo proprietário do solo (aquisição restitutiva por força da elasticidade do direito de propriedade).

2. IMT

Em princípio, todas as transmissões onerosas do direito de propriedade ou de *figuras parcelares desse direito sobre bens imóveis* estão sujeitas a pagamento do IMT – art. 2.º, n.º 1, do código.

Designadamente e no que tange ao contrato em análise, estão sujeitas a pagamento de imposto, a constituição do direito de superfície ou a transmissão deste direito separadamente da propriedade do solo.

O imposto incide sobre o valor do acto ou do contrato (importância em dinheiro paga pelo adquirente a título de preço) ou o valor patrimonial tributário do direito de superfície ou da propriedade do solo, atento o que dispõem os arts. 12.º, n.º 4, regras 2.ª e 3.ª, e 13.º, regras f) a i), consoante o que for maior.

Assim:

Quando o direito de superfície for perpétuo, o valor patrimonial tributário do direito de propriedade do solo será o correspondente a 20% do valor do terreno e o valor patrimonial tributário do direito de superfície será igual ao valor da propriedade plena do imóvel, deduzido o valor da propriedade do solo;

Quando o direito de superfície for temporário, há que atentar na situação de já estar ou não terminada a construção das obras ou ultimada ou não a plantação.

No 1.º caso, há que distinguir:

a) Se a propriedade do solo for transmitida separadamente do direito de superfície, o valor patrimonial tributário da propriedade do solo obtém-se deduzindo ao valor da propriedade plena 10% por cada período indivisível de cinco anos, conforme o tempo por que aquele direito ainda deva durar, não podendo, porém, a dedução exceder 80%;

b) Na constituição do direito de superfície ou na transmissão deste direito separadamente da propriedade do solo, o valor actual do direito de superfície obtém-se descontando ao valor da propriedade plena o valor da propriedade do solo, calculado nos termos da alínea anterior.

No 2.º caso, há também que distinguir:

a) Se a propriedade do solo for transmitida separadamente do direito de superfície, o valor patrimonial tributário da propriedade do solo obtém-se deduzindo ao valor da propriedade plena 10% por cada período indivisível de cinco anos, conforme o tempo por que aquele direito ainda deva durar, não podendo, porém, a dedução exceder 80%, com base no valor do terreno;

b) Na constituição do direito de superfície, bem como na transmissão deste direito separadamente da propriedade do solo, o valor actual do direito de superfície obtém-se descontando ao valor da propriedade plena o valor da propriedade do solo, calculado nos termos da alínea anterior, mas se a transmissão ocorrer depois ou o proprietário do solo adquirir a propriedade da obra ou das árvores pelo decurso do prazo, o imposto será calculado sobre o valor patrimonial tributário da propriedade plena do imóvel, deduzido o valor patrimonial tributário da propriedade do solo nessa altura, determinado nos termos da alínea h) do art. 13.º, com base no valor do terreno.

Se o direito de superfície for constituído pelo Estado, pelas Regiões Autónomas ou pelas autarquias locais, o valor da propriedade do solo transmitida ao superficiário é o preço constante do acto ou do contrato, e o do direito de superfície, quando da sua constituição ou prorrogação, é o preço único constante do acto ou do contrato ou o valor da pensão, determinado este nos termos da alínea d) do art. 13.º e, quando da sua cessação ou reversão, é o montante da indemnização – vide regra 15.ª do n.º 4 do art. 12.º.

3. Selo

Na aquisição onerosa ou por doação do direito de superfície é devido o imposto de selo de 0,8% sobre o valor do acto ou contrato ou o valor patrimonial tributário do direito, relevante para efeitos de IMT, consoante o que for maior – n.º 1.1 da tabela respectiva.

O imposto fixado nesta verba 1.1 (que incide sobre o valor do contrato ou sobre o valor patrimonial tributário, correspondente aos imóveis compreendidos no direito alienado) não é, porém, liquidado pelo advogado ou solicitador, mas antes pelos serviços centrais da Direcção-Geral dos Impostos, de acordo com o estatuído no n.º 4 do art. 23.º do CIS, na redacção que lhe imprimiu a Lei n.º 64-A/2008, de 31 de Dezembro.

O documento deve mencionar o valor do imposto e a data da liquidação – n.º 6 do art. 23.º do CIS.

No caso da doação do direito de superfície, como as doações estão simultaneamente sujeitas ao imposto da verba 1.2 da tabela geral, a liquidação do imposto desta verba 1.1 é feita *a posteriori* com o da verba 1.2, como determina o n.º 5 daquele art. 23.º do CIS, na redacção da citada Lei n.º 64-A/2008.

4. Minutas

1.ª hipótese: *constituição do direito de superfície por compra e venda*

Constituição do direito de superfície

PRIMEIRO: F ... e F ...

SEGUNDO: F ...

E pelos primeiros foi dito:

Que são donos de um lote de terreno, com a área de ..., sito em ..., inscrito na matriz urbana da freguesia de ... sob o artigo ..., com o valor patrimonial tributário de ..., e descrito na conservatória de ... sob o número ..., onde se acha registado a seu favor pela inscrição ...;

Que, por este contrato, constituem a favor do segundo o direito de superfície sobre o imóvel atrás identificado, pelo prazo de noventa e nove anos, com o fim de ele aí construir uma edificação com um piso, de acordo com o projecto técnico para o efeito elaborado;

Que, a título de preço, o superficiário pagou uma única prestação no valor de ..., que os primeiros declaram ter já recebido [33];

[33] Vide n.ºs 5 e 6 do art. 47.º do CN.

Que constitui causa de extinção do direito ora constituído a utilização do imóvel para fim diverso do que foi indicado.

Disse o segundo que aceita este contrato, nos termos exarados.

Local: ...

Data: ...

Assinaturas:

Termo de autenticação

No dia ..., no meu escritório sito em ..., perante mim, F..., advogado (ou solicitador) titular da cédula profissional n.º ... emitida por ... em ... compareceram:

PRIMEIRO – F..., NIF ..., e F..., NIF ..., casados segundo o regime de ..., naturais de ..., concelho de..., habitualmente residentes em ...; e

SEGUNDO – F..., NIF ..., casado com F ... segundo o regime de ..., natural da freguesia de ..., concelho de ... e habitualmente residente em ...

Verifiquei a identidade dos intervenientes por ...

E por eles me foi apresentado, para fins de autenticação, o documento anexo que é um contrato de constituição do direito de superfície, tendo declarado que já o leram e assinaram e que ele exprime a sua vontade.

Os outorgantes informaram que o negócio titulado por esta escritura não foi objecto de intervenção de empresa de mediação imobiliária, tendo sido advertidos de que, se for falsa a informação prestada, incorrem na pena correspondente ao crime de desobediência previsto no artigo 348.º do Código Penal.

Arquivado:

***a)* A declaração para a liquidação, efectuada em ..., do imposto municipal sobre as transmissões onerosas de imóveis e o correspondente comprovativo da cobrança número ...**

***b)* O documento número ... comprovativo do pagamento do imposto do selo da verba 1.1 da tabela geral, no montante de ..., liquidado hoje.**

Exibido:

***a)* Caderneta predial urbana, obtida hoje via Internet, por onde verifiquei os elementos matriciais do prédio; e**

b) **Certidão de teor comprovativa da descrição e da referida inscrição, com o número de ordem ..., passada em ... pela mencionada conservatória.**

Este termo foi lido aos interessados e aos mesmos explicado o seu conteúdo.

Assinaturas: (dos intervenientes e do advogado ou solicitador)

2.ª hipótese: *compra e venda de fracção autónoma de prédio em direito de superfície e constituído em propriedade horizontal*

Compra e venda

PRIMEIRO: F ... e mulher F ...

SEGUNDO: F ...

Disseram os primeiros:

Que são donos, em direito de superfície, de um prédio urbano sito em ..., descrito na conservatória do registo predial de ... sob o número ... da freguesia de ..., registado a seu favor pela inscrição ..., inscrito na matriz respectiva sob o artigo número ...;

Que o mencionado prédio foi submetido ao regime de propriedade horizontal conforme inscrição ...

Que, por este contrato, pelo preço de ..., que já receberam [34]**, vendem ao segundo a fracção autónoma localizada no primeiro andar direito, designada pela letra ..., com o valor patrimonial tributário de ...**

Disse o segundo que aceita este contrato.

Local: ...

Data: ...

Assinaturas:

Termo de autenticação

No dia ..., no meu escritório sito em ..., perante mim, F..., advogado (ou solicitador) titular da cédula profissional n.º ... emitida por ... em ... compareceram:

[34] Vide n,ºs 5 e 6 do art. 47.º do CN.

PRIMEIRO – F..., NIF ..., e F..., NIF ..., casados segundo o regime de ..., naturais de ..., concelho de..., habitualmente residentes em ...; e

SEGUNDO – F..., NIF ..., casado com F ... segundo o regime de ..., natural da freguesia de ..., concelho de ... e habitualmente residente em ...

Verifiquei a identidade dos intervenientes por ...

E por eles me foi apresentado, para fins de autenticação, o documento anexo que é um contrato de compra e venda, tendo declarado que já o leram e assinaram e que ele exprime a sua vontade.

Os intervenientes informaram que o negócio titulado por este contrato não foi objecto de intervenção de mediador imobiliário, tendo sido advertidos de que, se for falsa a informação prestada, incorrem na pena prevista para o crime de falsidade de depoimento ou declaração.

Arquivado:

***a)* O extracto da declaração para a liquidação, efectuada em ..., do imposto municipal sobre as transmissões onerosas de imóveis e o correspondente comprovativo da cobrança número ...; e**

***b)* O documento número ... comprovativo do pagamento do imposto do selo da verba 1.1 da tabela geral, no montante de ..., liquidado hoje.**

Exibido:

***a)* Alvará de autorização de utilização n.º ... emitido pela câmara municipal de ... em ..., referente ao prédio na sua totalidade;**

***b)* Caderneta predial urbana, obtida hoje via Internet, por onde verifiquei os elementos matriciais do prédio; e**

***c)* Certidão de teor comprovativa do número da descrição e das referidas inscrições, com o número de ordem ..., passada em ... pela mencionada conservatória.**

Este termo foi lido aos interessados e aos mesmos explicado o seu conteúdo.

Assinaturas: (dos intervenientes e do advogado ou solicitador)

3.ª hipótese: *constituição do direito de sobreelevação*

Constituição do direito de sobreelevação [35]

PRIMEIRO: F ... e F ...

SEGUNDO: F ... e F ...

Disseram os primeiros:

Que lhes pertence a fracção autónoma individualizada pela letra ..., que constitui o quarto andar direito do prédio urbano, em regime de propriedade horizontal, sito em ..., descrito na conservatória do registo predial de ... sob o número ... e onde se acham registadas a constituição do regime de propriedade horizontal pela inscrição ... e a sua aquisição a favor dos segundos pela inscrição ...;

Que a sobredita fracção lhes foi vendida pelos segundos por documento particular autenticado hoje por mim e depositado electronicamente, ao qual coube o código de identificação ...;

Que o dito prédio está inscrito na respectiva matriz sob o artigo ... e à referida fracção autónoma corresponde a percentagem de ... em relação ao valor total do prédio;

Que, assim, são, com os restantes condóminos, comproprietários do terraço, ao nível do rés-do-chão, que constitui parte comum do já aludido prédio e serve de cobertura parcial à fracção autónoma designada pela letra ..., correspondente à cave;

Que, por este documento, vendem aos segundos, na proporção do direito que possuem sobre o aludido terraço e que corresponde à assinalada percentagem de ..., o direito de construir sobre ele uma obra;

[35] O documento reporta-se ao caso de um indivíduo, dono de um edifício em regime de propriedade horizontal, que pretendia fazer uma construção sobre parte comum, concretamente um terraço que constituía a cobertura parcial da cave.

Que esta venda é feita pelo preço de ..., que já receberam [36].

Disseram os segundos que aceitam este contrato.

Local: ...

Data: ...

Assinaturas:

Termo de autenticação

No dia ..., no meu escritório sito em ..., perante mim, F..., advogado (ou solicitador) titular da cédula profissional n.º ... emitida por ... em ... compareceram:

PRIMEIRO – F..., NIF ..., e F..., NIF ..., casados segundo o regime de ..., naturais de ..., concelho de..., habitualmente residentes em ...; e

SEGUNDO – F..., NIF ..., e F ..., NIF ..., casados segundo o regime de ..., naturais da freguesia de ..., concelho de ... e habitualmente residentes em ...

Verifiquei a identidade dos intervenientes por ...

E por eles me foi apresentado, para fins de autenticação, o documento anexo que é um contrato de constituição do direito de sobreelevação, tendo declarado que já o leram e assinaram e que ele exprime a sua vontade.

Os intervenientes informaram que o negócio titulado por este contrato não foi objecto de intervenção de mediador imobiliário, tendo sido advertidos de que, se for falsa a informação prestada, incorrem na pena prevista para o crime de falsidade de depoimento ou declaração.

Arquivado:

Como dispunha de autorização legal para o efeito, começou por vender as respectivas fracções autónomas e, à medida que as ia alienando, os compradores vendiam-lhe, na percentagem que detinham relativamente às suas fracções, o direito de construir sobre aquela cobertura.

Quando fosse realizada a última venda, ele ficava com a percentagem total do direito de construir.

Acabada a construção – que era sua –, o título da propriedade horizontal teria, obviamente, de ser alterado.

[36] Vide n,ºs 5 e 6 do art. 47.º do CN.

_a)_ O extracto da declaração para a liquidação, efectuada em ..., do imposto municipal sobre as transmissões onerosas de imóveis e o correspondente comprovativo da cobrança número ...; e

_b)_ O documento número ... comprovativo do pagamento do imposto do selo da verba 1.1 da tabela geral, no montante de ..., liquidado hoje.

Exibido:

_a)_ Caderneta predial urbana, obtida hoje via Internet, por onde verifiquei o elemento matricial do prédio; e

_b)_ Certidão de teor comprovativa do número da descrição e das referidas inscrições, passada em ... pela mencionada Conservatória.

Este termo foi lido aos interessados e aos mesmos explicado o seu conteúdo.

Assinaturas: (dos intervenientes e do advogado ou solicitador)

§ 9.º Distrate de actos notariais

1. Noções gerais

Os negócios jurídicos são ineficazes quando, por qualquer motivo legal, não podem produzir todos ou parte dos seus efeitos, de acordo com o conteúdo das declarações de vontade dos seus autores.

Pode, porém, dar-se o caso de os negócios não estarem afectados de qualquer vício que os torne nulos ou anuláveis – sendo, portanto, plenamente válidos –, mas haver um facto ulterior que faz com que os efeitos inicialmente produzidos venham a ser destruídos, com alcance retroactivo, ou venham a ser extintos, cessando a sua vigência apenas para o futuro.

A doutrina costuma apelidar o primeiro caso de *resolução* e o segundo de *dissolução*, mas qualquer deles pode assumir a forma de *revogação*, *rescisão* ou *caducidade*.

Revogação é a livre destruição dos efeitos de um negócio jurídico pelo seu autor ou autores, com respeito ou não dos efeitos jurídicos já produzidos, consoante a vontade das partes.

Sendo um acto discricionário que pode emanar da vontade de uma das partes ou do acordo de ambas, a revogação toma, no primeiro caso, a designação de *revogação unilateral* e no segundo de *revogação bi ou plurilateral*, a que a prática notarial chama *distrate* (*contrarius consensus*).

Só os contratos podem ser distratados: assim o entende o n.º 1 do art. 406.º do CC, ao preceituar que o contrato só pode modificar-se ou extinguir-se por mútuo consentimento dos contraentes ou nos casos admitidos na lei.

O distrate respeitará ou não os efeitos jurídicos já produzidos, consoante a vontade das partes, embora seja natural que nos contratos de execução continuada ou periódica – v.g. o arrendamento – o distrate afaste qualquer ideia de retroactividade, para que o senhorio não seja compelido a restituir as rendas recebidas, pois também o arrendatário não pode restituir o gozo da casa que usufruiu.

Rescisão é o acto pelo qual um dos sujeitos do negócio jurídico (ou o tribunal a pedido dele) destrói a sua eficácia com fundamento na lesão de um interesse do seu autor.

A rescisão pode, portanto, ser judicial ou extrajudicial, mas, ao contrário da revogação, a destruição dos efeitos jurídicos supõe um fundamento objectivo em que se baseie e que por lei confira esse direito, não traduzindo o exercício de um poder discricionário.

Caducidade é a extinção automática ou *ipso jure* dos efeitos jurídicos do contrato em consequência de um facto jurídico a que a lei atribui esse efeito.

O contrato torna-se ineficaz *ope legis*, sem qualquer manifestação de vontade tendente a extingui-lo.

O fundamento da ineficácia opera por si e imediatamente [37].

Dos conceitos acabados de descrever, o que mais interesse desperta na função notarial é, sem dúvida, o da revogação (seja na forma de revogação unilateral, seja na de distrate), embora haja, na própria lei, alguma incerteza na sua caracterização, aparecendo umas vezes apelidada de resolução e extinção por mútuo consenso (vide n.º 1.1 da Tabela Geral do Imposto do Selo e alínea *a)* do n.º 5 do art. 2.º do CIMT) e outras vezes de distrate, resolução ou revogação (cfr. n.º 1.3 do art. 20.º do Regulamento Emolumentar dos Registos e do Notariado).

Podem revestir a forma de *escritura pública ou documento particular autenticado*, por imperativo do art. 22.º do Decreto-Lei n.º 116/2008, de 4 de Julho, entre outros, os actos que importem modificação ou extinção dos direitos de propriedade sobre coisas imóveis.

As minutas, que infra se apresentam, referem um caso de distrate de compra e venda e outro de distrate de doação.

2. IMT

Salvo os casos de isenção previstos na lei, estão sujeitas a IMT a resolução, invalidade ou extinção por mútuo consentimento do contrato de compra e venda ou troca de imóveis e as do respectivo contrato-promessa, quando, neste último caso, ocorrerem depois de passados 10 anos sobre a tradição ou posse – art. 2.º n.º 5 *a)* do CIMT.

[37] Vide sobre este tema a anotação de Baptista Machado ao Acórdão do S.T.J. de 08.11.1983, *in* Revista de Legislação e de Jurisprudência n.os 3 738 a 3 740.

O distrate (*contrarius consensus*) traduz-se, como acima vimos, na extinção do contrato por mútuo consentimento – cfr. n.º 1 do art. 406.º do CC – e, portanto, está sujeito a pagamento de IMT sempre que verse sobre a compra e venda ou troca de imóveis ou sobre o respectivo contrato-promessa nas citadas condições.

3. Selo

O acto está sujeito ao selo de 0,8% sobre o valor do *distrate das aquisições onerosas ou por doação* do direito de propriedade ou de figuras parcelares desse direito sobre imóveis.

O valor das aquisições onerosas é o constante dos actos ou contratos ou o valor patrimonial tributário dos imóveis (este, quanto aos rústicos, é o que for indicado como relevante para efeitos de IMT e de selo), consoante o que for maior; no caso de imóveis omissos na matriz, o imposto é liquidado sobre o valor constante do acto ou contrato, corrigindo-se depois a liquidação, se for caso disso – vide arts. 12.º, n.ºs 1 e 2, e 27.º do CIMT, aplicáveis por força do n.º 4 do art. 3.º da Lei n.º 150/99, de 11 de Setembro, do n.º 2 do art. 28.º do Decreto-Lei n.º 287/2003, de 12 de Novembro, e do n.º 4 do art. 9.º do CIS e cfr. ponto n.º 1.1 da tabela geral.

O imposto fixado nesta verba 1.1 não é, porém, liquidado pelo advogado ou solicitador, mas antes pelos serviços centrais da Direcção-Geral dos Impostos, de acordo com o estatuído no n.º 4 do art. 23.º do CIS, na redacção que lhe imprimiu a Lei n.º 64-A/2008, de 31 de Dezembro.

No caso do distrate de doação, como as doações feitas a favor de pessoas singulares estão simultaneamente sujeitas ao imposto da verba 1.2 da tabela geral, a liquidação do imposto desta verba 1.1 é feita *a posteriori* com o da verba 1.2, como determina o n.º 5 daquele art. 23.º do CIS, na redacção da citada Lei n.º 64-A/2008.

4. Minutas

1.ª hipótese: *distrate de compra e venda*

Distrate

PRIMEIRO: F ... e mulher F ...

SEGUNDO: F ... e mulher F ...

E por eles foi dito:

Que, por escritura lavrada no dia ... no cartório notarial de ..., com início a folhas ... do livro ..., os primeiros intervenientes venderam ao segundo interveniente marido, pelo preço de ..., que dele receberam, o prédio urbano composto de ..., destinado a fins não habitacionais, sito em ..., inscrito na respectiva matriz sob o artigo ..., com o valor patrimonial tributário de...;

Que o referido prédio está descrito na conservatória do registo predial de... sob o número ... da freguesia de..., encontrando-se a aquisição registada a favor da vendedora mulher pela inscrição ...;

Que, pelo presente documento, distratam o contrato titulado pela identificada escritura, lavrada no citado dia ..., regressando o mencionado prédio, em consequência, à posse dos primeiros intervenientes, tendo o montante do preço, então pago, sido devolvido aos segundos intervenientes [38].

Local: ...

Data: ...

Assinaturas:

[38] Vide n,ºs 5 e 6 do art. 47.º do CN.

Termo de autenticação

No dia ..., no meu escritório sito em ..., perante mim, F..., advogado (ou solicitador) titular da cédula profissional n.º ... emitida por ... em ... compareceram:

PRIMEIRO – F..., NIF ..., e F..., NIF ..., casados segundo o regime de ..., naturais de ..., concelho de..., habitualmente residentes em ...; e

SEGUNDO – F..., NIF ..., e F ..., NIF ..., casados segundo o regime de ..., naturais da freguesia de ..., concelho de ... e habitualmente residentes em ...

Verifiquei a identidade dos intervenientes por ...

E por eles me foi apresentado, para fins de autenticação, o documento anexo que é um contrato de distrate de compra e venda, tendo declarado que já o leram e assinaram e que ele exprime a sua vontade.

Os intervenientes informaram que este acto – tal como o negócio formalizado pela escritura ora distratada – não foi objecto de intervenção de mediador imobiliário, tendo sido advertidos de que, se for falsa a informação prestada, incorrem na pena prevista para o crime de desobediência previsto no artigo 348.º do Código Penal.

Arquivado:

***a)* A declaração para a liquidação, efectuada em ..., do imposto municipal sobre as transmissões onerosas de imóveis e o correspondente comprovativo da cobrança número ...; e**

***b)* O documento número ... comprovativo do pagamento do imposto do selo da verba 1.1 da tabela geral, no montante de ..., liquidado hoje.**

Exibido:

***a)* Alvará de autorização de utilização n.º ... emitido pela câmara municipal de ... em ...;**

***b)* Caderneta predial urbana, obtida hoje via Internet, por onde verifiquei os elementos matriciais do prédio; e**

***c)* Certidão de teor comprovativa do número da descrição e da referida inscrição, com o número de ordem ..., passada em ... pela mencionada conservatória.**

Este termo foi lido aos interessados e aos mesmos explicado o seu conteúdo.

Assinaturas: (dos intervenientes e do advogado ou solicitador)

2.ª hipótese: *distrate de doação*

Distrate

PRIMEIRO: F ... e mulher F ...

SEGUNDO: F ... e mulher F ...

E por eles foi dito:

Que, por escritura lavrada no dia ... no cartório notarial de ..., com início a folhas ... do livro ..., os primeiros intervenientes doaram à segunda interveniente mulher, sua filha, com dispensa de colação, o prédio urbano composto de ... sito em ..., inscrito na respectiva matriz sob o artigo ..., com o valor patrimonial tributário de...;

Que a donatária interveio nessa escritura, aceitando a correspondente doação;

Que o referido prédio está descrito na conservatória do registo predial de... sob o número ... da freguesia de..., encontrando-se a aquisição ainda registada a favor dos doadores pela inscrição ...;

Que atribuíram à doação o valor de ...;

Que, pelo presente documento, distratam o contrato titulado pela identificada escritura, lavrada no citado dia ..., atribuindo ao distrate o indicado valor de ...;

Que, em consequência, o mencionado prédio regressa à posse dos primeiros intervenientes.

Local: ...

Data: ...

Assinaturas:

Termo de autenticação

No dia ..., no meu escritório sito em ..., perante mim, F..., advogado (ou solicitador) titular da cédula profissional n.º ... emitida por ... em ... compareceram:

PRIMEIRO – F..., NIF ..., e F..., NIF ..., casados segundo o regime de ..., naturais de ..., concelho de..., habitualmente residentes em ...; e

SEGUNDO – F..., NIF ..., e F ..., NIF ..., casados segundo o regime de ..., naturais da freguesia de ..., concelho de ... e habitualmente residentes em ...

Verifiquei a identidade dos intervenientes por ...

E por eles me foi apresentado, para fins de autenticação, o documento anexo que é um contrato de distrate de doação, tendo declarado que já o leram e assinaram e que ele exprime a sua vontade.

Exibido:

a) Alvará de autorização de utilização n.º ... emitido pela câmara municipal de ... em ...;

b) Caderneta predial urbana, obtida hoje via Internet, por onde verifiquei os elementos matriciais do prédio; e

c) Certidão de teor comprovativa do número da descrição e da referida inscrição, com o número de ordem ..., passada em ... pela mencionada conservatória.

Este termo foi lido aos interessados e aos mesmos explicado o seu conteúdo.

Assinaturas: (dos intervenientes e do advogado ou solicitador)

§ 10.º Divisão de coisa comum

1. Generalidades

O art. 1403.º do CC diz que "quando duas ou mais pessoas são simultaneamente titulares do direito de propriedade sobre a mesma coisa" existe compropriedade.

Os direitos dos comproprietários sobre a coisa comum são qualitativamente iguais, embora possam ser quantitativamente diferentes, presumindo-se que as quotas são quantitativamente iguais na falta de indicação em contrário do título constitutivo.

Pode pôr-se termo à compropriedade mediante divisão da coisa comum, compras e vendas ou permutas.

A divisão pode, por seu turno, ser feita amigavelmente ou nos termos da lei de processo, estando a divisão amigável sujeita à forma exigida para a alienação onerosa da coisa – art. 1413.º do CC.

É a divisão amigável da coisa comum que interessa ao notariado.

As divisões de coisa comum de que façam parte coisas imóveis devem ser celebradas por *escritura pública* ou por *documento particular autenticado* – cfr. alínea *f)* do art. 22.º do Decreto-Lei n.º 116/2008, de 4 de Julho.

Dentre as disposições relativas à compropriedade – arts. 1403.º a 1413.º do CC – assume particular relevância para este trabalho o estatuído no art. 1408.º que permite ao comproprietário dispor da sua quota na comunhão, no todo ou em parte, vedando-lhe, porém, sem consentimento dos restantes consortes, a disposição ou oneração de parte especificada da coisa comum.

Esta disposição ou oneração, se feitas sem o consentimento dos restantes consortes, é considerada como disposição ou oneração de coisa alheia.

Dado, porém, que o negócio não é nulo, mas simplesmente ineficaz em relação aos outros comproprietários, o acto não pode ser recusado, embora se deva fazer a advertência do vício e das suas consequências.

A despeito de a citada norma permitir a transmissão de parte da quota na compropriedade, o art. 54.º da Lei n.º 91/95, de 2 de Setembro, veio causar algumas perturbações no âmbito do exercício da função notarial, na medida em que aí se prevê a possibilidade de serem declarados nulos os negócios jurídicos entre vivos de que resultem ou possam vir a resultar a constituição da compropriedade ou a ampliação do número de compartes de prédios rústicos, quando tais actos visem ou deles resulte parcelamento físico em violação ao regime legal dos loteamentos urbanos.

O caso das vendas dos chamados "terrenos em avos" é uma situação que se insere nesta problemática.

Há em tais vendas, por via de regra, uma divergência entre a vontade real e a declarada: as partes declaram querer comprar uma fracção (uns avos) do terreno, mas, na realidade, o que pretendem é comprar um lote de terreno para construção.

A dita Lei n.º 91/95, com as alterações introduzidas pela Lei n.º 165/99, de 14 de Setembro – que estabeleceu um regime excepcional para a reconversão urbanística das áreas urbanas de génese ilegal (AUGI) – veio tentar pôr cobro a essa situação, inicialmente sem grandes resultados.

A redacção dada ao art. 54.º dessa Lei n.º 91/95 pela Lei n.º 64/2003, de 23 de Agosto, parece ter vindo esclarecer a situação na medida em que aí se determinou que a celebração de quaisquer actos ou negócios jurídicos entre vivos de que resulte ou possa vir a resultar a constituição de compropriedade ou a ampliação do número de compartes de prédios rústicos carece de parecer favorável da câmara municipal do local da situação dos prédios.

Este preceito aplica-se mesmo às áreas não delimitadas como AUGI (áreas urbanas de génese ilegal), por força do disposto no art. 4.º da Lei n.º 64/2003, e a sua violação importa nulidade dos correspondentes actos ou negócios.

O legislador deve ter querido controlar o parcelamento físico ou jurídico dos prédios rústicos, sempre que daí possa resultar violação das regras constantes do regime legal dos loteamentos ou a constituição de parcelas sem qualquer rendibilidade económica, como, por exemplo, em casos em que passaria a haver um elevado número de comproprietários ou em que não fossem consideradas as unidades mínimas de cultura fixadas para a respectiva zona do país ou as regras constantes do regime de emparcelamento e fraccionamento de prédios rústicos, a que se refere o Decreto-Lei n.º 103/90, de 22 de Março, com as alterações do Decreto-Lei n.º 59/91, de 30 de Janeiro.

Sobre esta questão, o CT emitiu em 29.04.2004 uma deliberação – homologada por despacho do Director-Geral de 03.05.2004 e publicada no II caderno do BRN n.° 5/2004 de pp. 14 a 16 – da qual se transcrevem as conclusões com interesse para o caso:

"I – São absolutamente nulos os actos ou negócios jurídicos entre vivos de que resulte ou possa vir a resultar a constituição da compropriedade ou a ampliação do número de compartes de prédios rústicos cuja celebração não seja precedida da emissão de parecer favorável da câmara municipal do local da situação dos prédios ou da comprovação de que tal parecer foi requerido há mais de 45 dias e não foi emitido (cfr. art. 54.º, n.ºs 1, 3 e 4, da Lei n.º 91/95, de 2 de Setembro, na redacção da Lei n.º 64/2003, de 23 de Agosto).

II – Apesar de se tratar de uma nulidade absoluta, ela não é manifesta, pelo que o registo do facto deverá ser efectuado provisoriamente por dúvidas quando do título não constar a menção da emissão do parecer favorável ou da comprovação do requerimento do parecer e omissão da sua emissão e estes documentos não forem juntos ao processo de registo com data de emissão anterior à titulação do facto (cfr. arts. 68.º e 70.º do C.R.P.) [39].

III – A partilha extrajudicial da herança é um negócio jurídico entre vivos, pelo que a mesma está incluída na *factispecies* da citada norma do art. 54.º da Lei n.º 91/95.

IV – Tendo a partilha sido realizada em processo de inventário, a sentença homologatória impõe-se ao conservador, pelo que este não terá que averiguar se foi ou não emitido parecer favorável à constituição da compropriedade ou à ampliação do número de compartes.

V – A norma do citado art. 54.º da Lei n.º 91/95 consagra uma medida que pretende prevenir o surgimento de realidades físicas análogas às AUGI, pelo que aquela norma é aplicável à

[39] "A referida nulidade tem natureza material e actua segundo um regime de tipo misto ou híbrido, que permite que o acto ou negócio se convalide mediante a apresentação do parecer favorável da câmara emitido em data posterior à respectiva formalização" – conclusão 3.ª do Parecer do CT de 24.10.2007 proferido no P.º R.P. n.º 281/2006.

constituição da compropriedade ou à ampliação do número de compartes de prédios rústicos onde quer que estes se localizem."

A propósito das AUGI e do alvará de loteamento que abrange vários prédios pertencentes em compropriedade a titulares diversos, transcrevem-se, por ser do maior interesse, as conclusões do parecer do CT de 08.06.2005, publicado in BRN n.º 4/2005 – II caderno – a pp. 40 e ss.:

I – O processo de reconversão urbanística das áreas urbanas de génese ilegal (AUGI), instituído pela Lei n.º 91/95, de 2 de Setembro, com as alterações introduzidas pelas Leis n.os 165/99, de 14 de Setembro, e 64/2003, de 23 de Agosto, pode ser organizado como operação de loteamento da iniciativa dos proprietários ou comproprietários, ou como operação de loteamento (ou mediante plano de pormenor) da iniciativa da respectiva câmara municipal [(art. 4.º, n.º 1, alíneas *a)* e *b)*].

II – Atenta a noção legal de área urbana de génese ilegal (AUGI), a operação de loteamento pela qual se organize a reconversão poderá abranger diversos prédios pertencentes a distintos proprietários ou comproprietários – sendo até admissível, nesta eventualidade, a incorporação de prédios submetidos a estatutos de compropriedade diferentes –, o que implica a conformação do respectivo registo às normas do direito substantivo e às de natureza registral; deste modo, incidindo sobre esses prédios direitos diferentes, a lei em vigor não permite a sua anexação.

III – A inscrição do alvará de loteamento de uma AUGI, conquanto publicite a divisão fundiária, não determina a abertura da descrição de todos os lotes; a individualização destes, no caso de o alvará respeitar a prédio em compropriedade, só tem lugar simultaneamente com a inscrição de aquisição por divisão de coisa comum (art. 30.º, n.os 3 e 5, da citada Lei).

IV – A divisão de coisa comum no âmbito das AUGI é objecto de um regime especial, nos termos do qual os prédios em compropriedade que as integrem podem ser divididos de acordo com o alvará de loteamento ou a planta de implantação do plano de pormenor, por acordo de uso, sem prejuízo do recurso à divisão por escritura pública ou por decisão judicial (art. 36.º da mesma Lei). Qualquer que seja o meio pelo qual a divisão se processe, caso a área de reconversão urbanística abranja prédios com estatutos de compropriedade distintos, o fraccionamento em lotes deverá ser concretizado relativamente a cada um desses prédios, em função dos respectivos proprietários e quotas.

V – Na hipótese de recurso à via judicial, a petição para a instauração da acção de divisão de coisa comum deve propor uma específica e concreta divisão dos prédios envolvidos e ser instruída com o respectivo projecto, pelo que o pedido, como menção do extracto da correspondente inscrição registral, analisando-se no fraccionamento proposto, deverá integrar os elementos necessários à identificação, para efeitos tabulares, dos bens adjudicados judicialmente, em consequência daquela divisão.

VI – A inscrição de aquisição a que se refere o n.º 3 do art. 30.º é o próprio registo da decisão final proferida na acção, motivo pelo qual a respectiva conversão, nela fundada, vai determinar, além da abertura das descrições de todos os lotes criados, a reprodução nas fichas de cada um deles e na parte que lhes respeite, daquele registo de acção, de modo a facilitar a percepção da sua situação jurídica.

VII – Incumbe ao conservador apreciar, em sede de qualificação, o pedido do registo do alvará do loteamento pelo qual seja levado a cabo o processo de reconversão urbanística de uma AUGI, designadamente, no que concerne à identificação e individualização dos lotes constituídos, com especial incidência na respectiva localização, de forma a prevenir a sua futura desanexação de descrições prediais a que, materialmente, não pertencem. Em ordem à consecução deste objectivo, deverá o respectivo pedido ser instruído por documentos de representação gráfica dos quais resulte clara a delimitação de cada uma das descrições abrangidas, bem como os lotes nela inseridos, elementos cujo reflexo, a nível da correspondente inscrição, se traduzirá na menção expressa aos números e áreas dos lotes a destacar de cada uma das descrições.

VIII – Encontrando-se hipotecado o prédio objecto de um processo de reconversão urbanística, a divisão fundiária e a eventual integração no domínio municipal de parcelas do prédio, enquanto efeitos reais de tal processo, não deverão ingressar com carácter definitivo no registo – à margem da intervenção ou do consentimento do credor hipotecário inscrito –, justificando-se, assim, e para obviar a eventuais e mais complexos problemas futuros, que o próprio registo do licenciamento seja efectuado provisoriamente por dúvidas.

A divisão não se confunde com a partilha: na primeira, põe-se termo a um regime de compropriedade; na segunda, o que se visa é pôr termo a uma universalidade, como acontece com a comunhão hereditária ou conjugal ou societária.

Na compropriedade cada consorte tem direito a uma fracção do objecto comum, por exemplo metade ou um terço de um prédio, que pode ser como tal alienado pelo titular desse direito.

Na comunhão o direito sobre a massa patrimonial cabe aos seus titulares em conjunto, não tendo nenhum deles, individualmente, direito a qualquer quota ou fracção de cada um dos bens que compõem essa universalidade.

É vulgar solicitar-se a feitura de divisão e verificar-se, quando se conferem os elementos registrais, que uma parte dos bens está em compropriedade, enquanto outra se encontra registada em comum e sem determinação de parte ou direito.

Em casos tais, deve proceder-se em primeiro lugar à partilha dos bens registados em comum e sem determinação de parte ou direito, estabelecendo-se a compropriedade, e dividir-se depois os bens na totalidade.

Se o bem puder ser dividido em substância – caso de prédio urbano que reúna condições para ser sujeito ao regime da propriedade horizontal (vide art. 1417.º do CC) ou de herdade com área suficiente para poder ser legalmente fraccionada em várias explorações agrícolas economicamente viáveis –, proceder-se-á de modo semelhante ao da partilha; se, por natureza ou por disposição da lei, o bem não puder dividir-se em substância (ou se, podendo sê-lo, os interessados não o quiserem), os comproprietários podem pôr sempre termo à compropriedade adjudicando-o a um ou alguns deles ou a um terceiro, repartindo o preço.

Só se pode pôr termo à compropriedade existente sobre um conjunto de bens por meio de permutas, doações ou vendas, consoante o tipo negocial pretendido pelas partes, e não através de divisão em que se adjudique um desses bens a cada um dos consortes.

Assim, por exemplo: se um prédio urbano em condições de ser submetido ao regime de propriedade horizontal pertencer em compropriedade a diversas pessoas, os interessados poderão pôr termo à situação, instituindo sobre ele o citado regime e, simultaneamente, adjudicando as respectivas fracções autónomas em função dos quinhões.

Porém, se as várias fracções autónomas pertencerem em compropriedade a diversas pessoas só através de trocas, doações ou vendas se poderá pôr termo à comunhão.

Os documentos necessários à elaboração do documento que ponha termo à compropriedade variam em função do negócio jurídico utilizado.

Assim:

– Se se recorrer à divisão, os documentos necessários e as regras a observar são os mesmos da partilha. Designadamente, não é preciso exibir, relativamente aos prédios urbanos, as respectivas licenças de utilização (pelo acto de divisão não se transmite a propriedade – antes se define ou caracteriza a fracção ou quota ideal que cada comproprietário detinha na indivisão – e, consequentemente, não havendo transmissão, não há que dar cumprimento ao disposto no art. 1.º do Decreto-Lei n.º 281/99, de 26 de Julho), mas, quanto a prédios rústicos, há que estar atento às regras do fraccionamento, já referidas;

– Se o negócio jurídico adoptado para pôr termo à compropriedade for a compra e venda, doação ou permuta, então os documentos necessários devem obedecer às normas indicadas para tais negócios.

2. IMT

Pondo-se termo à compropriedade de imóveis através de divisão, venda ou permuta, há, em princípio, lugar ao pagamento do imposto municipal sobre as transmissões onerosas: no caso de divisão, o imposto é calculado com base naquilo que o comproprietário leva a mais em relação aos respectivos direitos, nos mesmos termos da partilha; na venda, o imposto é calculado sobre o valor constante do contrato ou sobre o valor patrimonial tributário, conforme o que for maior; no de permuta, o imposto é calculado sobre a diferença entre os valores patrimoniais tributários ou os declarados dos bens permutados, conforme o que produzir maior imposto – cfr. arts. 4.º, alínea *a)*, e 12.º, n.os 1 e 4, regra 4.ª, do CIMT.

Nas transmissões operadas por divisão servem de base à liquidação os correspondentes instrumentos legais – diz o art. 23.º do CIMT.

Consequentemente, *a liquidação do IMT nas divisões (e nas partilhas também) não precede o acto translativo dos bens, é posterior a ele*, devendo os advogados ou os solicitadores, para esse efeito, submeter à Direcção-Geral dos Impostos, em suporte electrónico, cópia dos correspondentes actos, em obediência ao preceituado no art. 49.º n.º 4 *c)* do CIMT.

Na permuta de bens presentes por bens futuros, a transmissão, relativamente a estes, ocorre, regra geral, logo que os mesmos se tornem presentes.

Tratando-se de prédios a construir, o imposto deve ser pago antes da celebração do contrato; nas demais situações, no prazo de 30 dias, a contar da data da aquisição – arts. 5.º, n.º 3, 20.º, n.º 2, e 36.º, n.º 10, do CIMT.

3. Selo

É devido o imposto de selo estabelecido no n.º 1.1 da tabela geral, ou seja, 0,8% sobre o valor da aquisição onerosa.

O imposto fixado nesta verba 1.1 não é, porém, liquidado pelo advogado ou solicitador, mas antes pelos serviços centrais da Direcção-Geral dos Impostos, de acordo com o estatuído no n.º 4 do art. 23.º do CIS, na redacção que lhe imprimiu a Lei n.º 64-A/2008, de

31 de Dezembro, e no art. 21.º do CIMT, e *posteriormente à realização do acto de divisão*, como se infere dos arts. 22.º e 23.º deste CIMT.

4. Minuta

Divisão

PRIMEIRO: F ... e mulher F ...

SEGUNDO: F ... e mulher F ...

E por eles foi dito:

Que são donos e legítimos possuidores do prédio misto denominado ..., sito em ... descrito ..., composto por:

***a)* Parte rústica, terras de semeadura, montado de sobro e dependência agrícola, com a área de cinquenta e um hectares e quatro mil centiares, inscrita na respectiva matriz rústica sob o artigo ..., com o valor patrimonial tributário, para efeitos de IMT e de selo, de ... e atribuído de ...;**

***b)* Parte urbana, casa de rés-do-chão, destinada exclusivamente a habitação, com a área coberta de ..., inscrita na respectiva matriz sob o artigo ..., com o valor patrimonial tributário de ... e atribuído de ...;**

Que do identificado prédio pertencem quarenta e um/cinquenta e quatro avos ao primeiro interveniente varão e a restante parte – treze/cinquenta e quatro avos – ao segundo interveniente varão, encontrando-se as aquisições registadas na citada conservatória nos termos das inscrições ...;

Os valores patrimoniais tributários e atribuídos dos bens descritos totalizam, respectivamente, ... e ..., pelo que lhes cabem bens no valor, respectivamente, de:

– ... (valor patrimonial tributário) e ... (valor atribuído) a ele primeiro interveniente F ...; e

– ... (valor patrimonial tributário) e ... (valor atribuído) a ele segundo interveniente F ...;

Que, tendo em vista a divisão do referido prédio misto entre os comproprietários, obtido o parecer favorável da Direcção Regional

de Agricultura de ... para o fraccionamento da parte rústica, como consta de documento adiante mencionado, e tendo sido apresentado requerimento no serviço de finanças de ..., a solicitar discriminação de áreas e rendimentos, pelo presente contrato, levam a efeito o fraccionamento do referido prédio denominado ..., em dois prédios distintos, com as seguintes áreas e confrontações:

PRÉDIO A

Rústico, denominado ..., com a área total de ..., pendente de discriminação matricial, a confrontar ..., composto pelas seguintes parcelas:

– ... metros quadrados da parcela Um – cultura arvense;

– ... metros quadrados da parcela dois – montado de sobro;

– ... metros quadrados da parcela Três – cultura arvense; e

– dependências agrícolas com a área de ..., da parcela Três;

A este prédio é atribuído o valor de ...

PRÉDIO B

Misto, com a área total de ..., a confrontar ..., formado por:

parte urbana, casa de rés-do-chão, destinada exclusivamente a habitação, com a área coberta de ..., inscrita na respectiva matriz sob o artigo ..., com o valor patrimonial tributário de ..., a que é atribuído o de ...; e parte rústica com a área total de ..., pendente de discriminação, composta pelas seguintes parcelas:

– ... metros quadrados da parcela Um – cultura arvense;

– ... metros quadrados da parcela Dois – montado de sobro;

– ... metros quadrados da parcela Três – cultura arvense.

À parte rústica deste prédio é atribuído o valor de ..., pelo que o identificado prédio misto tem o valor total de ...;

Que procedem à divisão dos identificados imóveis, nos termos seguintes:

Ao primeiro interveniente F ... é adjudicado o prédio identificado como PRÉDIO B, no indicado valor atribuído de ...

Como o seu quinhão é do montante de ..., leva a menos a quantia de ..., que tem a haver, a título de tornas, do segundo;

Ao segundo interveniente F ... é adjudicado o prédio identificado como PRÉDIO A, no seu indicado valor atribuído de ...

Como o seu quinhão é do montante de ..., leva a mais a quantia de ..., que repõe, a título de tornas, ao primeiro [40];

Declarou ainda o primeiro:

Que destina o prédio urbano, que ora lhe foi adjudicado, exclusivamente a habitação.

Pelas intervenientes mulheres foi dito que dão a sua aquiescência à presente divisão.

Verifica-se um excesso em bens imóveis (de natureza rústica), na adjudicação feita ao segundo interveniente, no montante de ...

Local: ...

Data: ...

Assinaturas:

Termo de autenticação

No dia ..., no meu escritório sito em ..., perante mim, F..., advogado (ou solicitador) titular da cédula profissional n.º ... emitida por ... em ... compareceram:

PRIMEIRO – F..., NIF ..., e F..., NIF ..., casados segundo o regime de ..., naturais de ..., concelho de..., habitualmente residentes em ...; e

SEGUNDO – F..., NIF ..., e F ..., NIF ..., casados segundo o regime de ..., naturais da freguesia de ..., concelho de ... e habitualmente residentes em ...

Verifiquei a identidade dos intervenientes por ...

E por eles me foi apresentado, para fins de autenticação, o documento anexo que é um contrato de divisão de coisa comum, tendo declarado que já o leram e assinaram e que ele exprime a sua vontade.

Arquivado:

***a)* Requerimento dirigido ao chefe do serviço de finanças de ..., em ..., a solicitar discriminação de áreas e rendimentos da parte rústica do prédio identificado em primeiro lugar;**

***b)* Parecer emitido pelo Director dos Serviços de Desenvolvimento Rural da Direcção Regional de Agricultura de ..., em ..., do**

[40] Vide n,ºs 5 e 6 do art. 47.º do CN.

qual consta que aquele organismo é favorável ao fraccionamento do prédio rústico ora mencionado nos moldes em que foi efectuado; e

***c)* Planta com a identificação dos novos prédios.**

Exibiu-se:

***a)* Certidão de teor da descrição e inscrições prediais em vigor, com o número de ordem ..., passada em ..., por ...; e**

***b)* Duas cadernetas prediais, uma urbana e outra rústica, obtidas hoje via Internet, por onde verifiquei os elementos matriciais do prédio.**

Este termo foi lido aos interessados e aos mesmos explicado o seu conteúdo.

Assinaturas: (dos intervenientes e do advogado ou solicitador)

§ 11.º Doação

1. Conceito e pressupostos

No dizer do art. 940.º do CC, *doação* é o contrato pelo qual uma pessoa, por espírito de liberalidade e à custa do seu património, dispõe gratuitamente de uma coisa ou de um direito, ou assume uma obrigação, em benefício do outro contraente.

Para evitar incertezas, o legislador não qualificou como doações a *renúncia de direitos e o repúdio de herança ou legado* (negócios jurídicos unilaterais em que aquilo que o outorgante quis foi libertar-se ou demitir-se de um direito ou faculdade e não beneficiar alguém ou fazer uma atribuição patrimonial gratuita) e bem assim os *donativos conformes aos usos sociais*, como os que se fazem por ocasião de casamentos, aniversários, festas, etc. (porque não lhes preside o espírito de liberalidade próprio das doações).

O Código Civil actual, em confronto com o anterior, veio ampliar o conceito de doação por forma a abranger não só as doações reais, consistentes na *transferência de bens*, mas também outras figuras ou situações que importam um aumento do património do donatário à custa do património do doador, como, por exemplo, a *assunção de uma obrigação* ou dívida em benefício daquele.

A doação pode ter por objecto mediato bens de qualquer natureza ou espécie, mas, dada a sua natureza especial – certamente para evitar que o doador, imponderadamente, pratique actos que o possam levar à ruína –, *a lei não permitiu que ela pudesse abranger bens futuros* – cfr. art. 942.º.

Fazendo parte da essência do contrato a existência de um acordo de vontades, não basta para a sua perfeição a proposta de doação feita pelo doador. É necessário que o donatário manifeste a vontade de a aceitar no próprio documento ou em outro a lavrar posteriormente, desde que o faça em vida do doador e declare a este a sua aceitação.

Enquanto a doação não for aceite, tem o doador a faculdade de a revogar, excepto no que concerne às doações puras, isto é, sem encargos, feitas a incapazes, relativamente às quais a lei considera que produzem todos os seus efeitos independentemente de aceitação, em tudo o que aproveite aos donatários – cfr. arts. 945.º, 951.º, n.º 2, e 969.º, n.º 1.

Portanto, *exceptuadas as doações puras ou simples feitas a incapazes* – que alguns qualificam como um negócio jurídico unilateral e outros como um contrato em que a lei presume a aceitação do donatário –, *sem aceitação não há doação, mas simplesmente uma proposta de doação.*

Deixa-se aqui uma nota relativa ao parecer do CT de 12.07.96, o qual, a propósito de doação pura feita a favor de incapaz por anomalia psíquica, tirou as seguintes conclusões:

"I – A doação não deixa de ser pura pelo facto de não abranger a totalidade das potencialidades da coisa. É o caso da doação com reserva de usufruto.

II – Só pode presumir-se a aceitação de doação pura feita a quem for incapaz por anomalia psíquica depois de decretada a sua interdição por sentença judicial".

Têm *capacidade para fazer doações* todos os que podem contratar e dispor de seus bens, regulando-se a capacidade pelo estado em que o doador se encontrar ao tempo da declaração negocial – dispõe o art. 948.º que, nesse pormenor, nada acrescenta às regras gerais sobre a capacidade geral de exercício.

Acentuando o carácter pessoal e espontâneo da doação, o art. 949.º consagra, no entanto, a impossibilidade de os representantes legais dos incapazes poderem fazer doações em seu nome e prescreve que não é permitido atribuir a outrem, por mandato, a faculdade de designar a pessoa do donatário ou determinar o objecto da doação.

Permite-se, porém, que o mandatário complete ou integre a vontade do doador quanto à repartição dos bens doados que beneficiem uma generalidade de pessoas (por exemplo, os pobres de certa freguesia) ou quanto à escolha do donatário de entre as pessoas determinadas pelo doador (por exemplo, os parentes do doador ou os alunos de certa escola) – cfr. art. 2182.º, n.º 2.

No que concerne à *capacidade passiva*, a regra consignada no art. 950.º é poderem receber doações todos os que não estão especialmente inibidos de as aceitar.

As pessoas que não têm capacidade para contratar não podem, porém, aceitar doações com encargos senão por intermédio dos seus representantes legais, carecendo estes da devida autorização.

Os nascituros, concebidos ou não concebidos, têm capacidade para receber por doação, desde que sejam filhos de pessoa determinada e que essa pessoa seja viva ao tempo da declaração de vontade do doador.

Parece que deve ter aqui plena aplicação o que o art. 951.º dispõe quanto à aceitação das doações por parte de incapazes: as doações puras feitas a nascituros, concebidos ou conceptūros, produzem efeitos independentemente de aceitação em tudo o que lhes aproveite; as doações com encargos devem ser aceitas por intermédio dos seus representantes legais, devidamente autorizados pelo Ministério Público.

A administração dos bens doados aos nascituros em regra não compete aos pais, porque a lei presume que o doador reserva para si o usufruto até ao nascimento do donatário.

Evidentemente que os direitos conferidos aos nascituros estão sempre dependentes do seu nascimento completo e com vida – cfr. art. 66.º do CC – e, por isso, logo que haja a certeza do não nascimento a doação caduca com efeito retroactivo.

Note-se que no regime de comunhão de adquiridos são considerados próprios dos cônjuges os bens que lhes advierem por doação. Esses bens podem, no entanto, entrar na comunhão, se o doador assim o tiver determinado, entendendo-se ser essa a vontade do doador quando a liberalidade for feita em favor dos dois cônjuges conjuntamente, salvo se tais doações integrarem a legítima do donatário – cfr. arts. 1722.º, n.º 1, alínea b), e 1729.º do CC.

É preciso também não esquecer que no regime da comunhão geral são exceptuados da comunhão os bens doados, ainda que por conta da legítima, com a cláusula da incomunicabilidade, e os bens doados com a cláusula de reversão ou fideicomissária, a não ser que esta cláusula tenha caducado – vide art.º 1733.º, n.º 1, alíneas *a)* e *b)*, do CC.

O advogado (ou o solicitador) deve recusar-se a autenticar contratos de doações a que se reportam os arts. 2192.º a 2198.º, por remissão do art. 953.º, na medida em que os casos de indisponibilidade relativa aí focados estão feridos de nulidade.

Trata-se das doações feitas por interdito ou inabilitado a favor do seu tutor, curador ou administrador legal de bens ou a favor do protutor, se este na data da doação substituía qualquer das mencionadas pessoas; das feitas pelo doente a favor de médico ou enfermeiro que o tratar ou de sacerdote que lhe preste assistência espiritual, se a doação tiver sido feita durante a doença e o doador vier a falecer dela; das feitas pelo cônjuge a favor de pessoa com quem ele tenha cometido adultério, salvo se à data da doação o casamento já estava dissolvido ou os cônjuges estavam separados judicialmente de pessoas e bens ou separados de facto há mais de seis anos; das feitas a favor do notário (ou entidade com funções notariais) que tenha lavrado a doação ou dos abonadores ou intérpretes que hajam intervindo nesses documentos.

Sem prejuízo do disposto em lei especial, a doação de coisas imóveis só é válida se for celebrada por *escritura pública* ou por *documento particular autenticado.*

A doação de coisas móveis não depende de formalidade alguma externa, quando acompanhada de tradição da coisa doada; não sendo acompanhada de tradição da coisa, só pode ser feita por *escrito* – cfr. art. 947.º do CC.

2. Reserva de usufruto

O usufruto vem definido no art. 1439.º do CC como o direito de gozar temporária e plenamente uma coisa ou direito alheio (*jus in re aliena*), sem alterar a sua forma ou substância.

Ao lado do usufrutuário, há, portanto, o proprietário da coisa (ou o titular do direito de crédito, do direito de autor, das acções ou partes sociais, etc.), dando-se a este, no caso mais frequente de usufruto de coisas, o nome de nu-proprietário ou proprietário da raiz.

Apesar de o usufrutuário dispor do direito de *gozar* plenamente a coisa ou o direito, a lei não lhe atribui o poder de *dispor* plenamente da coisa ou do direito: "Enquanto o proprietário, como titular de uma *plena potestas in re própria*, pode, em princípio, alterar livremente a forma e a substância da coisa (salvas as limitações decorrentes de algum direito real limitado), ao usufrutuário, como sujeito de um *ius in re aliena*, não é lícito fazê-lo sem consentimento do proprietário da raiz" [41], ressalvando "o caso especial do usufruto de coisas consumíveis", relativamente às quais o usufrutuário tem "o direito de servir-se delas ou de aliená-las (art. 1451.º)", podendo "evidentemente destruí-las, através do processo normal do seu consumo" [42].

O art. 1440.º do mesmo código acrescenta que o usufruto pode ser constituído por contrato, testamento, usucapião ou disposição da lei.

[41] Pires de Lima e Antunes Varela, Código Civil Anotado, Volume III, 2.ª edição (reimpressão), com a colaboração de M. Henrique Mesquita, editor Wolters Kluver Portugal, sob a marca Coimbra Editora, pp.460.

[42] Idem, ibidem.

A constituição do usufruto por contrato – hipótese que aqui nos interessa apreciar – pode operar-se por via de alienação (com o fim de constituir o usufruto a favor do adquirente) ou por meio de contrato que constitua a favor da contraparte a nua-propriedade sobre a coisa, reservando o disponente para si (ou eventualmente para terceiro) o direito de usufruto.

A doação será certamente o contrato que mais frequentemente se utiliza para atingir este objectivo, mas nada impede a constituição do usufruto por contrato a título oneroso, designadamente a compra e venda, dação em cumprimento, permuta, etc. Com efeito, a compra e venda é definida no art. 874.º do CC como transmissão da propriedade de uma coisa, ou *outro direito*, mediante um preço, o que abrange não só o trespasse oneroso do usufruto (*v.g.* art. 1444.º do CC) mas também a sua transmissão constitutiva, feita pelo proprietário de modo igualmente oneroso.

Antes, porém, de abordarmos este ponto – doação com reserva de usufruto –, teçamos algumas considerações sobre a aquisição negocial do usufruto.

Há uma classificação doutrinária da aquisição negocial do usufruto em derivada translativa e derivada constitutiva: esta reveste ainda duas modalidades: a constituição do usufruto *per translationem* e a constituição do usufruto *per dedutionem*.

A ***aquisição derivada translativa*** vem tratada no dito art. 1444.º quando prevê que *o usufrutuário pode trespassar a outrem o seu direito*, definitiva ou temporariamente (bem como onerá-lo), salvo as restrições impostas pelo título constitutivo ou pela lei.

A atribuição a terceiro dos direitos do usufrutuário por esta via pode efectuar-se apenas por negócio entre vivos (compra e venda, dação em cumprimento, doação, etc.), visto que a transmissão *mortis causa* do usufruto não é permitida pelo art. 1443.º [43].

Põe-se aqui o problema de saber se o usufruto se extingue com a morte do trespassário (adquirente) sobrevivendo-lhe o trespassante (cedente) ou, antes, só com a morte deste.

Pires Lima e Antunes Varela [44] encaram o problema do seguinte modo:

"A ideia de que os contratos celebrados pelo usufrutuário só persistem enquanto o usufruto durar (de que o trespasse não liberta o usufruto do termo final ditado pela morte do trespassante) resulta dos princípios gerais" (*vide* art. 1476.º, n.º 1, alínea a) do CC quando diz que o usufruto se extingue por morte do usufrutuário ou chegado o termo do prazo por que o direito foi conferido, quando não seja vitalício).

"... Quando o trespasse consista numa alienação do direito de usufruto, o beneficiário adquire um verdadeiro direito real, oponível *erga omnes*, podendo o seu direito transmitir mesmo por morte ... desde que a transmissão se opere dentro do período de duração do usufruto, ou seja, em vida do usufrutuário alienante".

A ***aquisição derivada constitutiva*** reveste, como dissemos, duas modalidades: a constituição do usufruto *per translationem* e a constituição do usufruto *per deductionem*.

a) ***Constituição do usufruto per translationem***

Nesta modalidade *o proprietário de certa coisa constitui o usufruto a favor de outrem, reservando para si a nua propriedade.*

[43] A transmissão *mortis causa* do usufruto, não permitida pelo art. 1443.º, não se confunde, no entanto, com a ***aquisição derivada modificativa***, que ocorre «quando o proprietário, nomeadamente em testamento, atribui a nua propriedade a uma pessoa e o usufruto a outra» – cfr. Parecer proferido no processo C.P. 11/2004 DSJ-CT, visualizado no *site* do IRN in "Doutrina-Pareceres do Conselho Consultivo", citando Carvalho Fernandes, *in* Lições de Direitos Reais, 1996, pp. 355 e ss.

[44] Obra citada, pp.471/472.

• Quando o usufruto é constituído *a favor de várias pessoas*, há que distinguir o usufruto simultâneo do usufruto sucessivo.

No usufruto *simultâneo* há uma situação de contitularidade (quando dois ou mais beneficiários adquirem ao mesmo tempo a titularidade do direito), havendo, assim, um usufrutuário ao lado de outro ou outros.

No usufruto *sucessivo*, os usufrutuários entram na titularidade dele de acordo com a ordem do título e após a cessação do direito do usufrutuário precedente, ou seja, um dos beneficiários só é chamado à titularidade do usufruto depois do outro.

Em qualquer dessas modalidades (usufruto simultâneo ou sucessivo), a lei coloca uma *conditio juris* da constituição do usufruto: a existência de todos os beneficiários no momento em que se torna efectivo o direito do primeiro deles – art. 1441.º.

O art. 1442.º do CC consagra o direito de acrescer entre os co-usufrutuários no *usufruto constituído conjuntamente*, com base numa presunção de vontade.

Este artigo resolve a questão de saber quando é que se opera a consolidação da propriedade.

A este propósito, Pires de Lima e Antunes Varela [45] escreveram:

"São duas, em princípio, as soluções teoricamente possíveis da questão. Uma será a de a consolidação se ir dando, gradualmente, à medida que vão faltando os co-usufrutuários. Outra será a de, admitindo o direito de acrescer entre os co-usufrutuários, a consolidação só se dar por morte do último dos usufrutuários.

... o artigo 1442.º começa por acentuar que o direito de acrescer, mesmo quando se trate de constituição *conjunta* do usufruto, só opera na falta de estipulação em contrário.

... a solução consagrada no artigo 1442.º está apenas correlacionada com os casos de nomeação *conjunta* dos usufrutuários, por só

[45] Obra citada, pp. 467/468.

nessas circunstâncias se julgar cabida a presunção em que assenta o direito de acrescer".

E, mais adiante, acrescenta:

"Tem suscitado justificadamente dúvidas a questão de saber se o direito de acrescer é ou não aplicável à hipótese de dois ou mais comproprietários alienarem um prédio, reservando para si, e enquanto vivos forem, o usufruto do prédio alienado.

... A intenção normal será, nesse caso, contrária ao direito de acrescer. Não haverá, por via de regra, a intenção de constituir o usufruto em benefício *conjunto* dos comproprietários (como em termos gerais se prevê no artigo 1442.º), mas sim o intuito de reservar separadamente para cada um deles o usufruto correspondente à sua quota ou comparticipação ideal no direito de propriedade. Na ausência de estipulação negocial de onde resulte ser outra a vontade dos comproprietários alienantes, cada um deles se limita a transmitir a sua quota, reservando o respectivo usufruto. Para que possa existir o direito de acrescer, será necessário que no contrato se estabeleça que, por morte de qualquer dos alienantes, o outro terá direito ao usufruto de todo o imóvel".

Face ao exposto, impõe-se que se faça a distinção entre usufruto simultâneo e usufruto conjunto (simultâneo e sucessivo).

Cremos que o Parecer proferido no processo C.P. 11/2004 DSJ-CT, a que já fizemos referência, nos ajuda a esclarecer a situação.

Aí se diz a dado passo:

"No usufruto simultâneo de uma coisa, quem o constituir pode fixar, no respectivo título, a quota e, deste modo, a extensão máxima do benefício que, no direito comum, cabe a cada um dos co-usufrutuários. Neste caso, a quota eventualmente vaga (v.g., por morte ou renúncia de qualquer usufrutuário) extingue-se nos termos do art. 1476.º, n.º 1, alíneas a) e e), em proveito do proprietário, uma vez que aumenta, em seu benefício, o quociente da divisão, por diminuição do número (divisor) dos usufrutuários concorrentes.

Não constando do título a determinação das quotas do benefício dos diversos co-usufrutuários (*ou seja, tratando-se do chamado usufruto conjunto*), o artigo 1442.º, reproduzindo quase textualmente o artigo 2199.º do código de 1967, estatui, segundo a tradição secular nesta matéria, que o usufruto só se consolida com a propriedade "por morte da última que sobreviver". Tanto vale dizer que até à verificação desse evento o usufruto se mantém inalterado na sua consistência jurídica e económica, tal como foi constituído, revertendo *ex lege* o benefício do co-usufrutuário que entretanto tenha falecido a favor dos demais co-usufrutuários, por efeito do "direito de acrescer" que lhes é reconhecido, "salvo estipulação em contrário" "(citado artigo 1442.º)".

Digamos que "com a norma do art. 1442.º do CC transformou--se desta forma o usufruto simultâneo num verdadeiro usufruto sucessivo em benefício dos usufrutuários sobrevivos".

• Quando o usufruto é constituído *a favor de uma só pessoa*, pode colocar-se a questão de saber se o usufruto pode ou não ser um bem comum do casal.

O art. 1733, n.º 1, alínea c), do CC diz que o usufruto é exceptuado da comunhão, diferentemente do que acontecia no Código de Seabra, onde o art. 1109.º não o incluía no elenco dos bens exceptuados da comunhão.

Se o usufruto for bem comum (adquirido por um dos cônjuges em regime matrimonial que implique comunhão, cujo casamento tenha sido celebrado até 31 de Maio de 1967), "os bens comuns constituem uma massa patrimonial a que, em vista da sua especial afectação, a lei concede certo grau de autonomia, e que pertence aos dois cônjuges, mas em bloco, podendo dizer-se que os cônjuges são, os dois, titulares de um único direito sobre ela" [46].

[46] Pereira Coelho e Guilherme de Oliveira, Curso de Direito de Família, vol. I, 3.ª edição, pp. 550, citado no indicado Parecer.

A entrada dos bens na massa comum opera-se pela aquisição por parte do cônjuge a que respeita o título de aquisição [47] (herdeiro, legatário, donatário, comprador, etc.) e pela comunicação subsequente resultante do regime matrimonial.

O usufruto caducará por morte do usufrutuário adquirente ou chegado o termo do prazo por que o direito foi conferido, quando não seja vitalício, ainda que o usufrutuário adquirente, por força do regime matrimonial, comunique o usufruto ao seu cônjuge.

Assim sendo, o usufruto, como bem comum, poderá ser partilhado entre os cônjuges, após a dissolução em vida da comunhão conjugal, e adjudicado ao cônjuge a quem não respeite o título de aquisição, embora caduque com a verificação do evento previsto no título constitutivo (se o evento for a morte do usufrutuário, o direito caducará com o decesso do cônjuge a que respeita o título de aquisição, embora tenha sido adjudicado na partilha ao outro cônjuge).

b) ***Constituição do usufruto per deductionem***

Nesta modalidade *o proprietário constitui o usufruto, reservando-o para si, mas atribuindo a nua propriedade a outrem.*

O art. 958.º, n.º 1, do CC diz que o doador tem a faculdade de reservar, para si, ou para terceiro, o usufruto dos bens doados.

O n.º 2 desse artigo estabelece que, havendo reserva de usufruto em favor de várias pessoas, simultânea ou sucessivamente, são aplicáveis as disposições dos arts. 1441.º e 1442.º.

Ao declarar aplicável o art. 1442.º, vemos que, tratando-se de reserva de usufruto a favor de terceiros ou dos alienantes e de terceiros, *desde que o usufruto seja conjunto (sem discriminação de quotas) e não haja estipulação em contrário, haverá direito de acrescer*, pelo que o

[47] Se o título de aquisição respeitar aos dois cônjuges, estaremos perante um usufruto constituído a favor de várias pessoas, ou seja, um usufruto simultâneo ou conjunto (simultâneo e sucessivo).

usufruto só se consolida com a propriedade por morte da última que sobreviver.

3. Direito de acrescer

A *doação com reserva de usufruto* assume particular relevo na prática notarial.

Como vimos, quando o usufruto é constituído *a favor de várias pessoas*, há que distinguir o usufruto simultâneo do usufruto sucessivo.

Em qualquer dessas modalidades (usufruto simultâneo ou sucessivo, anteriormente definidos), a lei coloca uma *conditio juris* da constituição do usufruto: a existência de todos os beneficiários no momento em que se torna efectivo o direito do primeiro deles – art. 1441.º.

Como também dissemos, havendo reserva de usufruto em favor de várias pessoas, simultânea ou sucessivamente, é aplicável a disposição do art. 1442.º, podendo a reserva de usufruto ser feita a favor do alienante e ou de terceiro (o terceiro pode ser o outro consorte).

Este art. 1442.º procura resolver a questão de saber quando é que se opera a consolidação da propriedade, ou seja, quando é que o usufruto reservado se consolida com a propriedade por morte da última que sobreviver, consagrando o direito de acrescer entre os co-usufrutuários no *usufruto constituído conjuntamente*, com base numa presunção de vontade.

Ora, como foi assinalado, no usufruto simultâneo pode ser fixado no título a quota ou extensão máxima do benefício que cabe a cada um dos co-usufrutuários. Porém, não constando do título a determinação das quotas do benefício dos diversos co-usufrutuários (caso do chamado *usufruto conjunto*), o referido art. 1442.º determina que o usufruto só se consolida com a propriedade por morte da última que sobreviver.

Quer dizer: com esta norma, o usufruto simultâneo transformou-se num verdadeiro usufruto sucessivo em benefício dos usufrutuários sobrevivos, havendo direito de acrescer na reserva de usufruto a favor de terceiros ou dos alienantes e de terceiros, desde que o usufruto seja conjunto (sem discriminação de quotas) e não haja estipulação em contrário.

Mais complexa é a situação quando os alienantes-usufrutuários reservantes são os cônjuges (tratando-se de bens comuns), os comproprietários ou os co-herdeiros [48].

"Coloca-se desde logo o problema da natureza da reserva. Se a reserva é para terceiro, temos uma doação (uma segunda doação, caso a alienação da nua propriedade também tenha por causa uma doação) que carece de aceitação do donatário. Mas se a reserva é para os causantes (alienantes da nua propriedade), o negócio é único, servindo a reserva do usufruto unicamente para delimitar o objecto da alienação".

"... Assim sendo, cada um dos alienantes apenas pode reservar o usufruto da sua quota. Tratando-se da compropriedade, a quota refere-se ao bem. Tratando-se da comunhão, a quota é a meação (no património conjugal) reportada ao bem[49]. Tratando-se

[48] Cfr. *Parecer proferido no P.º C.P. 11/2004 DSJ-CT*, homologado por despacho do Director-Geral de 31.01.2005, cujo texto nesta parte seguimos de perto.

[49] A reserva do usufruto a favor dos cônjuges de bem comum implica a "saída" da comunhão conjugal do bem reservado (direito de usufruto) com imputação subjectiva individual (o usufruto de metade para cada cônjuge).

Se o casamento for posterior a 31 de Maio de 1967, cada um destes bens (o usufruto de metade) já não reingressará na comunhão, pois são dela exceptuados pela alínea c) do n.º 1 do art.1733.º do CC.

Se o casamento é anterior a 1 de Junho de 1967, aqueles usufrutos reingressarão na comunhão conjugal, o que vale por dizer que cada cônjuge comunicará ao outro o seu usufruto sobre metade. Ambos os usufrutos poderão ser partilhados entre os cônjuges da herança, será a quota do herdeiro no património hereditário reportada ao bem.

Estaremos, então, em presença de um usufruto simultâneo. Não de um usufruto conjunto, ou seja, de um usufruto constituído conjuntamente, pelo que ao caso não se aplicará o art. 1442.º do CC.

Mas os alienantes podem fazer doações recíprocas, que carecem de aceitação ainda que tácita (derivada da intervenção dos donatários na escritura pública).

No que toca à reserva de usufruto no acto de alienação de bens a terceiro, por marido e mulher, até à morte do último alienante, tal reserva envolve a doação de cada um dos cônjuges ao outro do usufruto dos bens doados, na parte em que eles pertencem ao doador, subordinada, claro é, se os bens forem comuns, à condição suspensiva da sobrevivência do donatário.

As reservas de usufruto a favor do sobrevivente estipuladas em doações dos cônjuges a terceiro são expressamente admitidas no art. 1763.º, n.º 3, do CC.

Havendo doação recíproca dos usufrutos, nada impede a aplicação do art. 1442.º do CC, só então se consolidando o usufruto com a propriedade por morte do último que sobreviver".

Com base nestes considerandos e noutros em que o parecer em causa se estriba, foram tiradas as seguintes conclusões:

"1 – Dá-se o usufruto simultâneo quando dois ou mais beneficiários adquirem ao mesmo tempo a titularidade do direito, com discriminação das respectivas quotas; neste caso, o usufruto ir-se-á consolidando com a propriedade pela morte de cada usufrutuário, na medida da sua quota.

após a dissolução em vida da comunhão conjugal. Sendo ambos adjudicados a um dos ex-cônjuges, nem por isso cada um deles deixará de caducar com a morte do titular inicial.

2 – O usufruto conjunto (simultâneo e sucessivo), ou seja, o usufruto constituído a favor de várias pessoas conjuntamente (ao mesmo tempo e sem discriminação de quotas), salvo estipulação em contrário, só se consolida com a propriedade por morte da última que sobreviver (cfr. art. 1442.º do CC).

3 – No usufruto constituído por testamento, salvo estipulação em contrário, há direito de acrescer entre os legatários, seja ou não conjunta a nomeação (cfr. arts. 1442.º, 2302.º e 2305.º do CC.

4 – O art. 1442.º do Código Civil admite o direito de acrescer entre os co-usufrutuários no usufruto conjunto com base numa presunção de vontade.

5 – À reserva de usufruto para terceiros ou para o alienante e terceiro (que pode ser o cônjuge do doador) estipulada em contrato de transmissão da nua propriedade é aplicável o disposto no art. 1442.º do Código Civil (cfr. art. 958.º, n.º 2, do CC).

6 – Reservando os alienantes (os cônjuges, tratando-se bens comuns, os comproprietários ou os co-herdeiros) para si o usufruto, o art. 1442.º do Código Civil só será aplicável se os reservantes tiverem feito entre si doações recíprocas dos usufrutos das suas quotas – doações essas que aliás são permitidas entre cônjuges pelo n.º 3 do art. 1763.º do Código Civil –, com aceitação, ainda que tácita, pelos donatários.

7 – A complexidade da matéria e a equivocidade das situações aconselham vivamente a que dos contratos constem explicitamente os termos da constituição do usufruto, devendo ser mencionado no registo o que constar do contrato.

8 – Pelas mesmas razões, o que não constar do contrato não deverá ser levado ao registo. Concretamente, sendo o contrato omisso, nem deverá constar do registo que com a morte de cada co-usufrutuário o usufruto se consolida com a propriedade na medida da sua quota, nem do registo deverá constar que o usufruto se extinguirá, no todo, à morte do último que sobreviver".

Sendo, ou podendo ser, controvertida a questão, parece-nos que o procedimento mais razoável e cauteloso que os advogados ou solicitadores devem adoptar nas doações de bens comuns feitas por marido e mulher com reserva de usufruto dos bens doados será dar ao documento, para evitar dúvidas sobre se há ou não direito de acrescer entre os usufrutuários, a redacção que melhor se ajuste à vontade manifestada pelos doadores, explicitando no acto se o usufruto se mantém íntegro ou intacto até à morte do último dos doadores (por exemplo, assim: *o usufruto extingue-se, no seu todo, apenas à morte do último que sobreviver*) ou se, ao invés, vaga metade a favor do radiciário logo que ocorra a morte de um deles (por exemplo, assim: *o usufruto extingue-se, em metade, à morte do primeiro deles*).

4. **Doações a herdeiros legitimários**

Reportando-nos agora aos casos em que o donatário é descendente do doador e seu presuntivo herdeiro legitimário, importa reflectir sobre quando é que a doação é uma verdadeira liberalidade, imputável na quota disponível do doador, e quando é que os bens ou valores doados têm de ser restituídos à massa da herança para igualação da partilha.

São frequentes as situações que levam os pais a fazer doações a algum ou alguns dos seus filhos, sem contudo pretenderem avantajar especialmente esse ou esses presuntivos herdeiros legitimários, em detrimento dos outros.

Nessa perspectiva, a doação deve ser encarada como antecipação do que o descendente virá a receber do ascendente e, assim sendo, é necessário que à data da morte do doador o donatário restitua à massa da herança os valores doados para de seguida se proceder à partilha: esta restituição tem o nome de colação – art. 2104.º.

No domínio do código civil de 1867 costumava ensinar-se que esta antecipação se restringia apenas à legítima que ao donatário competiria, devendo considerar-se autêntica liberalidade a parte da doação que a excedesse, o que pressupunha no doador vontades diferentes: a de não beneficiação até ao valor da legítima e de beneficiação na parte excedente.

O art. 2108.º do actual CC, ao preceituar no seu n.º 1 que a colação se faz pela imputação do valor da doação na *quota hereditária* (e não propriamente na legítima, como acentua Pereira Coelho, Direito das Sucessões, 1968, pp. 250) e no n.º 2 que, se não houver na herança bens suficientes para igualar todos os herdeiros, nem por isso são reduzidas as doações, salvo se houver inoficiosidade, deu ao problema solução diversa da que a doutrina dominante lhe dava face ao art. 2111.º do código anterior.

Fundamentando-se na vontade presumida de que o ascendente, ao fazer uma doação a um descendente, não quererá normalmente avantajá-lo em relação aos outros, sendo crível que a sua intenção seja a de prosseguir uma completa igualação entre os herdeiros legitimários, a doação que excede a legítima também deve ser conferida nesse excesso, *até onde for possível realizar a igualdade na partilha*, e só se não for possível esta igualdade é que se entende que se quis fazer uma verdadeira liberalidade, beneficiando o donatário em face dos outros descendentes (embora esta liberalidade possa ser reduzida por inoficiosidade, se ofender a legítima dos outros herdeiros legitimários, como é consabido).

Diogo Leite de Campos, na sua obra sobre esta matéria, acentua que o n.º 2 do citado art. 2108.º, como aliás todo o instituto da colação, é de natureza supletiva, podendo verificar-se em relação às doações feitas a presuntivos herdeiros legitimários quatro situações distintas, às quais os advogados devem prestar a maior atenção.

Vejamo-las:

a) Regime convencional – *doação por conta da legítima ou da quota indisponível*

Constando da doação que ela é feita por conta da legítima ou da quota indisponível ou que o doador não quer com ela avantajar o donatário (ou utilizando-se outras expressões similares), fica afastado o regime supletivo do n.º 2 do art. 2108.º, não envolvendo a doação qualquer liberalidade.

Nesta hipótese, *o donatário é obrigado a conferir tudo aquilo com que foi contemplado* (quer a doação exceda quer não o valor da legítima do descendente), verificando-se, em consequência, uma completa igualação dos co-herdeiros.

Exemplo: **A** tinha dois filhos, **B** e **C**, e doara a **B**, por conta da legítima, bens no valor de 2 500 €. Deixou na herança, à data da morte, bens no valor de 500 €. **B** é obrigado a restituir tudo o que recebeu, cabendo a cada um dos filhos na partilha 1 500 € (2 500 €+ 500 €, a dividir pelos dois).

b) Regime convencional – *doação por conta da quota disponível*

Declarando o doador que a liberalidade é feita por conta da quota disponível ou que quer beneficiar o donatário em relação aos restantes descendentes (ou utilizando outras expressões semelhantes), não há lugar à aplicação das normas do instituto da colação, *não sendo o donatário obrigado a conferir nada do que recebeu*, ficando a doação eventualmente sujeita, se for caso disso, a ser reduzida por inoficiosidade.

Exemplo: **A** tinha dois filhos, **B** e **C**, e doara ao filho **B**, por conta da quota disponível, bens no valor de 800 €. À data da sua morte deixou bens no valor de 2 200 €. A doação não é inoficiosa, porque a legítima dos dois filhos é de 2 000 € (2/3 do valor da herança, ou seja, de 800+2 200). Como **B** não tem que conferir nada do que recebeu, caber-lhe-ão na partilha 1 900 € (metade do valor dos bens deixados mais o valor da liberalidade), enquanto **C** receberá 1 100 € (metade do valor dos bens deixados).

Se, porém, a doação tivesse sido de 2 500 €, ficando na herança 500 €, a legítima dos dois filhos continuava a ser de 2 000 €, sendo então a doação inoficiosa em 1 500 €. A doação teria de ser reduzida nesses 1 500 € para integrar a legítima, a distribuir por **B** e **C**. Assim, a **B** caberiam 2 000 € (1 000 da sua legítima, mais 1 000 a título de liberalidade, uma vez que a doação tinha sido reduzida em 1 500) e a **C** pertenceriam 1 000 €, que era a sua legítima.

c) Regime convencional – *doação por conta da legítima e o excesso por conta da quota disponível*

Se da doação constar que é feita por conta da legítima e o excesso por conta da quota disponível, *a obrigação de conferência limita-se ao valor da legítima do donatário*, ficando este avantajado na partilha com o remanescente da quota disponível ou com a própria quota disponível (é claro que a doação pode sempre, se for caso disso, ser reduzida por inoficiosidade).

Assim, se a **A** sucederem os filhos **B** e **C**, tendo o autor da sucessão deixado na herança bens no valor de 4 000 € e feito a favor do filho **B** uma doação no valor de 3 500 €, nas condições ora em análise, **B** terá de conferir 2 500 €, importância igual ao valor da sua legítima. Dos 4 000 € da herança serão atribuídos a **C** 2 500 € para satisfação da sua legítima, sendo os restantes 1 500 € distribuídos em partes iguais por **B** e **C**. Portanto, **B**, além dos 2 500 €, valor da legítima que terá de conferir, e dos 1 000 € que conservará da doação e não será obrigado a conferir, receberá ainda 750 € do remanescente da quota disponível, num total de 4 250 €, enquanto **C** receberá 3 250 € (2 500 da sua legítima mais 750 do remanescente da quota disponível).

Se, porém, a doação, feita nas citadas condições, tivesse sido de 6 000 € e tivessem ficado na herança bens no valor de 1 500 €, **B** teria igualmente de conferir 2 500 €, montante correspondente ao valor da sua legítima, mas, além disso, a doação, sendo inoficiosa, teria de ser reduzida em 1 000 € para, juntamente com os 1 500 € da herança, integrarem a legítima de **C**. Assim, **B** ficaria na partilha com bens no valor de 5 000 € (2 500 da legítima, que teria de conferir, e 2 500 da doação, a cuja conferência não era obrigado), ficando **C** com bens no valor de 2 500 €, igual à sua legítima.

d) Regime supletivo legal – *doação omissa*

Se o doador não manifestar a vontade com que faz a doação, ficando-se sem saber se o doador quis ou não beneficiar o descendente donatário, aplica-se o regime estabelecido no n.º 2 do art. 2108.º: havendo na herança bens suficientes para igualar todos os herdeiros, todos os bens doados aos descendentes serão conferidos para se proceder a uma partilha igualitária; não existindo bens em quantidade suficiente, deve o remanescente da quota disponível ser distribuído pelos não donatários no sentido de os aproximar dos donatários (a doação só será reduzida se houver inoficiosidade).

Entendamo-nos com exemplos, reportados naturalmente a doações omissas.

Se **A**, com 2 filhos, **B** e **C**, tiver doado a **B** 3 500 €, deixando na herança bens no valor de 4 000 €, como a herança tem bens suficientes para igualar os filhos, atribuem-se 3 500 € a **C** e os restantes 500 € serão distribuídos em partes iguais por ambos, ficando cada um deles com 3 750 €.

Porém, se **A** tivesse doado a **B** 5 000 € e deixasse 4 000 € à data da morte, a herança não tinha bens suficientes para igualar os filhos, mas tinha-os para pagar a legítima de **C**, não sendo, por isso, inoficiosa a doação. Neste caso, retirava-se dos bens existentes a legítima de **C** (3 000 €) e os restantes 1 000 € ser-lhe-iam também atribuídos, para que, não sendo possível a igualação, ao menos se procedesse no sentido da menor desigualdade.

Diferente seria a situação se **A** tivesse doado a **B** 7 000 € e deixasse à data da morte 2 000 €. Nesta hipótese, nem sequer havia na herança bens suficientes para integrar a legítima de **C**, pelo que, para pagamento dessa legítima, a doação teria de ser reduzida, por inoficiosidade, em 1 000 €. Desta forma, **B** ficava com 6 000 € (valor correspondente à doação menos o valor por que foi reduzida) e **C** com 3 000 € da sua legítima.

5. Colação

Para haver lugar à colação é necessário: que a doação seja feita a um descendente presuntivo herdeiro legitimário do doador à data da doação; que o donatário concorra à herança do doador; e que a doação não esteja dispensada da colação.

É evidente que o neto que vier a suceder ao avô não está obrigado a conferir aquilo que dele recebeu em vida do pai, porque se não presume nesse caso a vontade de antecipar a sua quota hereditária, ao contrário do que aconteceria se a doação do avô ao neto tivesse sido feita após a morte do pai deste.

Em obediência ao princípio de que o acto deve conter todos os elementos indispensáveis à sua compreensão, é recomendável que na doação de avós a netos se mencione o parentesco existente entre doadores e donatários e ainda se estes são ou não presuntivos herdeiros legitimários daqueles à data da celebração do acto.

A não sujeição à colação pode resultar da vontade do doador (dispensa da colação no acto da doação ou posteriormente – n.º 1 do art. 2113.º), da vontade do donatário (repúdio para escusa de colação – n.º 2 do art. 2114.º) e da lei (exs: artºs 2110.º, n.º 2; 2111.º; 2112.º; e 2113.º, n.º 3).

O CT, em parecer de 26.07.96, publicado no BRN n.º 6/97, entendeu que a *dispensa da colação, concedida a posteriori, é um acto bilateral e, por isso, necessita de aceitação do donatário.*

A dispensa visa naturalmente beneficiar o descendente donatário, imputando-se a doação na quota disponível, como acima dissemos.

Se não houver dispensa de colação, o registo da doação que respeite a bens imóveis não pode fazer-se sem se efectuar simultaneamente o registo do ónus a que aludem os arts. 2118.º do CC e 2.º, n.º 1, alínea *q)*, do C.R. Predial (ónus de eventual redução da doação sujeita a colação).

6. **Limitações à celebração do contrato**

A celebração do contrato de doação está sujeita a muitas limitações e condicionalismos, de modo semelhante ao que vimos acontecer relativamente à compra e venda.

Assim, a título exemplificativo:

a) As *doações para casamento*, feitas por um dos esposados ao outro, pelos dois reciprocamente, ou por terceiro a um ou a ambos os esposados, têm de constar de convenção antenupcial – arts. 1754.º e 1756.º.

Se o casamento ficar sujeito ao regime imperativo da separação de bens, nem por isso os nubentes ficam impedidos de fazer entre si doações, como se colige do n.º 2 do art. 1720.º, contrariamente ao que acontece com as *doações feitas entre casados* nesse regime, que são nulas, como se dirá infra.

Neste tipo de doações – leia-se doações para casamento – são permitidas doações entre vivos e por morte: as primeiras produzem efeitos, salvo estipulação em contrário, a partir da celebração do casamento, adquirindo o donatário nesse momento um verdadeiro direito sobre os bens doados; nas segundas, não fica o donatário, em vida do doador, com qualquer direito aos bens ou sobre os bens doados, mas a sua expectativa de vir a receber os bens doados, por morte dele, é juridicamente tutelada.

Na verdade, se a doação por morte abranger parte ou a totalidade da herança, o doador, continuando a poder dispor dos bens a título oneroso, deixa de poder dispor deles a título gratuito, quer através de doações, quer através de testamento ou nova doação por morte, podendo o donatário, depois da morte do doador, impugnar essas disposições gratuitas; se a doação por morte for de bens presentes certos e determinados, os poderes do doador são ainda mais restritos do que nas doações *mortis causa* de parte ou da totalidade da herança, não podendo o doador dispor dos bens doados nem sequer por título oneroso, uma vez que a lei proíbe que tais disposições sejam unilateralmente revogadas depois da aceitação – arts. 1755.º e 1701.º e Pereira Coelho, obra citada, pp. 126/129.

As doações para casamento caducam:

– Se o casamento não for celebrado dentro de um ano, ou se, tendo-o sido, vier a ser declarado nulo ou anulado, salvo o disposto em matéria de casamento putativo;

– Se ocorrer divórcio ou separação judicial de pessoas e bens (face à revogação do art. 1787.º do Código Civil e, consequentemente, ao desaparecimento da declaração de cônjuge culpado, parece razoável admitir que a caducidade deva ficar restringida ao caso de o divórcio ou a separação judicial de pessoas e bens terem sido requeridos pelo donatário, mas Rita Lobo Xavier, citada no parecer do Conselho Consultivo do IRN de 24.7.2014, tem outro entendimento, o de que o divórcio ou a separação de pessoas e bens, por si só, determinam a caducidade da doação).

b) As *doações entre casados*, que são as feitas na constância do matrimónio por um dos cônjuges ao outro, estão submetidas a regulamentação especial.

A circunstância de haver o perigo de um dos cônjuges poder exercer influência sobre o outro, levando-o a celebrar um acto que lhe seja prejudicial, e o facto de este tipo de doações tornar possível a alteração, após o casamento, da situação dos bens do casal levaram o legislador a criar para elas um regime mais desfavorável do que o das doações para casamento.

Com efeito:

– As doações entre casados não são proibidas, mas a lei fere-as de nulidade se vigorar, imperativamente, entre os cônjuges o regime da separação de bens – art. 1762.º;

– Os cônjuges não podem fazer doações recíprocas no mesmo acto, salvo quanto às reservas de usufruto e às rendas vitalícias a favor do sobrevivente, estipuladas, umas e outras, em doação dos cônjuges a terceiro – art. 1763.º, n.ºs 2 e 3;

– Só podem ser doados bens próprios do doador, os quais passam a ser considerados bens próprios do donatário, visto que se não comunicam – art. 1764.º;

– Podem ser unilateralmente revogadas pelo doador a todo o tempo – art. 1765.º; e

– Caducam, nas hipóteses previstas no art. 1766.º, com a ressalva de que, quanto à alínea *c)* do n.º 1 deste artigo, basta o divórcio ou a separação de pessoas e bens para determinarem a caducidade da doação, nos mesmos termos da doação para casamento.

c) Devem ser também observadas nas doações as exigências estabelecidas na lei sobre *fraccionamento de terrenos aptos para cultura, operações de loteamento, licença (ou autorização) de utilização na transmissão de prédios urbanos ou de suas fracções autónomas, inscrição do título constitutivo da propriedade horizontal para a transmissão das fracções, salvo a excepção prevista no* art. *62.º, n.º, 2 do CN*, etc., de que demos conta supra a propósito do contrato de compra e venda e para as quais se remete.

7. **Selo**

Tratando-se de *doação* que verse sobre imóveis ou de resolução por mútuo consenso do respectivo contrato, é devido o selo de 0,8% sobre o valor – n.º 1.1 da tabela geral.

O imposto fixado nesta verba 1.1 não é, porém, liquidado pelo advogado (ou solicitador), mas antes pelos serviços centrais da Direcção-Geral dos Impostos, de acordo com o estatuído no n.º 4 do art. 23.º do CIS, na redacção que lhe imprimiu a Lei n.º 64-A/2008, de 31 de Dezembro.

E como as doações feitas a favor de pessoas singulares estão simultaneamente sujeitas ao imposto da verba 1.2 da tabela geral, a liquidação do imposto desta verba 1.1 é feita *a posteriori* com o da verba 1.2, como determina o n.º 5 daquele art. 23.º do CIS, na redacção da citada Lei n.º 64-A/2008.

Se a doação não for aceite no próprio documento (exceptuado o falado caso da doação pura em benefício de incapaz) o selo a que alude o n.º 1.1 da respectiva Tabela Geral não é liquidado nessa altura, ou seja, no momento da proposta, mas sim em consequência da aceitação.

Atenção: no caso de doações a favor de pessoas colectivas, a liquidação do selo da verba 1.1 é prévia ao acto, porque tais pessoas não estão sujeitas ao imposto de selo da verba 1.2, como decorre do disposto na alínea *e)* do n.º 5 do art. 1.º do CIS.

8. Minutas

1.ª hipótese: *doação de prédio rústico* (por conta da quota disponível e com reserva de usufruto)

Doação

PRIMEIRO: F ... e mulher F ...

SEGUNDO: F ...

Disseram os primeiros:

Que são donos de um prédio rústico, composto de ..., sito em ..., descrito na conservatória do registo predial de ... sob o número ... e aí registada a aquisição a seu favor pela inscrição ..., inscrito na matriz respectiva sob o artigo número ... com o valor patrimonial tributário de ..., para efeitos de IMT e de selo, igual ao que lhe atribuem;

Que, por este contrato, com reserva do usufruto para eles doadores, o qual se extinguirá, no seu todo, apenas por morte do último, doam o aludido prédio à segunda interveniente, sua filha, por conta das suas quotas disponíveis;

Que não possuem nenhum prédio rústico apto para cultura contíguo ao ora doado.

Declarou a segunda que aceita a doação.

Local: ...

Data: ...

Assinaturas:

Termo de autenticação

No dia ..., no meu escritório sito em ..., perante mim, F..., advogado (ou solicitador) titular da cédula profissional n.º ... emitida por ... em ... compareceram:

PRIMEIRO – F..., NIF ..., e F..., NIF ..., casados segundo o regime de ..., naturais de ..., concelho de..., habitualmente residentes em ...; e

SEGUNDO – F..., NIF ..., casada com ... segundo o regime de ..., natural da freguesia de ..., concelho de ... e habitualmente residente em ...

Verifiquei a identidade dos intervenientes por ...

E por eles me foi apresentado, para fins de autenticação, o documento anexo que é um contrato de doação, tendo declarado que já o leram e assinaram e que ele exprime a sua vontade.

Exibido:

***a)* Certidão passada pela conservatória do registo predial ... em ..., com o número de ordem ..., por onde verifiquei o número da descrição e a inscrição referidos; e**

***b)* Caderneta predial rústica, obtida hoje via Internet, por onde verifiquei os elementos matriciais do prédio.**

Este termo foi lido aos interessados e aos mesmos explicado o seu conteúdo.

Assinaturas: (dos intervenientes e do advogado ou solicitador)

2.ª hipótese: *doação de prédio urbano* (sem encargos, a favor de menor)

Doação

F ... e mulher F ...

E por eles foi dito:

Que são donos de um prédio urbano, composto de ..., sito em ..., descrito na conservatória do registo predial de ... sob o número ... e aí registada a aquisição a seu favor pela inscrição ..., inscrito na matriz respectiva sob o artigo número ... com o valor patrimonial tributário de ..., igual ao que lhe atribuem;

Que doam o aludido prédio a F ..., filho de F ..., irmão da interveniente mulher, menor de ... anos de idade, natural da freguesia de ... e residente habitualmente com seu pai em ...

Local: ...

Data: ...

Assinaturas:

Termo de autenticação

No dia ..., no meu escritório sito em ..., perante mim, F..., advogado (ou solicitador) titular da cédula profissional n.º ... emitida por ... em ... compareceram F..., NIF ..., e F..., NIF ..., casados segundo o regime de ..., naturais de ..., concelho de..., habitualmente residentes em ...

Verifiquei a identidade dos intervenientes por ...

E por eles me foi apresentado, para fins de autenticação, o documento anexo que é uma doação pura a favor de menor, tendo declarado que já o leram e assinaram e que ele exprime a sua vontade.

Exibido:

***a)* Alvará de autorização de utilização n.º ... emitido pela câmara municipal de ... em ...;**

***b)* Certidão passada pela conservatória do registo predial ... em ..., com o número de ordem ..., por onde verifiquei o número da descrição e a inscrição referidos; e**

***c)* Caderneta predial urbana, obtida hoje via Internet, por onde verifiquei os elementos matriciais do prédio.**

Este termo foi lido aos interessados e aos mesmos explicado o seu conteúdo.

Assinaturas: (dos intervenientes e do advogado ou solicitador)

3.ª hipótese: *proposta de doação*

Proposta de doação

F ... e mulher F ...

E por eles foi dito:

Que fazem proposta de doação a sua filha F..., natural de ... e residente habitualmente em ..., casada com F ... sob o regime de ..., por conta da sua legítima, de um prédio urbano, composto de ..., sito em ..., descrito na conservatória do registo predial de ... sob o número ... e aí registada a aquisição a favor deles doadores pela

inscrição ..., inscrito na matriz respectiva sob o artigo número ..., com o valor patrimonial tributário de ..., igual ao que lhe atribuem.

Local: ...

Data: ...

Assinaturas:

Termo de autenticação

No dia ..., no meu escritório sito em ..., perante mim, F..., advogado (ou solicitador) titular da cédula profissional n.º ... emitida por ... em ... compareceram F..., NIF ..., e F..., NIF ..., casados segundo o regime de ..., naturais de ..., concelho de..., habitualmente residentes em ...

Verifiquei a identidade dos intervenientes por ...

E por eles me foi apresentado, para fins de autenticação, o documento anexo que é uma proposta de doação, tendo declarado que já o leram e assinaram e que ele exprime a sua vontade.

Adverti os interessados de que a presente proposta de doação caduca, se lhes não for declarada a respectiva aceitação pela identificada filha.

Exibido:

***a)* Alvará de autorização de utilização n.º ... emitido pela câmara municipal de ... em ...;**

***b)* Certidão passada pela conservatória do registo predial ... em ..., com o número de ordem ..., por onde verifiquei o número da descrição e a inscrição referidos; e**

***c)* Caderneta predial urbana, obtida hoje via Internet, por onde verifiquei os elementos matriciais do prédio.**

Este termo foi lido aos interessados e aos mesmos explicado o seu conteúdo.

Assinaturas: (dos intervenientes e do advogado ou solicitador)

4.ª hipótese: *aceitação de doação*

Aceitação de doação

PRIMEIRO: F ... e mulher F ...

SEGUNDO: F ...

E por eles foi dito:

Que, por escritura de ..., iniciada a folhas ... do livro ... do cartório ..., os primeiros fizeram à segunda interveniente, sua filha, por conta da sua legítima, a proposta de doação de um prédio urbano, composto de ..., sito em ..., descrito na conservatória do registo predial de ... sob o número ... e aí registada a aquisição a favor dos doadores pela inscrição ..., inscrito na matriz respectiva sob o artigo número ... com o valor patrimonial tributário e atribuído de ...;

Que, por este documento, a segunda interveniente aceita a proposta de doação do citado prédio, declarando os primeiros que tomam conhecimento desta aceitação.

Local: ...

Data: ...

Assinaturas:

Termo de autenticação

No dia ..., no meu escritório sito em ..., perante mim, F..., advogado(ou solicitador) titular da cédula profissional n.º ... emitida por ... em ... compareceram:

PRIMEIRO: F..., NIF ..., e F..., NIF ..., casados segundo o regime de ..., naturais de ..., concelho de..., habitualmente residentes em ...

SEGUNDO – F..., NIF ..., casada com ... segundo o regime de ..., natural da freguesia de ..., concelho de ... e habitualmente residente em ...

Verifiquei a identidade dos intervenientes por ...

E por eles me foi apresentado, para fins de autenticação, o documento anexo que é uma aceitação de doação, tendo declarado que já o leram e assinaram e que ele exprime a sua vontade.

Exibido:

a) Alvará de autorização de utilização n.º ... emitido pela câmara municipal de ... em ...;

b) Certidão passada pela conservatória do registo predial ... em ..., com o número de ordem ..., por onde verifiquei o número da descrição e a inscrição referidos; e

c) Caderneta predial urbana, obtida hoje via Internet, por onde verifiquei os elementos matriciais do prédio.

Verifiquei que para a feitura da escritura de proposta de doação foi exibido o alvará de autorização de utilização n.º ... emitido pela câmara municipal de ... em ...

Este termo foi lido aos interessados e aos mesmos explicado o seu conteúdo.

Assinaturas: (dos intervenientes e do advogado ou solicitador)

§ 12.º Hipoteca

1. **Generalidades**

A hipoteca é um direito real de garantia, ou seja, uma das garantias reais das obrigações, de longe a mais importante no comércio jurídico.

Diz o n.º 1 do art. 686.º do CC que a hipoteca confere ao credor o direito de ser pago pelo valor de certas coisas imóveis, ou equiparadas, pertencentes ao devedor ou a terceiro, com preferência sobre os demais credores que não gozem de privilégio especial ou de prioridade de registo.

Por sua vez, o n.º 2 do mesmo artigo acrescenta que a obrigação garantida pela hipoteca pode ser futura ou condicional.

Analisando esta disposição e conjugando-a com os demais preceitos do CC relativos à hipoteca – arts. 686.º a 732.º – verifica-se que:

a) Esta garantia incide sobre coisas imóveis ou equiparadas, expressamente enumeradas na lei – arts. 688.º a 691.º.

Quanto aos bens indicados no art. 688.º, os prédios rústicos e urbanos (definidos no art. 204.º) podem ser hipotecados no seu todo, com os limites materiais fixados no art. 1344.º, ou em parte, podendo ainda ser hipotecados os respectivos elementos, susceptíveis de propriedade autónoma, que possam ser alienados.

Assim, podem ser objecto de hipoteca:

– As águas referidas nas alíneas *a)*, *b)* e *c)* do art. 1386.º, mas já não, separadamente, as águas mencionadas nas alíneas *d)*, *e)* e *f)* do mesmo preceito, por, nos termos do art. 1397.º, serem inseparáveis do prédio a que se destinam (quanto às águas que nascem em prédio alheio, torna-se necessário distinguir se existe sobre elas um direito de propriedade – hipótese em que podem ser objecto de hipoteca – ou se há apenas uma servidão – caso em que não é possível constituir hipoteca, por as servidões serem inseparáveis dos prédios a que pertencem).

– A nua-propriedade, o direito de superfície – art. 1540.º – ou o usufruto, nos termos referidos na alínea *e)* do n.º 1 do art. 688.º.

Em contraponto, não pode ser hipotecado:

– Um andar de prédio urbano, se não constituir fracção autónoma (a hipoteca sobre fracção autónoma abrange não só a fracção, mas também a quota-parte que o condómino tenha nas partes comuns do prédio, dada a insusceptibilidade de alienação das duas coisas separadamente).

– A meação dos bens comuns do casal ou quota de herança indivisa – art. 690.º.

Esta proibição não impede a constituição de hipoteca sobre bens certos e determinados, desde que intervenham *todos* os titulares desses bens, mesmo que essa hipoteca seja constituída para garantia de dívida de um só dos cônjuges ou de um só dos co-herdeiros.

São ainda hipotecáveis as coisas móveis que, para este fim, a lei equipara às imóveis: navios, automóveis e aeronaves.

A lei admite a hipoteca nestes casos porque existe um registo organizado para esta espécie de bens móveis, semelhante ao registo predial.

O art. 96.º do Código do Registo Predial, reportando-se aos requisitos especiais da inscrição de hipoteca, contempla também a hipoteca de fábrica na alínea b) do n.º 1, admitindo que ela possa abranger os mecanismos e os móveis afectos à exploração industrial, desde que inventariados no título constitutivo.

A discriminação no título deverá ser efectuada em moldes que não suscitem dúvidas, em caso de eventual procedimento executivo.

b) A hipoteca tem de ser registada sob pena de não produzir efeitos, mesmo em relação às partes – art. 687.º.

Dado o carácter constitutivo do registo, o credor não pode exigir o reforço ou substituição da hipoteca enquanto ela não estiver registada.

c) A hipoteca assegura os acessórios do crédito que constem do registo e só esses.

São acessórios do crédito os juros, que não podem abranger mais do que os relativos a 3 anos, as despesas de constituição da hipoteca e seu registo e ainda a penalidade estabelecida para o caso de incumprimento, a chamada cláusula penal – cfr. art. 693.º.

d) São nulas:

– A convenção segundo a qual o credor pode fazer sua a coisa hipotecada, se o devedor não cumprir, seja anterior ou posterior à constituição da garantia; e

– A cláusula que proíba o dono da coisa hipotecada de a alienar ou onerar, embora neste caso se possa convencionar que o crédito hipotecário se vença imediatamente.

Estes considerandos levam-nos a não admitir a possibilidade de outorga de procurações em que o devedor confira ao seu credor poderes para, no incumprimento, vender os bens hipotecados em garantia da dívida e, por maioria de razão, para o dispensar da prestação de contas, autorizando-o a fazer negócio consigo mesmo, atribuindo aos poderes conferidos carácter irrevogável.

2. **Hipoteca voluntária**

A lei admite três espécies de hipoteca: judiciais, legais e voluntárias – art. 703.º, só as últimas interessando ao nosso trabalho.

Hipoteca voluntária é, na definição do art. 712.º, a que nasce de contrato ou declaração unilateral.

Normalmente, as hipotecas voluntárias resultam de um contrato, mas também são constituídas muitas vezes por declaração unilateral do seu autor, nomeadamente por testamento.

Não é raro um testador impor aos herdeiros ou legatários o cumprimento de determinadas obrigações e constituir hipoteca sobre bens que lhes deixa ou lega para garantir o cumprimento das obrigações impostas.

A lei – art. 714.º do CC – estabelece que, sem prejuízo do disposto em lei especial, o acto de constituição da hipoteca voluntária, quando recaia sobre bens imóveis, deve constar de *escritura pública* ou de *testamento* ou de *documento particular autenticado* – vide também a alínea *e)* do art. 22.º do Decreto-Lei n.º 116/2008, de 4 de Julho.

A hipoteca pode ser constituída pelo devedor ou por terceiro, mas só tem legitimidade para hipotecar quem puder alienar os respectivos bens – art. 715.º.

A lei não admite hipotecas gerais, exigindo, sob pena de nulidade, a especificação dos bens hipotecados no título constitutivo – art. 716.º.

3. Substituição e reforço da hipoteca

Nos termos do art. 701.º, quando a coisa hipotecada perecer ou a hipoteca se tornar insuficiente para segurança da obrigação, por causa não imputável ao credor, este tem o direito de exigir que o devedor a substitua ou reforce, sob pena de o credor poder exigir o imediato cumprimento da obrigação ou, tratando-se de obrigação futura, registar hipoteca sobre outros bens do devedor.

A este direito do credor não obsta o facto de a hipoteca ter sido constituída por terceiro, salvo se o devedor for estranho à sua constituição; porém, mesmo neste caso, se a diminuição da garantia for devida a culpa do terceiro, o credor tem o direito de exigir deste a substituição ou o reforço.

4. Redução da hipoteca e renúncia à hipoteca

A hipoteca pode ser reduzida voluntária ou judicialmente.

A redução voluntária só pode ser consentida por quem puder dispor da hipoteca, sendo aplicável à redução o regime estabelecido para a renúncia à garantia – cfr. arts. 718.º e 719.º.

A redução (tal como a renúncia) deve ser expressa e escrita em documento que contenha a assinatura do credor (ou renunciante) reconhecida presencialmente, salvo se esta for feita na presença de funcionário da conservatória competente para o registo, não carecendo de aceitação do devedor ou do autor da hipoteca para produzir os seus efeitos – art. 731.º, na redacção do Decreto-Lei n.º 263-A/2007, de 23 de Julho.

Se a causa extintiva da obrigação ou a renúncia do credor à garantia for declarada nula ou anulada, ou ficar por outro motivo sem efeito, a hipoteca, se a inscrição tiver sido cancelada, renasce apenas desde a data da nova inscrição – art. 732.º.

5. **Transmissão da hipoteca: cessão da hipoteca e cessão do grau hipotecário**

A hipoteca que não for inseparável da pessoa do devedor pode ser cedida sem o crédito assegurado, para garantia de crédito pertencente a outro credor do mesmo devedor, observadas que sejam as regras da cessão de créditos, mas se a coisa ou o direito hipotecado pertencer a terceiro torna-se necessário o consentimento deste.

O credor com hipoteca sobre mais de uma coisa ou direito só pode cedê-la à mesma pessoa e na sua totalidade – cfr. art. 727.º.

A hipoteca cedida garante o novo crédito nos limites do crédito originariamente garantido, mas a extinção deste, depois de registada a cessão, não afecta a subsistência da hipoteca – art. 728.º.

A cessão do grau hipotecário a favor de outro credor hipotecário posteriormente inscrito sobre os mesmos bens é permitida pelo art. 729.º, observadas que sejam as regras constantes do art. 727.º exigidas para a cessão do respectivo crédito.

A cessão da hipoteca e a cessão do grau de prioridade estão sujeitas a registo para produzir efeitos em relação a terceiros.

6. Selo

O documento que formaliza o acto está sujeito ao selo do n.º 10 da Tabela Geral, salvo quando a hipoteca for materialmente acessória de contrato especialmente tributado e for constituída simultaneamente com a obrigação garantida, ainda que em instrumento ou título diferente.

O imposto, quando houver lugar a ele, terá de ser liquidado, cobrado e pago nas tesourarias de finanças ou em qualquer outro local autorizado nos termos da lei, previamente e pelos interessados que intervierem no acto, por, de acordo com a alínea *h)* do n.º 1 do art. 2.º do CIS, serem os sujeitos passivos do imposto.

A cobrança do selo da hipoteca faz-se pelo montante máximo: crédito, juros de 3 anos e acessórios (quando o prazo não resulte do contrato deve cobrar-se o selo correspondente ao prazo máximo).

O documento deve mencionar o valor do imposto do selo cobrado e a data da sua liquidação – art. 23.º, n.º 6 desse código.

A hipoteca tem natureza *acessória* quando existe um direito de crédito associado à sua sorte: a noção de acessoriedade exprime então a conexão temporal entre a garantia e o crédito garantido. Assim, quando exista acessoriedade e caso o crédito se extinga ou reduza, a garantia termina ou diminui.

Não existe acessoriedade quando a hipoteca visa garantir não só as responsabilidades emergentes de um contrato de empréstimo, mas também as responsabilidades já assumidas ou que venham a ser assumidas pelo mutuado e emergentes de quaisquer outras operações de crédito.

A constituição *simultânea* opera quando forem comuns as datas do contrato principal e do contrato de prestação da garantia.

Inexistindo acessoriedade ou simultaneidade da garantia em relação ao crédito estamos perante dois contratos distintos: o contrato de garantia e o contrato de crédito, como tal tributáveis autonomamente.

– cfr. ofício-circulado n.º 40 091 de 17-09-2007 da Direcção-Geral dos Impostos.

A *substituição de hipoteca* configura uma garantia tributada pela verba 10 da tabela geral, na medida em que a substituição do bem hipotecado por outro, implica novação do contrato, gerando nova obrigação do pagamento do imposto do selo.

Por outro lado, quando se procede ao *reforço de hipoteca* concedida inicialmente porque a anterior se tornou insuficiente ou inidónea para segurança da dívida, e desde que não haja aumento do valor garantido pelo empréstimo anteriormente concedido, o referido reforço não configura uma garantia tributada pela verba 10 da tabela geral, encontrando-se excluída da tributação em imposto do selo – cfr. informação vinculativa n.º 3508/2010 da Direcção de Serviços do IMT, do Imposto do Selo, dos Impostos Rodoviários e das Contribuições, da DGCI.

Estão *isentas do imposto* as garantias prestadas a favor de determinadas entidades ou inerentes a operações realizadas através de várias entidades, com relevo no notariado para as garantias prestadas por instituições de crédito, sociedades financeiras e entidades a elas legalmente equiparadas – cfr. alíneas *d)*, *e)* e *f)* do n.º 1 do art. 7.º do CIS.

Está igualmente isenta de imposto a hipoteca a favor do Estado ou das instituições de solidariedade social, no âmbito da aplicação do art. 196.º do Código de Procedimento e de Processo Tributário e do Decreto-Lei n..º 42/2001, de 9 de Fevereiro (pagamento em prestações das dívidas em processo executivo) – alínea u) do n.º 1 daquele art. 7.º.

7. Minutas

1.ª hipótese: *hipoteca unilateral*

Hipoteca

F ... e mulher F ...

E por eles foi dito:

Que lhes pertence o prédio urbano, formado por ..., sito ..., descrito ..., com registo de aquisição a seu favor pela inscrição ..., inscrito na matriz ..., ao qual atribuem o valor de ...;

Que a divergência existente entre os elementos matriciais e os registrais resultou de alterações supervenientes;

Que constituem hipoteca sobre o identificado prédio a favor da sociedade ... para garantia de:

***a)* Toda e qualquer quantia, até ao montante de..., de que a identificada sociedade ... seja credora, relativamente aos ora signatários, proveniente do fornecimento, que lhes faça, de bens compreendidos no respectivo comércio;**

***b)* Dos juros à taxa anual de ... que incidem sobre qualquer montante em dívida à dita sociedade, proveniente das operações referidas na alínea anterior.**

Que a presente hipoteca durará enquanto existir qualquer responsabilidade emergente dos actos e situações mencionados nas anteriores alíneas *a)* e *b)*, sendo de ... o montante máximo de capital e acessórios;

Que eles se obrigam:

a) A manter o imóvel ora hipotecado em perfeito estado de conservação;

b) A pagar pontualmente as obrigações fiscais relativas ao imóvel hipotecado;

c) A efectuar seguro do imóvel hipotecado contra riscos múltiplos, designadamente de incêndio, sismo, outras intempéries e fenómenos naturais em companhia seguradora aceite pela sociedade ..., em poder de quem ficará a apólice e na qual será averbado o seu interesse de credora hipotecária, mais se obrigando a não cancelar, modificar ou transferir tal contrato de seguro sem autorização escrita da referida sociedade;

d) A autorizar a sociedade ... a proceder ao pagamento dos prémios de seguro se não forem efectuados em tempo oportuno, ficando o reembolso assegurado pela presente hipoteca;

e) A permitir que a sociedade ... verifique ou mande verificar, por peritos por si nomeados, o estado de conservação e valor do imóvel hipotecado e o cumprimento das obrigações constantes do presente documento, constituindo o custo de tais verificações encargo dos signatários.

Que são de conta dos signatários todas as despesas deste documento e respectivo registo de hipoteca, seu reforço e distrate ou cancelamento.

Local: ...

Data: ...

Assinaturas:

Termo de autenticação

No dia ..., no meu escritório sito em ..., perante mim, F..., advogado (ou solicitador) titular da cédula profissional n.º ... emitida por ... em ... compareceram F..., NIF ..., e F..., NIF ..., casados segundo o regime de ..., naturais de ..., concelho de..., habitualmente residentes em ...

Verifiquei a identidade dos intervenientes por ...

E por eles me foi apresentado, para fins de autenticação, o documento anexo que é uma hipoteca unilateral a favor da sociedade ..., tendo declarado que já o leram e assinaram e que ele exprime a sua vontade.

Arquivado: documento número ... comprovativo do pagamento do imposto do selo relativo à verba 10.3 da tabela geral no montante de ... €, liquidado hoje.

Exibido:

***a)* Certidão do teor da descrição e inscrições prediais em vigor, com o número de ordem ..., passada em ... pela conservatória do registo predial de ...; e**

***b)* Caderneta predial urbana, obtida hoje via Internet, por onde verifiquei os elementos matriciais do prédio.**

Este termo foi lido aos interessados e aos mesmos explicado o seu conteúdo.

Assinaturas: (dos intervenientes e do advogado ou solicitador)

2.ª hipótese: *substituição da hipoteca*

Substituição da hipoteca

PRIMEIRO: F ... e F ...

SEGUNDO: F ...

E por eles foi dito:

Que, por escritura lavrada em ... no cartório notarial de ..., com início a folhas ... do livro de notas para escrituras diversas número ..., o segundo concedeu aos primeiros um empréstimo no montante de ..., pelo prazo de ..., ao juro de ..., acrescido de uma sobretaxa anual de ..., em caso de mora, a título de cláusula penal, e de despesas fixadas para efeitos de registo em ..., o que tudo perfaz o montante máximo de capital e acessórios de ...;

Que os primeiros hipotecaram a favor do segundo, em garantia desse empréstimo, o prédio urbano ..., descrito na competente conservatória sob o número ..., encontrando-se a hipoteca registada a favor do credor pela inscrição ...;

Que a edificação que estava construída nesse imóvel ruiu, pelo que os primeiros substituem a aludida garantia pela hipoteca dos seguintes prédios urbanos:

UM ...

DOIS ...

Pelo segundo foi dito que aceita a substituição da hipoteca, nos termos exarados, e, em consequência, autoriza o cancelamento da falada inscrição hipotecária.

Local: ...

Data: ...

Assinaturas:

Termo de autenticação

No dia ..., no meu escritório sito em ..., perante mim, F..., advogado (ou solicitador) titular da cédula profissional n.º ... emitida por ... em ... compareceram:

PRIMEIRO – F..., NIF ..., e F..., NIF ..., casados segundo o regime de ..., naturais de ..., concelho de..., habitualmente residentes em ...

SEGUNDO – F ..., NIF ..., casado com ... no regime de ... natural da freguesia de ... e residente habitualmente em ...

Verifiquei a identidade dos intervenientes por ...

E por eles me foi apresentado, para fins de autenticação, o documento anexo que é uma substituição de hipoteca, tendo declarado que já o leram e assinaram e que ele exprime a sua vontade.

Arquivado: documento número ... comprovativo do pagamento do imposto do selo relativo à verba 10 da tabela geral no montante de ... €, liquidado hoje.

Exibido:

***a)* Certidão do teor das descrições e inscrições prediais em vigor, passada em ... pela conservatória do registo predial de ...; e**

***b)* Duas cadernetas prediais urbanas, obtidas hoje via Internet, por onde verifiquei os elementos matriciais dos prédios.**

Este termo foi lido aos interessados e aos mesmos explicado o seu conteúdo.

Assinaturas: (dos intervenientes e do advogado ou solicitador)

3.ª hipótese: *reforço da hipoteca*

Reforço da hipoteca

PRIMEIRO: F ... e F ...

SEGUNDO: F ..., que intervém na qualidade de procurador do Banco ...

Pelos primeiros foi dito:

Que, por escritura lavrada em ..., com início a folhas ... do livro ... do cartório ..., o referido banco concedeu-lhes um empréstimo no montante de ..., pelo prazo e condições constantes dessa escritura, empréstimo este à segurança do qual eles constituíram hipoteca sobre o prédio urbano na mesma escritura identificado;

Que, reconhecendo que o prédio hipotecado é insuficiente para segurança da obrigação, reforçam a aludida garantia, no sentido de abranger, além desse prédio, mais os seguintes prédios urbanos:

UM ...

DOIS ...

Pelo segundo foi dito que para o banco, seu representado, aceita o reforço da hipoteca, nos termos exarados.

Local: ...

Data: ...

Assinaturas:

Termo de autenticação

No dia ..., no meu escritório sito em ..., perante mim, F..., advogado (ou solicitador) titular da cédula profissional n.º ... emitida por ... em ... compareceram:

PRIMEIRO – F..., NIF ..., e F..., NIF ..., casados segundo o regime de ..., naturais de ..., concelho de..., habitualmente residentes em ...

SEGUNDO – F ..., casado, natural da freguesia de ... e residente habitualmente em ... que intervém como procurador do banco ...

Verifiquei a identidade dos intervenientes por ...

E por eles me foi apresentado, para fins de autenticação, o documento anexo que é um reforço de hipoteca, tendo declarado que já o leram e assinaram e que ele exprime a sua vontade e a do representado do segundo.

Arquivado:

***a)* fotocópia de procuração conferida ao segundo signatário.**

Exibido:

***a)* Certidão do teor das descrições e inscrições prediais em vigor, passada pela conservatória do registo predial de ...em ...; e**

_b)_ Duas cadernetas prediais urbanas, obtidas hoje via Internet, por onde verifiquei os elementos matriciais dos prédios.

Este termo foi lido aos interessados e aos mesmos explicado o seu conteúdo.

Assinaturas: (dos intervenientes e do advogado ou solicitador)

4.ª hipótese: *redução da hipoteca*

Redução da hipoteca

F ...

E por ele foi dito:

Que, por escritura lavrada em ... no cartório notarial de ..., com início a folhas ... do livro de notas para escrituras diversas número ..., concedeu a F .... e mulher F ... um empréstimo no montante de ..., pelo prazo de ..., ao juro de ...

Que os devedores hipotecaram a favor do ora signatário, em garantia do empréstimo, os prédios, a seguir identificados:

UM – urbano ...;

DOIS – ...; e

TRÊS – ...

Que a hipoteca foi registada pela inscrição ...;

Que os devedores já lhe pagaram a quantia de ..., por conta do montante da dívida, encontrando-se esta, portanto, reduzida a ...;

Que, assim sendo, considerando que a garantia prestada pelos devedores é excessiva para assegurar o cumprimento da obrigação, ele signatário consente em reduzir a garantia prestada, a qual fica a subsistir tão-somente em relação ao prédio descrito supra sob a verba número um, autorizando, em consequência, o cancelamento da inscrição hipotecária em vigor no tocante aos prédios antes descritos sob as verbas números dois e três.

Local: ...

Data: ...

Assinaturas:

Termo de autenticação

No dia ..., no meu escritório sito em ..., perante mim, F..., advogado (ou solicitador) titular da cédula profissional n.º ... emitida por ... em ... compareceu F..., NIF ..., casado com ... segundo o regime de ..., natural de ..., concelho de..., habitualmente residente em ...

Verifiquei a sua identidade por ...

E por ele me foi apresentado, para fins de autenticação, o documento anexo que é uma redução de hipoteca, tendo declarado que já o leu e assinou e que ele exprime a sua vontade.

Exibido:

_a)_ Certidão de teor das descrições e inscrições prediais em vigor, com o número de ordem ..., passada em ... pela conservatória do registo predial de ...; e

_b)_ Caderneta predial urbana, obtida hoje via Internet, por onde verifiquei os elementos matriciais do prédio.

Este termo foi lido aos interessados e aos mesmos explicado o seu conteúdo.

Assinaturas: (dos intervenientes e do advogado ou solicitador)

5.ª hipótese: *renúncia à hipoteca*

Renúncia à hipoteca

F ...

E por ele foi dito:

Que, por escritura lavrada em ... no cartório notarial de ..., com início a folhas ... do livro de notas para escrituras diversas número ..., concedeu a F .... e mulher F ... um empréstimo no montante de ..., pelo prazo de ..., ao juro de ...

Que os devedores hipotecaram a seu favor, em garantia do empréstimo, os prédios urbanos, a seguir identificados:

UM – ...;

DOIS – ...; e

TRÊS – ...

Que a hipoteca foi registada pela inscrição ...;

Que, por este documento, renuncia à hipoteca referida, autorizando, em consequência, o seu cancelamento.

Local: ...

Data: ...

Assinaturas:

Termo de autenticação

No dia ..., no meu escritório sito em ..., perante mim, F..., advogado (ou solicitador) titular da cédula profissional n.º ... emitida por ... em ... compareceu F..., NIF ..., casado com ... segundo o regime de ..., natural de ..., concelho de..., habitualmente residente em ...

Verifiquei a sua identidade por ...

E por ele me foi apresentado, para fins de autenticação, o documento anexo que é uma renúncia a hipoteca, tendo declarado que já o leu e assinou e que ele exprime a sua vontade.

Exibido:

***a)* Certidão de teor das descrições e inscrições prediais em vigor, com o número de ordem ..., passada em ... pela conservatória do registo predial de ...; e**

***b)* Três cadernetas prediais urbanas, obtidas hoje via Internet, por onde verifiquei os elementos matriciais dos prédios.**

Este termo foi lido aos interessados e aos mesmos explicado o seu conteúdo.

Assinaturas: (dos intervenientes e do advogado ou solicitador)

6.ª hipótese: *cessão da hipoteca*

Cessão da hipoteca

PRIMEIRO: F ...

SEGUNDO: F ...

TERCEIRO: F ...

Pelo primeiro foi dito:

Que é credor do terceiro da quantia de ..., que lhe emprestou por escritura lavrada em ... no cartório notarial de ..., com início a folhas ... do livro de notas para escrituras diversas número ..., achando-se o cumprimento dessa obrigação garantido por hipoteca registada

na conservatória de ... pela inscrição ..., sobre o prédio urbano aí descrito sob o número ... e inscrito na matriz da freguesia de ... no artigo ...;

Que o segundo também tem um crédito no montante de ..., de que é devedor o mesmo terceiro interveniente;

Que, por este documento, cede ao segundo a referida hipoteca, sem o crédito assegurado, garantindo a hipoteca cedida, nos termos legais, o novo crédito nos limites do crédito originariamente garantido.

Que a cessão é feita gratuitamente.

Declarou o segundo que aceita a cessão da hipoteca, nos termos exarados.

Finalmente, o terceiro declarou que, por este acto, toma conhecimento da cessão acabada de efectuar.

Local: ...

Data: ...

Assinaturas:

Termo de autenticação

No dia ..., no meu escritório sito em ..., perante mim, F..., advogado (ou solicitador) titular da cédula profissional n.º ... emitida por ... em ... compareceram:

PRIMEIRO – F ..., NIF ..., casado com... sob o regime de ... natural da freguesia de ... concelho de ... e habitualmente residente em ...

SEGUNDO – F ...

TERCEIRO – F ...

Verifiquei a identidade dos intervenientes por ...

E por eles me foi apresentado, para fins de autenticação, o documento anexo que é uma cessão de hipoteca, tendo declarado que já o leram e assinaram e que ele exprime a sua vontade.

Exibido:

***a)* Certidão do teor da descrição e inscrições em vigor, com o número de ordem ..., passada em ... pela conservatória do registo predial de ...; e**

***b)* Caderneta predial urbana, obtida hoje via Internet, por onde verifiquei os elementos matriciais do prédio.**

Este termo foi lido aos interessados e aos mesmos explicado o seu conteúdo.

Assinaturas: (dos intervenientes e do advogado ou solicitador)

7.ª hipótese: *cessão do grau hipotecário*

Cessão do grau hipotecário

PRIMEIRO: F ...

SEGUNDO: F ...

TERCEIRO: F ...

Pelos primeiro foi dito:

Que é credor do terceiro da quantia de ..., que lhe emprestou por escritura lavrada em ... no cartório notarial de ..., com início a folhas ... do livro de notas para escrituras diversas número ..., achando-se o cumprimento dessa obrigação garantido por hipoteca registada na conservatória de ... pela inscrição ..., sobre o prédio urbano aí descrito sob o número ... e inscrito na matriz da freguesia de ... no artigo ...;

Que o segundo também tem um crédito no montante de ..., de que é devedor o mesmo terceiro interveniente, estando o cumprimento desta obrigação também garantido por hipoteca sobre o mesmo prédio, embora registada posteriormente pela inscrição ...;

Que, por este documento, cede ao segundo o seu grau hipotecário, mediante a contrapartida de ... que já recebeu.

Declarou o segundo que aceita a cessão do grau hipotecário, nos termos exarados.

Finalmente, o terceiro declarou que, por este acto, toma conhecimento da cessão acabada de efectuar.

Local: ...

Data: ...

Assinaturas:

Termo de autenticação

No dia ..., no meu escritório sito em ..., perante mim, F..., advogado (ou solicitador) titular da cédula profissional n.º ... emitida por ... em ... compareceram:

PRIMEIRO – F ..., NIF ..., casado com... sob o regime de ... natural da freguesia de ... concelho de ... e habitualmente residente em ...

SEGUNDO – F ...

TERCEIRO – F ...

Verifiquei a identidade dos intervenientes por ...

E por eles me foi apresentado, para fins de autenticação, o documento anexo que é uma cessão do grau hipotecário, tendo declarado que já o leram e assinaram e que ele exprime a sua vontade.

Exibido:

***a)* Certidão de teor da descrição e inscrições em vigor, com o número de ordem ..., passada em ... pela conservatória do registo predial de ...; e**

***b)* Caderneta predial urbana, obtida hoje via Internet, por onde verifiquei os elementos matriciais do prédio.**

Este termo foi lido aos interessados e aos mesmos explicado o seu conteúdo.

Assinaturas: (dos intervenientes e do advogado ou solicitador)

§ 13.º Mútuo

1. **Conceito e elementos**

Mútuo é, na definição do art. 1142.º do CC, o contrato pelo qual uma das partes empresta à outra dinheiro ou outra coisa fungível, ficando a segunda obrigada a restituir outro tanto do mesmo género e qualidade.

O que caracteriza o contrato de mútuo é a natureza fungível da coisa emprestada, a qual implica a transferência da sua propriedade para o mutuário – art. 1144.º do CC –, pondo em risco o direito de propriedade do mutuante. Daí, que só tenha legitimidade para emprestar uma coisa quem tiver poderes de disposição dela (vejam-se afloramentos deste princípio em várias disposições do Código Civil como, por exemplo, no art. 1159.º, n.º 1 – o mandatário, com simples poderes de administração, não pode emprestar dinheiro ou outros bens fungíveis do mandante – e no art. 1889.º, n.º 1, alíneas *a)* e *g)*, e art. 139.º – os representantes de menores ou incapazes não têm legitimidade activa ou passiva para contraírem empréstimos em nome destes, sem autorização do Ministério Público).

Sem prejuízo do disposto em lei especial, o contrato de mútuo de valor superior a € 25 000 só é válido se for celebrado por *escritura pública* ou por *documento particular autenticado* e o de valor superior a € 2 500 se o for por *documento assinado pelo mutuário* – art. 1143.º, na redacção do Decreto-Lei n.º 116/2008, de 4 de Julho.

Como retribuição, diz o art. 1145.º, as partes podem convencionar o pagamento de juros, presumindo-se, em caso de dúvida, que o mútuo é oneroso.

Relativamente a juros, o n.º 2 desse artigo manda aplicar o disposto no art. 559.º (*juros remuneratórios*), e, havendo mora do mutuário, o disposto no art. 806.º (*juros moratórios*)

Os juros legais e os estipulados sem determinação de taxa são os fixados na Portaria n.º 291/2003, de 8 de Abril – 4% –, podendo as partes estipular juros mais elevados, desde que o façam por escrito e em obediência aos limites estabelecidos pelo n.º 1 do art. 1146.º, ou seja acrescidos de 3% ou 5%, conforma exista ou não garantia real.

(Por acórdão do STJ n.º 7/2009 [50], foi entendido que no contrato de mútuo oneroso liquidável em prestações, o vencimento imediato destas ao abrigo de cláusula de redacção conforme ao artigo 781.º do CC não implica a obrigação de pagamento dos juros remuneratórios nelas incorporados).

Nas obrigações pecuniárias, se o devedor não efectuar a prestação em tempo, a reparação dos danos causados ao credor consiste no pagamento dos juros devidos a contar do dia da constituição em mora, sendo esses juros os legais, salvo se antes da mora for devido um juro mais elevado ou as partes houverem estipulado um juro moratório diferente do legal – cfr. arts. 804.º, 806.º do CC. Atente-se, no entanto, que as partes podem fixar por acordo

[50] Publicado no D.R. n.º 86 – I série – de 5 de Maio de 2009.

o montante da indemnização exigível (cláusula penal), a qual não pode exceder em 7% ou 9% os juros legais, conforme exista ou não garantia real – cfr. arts. 810.º e 1146.º , n.º 2.

A referida taxa de juro legal é, porém, aplicável somente ao **mútuo civil**, não estando o mútuo concedido por instituições bancárias, ainda que garantido por hipoteca, sujeito à disciplina do artigo 1146.º do Código Civil, mas à decorrente da legislação especial aplicável a todas as operações de crédito activas efectuadas por aquelas instituições, conforme se entendeu no parecer proferido no processo n.º RP 159/99 DSJ, publicado no BRN n.º 1/2000.

No âmbito das operações de crédito realizadas por instituições bancárias (instituições de crédito, sociedades financeiras, instituições de pagamento, instituições de moeda electrónica e outras entidades legalmente habilitadas para a concessão de crédito e que estejam sujeitas à supervisão do Banco de Portugal) é interessante saber que o DL n.º 58/2013, de 8 de Maio, procedeu à revisão e actualização do regime dos prazos (curto, médio e longo), juros remuneratórios, capitalização de juros e mora do devedor.

As instituições de crédito continuam a ter ampla liberdade quanto ao cálculo de juros remuneratórios nas operações de abertura de crédito, empréstimos em conta corrente ou outras operações similares, devendo os juros ser pagos de acordo com o plano estipulado pelas partes para o pagamento do capital e juros.

No entanto, o referido diploma proibiu a imposição de cláusulas penais moratórias, admitindo só a cobrança de juros moratórios, mediante a aplicação de uma sobretaxa anual máxima de 3%, a acrescer à taxa de juros remuneratórios aplicável à operação.

Com interesse para o notariado, assinala-se que a Lei n.º 64/ /2014, de 26 de Agosto – que aprovou o regime de concessão de crédito bonificado à habitação a pessoa com deficiência (destinada, entre outros fins, à aquisição, ampliação, construção e ou realização de obras de conservação ordinária, extraordinária ou de beneficiação de habitação própria permanente e à aquisição de terreno e construção de imóvel destinado a habitação própria permanente) –, prevê no seu art. 6.º que, quando após a data de assinatura de um contrato de crédito à habitação concedido para os assinalados fins, o mutuário tenha adquirido um grau de incapacidade igual ou superior a 60%, se realize necessariamente a migração do crédito à habitação para o regime constante desta lei.

Os mutuários não podem nesse caso alienar o imóvel adquirido ou construído durante o prazo de cinco anos, o que implica o registo do ónus de inalienabilidade – cfr. art. 10.º.

A migração do crédito carece então de ser formalizada por acto único.

A concessão de crédito à habitação por parte dos bancos foi durante muito tempo responsável por um número significativo das escrituras lavradas nos cartórios notariais, sendo ainda hoje importante conhecer algumas das regras que disciplinam o respectivo regime.

Os seus princípios gerais constam do DL n.º 74-A/2017, de 23 de Junho, que aprova o regime dos contratos de crédito para a aquisição ou construção de habitação própria permanente, secundária ou para arrendamento.

Na prática notarial, o acesso ao crédito por via do mútuo surge normalmente garantido por hipoteca prestada pelos mutuários e, eventualmente, ainda por fiança.

2. Selo

O selo do *mútuo* – cfr. n.º 17.1 da tabela – é cobrado pelas instituições de crédito ou entidades a elas equiparadas.

Quando, porém, o mútuo tenha sido celebrado sem intervenção de instituições bancárias ou entidades a elas equiparadas, o imposto terá de ser liquidado, cobrado e pago nas tesourarias de finanças ou em qualquer outro local autorizado nos termos da lei, previamente e *pelos interessados que intervierem no acto*, por, de acordo com a alínea *h)* do n.º 1 do art. 2.º do CIS, serem os sujeitos passivos do imposto.

O documento deve mencionar o valor do imposto de selo cobrado e a data da sua liquidação – art. 23.º, n.º 6 desse código.

Estão *isentos do imposto*, nos termos da alínea *j)* do n.º 1 do art. 7.º do dito código, os mútuos no âmbito do crédito à habitação até ao montante do capital em dívida com mudança de instituição de crédito.

3. Minutas

1.ª hipótese: *mútuo gratuito com hipoteca*

Mútuo com hipoteca

PRIMEIRO: F ... e mulher F ...

SEGUNDO: F ... e mulher F ...

Declararam os primeiros:

Que se constituem devedores aos segundos da importância de ..., que eles lhes entregaram e transferiram, gratuitamente, em moeda corrente nesta data, por empréstimo;

Que este contrato é feito pelo prazo de cinco anos, ficando eles, primeiros intervenientes, com a obrigação de, chegado o termo do empréstimo, restituir aos mutuantes, na sua residência, soma igual à que receberam;

Que, para garantia da quantia mutuada e das despesas emergentes deste contrato, fixadas em ..., para efeitos de registo, hipotecam a favor dos segundos o prédio rústico, composto de ... sito em ..., inscrito na matriz sob o artigo ...;

Que o prédio está descrito na conservatória sob o número ... e aí registado em nome do primeiro interveniente varão pela inscrição ...

Declararam os segundos que aceitam as presentes confissão de dívida e hipoteca.

Local: ...

Data: ...

Assinaturas:

Termo de autenticação

No dia ..., no meu escritório sito em ..., perante mim, F..., advogado (ou solicitador) titular da cédula profissional n.º ... emitida por ... em ... compareceram:

PRIMEIRO – F ..., NIF ..., e mulher F ..., NIF ..., casados sob o regime de ... naturais da freguesia de ... concelho de ... e habitualmente residentes em ...

SEGUNDO – F ..., NIF ..., e mulher F ..., NIF ...

Verifiquei a identidade dos intervenientes por ...

E por eles me foi apresentado, para fins de autenticação, o documento anexo que é um mútuo com hipoteca, tendo declarado que já o leram e assinaram e que ele exprime a sua vontade.

Arquivado: documento número ... comprovativo do pagamento do imposto do selo relativo à verba 17.1.3 da tabela geral no montante de ... €, liquidado hoje.

Exibido:

***a)* Certidão de teor da descrição e inscrição em vigor, com o número de ordem ..., passada em ... pela conservatória do registo predial de ...; e**

_b)_ Caderneta predial rústica, obtida hoje via Internet, por onde verifiquei os elementos matriciais do prédio.

Este termo foi lido aos interessados e aos mesmos explicado o seu conteúdo.

Assinaturas: (dos intervenientes e do advogado ou solicitador)

Verbete estatístico n.º ... (rubrica)

2.ª hipótese: *mútuo oneroso com hipoteca*

Mútuo com hipoteca

PRIMEIRO: F ... e mulher F ...

SEGUNDO: F ...

Declararam os primeiros:

Que se constituem devedores ao segundo da importância de ..., que nesta data dele receberam por empréstimo e se obrigam a restituir de hoje a um ano, prazo este prorrogável por iguais e sucessivos períodos enquanto convier a ambas as partes;

Que o empréstimo fica a vencer o juro anual de ..., pago adiantadamente na residência do credor, elevável para ... no caso de mora e que todas as despesas emergentes deste contrato ficam a cargo deles devedores, as quais são computadas em ... para efeitos de registo predial;

Que, para garantia da quantia mutuada e acessórios do crédito, hipotecam a favor do segundo o prédio urbano composto de ... sito em ..., inscrito na matriz sob o artigo ...;

Que o prédio está descrito na conservatória sob o número ... e aí registado em seu nome pela inscrição ...

Declarou o segundo que aceita os presentes contratos nas condições exaradas.

Local: ...

Data: ...

Assinaturas:

Termo de autenticação

No dia ..., no meu escritório sito em ..., perante mim, F..., advogado (ou solicitador) titular da cédula profissional n.º ... emitida por ... em ... compareceram:

PRIMEIRO – F ..., NIF ..., e mulher F ..., NIF ..., casados sob o regime de ... naturais da freguesia de ... concelho de ... e habitualmente residentes em ...

SEGUNDO – F ..., NIF ...

Verifiquei a identidade dos intervenientes por ...

E por eles me foi apresentado, para fins de autenticação, o documento anexo que é um mútuo com hipoteca, tendo declarado que já o leram e assinaram e que ele exprime a sua vontade.

Arquivado: documento número ... comprovativo do pagamento do imposto do selo relativo à verba 17.1.2 da tabela geral no montante de ... €, liquidado hoje.

Exibido:

***a)* Certidão de teor da descrição e inscrição em vigor, com o número de ordem ..., passada em ... pela conservatória do registo predial de ...; e**

***b)* Caderneta predial urbana, obtida hoje via Internet, por onde verifiquei os elementos matriciais do prédio.**

Este termo foi lido aos interessados e aos mesmos explicado o seu conteúdo.

Assinaturas: (dos intervenientes e do advogado ou solicitador)

Verbete estatístico n.º ... (rubrica)

§ 14.º Partilha

1. Generalidades

Diz-se na alínea *f)* do art. 22.º do Decreto-Lei n.º 116/2008, de 4 de Julho, que devem ser celebradas por *escritura pública* ou por *documento particular autenticado* as partilhas de patrimónios hereditários, societários ou outros patrimónios comuns de que façam parte coisas imóveis.

Tendo em conta o que aí se dispõe e também o estatuído no art. 2029.º do CC, a prática notarial tem-se defrontado com os seguintes casos de partilha:

a) A **partilha da herança**, derivada da morte de pessoa física que, ao longo da vida, conseguiu juntar ou conservar um determinado acervo de bens – cfr. art. 2101.º e ss. do CC;

b) A **partilha de bens sociais**, em consequência da dissolução e liquidação de sociedades – cfr. arts. 147.º e 156.º do CSC;

c) A **partilha do casal**, resultante da dissolução do casamento por divórcio, da separação judicial de pessoas e bens ou da simples separação judicial de bens – cfr. arts. 1689.º, 1770.º, 1788.º, 1790.º, 1794.º e 1795.º-A do CC; e *d)* A **partilha em vida**, baseada em doações entre vivos a favor de algum ou alguns dos presuntivos herdeiros legitimários dos doadores com o consentimento dos outros, a fim de eles procederem imediatamente à repartição entre si dos bens doados – cfr. dito art. 2029.º do CC.

2. **Partilha da herança**

Antes da entrada em vigor do Regime Jurídico do Processo de Inventário (RJPI), aprovado pela Lei n.º 23/2013, de 5 de Março, o art. 2102.º do CC preceituava que a partilha da herança se podia efectuar extrajudicialmente, quando houvesse acordo de todos os interessados, ou por inventário judicial, nos termos previstos na lei de processo.

Essa forma de partilha – a extrajudicial – poderia, como dissemos, ser feita por escritura pública ou por documento particular autenticado, cabendo, pois, na competência de notários, serviços de registo, advogados, solicitadores e câmaras de comércio e indústria.

Além disso, o DL n.º 324/2007, de 28 de Setembro, já tinha permitido que se efectuassem nas conservatórias do registo civil as habilitações de herdeiros e a *partilha dos bens do falecido*, quando promovidas pelo cabeça-de-casal, em princípio até ao final do 3.º mês seguinte ao da morte do autor da sucessão, nas condições a que se reportam os arts. 210.º-A e ss. do CRC.

Actualmente, o art. 2102.º do CC, na redacção da dita Lei n.º 23/2013, determina que, havendo acordo dos interessados, a partilha é realizada nas conservatórias ou *por via notarial*, e, em qualquer outro caso (isto é, quando não houver acordo de todos os interessados; quando o Ministério Público entenda que o interesse do incapaz a quem a herança é deferida implica aceitação beneficiária; e nos casos em que algum dos herdeiros não possa, por motivo de ausência em parte incerta ou de incapacidade de facto permanente, intervir em partilha por acordo), por meio de inventário.

O que quererá o legislador dizer com a expressão *via notarial*? Que somente os notários – e não as outras entidades a quem a lei atribuiu funções notariais, tais como os advogados, os solicitadores e as câmaras de comércio e indústria – poderão doravante titular as partilhas, havendo acordo das partes?

A lei não clarifica o significado atribuído a esta expressão, havendo, por isso, quem entenda que a exigência da via notarial implica forçosamente a intervenção de um notário como única entidade competente para a titulação desses actos em tais casos e quem considere que essa exigência implica a utilização de um instrumento com intervenção de uma entidade com funções notariais e com observância das normas prescritas no CN.

É, porém, no mínimo, estranho que o legislador – que ainda recentemente contribuiu para a desformalização dos negócios jurídicos, através do citado DL n.º 116/2008, atribuindo as partilhas a um vasto leque de entidades tituladoras – tenha operado uma mudança tão importante no regime anterior, sem ter uma palavra sobre a sua intenção de o modificar, se foi isso que efectivamente esteve na sua mente.

Da conjugação do disposto nos n.os 1 e 2 deste art. 2102.º com a disciplina contida nos ditos DLs n.os 324/2007 e 116/2008, resulta que a partilha poderá ser efectuada:

a) Havendo acordo dos interessados

– Nas conservatórias do registo civil (pela via do procedimento simplificado de sucessão, a que se referem os arts. 210.º-A a 210.º-R do CRC), em quaisquer serviços de registo ou por advogados, solicitadores e câmaras de comércio e indústria (por documento particular autenticado); e

– Nos cartórios notariais (por escritura pública).

b) Na falta de acordo ou em qualquer dos casos previstos nas alíneas b) e c) do n.º 1 do art. 2102.º do CC, por meio de inventário, o qual, nos termos da citada Lei n.º 23/2013, terá, obrigatoriamente, de ser tramitado pelos cartórios notariais.

O regime jurídico do processo de inventário (RJPI) foi aprovado pela Lei n.º 23/2013, de 5 de Março, e regulamentado pela Portaria n.º 278/2013, de 26 de Agosto, actualizada pela Portaria n.º 46/2015, de 23 de Fevereiro.

A tramitação do processo de inventário comporta (ou pode comportar) várias fases, das quais se destacam:

– O requerimento inicial e as declarações do cabeça-de-casal;

– As citações e as notificações dos interessados;

– As oposições;

– A conferência preparatória e a conferência de interessados;

– A partilha propriamente dita (envolvendo a forma da partilha, o mapa da partilha, a decisão homologatória da partilha e a nota final de honorários e despesas); e

– Os recursos.

Estas matérias estão tratadas e desenvolvidas em diversas publicações, de vários autores [51], pelo que nos abstemos aqui de mais considerações.

Dados os inconvenientes de ordem económica e social que derivam do facto de o património hereditário permanecer indiviso, o art. 2101.º do CC conferiu aos herdeiros (não esquecer que hoje

[51] Cfr., entre outros, o nosso "Processo de inventário", 3.ª edição, Coimbra, Almedina, 2017, que traz, em anexo, o teor do RJPI, a portaria regulamentadora e o Regulamento das Custas Processuais.

o cônjuge também é herdeiro) e ao cônjuge meeiro o direito *irrenunciável* de exigir partilha, direito este que pode ser exercitado por qualquer deles, quando lhes aprouver, a menos que se tenha convencionado que o património se conserve indiviso por certo prazo, nas condições admitidas pelo n.º 2 desse artigo.

A partilha tem por objecto a universalidade da herança, mediante a atribuição aos herdeiros dos bens que a constituem, podendo eles, no preenchimento dos seus quinhões, proceder como melhor entenderem, quer adjudicando a totalidade dos bens a um só, quer repartindo-os entre si (em propriedade exclusiva ou em compropriedade), para que os interessados a quem forem atribuídos bens a mais do que o valor do seu direito reponham o excesso a favor dos que levam a menos (tornas), para igualação dos respectivos quinhões.

Do mesmo modo que se pode realizar hoje a habilitação notarial de menores, também é possível actualmente fazer-se partilha por via notarial em que sejam interessados menores, desde que estejam legalmente representados e que os representantes estejam devidamente autorizados.

Se forem omitidos na partilha, intencionalmente ou não, alguns dos bens que a compõem, o acto não será nulo – cfr. art. 2122.º do CC – mas os interessados terão de proceder à *partilha adicional* dos bens omitidos, pois enquanto o não fizerem esses bens continuarão a pertencer a todos os herdeiros em comum e sem determinação de parte ou direito.

Para se proceder à partilha é preciso, antes do mais, saber quem são os interessados, ou seja, quem tem direito aos bens que constituem o acervo hereditário (herdeiros, adquirentes de quinhões hereditários por transmissão ou por contrato, donatários e legatários, quando haja liberalidades inoficiosas, entre vivos ou por morte) e depois, havendo pluralidade de titulares desse direito, importa determinar o modo e a medida em que entre eles se faz a repartição dos bens.

Há, como se sabe, diversos tipos de sucessão: a testamentária, a contratual e a legal.

A *sucessão testamentária* resulta da vontade do autor da sucessão, expressa em testamento – cfr. arts. 2179.º e ss. do CC –, podendo o testador dispor de parte ou da totalidade dos seus bens, consoante lhe sobrevivam ou não herdeiros legitimários.

Há *sucessão contratual* quando, por contrato, alguém renuncia à sucessão de pessoa viva, ou dispõe da sua própria sucessão ou da sucessão de terceiro ainda não aberta, mas os contratos sucessórios só são permitidos nos casos a que se reportam os arts. 1700.º a 1707.º se constarem de convenção antenupcial – cfr. art. 2028.º do CC.

A *sucessão legal* – que engloba a legítima e a legitimária – resulta da lei, não dependendo da vontade do autor da sucessão e podendo mesmo ocorrer contra a sua vontade, no caso da sucessão legitimária.

As regras da *sucessão legítima* constam dos arts. 2131.º e ss. do CC, sendo chamados o cônjuge, os parentes e o Estado pela ordem abaixo indicada.

Convém não esquecer que:

– os herdeiros de cada uma das classes preferem aos das classes imediatas;

– dentro de cada classe, os parentes de grau mais próximo preferem aos de grau mais afastado;

– até 1 de Abril de 1978 o cônjuge ocupava na sucessão legítima o quarto lugar, depois dos descendentes, ascendentes e irmãos (e seus descendentes).

Nos termos do art. 2133.º, a ordem por que são chamados os herdeiros, *sem prejuízo do disposto no título da adopção*, é a seguinte:

a) Cônjuge e descendentes;
b) Cônjuge e ascendentes;
c) Irmãos e seus descendentes;
d) Outros colaterais até ao quarto grau;
e) Estado.

O cônjuge sobrevivo integra a primeira classe de sucessíveis, salvo se o autor da sucessão falecer sem descendentes e deixar ascendentes, caso em que integra a segunda classe.

O cônjuge não é chamado à herança se à data da morte do autor da sucessão se encontrar divorciado ou separado judicialmente de pessoas e bens, por sentença que já tenha transitado ou venha a transitar em julgado, ou ainda se a sentença de divórcio ou separação vier a ser proferida posteriormente àquela data, nos termos do nº 3 do artigo 1785º.

Acontece que a Lei n.º 143/2015, de 8 de Setembro – que aprovou o Regime Jurídico do Processo de Adopção (RJPA) e entrou em vigor no dia 7 de Dezembro de 2015 –, alterou diversas disposições do CC, acabando com a distinção entre adopção plena e adopção restrita, e revogou as disposições que a lei substantiva tinha destinado à adopção restrita (arts. 1992.º a 2002.º-D), designadamente, no que ao caso interessa, o art. 1999.º, que conferia direitos sucessórios ao adoptado, em relação ao adoptante, e a este, relativamente àquele, nos casos de adopção restrita.

Como é sabido, a sucessão abre-se no momento da morte do seu autor, sendo chamados à titularidade das relações jurídicas do falecido aqueles que gozam de prioridade na hierarquia dos sucessíveis. Dizia, a propósito, o Doutor Pereira Coelho: " ... é no momento da abertura da sucessão que a designação sucessória se fixa ou se concretiza na vocação e os termos em que ela se fixa ou se concretiza são ainda determinados pelo momento da abertura da sucessão ..." [52]– cfr. também arts. 2031.º e 2032.º do CC.

Assim sendo, no chamamento dos adoptados e adoptantes nas ***sucessões abertas antes de 7 de Dezembro de 2015***, os chamados continuam a dispor dos mesmos direitos sucessórios que tinham antes dessa data e que lhes eram conferidos pelos arts. 1986.º e 1999.º do CC, então em vigor (*ainda que as respectivas partilhas tenham lugar após essa data*) a saber:

a) Na *adopção plena*, os adoptados são equiparados aos descendentes e os adoptantes aos ascendentes;

b) Na *adopção restrita*, os adoptados e, por direito de representação, os seus descendentes são chamados à sucessão como herdeiros legítimos do adoptante, na falta de cônjuge, descendentes ou ascendentes; o adoptante é chamado à sucessão como herdeiro legítimo do adoptado ou de seus descendentes, na falta de cônjuge, descendentes, ascendentes, irmãos e sobrinhos do falecido.

Porém, ***nas sucessões abertas a partir de 7 de Dezembro de 2015***, pode pôr-se a questão de saber se os efeitos sucessórios da adopção restrita, anteriormente constituída, devem manter-se dentro dos limites estabelecidos no revogado art. 1999.º ou se devem antes extinguir-se, já que nos parece que os adoptados naquela espécie de adopção não podem ser integrados, sem mais, na categoria única de "adoptados", com as consequências previstas no comando do art. 1986.º, porque isso iria, desde logo, contrariar a vontade do adoptante que, eventualmente, optou por essa espécie de adopção para não prejudicar a legítima dos seus descendentes.

A lei nova não fixou os princípios reguladores da sua aplicação temporal, ou seja, não estabeleceu quaisquer disposições transitó-

[52] Direito das Sucessões, segundo as prelecções ao 4.º ano jurídico de 1966-67, Unitas, Cooperativa Académica de Consumo, Coimbra – 1968, pp. 103.

rias e, assim, nos termos do n.º 1 do art. 12.º do CC, ficam desde logo ressalvados os *efeitos já produzidos* pela adopção restrita à sombra da lei antiga, quer no que respeita aos direitos e deveres do adoptado em relação à família natural, quer no que concerne ao direito do adoptado em usar apelidos do adoptante (arts. 1994.º e 1995.º).

No que concerne, porém, aos *efeitos sucessórios* da adopção restrita, temos dúvidas sobre se a nova lei só visa os factos novos (e, portanto, se é aplicável apenas aos vínculos da adopção constituídos após a data da sua entrada em vigor), ou se deve abranger os próprios vínculos que subsistam a essa data (irrelevando a espécie, plena ou restrita, da adopção), hipótese esta em que os adoptados e os adoptantes, em adopção restrita, perderiam os direitos sucessórios que a lei anterior lhes conferia, frustrando as suas expectativas.

É nossa convicção que *a nova lei, ao dispor sobre as condições de validade substancial e sobre os efeitos da adopção, só quis visar os vínculos da adopção constituída após a sua entrada em vigor* e, consequentemente, fazendo apelo ao que o art. 12.º do CC prescreve na primeira parte do seu n.º 2, entendemos que nas sucessões abertas a partir de 7 de Dezembro de 2015, os adoptados e os adoptantes, em adopção restrita, continuam a dispor dos mesmos direitos sucessórios que tinham antes dessa data e que lhes eram conferidos pelo art. 1999.º do CC, então em vigor, ou seja:

– os adoptados e, por direito de representação, os seus descendentes são chamados à sucessão como herdeiros legítimos do adoptante, na falta de cônjuge, descendentes ou ascendentes;

– o adoptante é chamado à sucessão como herdeiro legítimo do adoptado ou de seus descendentes, na falta de cônjuge, descendentes, ascendentes, irmãos e sobrinhos do falecido.

Do exposto, conclui-se que *actualmente* a ordem por que são chamados os herdeiros, sem prejuízo do disposto no título da adopção quanto aos seus efeitos sucessórios, antes assinalados, é a seguinte:

a) Cônjuge e descendentes, incluindo nestes os adoptados (ou os adoptados em adopção plena) e seus descendentes.

É claro que o cônjuge não é chamado à herança se à data da morte do autor da sucessão se encontrar divorciado ou separado judicialmente de pessoas e bens por sentença transitada ou que venha a transitar em julgado, ou ainda se a sentença de divórcio ou de separação vier a ser proferida posteriormente àquela data, nos termos do n.º 3 do art. 1785.º e do art. 1794.º.

De igual modo, não será chamado se em convenção antenupcial os cônjuges tiverem renunciado reciprocamente à condição de herdeiro legal do outro cônjuge no caso de o regime de bens, convencional ou imperativo, ser o da separação – cfr. alínea c) do n.º 1 e n.º 3 do art. 1700.º do CC, na redacção da Lei n.º 48/2018, de 14 de Agosto, que entra em vigor no dia 1 de Setembro seguinte[53].

Em aditamento ao código, o art. 1707.º-A estabeleceu o *regime da renúncia à condição de herdeiro*, preceituando o seguinte:

1 – A renúncia pode ser condicionada à sobrevivência ou não de sucessíveis de qualquer classe, bem como de outras pessoas, nos termos do artigo 1713.º, não sendo necessário que a condição seja recíproca.

2 – A renúncia apenas afecta a posição sucessória do cônjuge, não prejudicando designadamente o direito a alimentos do cônjuge sobrevivo, previsto no artigo 2018.º, nem as prestações sociais por morte.

[53] A lei fala em renúncia recíproca à condição de herdeiro legitimário, mas o que se queria dizer era renúncia recíproca à condição de herdeiro legal, como se pode ler no Projecto de Lei n.º 781/XIII do Partido Socialista apresentado no dia 20 de Fevereiro de 2018 pelos deputados Fernando Rocha Andrade e Filipe Neto Brandão.

3 – Sendo a casa de morada de família propriedade do falecido, o cônjuge sobrevivo pode nela permanecer, pelo prazo de cinco anos, como titular de um direito real de habitação e de um direito de uso do recheio.

4 – Excepcionalmente, e por motivos de equidade, o tribunal pode prorrogar o prazo previsto no número anterior considerando, designadamente, a especial carência em que o membro sobrevivo se encontre, por qualquer causa.

5 – Os direitos previstos no n.º 3 caducam se o interessado não habitar a casa por mais de um ano, salvo se a razão dessa ausência lhe não for imputável.

6 – Os direitos previstos no n.º 3 não são conferidos ao cônjuge sobrevivo se este tiver casa própria no concelho da casa de morada da família, ou neste ou nos concelhos limítrofes se esta se situar nos concelhos de Lisboa ou do Porto.

7 – Esgotado o prazo em que beneficiou do direito de habitação, o cônjuge sobrevivo tem o direito de permanecer no imóvel na qualidade de arrendatário, nas condições gerais do mercado, e tem direito a permanecer no local até à celebração do respectivo contrato, salvo se os proprietários satisfizerem os requisitos legalmente estabelecidos para a denúncia do contrato de arrendamento para habitação, pelos senhorios, com as devidas adaptações.

8 – No caso previsto no número anterior, na falta de acordo sobre as condições do contrato, o tribunal pode fixá-las, ouvidos os interessados.

9 – O cônjuge sobrevivo tem direito de preferência em caso de alienação do imóvel, durante o tempo em que o habitar a qualquer título.

10 – Caso o cônjuge sobrevivo tenha completado 65 anos de idade à data da abertura da sucessão, o direito de habitação previsto no n.º 3 é vitalício.

Concorrendo cônjuge e descendentes a herança divide-se em partes iguais, excepto quando os descendentes forem mais de três, hipótese em que ao cônjuge cabe uma quarta parte da herança, dividindo os descendentes entre si e em partes iguais as restantes três quartas partes.

Não havendo cônjuge, a herança pertencerá inteiramente aos descendentes que a repartirão em partes iguais.

Além disso, convém ter presente que se o filho ou o adoptado (ou adoptado em adopção plena) do autor da herança não puder ou não quiser recebê-la ela defere-se para os seus descendentes – cfr. art. 2042.º.

b) Cônjuge e ascendentes, incluindo nestes os adoptantes (ou os adoptantes em adopção plena) e seus ascendentes.

Não havendo descendentes e o autor da sucessão deixar cônjuge e ascendentes, ao cônjuge pertencerão duas terças partes e aos ascendentes uma terça parte da herança, havendo direito de acrescer entre os ascendentes.

Na falta de descendentes e ascendentes, o cônjuge é chamado à totalidade da herança.

Tudo isto, claro, se não houver renúncia à condição de herdeiro legal, nos termos atrás assinalados.

c) Adoptados em adopção restrita e seus descendentes.

Na falta de cônjuge (ou se houver renúncia à condição de herdeiro legal, nos termos atrás assinalados), descendentes e ascendentes, os adoptados em adopção restrita e, por direito de representação, os seus descendentes, são chamados à sucessão como herdeiros legítimos do adoptante – cfr. n.º 2 do art. 1999.º.

d) Irmãos e seus descendentes, incluindo irmãos adoptivos (ou irmãos adoptivos em adopção plena) e seus descendentes e adoptados (ou adoptados plenos) de irmão ou de irmão adoptivo em adopção plena.

Na falta de cônjuge (ou se houver renúncia à condição de herdeiro legal, nos termos atrás assinalados), descendentes, ascendentes e adoptados em adopção restrita, são chamados à sucessão os irmãos e, representativamente, os descendentes destas.

Concorrendo à sucessão irmãos germanos e irmãos consanguíneos ou uterinos, o quinhão de cada um dos irmãos germanos, ou dos descendentes que o representem, é igual ao dobro do quinhão de cada um dos outros.

e) Adoptantes, no caso de adopção restrita.

O adoptante é chamado à sucessão como herdeiro legítimo do adoptado ou de seus descendentes, na falta de cônjuge (ou se houver renúncia à condição de herdeiro legal, nos termos atrás assinalados), descendentes, ascendentes, irmãos e sobrinhos do falecido – n.º 3 do art. 1999.º.

Todavia, os parentes do adoptante e o adoptado ou seus descendentes já não são herdeiros legítimos ou legitimários uns dos outros – art. 1996.º.

f) Outros colaterais até ao quarto grau.

Na falta de herdeiros das classes anteriores, são chamados à sucessão os restantes colaterais até ao quarto grau (tios e primos), preferindo sempre os mais próximos e fazendo-se a partilha por cabeça, mesmo que algum dos chamados à sucessão seja duplamente parente do falecido.

Neste grau de sucessão – convém lembrar – não há direito de representação – vide art. 2042.º.

g) Estado.

A *sucessão legitimária* é a que ocorre quando ao autor da sucessão sobrevivem cônjuge, descendentes ou ascendentes, havendo então uma parte da herança, a legítima, de que o autor da sucessão não pode dispor por ser destinada por lei a esses herdeiros, *pela ordem e segundo as regras estabelecidas para a sucessão legítima* – cfr. arts. 2156.º e ss. (é conveniente ter presente que até 1 de Abril de 1978 o cônjuge não era herdeiro legitimário).

Deste modo, quando o autor da sucessão tiver feito alguma disposição de última vontade ou liberalidade em vida e lhe sobreviva algum dos assinalados herdeiros, é preciso apurar se tais actos ofenderam a legítima dos seus herdeiros legitimários.

A legítima é de dois terços, de metade ou de um terço da herança, consoante o caso – cfr. arts. 2158.º, 2159.º e 2161.º – e calcula-se de acordo com o disposto no art. 2162.º. Assim, a legítima é de *dois terços* quando concorram à herança cônjuge e descendentes ou, não havendo cônjuge sobrevivo, dois ou mais descendentes ou ainda quando concorram à herança cônjuge e ascendentes; de *metade* quando, não havendo descendentes nem ascendentes, concorra à herança só o cônjuge ou quando, não havendo cônjuge sobrevivo, concorra só um descendente ou ainda quando, na falta de descendentes e de cônjuge sobrevivo, forem chamados os pais; de *um terço* quando, não havendo descendentes nem cônjuge sobrevivo, forem chamados os ascendentes do segundo grau e seguintes.

A prova das pessoas que sucedem ao *de cujus* é feita, conforme se sabe, através da habilitação, a qual, sendo um acto preparatório da partilha, deve inserir todos os elementos que se tornem necessários a um correcto cálculo dos quinhões dos interessados (v. g., a pré-morte ou o repúdio, como fundamento do direito de representação; a substituição directa ou o direito de acrescer; a indicação de serem germanos, consanguíneos ou uterinos os irmãos que concorram à sucessão, dado que o quinhão dos primeiros, ou dos descendentes que os representem, é igual ao dobro do quinhão de cada um dos outros, a eventual existência de alguma alienação de quinhão hereditário, etc.).

A determinação do modo e da medida da repartição dos bens entre os interessados (que pressupõe, obviamente, o conhecimento das normas de direito sucessório) implica a realização de certas operações, como sejam: a descrição dos bens, com indicação da situação matricial e registral e dos seus valores; a separação de meações (quando os bens a partilhar fazem parte do património comum do casal, porque, nos termos dos arts. 1688.º e 1689.º do CC, as relações patrimoniais entre os cônjuges cessam pela dissolução do casamento, recebendo os cônjuges ou os seus herdeiros os seus bens próprios e a sua meação no património comum); o cálculo do valor da herança e do quinhão de cada herdeiro; as adjudicações; e o cálculo do que cada interessado leva a mais relativamente ao quinhão a que tem direito (tornas).

Para se calcular o valor da herança deve abater-se ao valor dos bens o das dívidas, quando comprovado.

Talvez um exemplo sirva melhor para ilustrar o que se pretende esclarecer.

Imaginemos que depois de 1 de Abril de 1978 tinha falecido **A**, no estado de casado com **B** sob o regime da comunhão de adquiridos, deixando os filhos Abel e Joaquim.

O falecido havia feito testamento em que tinha instituído a mulher herdeira da quota disponível da sua herança.

Do acervo de bens que tinham ficado por sua morte constava uma fracção autónoma, composta de loja para comércio, um terreno para construção e um pinhal – que o *de cujus* já tinha ao tempo da celebração do casamento –, um automóvel e uma quota no capital de certa sociedade – por ele adquiridos a título oneroso na constância do casamento.

Como acto preparatório, o advogado teria de elaborar um **mapa da partilha** para o auxiliar a calcular mais facilmente quer o valor da herança, quer o valor do quinhão a que cada herdeiro tinha direito (em relação à herança no seu todo ou em relação apenas aos bens imóveis) e que serviria também para determinar o valor de qualquer excesso, se a algum interessado fossem adjudicados bens a mais do que o valor do seu quinhão.

Esse mapa podia ter a seguinte configuração:

Bens	Artigos	Valores	Viúva	Abel	Joaquim
Automóvel		€ 13.000	13.000		
Quota		€ 5.000	5.000		
Loja	120	€10.000			10.000
Terreno	97	€ 7.000		7.000	
Pinhal	14	€ 1.000		1.000	
SOMA	....	€ 36.000	18.000	8.000	10.000

Do valor global de 36.000, a viúva tinha, desde logo, direito ao valor da meação nos bens comuns, ou seja, direito a 9.000.

O valor da outra meação, acrescido do valor dos bens próprios do falecido, no total de 27.000, constituía a herança, a repartir pelos herdeiros nas seguintes proporções: à viúva pertencia 1/3 da herança (9.000), a título de herdeira testamentária, e 1/3 dos restantes 2/3, ou seja, 1/3 da legítima (6.000), a título de herdeira legitimária, no total de 15.000, valores estes que, acrescidos do valor de 9.000 da meação, perfariam 24.000; a cada um dos filhos pertencia metade dos 2/3 da legítima, ou seja, bens no valor de 6.000 a cada um.

Assim, os filhos Abel e Joaquim, na hipótese posta, levavam a mais bens nos valores, respectivamente, de 2.000 e 4.000, que teriam de entregar à mãe, a título de tornas, para que o quinhão desta ficasse integralmente composto.

Nem sempre as partilhas parecem revestir a simplicidade da hipótese posta: acontece, por vezes, que o autor da herança, casado num regime de comunhão, deixou testamento em que, por exemplo, dispôs de bens comuns do casal sem autorização do respectivo cônjuge, ou há necessidade de trazer bens ou valores à colação, ou tem de ser invocada a inoficiosidade de liberalidades.

Dizemos *parecem* porque os princípios a seguir são os mesmos, havendo apenas que atender, no caso concreto, às disposições legais que lhes são aplicáveis.

Apreciemos essas situações: primeiro, a disposição de bens comuns do casal sem autorização do respectivo cônjuge; depois, a inoficiosidade de liberalidades, visto que sobre o instituto da colação o principal já foi referenciado a propósito das doações.

Imaginemos a hipótese da existência de testamento em que o *de cujus*, casado num regime de comunhão, fez um legado de bem comum do casal, fora dos casos previstos no n.° 3 do art. 1685.° do CC.

Por exemplo: **A**, casado sob o regime de comunhão geral com **B**, fez testamento no qual legou ao filho **C** um determinado prédio do património comum no valor de 20 000 €, fora dos casos contemplados nas alíneas *a)* e *b)* do n.º 3 do dito art. 1685.º, presumindo-se que o legado foi feito por conta da quota disponível em virtude de nada se ter dito em contrário.

Por morte de **A** sobreviveram-lhe o cônjuge e os filhos **C**, **D**, **E** e **F**, existindo no património comum, à data da morte do autor da sucessão, bens no valor de 200 000 €, para além do valor do bem legado.

Assim, o valor do património comum do casal é de 220 000 € (200 000 mais 20 000 do bem legado), pelo que o valor da meação do falecido nos bens comuns do casal é de 110 000 € e de 36 666,66 € o valor da sua quota disponível (110 000: 3), não sendo, consequentemente, inoficioso o legado.

Mas, como o falecido fez um legado no valor de 20 000 €, ao valor da sua meação há que abater o valor deste legado para calcular o valor dos bens a partilhar pelos seus herdeiros legitimários, ficando, portanto, 90 000 € (110 000 – 20 000), valor este do qual cabe ao cônjuge sobrevivo 22 500 € (este não pode receber menos de 1/4) e 16 875 € a cada um dos filhos, sendo certo que **C**, o legatário, tem ainda direito ao valor do legado.

Nestes termos, os direitos do cônjuge sobrevivo à herança totalizam 132 500 € (meação mais quinhão hereditário), assim como os do herdeiro e legatário totalizam 36 875 € (quinhão legitimário mais legado).

De acordo com o que dispõe o citado art. 1685.º, o legado neste caso apenas dá ao contemplado o direito de exigir o respectivo valor em dinheiro, sendo nulo em espécie, mas, como o legatário é um dos herdeiros, nada obsta a que o bem legado lhe seja adjudicado em pagamento do legado, desde que os restantes herdeiros estejam de acordo; porém, nos casos em que o legatário não figure no rol dos herdeiros, mesmo havendo acordo em entregar o bem em pagamento do legado, nunca tal poderá ser efectuado em partilha, mas apenas através de um outro tipo de negócio jurídico, sendo a dação em cumprimento o mais usado em tal caso.

As liberalidades, entre vivos ou por morte, que ofendam a legítima dos herdeiros legitimários são inoficiosas, sendo redutíveis em tanto quanto for necessário para que a legítima seja preenchida – arts. 2168.º, n.º 1, e 2169.º.

Atenção que não são inoficiosas as liberalidades a favor do cônjuge sobrevivo que tenha renunciado à herança nos termos da alínea c) do n.º 1 do artigo 1700.º do CC, na redacção da Lei n.º 48/2018, de 14 de Agosto, *até à parte da herança correspondente à legítima do cônjuge caso a renúncia não existisse* – acrescenta a actual versão do n.º 2 daquele art. 2168.º.

A redução abrange em primeiro lugar as disposições testamentárias a título de herança, em segundo lugar, se elas não forem suficientes, os legados, e por último as liberalidades que hajam sido feitas em vida do autor da sucessão – art. 2171.º.

Bastando a redução das disposições testamentárias, será feita proporcionalmente, tanto no caso de deixas a título de herança como a título de legado, sem embargo de o testador poder declarar quais as disposições que preferencialmente devem ser reduzidas, hipótese em que só se reduzirão as demais se for necessário – art. 2172.º.

Na redução das liberalidades feitas em vida começa-se pela mais recente, no todo ou em parte; se isso não bastar, passar-se-á à imediata e assim sucessivamente – n.º 1 do art. 2173.º.

Havendo diversas liberalidades, que não sejam remuneratórias, feitas no mesmo acto ou na mesma data, a redução será feita, entre si, *rateadamente* – cfr. n.º 2 desse art. 2173.º –, ou seja, sempre que tal aconteça (e é bastante vulgar), a redução entre as várias liberalidades é feita, entre elas, por rateio, proporcionalmente. O cálculo poderá ser efectuado, com toda a simplicidade, por aplicação de uma regra de três simples, em que o valor total das doações a reduzir está para o valor do excesso da quota disponível do autor da herança, assim como cada uma das doações a reduzir está para x.

Deste modo, sempre que à sucessão concorram herdeiros legitimários, se o autor da sucessão tiver feito doações ou deixas testamentárias, o seu valor terá de ser levado em consideração para cálculo da legítima – cfr. arts. 2162.º e 2168.º.

Na parte dedicada às doações, foram referidos vários exemplos elucidativos de como as liberalidades entre vivos entravam nesse cálculo.

Com as deixas testamentárias, as coisas passam-se de igual modo, como se viu no exemplo acabado de indicar.

Nesse exemplo de legado de bem comum do casal, fora dos casos previstos no n.º 3 do art. 1685.º do CC, o legado não era inoficioso porque tinha o valor de 20 000 € e a quota disponível ascendia a 36 666,66 €.

Não assim se a deixa tivesse, por hipótese, o valor de 80 000 €, pois em tal caso seria de 140 000 € o valor da meação, de 93 333,33 € (2/3 de 140 000) o da legítima e de 46 666,66 € o da quota disponível, não havendo na herança bens suficientes para o seu pagamento. O autor da sucessão só podia dispor de bens no valor de 46 666,66 € e, por isso, o legado teria de ser reduzido em 33 333,33 €, com os necessários arredondamentos [54].

A partilha deverá referenciar a *habilitação de herdeiros* que anteriormente tiver sido lavrada por notário, os documentos alusivos aos *elementos registrais e matriciais dos prédios*, e *outros elementos de que já falámos a respeito dos requisitos gerais e especiais dos actos notariais*, que serão arquivados ou exibidos, conforme o regime aplicável.

De acordo com o art. 9.º do CRP, os factos de que resulte transmissão de direitos ou constituição de encargos sobre imóveis não podem ser titulados sem que os bens estejam definitivamente inscritos a favor da pessoa de quem se adquire o direito ou contra o qual se constitui o encargo.

[54] No "Manual de Direito Notarial", do autor, o leitor pode encontrar uma minuta de partilha de herança com conferência de bens doados, que ilustra a redução de liberalidades inoficiosas a que aqui se faz referência.

Constituem excepções a este princípio, conhecido por *princípio da legitimação de direitos*, além de outros actos, a partilha.

A referência feita no CRP à partilha como excepção ao princípio da legitimação de direitos – alínea *a)* do n.º 2 do art. 9.º – e à dispensa da inscrição prévia no registo de aquisição com base em partilha – n.º 3 do art. 34.º – leva-nos a concluir que os respectivos títulos podem ser realizados quer os bens partilhados estejam omissos no registo, quer estejam nele inscritos, ainda que em nome de pessoa diversa do autor da herança, muito embora, no último caso (o de inscrição em nome de pessoa diversa), o adjudicatário dos bens tenha de se defrontar no registo com o princípio do trato sucessivo, que o mesmo é dizer que tem de dispor de título válido que comprove o direito do autor da sucessão.

Se a herança compreender prédios urbanos não é de exigir, relativamente a eles, a licença (ou autorização) de utilização nem a ficha técnica, se eles se destinarem a habitação, por se entender que a partilha tem efeito declarativo e não translativo, uma vez que a transmissão dos bens se opera no momento da abertura da herança, tudo se passando como se os bens partilhados e atribuídos a cada herdeiro lhe ficassem a pertencer desde esse momento, nos termos consignados no art. 2119.º do CC.

3. **Partilha de bens sociais**

Diferente da partilha da herança é a partilha de bens sociais, decorrente da liquidação das sociedades.

Como se sabe, a sociedade, uma vez dissolvida, entra imediatamente em liquidação.

Se o contrato social o permitir e os sócios o deliberarem, a liquidação pode efectuar-se, com o acordo dos credores da sociedade, por transmissão global de todo o património, activo e passivo, para algum ou alguns sócios, inteirando-se os outros a dinheiro – art. 148.º do CSC.

Não havendo dívidas (ou depois de satisfeitos ou acautelados os direitos dos credores da sociedade), os sócios podem proceder à partilha dos haveres sociais (ou do activo restante, se assim estiver previsto no contrato ou se os sócios unanimemente o deliberarem, sendo algum ou alguns dos sócios inteirados em bens cujo valor pode ser coincidente ou não com o do seu quinhão) – cfr. em especial arts. 147.º e 156.º do CSC.

Os liquidatários intervêm na partilha para entregarem os bens aos sócios e estes, nesta qualidade, para aceitarem os bens que vão inteirar os seus quinhões – cfr. art. 159.º do CSC.

A partilha visará em primeiro lugar reembolsar o montante das entradas efectivamente realizadas por cada sócio, repartindo-se depois o saldo, se o houver, na proporção aplicável à distribuição de lucros, de acordo com o que dispõem os n.os 2 a 5 do dito art. 156.º.

Se marido e mulher, casados em regime de bens que não seja o da separação, forem sócios da sociedade e as quotas forem bens comuns, não há verdadeiramente uma partilha mas sim uma adjudicação ao património comum do casal dos bens da sociedade; se as quotas não forem bens comuns ou houver quotas que sejam bens comuns e outras que sejam bens próprios a partilha deve fazer-se de molde a que os cônjuges não tenham de dar tornas entre si, por a tanto se opor o n. 2 do art. 1714.º do CC.

A partilha de bens sociais tem efeito translativo e, por isso, diferentemente do que acontece na partilha da herança, se algum sócio receber prédio urbano, exigir-se-á, relativamente a esse prédio, a correspondente *licença (ou autorização) de utilização* ou documento comprovativo de que, à data da construção, o imóvel não estava sujeito a ela, a não ser que a existência desta esteja anotada na descrição e o prédio não tenha sofrido alterações – cfr. n.º 4 do art. 1.º do Decreto-Lei n.º 281/99, de 26 de Julho, e alínea *a)* do n.º 1 do art. 90.º-A do Código do Registo Predial.

Pela mesma razão, havendo *ficha técnica*, por algum dos prédios urbanos se destinar a habitação, será a mesma exigível.

A existência de ficha técnica de habitação pode ser anotada à descrição, dando-se, assim, aos cidadãos a possibilidade de encontrarem, num único local, toda a informação considerada necessária para a aquisição e celebração de negócios jurídicos sobre imóveis – alínea *b)* do n.º 1 do art. 90.º-A do Código do Registo Predial.

4. **Partilha do casal**

As relações patrimoniais entre os cônjuges cessam pela dissolução, declaração de nulidade ou anulação do casamento, pela separação judicial de pessoas e bens ou pela simples separação judicial de bens – cfr. arts. 1688.º, 1788.º (que atribui ao divórcio os mesmos efeitos da dissolução do casamento por morte), 2.ª parte do 1795.º-A e 1770.º, todos do CC.

A cessação das relações patrimoniais entre os cônjuges abre a porta à realização da partilha do casal.

Como ensina os n.os 1 e 2 do art. 1689.º do CC, cessando as relações patrimoniais entre os cônjuges, estes ou os seus herdeiros recebem os seus bens próprios e a sua meação no património comum, conferindo cada um deles o que dever a este património.

Havendo passivo a liquidar, são pagas em primeiro lugar as dívidas comunicáveis até ao valor do património comum, e só depois as restantes.

Os créditos de cada um dos cônjuges sobre o outro são pagos pela meação do cônjuge devedor no património comum; mas, não existindo bens comuns, ou sendo estes insuficientes, respondem os bens próprios do cônjuge devedor.

Nos termos dos arts. 1691.º, 1693.º e 1694.º do mesmo código, são da responsabilidade de ambos os cônjuges:

– As dívidas contraídas, antes ou depois da celebração do casamento, pelos dois cônjuges, ou por um deles com o consentimento do outro;

– As dívidas contraídas por qualquer dos cônjuges, antes ou depois da celebração do casamento, para ocorrer aos encargos normais da vida familiar;

– As dívidas contraídas na constância do matrimónio pelo cônjuge administrador em proveito comum do casal e nos limites dos seus poderes de administração;

– As dívidas contraídas por qualquer dos cônjuges no exercício do comércio, salvo se se provar que não foram contraídas em proveito comum do casal;

– As dívidas que onerem doações, heranças ou legados que tenham ingressado no património comum;

– As dívidas contraídas antes do casamento por qualquer dos cônjuges, em proveito comum do casal, se vigorar o regime da comunhão geral;

– As dívidas que onerem bens comuns e as que onerem bens próprios de um dos cônjuges, se, neste caso, tiverem como causa a percepção dos respectivos rendimentos e estes forem, por força do regime aplicável, considerados comuns.

De acordo com as disposições combinadas dos arts. 1730.º, n.º 1, e 1734.º do CC, os cônjuges participam por metade no activo e no passivo da comunhão, sendo nula qualquer estipulação em sentido diverso.

É claro que *não há lugar a partilha entre cônjuges que foram casados sob o regime da separação*, porque neste regime cada um deles conserva o domínio e fruição de todos os seus bens presentes e futuros, podendo dispor deles livremente – art. 1735.º do CC.

Poderá, é certo, haver bens que lhes pertençam em compropriedade, mas a forma adequada de lhe pôr termo não é a partilha, mas sim a divisão.

Como é sabido, no regime da comunhão de adquiridos são considerados próprios dos cônjuges os bens que cada um deles tiver ao tempo da celebração do casamento, os que lhes advierem depois do casamento por sucessão ou doação e os adquiridos na constância do matrimónio por virtude de direito próprio anterior, e comuns os bens adquiridos a título oneroso na constância do casamento – cfr. arts. 1722.º e 1724.º do CC; no regime da comunhão geral são comuns todos os bens adquiridos, a título gratuito ou oneroso, antes (ou na constância) do casamento, com as excepções que constam do art. 1733.º do CC.

A partilha dos bens do casal segue o percurso normal de qualquer outra partilha.

Há, porém, que observar o que dispõe o art. 1790.º do CC.

Esta disposição legal preceitua que em caso de divórcio (e também de separação judicial de pessoas e bens ou de simples separação judicial de bens, atento o que prescrevem os arts. 1788.º, 2.ª parte do 1795.º-A, e 1770.º do CC), nenhum dos cônjuges pode na partilha receber mais do que receberia se o casamento tivesse sido celebrado segundo o regime da comunhão de adquiridos.

Esta redacção do art. 1790.º do CC foi introduzida pela Lei n.º 61/2008, de 31 de Outubro.

Esta Lei entrou em vigor no dia 1 de Dezembro de 2008, mas o regime por ela instituído não se aplica aos processos que nessa data estivessem pendentes em tribunal.

Assim sendo, há que distinguir entre a hipótese de a cessação das relações patrimoniais entre os cônjuges decorrer do decretamento do divórcio, da separação judicial de pessoas e bens ou da simples separação judicial de bens antes de 1 de Dezembro de 2008 ou em processo pendente nessa data em tribunal e a hipótese de o decretamento da medida que pôs fim às relações patrimoniais entre os cônjuges ter ocorrido a partir de 1 de Dezembro de 2008, sem, todavia, ser consequência de processo nessa data pendente em tribunal.

a) 1.ª hipótese: ***cessação das relações patrimoniais entre os cônjuges ocorrida antes de 1 de Dezembro de 2008 ou na sequência de processo pendente nessa data em tribunal***

A partilha far-se-á, em princípio, de acordo com o regime de bens supletivamente aplicável ou livremente eleito.

Porém, quando o casamento tiver sido dissolvido por divórcio litigioso (ou quando tiver sido decretada separação judicial de pessoas e bens), com declaração na sentença de que a culpa é de um dos cônjuges, ou, sendo de ambos, de que um deles é o principal culpado, a partilha tem de obedecer ao que se achava estabelecido no art. 1790.º do CC, na redacção anterior à da Lei n.º 61/2008: o cônjuge declarado único ou principal culpado não pode na partilha receber mais do que receberia se o casamento tivesse sido celebrado segundo o regime da comunhão de adquiridos.

Esta sanção legal não significa que para aquele cônjuge, e por força da declaração de culpa, o regime de bens fique alterado, passando a ser o da comunhão de adquiridos.

O alcance que esta disposição tinha percebe-se melhor através das seguintes notas respigadas de um estudo publicado na Revista do Notariado, ano V – n.º 18, Outubro de 1984, da autoria de Francisco Clamote:

– *É necessário que o regime de bens do casamento seja o da comunhão geral (ou um regime base de comunhão geral) e que haja declaração na sentença de cônjuge único ou principal culpado.* Se o regime de bens, convencionado ou supletivo, for diverso do enunciado ou se não houver declaração de cônjuge culpado, a partilha far-se-á de acordo com o regime de bens supletivamente aplicável ou livremente eleito.

– *O artigo não é de aplicação automática*, pois, de contrário, poderíamos ter como resultado um efeito precisamente contrário ao pretendido pela lei que é o de penalizar o cônjuge culpado.

Imagine-se que, sendo o regime o da comunhão geral, **A** fora considerado único ou principal culpado e levara para o casamento bens no valor de € 20 000. Se os bens adquiridos a título oneroso na constância do casamento valessem € 5 000 e se **B** tivesse à data do casamento bens no valor de € 10 000, **A** receberia € 22 500, se a partilha se efectuasse segundo o regime da comunhão de adquiridos, e € 17 500 se fosse segundo o regime da comunhão geral.

A partilha realizar-se-ia, portanto, segundo o regime da comunhão geral, tudo se passando como se não houvesse declaração de cônjuge culpado ou como se o casamento fosse dissolvido por mútuo consentimento, porque o regime da comunhão geral era o menos favorável ao cônjuge declarado culpado.

Se, por hipótese, no exemplo citado, mantendo-se o bem adquirido na constância do casamento, o cônjuge culpado tivesse levado para o casamento o bem avaliado em € 10 000 e o inocente o bem mais valioso, a partilha teria de ser feita segundo o regime da comunhão de adquiridos, porque era segundo este regime que o cônjuge culpado era menos favorecido, tendo direito a € 12 500, contra os € 17 500 que lhe caberiam segundo o regime da comunhão geral.

Por isso, há que determinar, antes da partilha, qual o regime menos favorável ao cônjuge culpado (se o da comunhão de adquiridos, se o da comunhão geral) e será segundo ele que a partilha se fará.

– *Os bens comuns conservam essa natureza até à partilha, mesmo que esta tenha de ser realizada segundo o regime da comunhão de adquiridos e mesmo que, segundo este regime, aqueles bens devam ser considerados como próprios.* De contrário, se, por exemplo, o cônjuge único ou principal culpado fosse responsável exclusivo por uma dívida que contraísse depois do casamento – numa altura em que o credor confiou na existência de bens comuns – e se no regime da comunhão de adquiridos os bens fossem todos considerados como próprios do cônjuge inocente, o credor ficaria impossibilitado de satisfazer o seu crédito.

– *A partilha não pode ser dispensada mesmo no caso extremo de os bens existentes serem, no regime da comunhão de adquiridos, todos considerados próprios do cônjuge inocente,* pois nada impede que esses bens sejam adjudicados, no todo ou em parte, ao cônjuge culpado, que então pagará ao outro de tornas o valor de tudo quanto lhe for adjudicado.

b) 2.ª hipótese: ***cessação das relações patrimoniais entre os cônjuges ocorrida a partir de 1 de Dezembro de 2008, sem ser consequência de processo nessa data pendente em tribunal***

De acordo com o art. 1790.º do CC, na redacção da citada Lei n.º 61/2008, nenhum dos cônjuges pode na partilha receber mais do que receberia se o casamento tivesse sido celebrado segundo o regime da comunhão de adquiridos.

Como vimos na 1.ª hipótese atrás configurada, só o cônjuge declarado único ou principal culpado é que não poderá receber na partilha mais do que receberia se o casamento tivesse sido celebrado segundo o regime da comunhão de adquiridos e, por isso, há em tal caso que determinar qual o regime que lhe é menos favorável (se o da comunhão de adquiridos, se o da comunhão geral), sendo esse o regime aplicável à partilha.

Na 2.ª hipótese, ora em análise, as regras a que a partilha deve obedecer são de aplicação automática, atingindo ambos os cônjuges por igual.

O facto de a lei estipular que, nesta hipótese, nenhum dos cônjuges pode na partilha receber mais do que receberia se o casamento tivesse sido celebrado segundo o regime da comunhão de adquiridos não quer dizer que o regime da comunhão geral (supletivo ou adoptado pelos cônjuges) passe a ser o da comunhão de adquiridos.

Os bens comuns conservam essa natureza até à partilha (podendo, em consequência, ser nela adjudicados no todo ou em parte a qualquer um dos cônjuges), mas, para que nenhum deles possa receber mais do que receberia se o casamento tivesse sido celebrado segundo o regime da comunhão de adquiridos, torna-se necessário relacionar os bens com indicação da sua proveniência, a fim de determinar o quinhão a que cada um dos cônjuges neles tem direito, de acordo com o conteúdo daquela norma legal.

Surgem com frequência partilhas por divórcio em que do património comum dos cônjuges faz parte um prédio urbano por eles adquirido com recurso ao crédito bancário.

Imaginemos em tal caso que o imóvel tem o valor de 250 000 € e a dívida é de 50 000 €.

Se o prédio for adjudicado por inteiro a um deles, que assume o pagamento total da dívida, o outro terá direito a receber 100 000 €

de tornas, uma vez que é de 200 000 € (250 000 menos 50 000) o valor líquido a partilhar.

Outro exemplo: ao património comum pertencem dois prédios no valor de 86 290 € (uma fracção autónoma destinada a habitação no valor de 72 480 € e uma fracção autónoma destinada a garagem no valor de 13 810 €), havendo uma dívida comum no valor de 66 699 €.

O valor líquido a partilhar é de 19 591 € (86 290 – 66 699), dele cabendo a cada um 9 795,50 €.

Ficando o primeiro com a fracção autónoma destinada a habitação e com a obrigação de pagar a totalidade da dívida, o valor líquido que recebeu foi de 5 781 € (72 480 – 66 699), inferior em 4 014,50 € àquele a que tem direito, tendo, por isso, de receber esta quantia de tornas que o outro a mais levou (13 810 – 9 795,50).

Para instruir a partilha é documento bastante a certidão de casamento com o averbamento da sua dissolução por divórcio ou da separação de pessoas e bens ou da simples separação judicial de bens (ou a certidão de nascimento dos cônjuges com os averbamentos de casamento e da sua dissolução por divórcio ou da separação em qualquer das suas modalidades), mas nos casos assinalados na 1.ª hipótese, referida na alínea a) supra, de divórcio ou de separação de pessoas e bens litigiosos é necessária a apresentação de certidão da sentença que os houver decretado, a fim de se aferir se algum dos cônjuges foi declarado único ou principal culpado, tendo em vista o que dispunha o art. 1790.º do CC, na redacção anterior à da Lei n.º 61/2008.

O documento que for apresentado deve, a nosso ver, ficar arquivado por inexistir preceito que o mande exibir.

O problema da partilha entre cônjuges dos bens integrados no património comum do casal após a propositura da acção de divórcio ou de separação de pessoas e bens, mas antes do trânsito em julgado da respectiva sentença, tem sido muito discutido e foi já objecto de um parecer do CT da Direcção-Geral dos Registos e do Notariado (sobre a questão, vide o estudo intitulado "Partilha notarial entre cônjuges na pendência da acção de divórcio sujeita à condição do trânsito em julgado da respectiva sentença", Rómulo Raul Ribeiro e J. Joaquim Carvalho Botelho, 2.ª edição, 1999, SPB Editores).

Numa outra ordem de ideias, acrescentar-se-á que o Acórdão do STJ de 9 de Dezembro de 1999 considerou válido o *contrato de promessa de partilha de bens comuns celebrado entre cônjuges na pendência de divórcio*, por tal não importar nem modificação do regime de bens do casamento nem da natureza desses bens, funcionando o decretamento do divórcio como condição suspensiva para a sua validade, desde que nele os cônjuges participem em metade no activo e no passivo da comunhão, nos termos do n.º 1 do art. 1730.º do CC.

A partilha do casal tem efeito translativo e, por isso, se do seu objecto constar algum prédio urbano, exigir-se-á, relativamente a esse prédio, a correspondente *licença (ou autorização) de utilização* ou documento comprovativo de que, à data da construção, o imóvel não estava sujeito a ela, a não ser que a existência desta esteja anotada na descrição e o prédio não tenha sofrido alterações – cfr. n.º 4 do art. 1.º do Decreto-Lei n.º 281/99, de 26 de Julho, e alínea *a)* do n.º 1 do art. 90.º-A do Código do Registo Predial.

Pela mesma razão, havendo *ficha técnica*, por algum dos prédios urbanos se destinar a habitação, será a mesma exigível.

A existência de ficha técnica de habitação pode ser anotada à descrição, dando-se, assim, aos cidadãos a possibilidade de encontrarem, num único local, toda a informação considerada necessária para a aquisição e celebração de negócios jurídicos sobre imóveis – alínea *b)* do n.º 1 do art. 90.º-A do Código do Registo Predial.

Se a partilha tiver por base uma sentença estrangeira, de país fora da CEE, a sentença tem de se mostrar revista e confirmada para poder ser aceite; sendo proferida num país que pertença à CEE, apenas terá de ser traduzida, já que dentro deste espaço há livre circulação de sentenças em matéria matrimonial e de responsabilidade parental, conforme Regulamento (CE) n.º 2 201/2003 do Conselho, que entrou em vigor em 01.08.2004 e que revoga o Regulamento (CE) n.º 1 347/2000.

5. **Partilha em vida**

A partilha em vida, contemplada no art. 2029.º do CC, é um contrato complexo baseado numa ou mais doações entre vivos, com ou sem reserva de usufruto, de todos ou de parte dos bens dos doadores, a favor de algum, de alguns ou de todos os seus presuntivos herdeiros legitimários, com o consentimento dos restantes, e em que os donatários pagam ou se obrigam a pagar aos não donatários o valor das partes que proporcionalmente lhes tocariam nos bens doados.

Deve notar-se que o acto de partilha que compreende todos os bens dos progenitores dos partilhantes e que se apoia simultaneamente na herança de um deles e na doação feita pelo outro do direito à meação (e, eventualmente, do quinhão por ele herdado do falecido) a favor de todos os presuntivos herdeiros legitimários, para que estes possam realizá-la no mesmo acto, não se enquadra no conceito de "partilha em vida", porque esta se destina a possibilitar, ainda em vida do doador, a partilha entre os seus herdeiros legitimários dos bens a que eles teriam direito por morte daquele e o facto de uma pessoa ter direito à meação e ao quinhão hereditário e doar esse direito não significa que doe bens certos e determinados, não estando assim a antecipar a partilha de quaisquer bens.

Em tal caso deve falar-se de doação e partilha e não de partilha em vida, de acordo com o entendimento dos Serviços Técnicos da DGRN num processo de inspecção, feita em 1984, a um cartório notarial.

Note-se que, na hipótese do membro sobrevivo de um casal, dissolvido por morte, pretender entregar aos filhos todos os bens do património comum, não há necessidade de se fazer doação da meação e do quinhão hereditário que lhe pertencem. Basta que se proceda à partilha, por forma a que o cônjuge sobrevivo seja inteirado em dinheiro ou com usufruto sobre bens.

A partilha em vida é, em princípio, uma partilha definitiva que tem por objectivo repartir os bens do doador pelos seus presuntivos herdeiros legitimários, com o intuito de evitar entre eles desavenças que poderiam surgir com futuras partilhas.

Sendo definitiva, não podem esses bens ser reclamados por qualquer herdeiro legitimário que apareça em momento posterior, sem embargo do direito que lhe assiste a ser ressarcido em dinheiro.

Além disso, os bens doados não podem ficar sujeitos à colação numa futura partilha por morte dos doadores, na medida em que a igualação dos herdeiros, que é o fundamento da partilha em vida, fica assegurada com a intervenção de todos os herdeiros legitimários e também porque, sendo a colação uma restituição à massa da herança dos bens doados aos descendentes, esse instituto tem de ser privativo das partilhas por morte.

Na partilha em vida devem intervir o doador ou doadores e os seus presuntivos herdeiros legitimários, quer sejam ou não donatários (intervindo também os seus consortes, para dar o respectivo consentimento, se forem casados em regime diferente do da separação de bens), devendo frisar-se no contexto do acto que eles são os únicos presuntivos herdeiros legitimários do ou dos doadores.

Por constituir matéria de interesse para este tema, transcrevem-se as seguintes conclusões do parecer do CT de 28.04.2005, publicado no BRN n.º 4/2005 – II caderno – a pp. 2 e ss.:

I – A "partilha em vida", prevista no art. 2029.º do Código Civil, é uma forma especial de doação, feita a favor dos presumíveis herdeiros legitimários do doador, e incide sobre bens determinados, considerando-se tais bens conferidos e partilhados entre os donatários com a aceitação da doação ou doações e apuramento de eventuais tornas.

II – Não existe na "partilha em vida" o espírito de liberalidade presente nas doações em geral, pelo que não podem ser, para esse efeito, doados bens por conta da quota disponível do doador.

III – Considerando que os bens doados-partilhados em vida são, por força desta doação, imediata e definitivamente transmitidos para os donatários, não podem ser seu objecto bens doados segundo o regime das doações entre casados, porque a tal se opõe o disposto no artigo 1765.º, n.º 1, do Código Civil.

A partilha em vida não terá grandes dificuldades práticas se o doador for solteiro, viúvo, divorciado ou separado judicialmente de pessoas e bens, na medida em que, em casos tais, o valor dos bens terá de ser dividido pelos donatários em partes iguais, a menos que haja, entre os presumidos herdeiros legitimários do doador, netos filhos de filho pré-falecido, hipótese esta em que a divisão se fará por estirpes.

Não assim se os doadores forem casados e comuns os bens doados, porque, como se sabe, o consorte se situa na primeira linha da classe dos sucessíveis, em concorrência com os descendentes do autor das liberalidades que falecer em primeiro lugar.

De sorte que, nesta hipótese, ao proceder-se ao cálculo do quinhão dos descendentes e presuntivos herdeiros legitimários, deve ter-se em linha de conta a qualidade de herdeiro do cônjuge-doador que vier a sobreviver, relativamente à herança do que falecer em primeiro lugar, e determinar-se em relação à parte do valor dos bens por este doados, a prestação a que ele tem direito segundo a lei ou a vontade do doador predefunto.

É claro que os descendentes dos cônjuges-doadores que nos bens a partilhar levem bens a mais, em relação à meação doada pelo falecido, devem pagar o excesso ao ascendente-doador que sobreviver, muito embora a lei preveja que o pagamento possa ser feito desde logo no acto, tornando-se então necessário tratar ambos os cônjuges-doadores como herdeiros legitimários recíprocos e apurar a sua efectiva quota hereditária nos bens doados.

A minuta de partilha em vida que infra se apresenta ilustra as afirmações produzidas.

Ao contrário do que acontece com a partilha da herança (e também, como vimos, com a partilha da comunhão conjugal na decorrência de divórcio ou da separação judicial de bens e da partilha de bens sociais), não é permitido proceder à partilha em vida de bens imóveis, estando eles omissos no registo (a menos que seja exibido título de aquisição válido anterior a 1 de Outubro de 1984), porque a partilha em vida se baseia em doações de bens certos e determinados.

A mesma razão de a partilha em vida assentar em doações conduz a que deva exigir-se a correspondente *licença (ou autorização) de utilização*, quando o objecto de alguma delas for um prédio urbano, a não ser que a existência desta esteja anotada na descrição e o prédio não tenha sofrido alterações – cfr. n.º 4 do art. 1.º do Decreto-Lei n.º 281/99, de 26 de Julho, e alínea *a)* do n.º 1 do art. 90.º-A do Código do Registo Predial.

6. IMT

A transmissão de bens imóveis em consequência de *partilha* está sujeita, como é sabido, a imposto municipal sobre as transmissões onerosas, em tudo o que exceder o valor da quota-parte do adquirente, calculada segundo os valores patrimoniais tributários ou, caso seja superior, em face do valor que tiver servido de base à partilha – cfr. arts. 2.º, n.º 5, alínea *c)*, e 12.º, n.º 4, regra 11.ª, do CIMT.

O n. 6 do art. 2.º do CIMT, na redacção da Lei n.º 64-A/2008, de 31 de Agosto, excluiu da tributação, em sede de IMT, o excesso da quota-parte que ao adquirente pertencer em acto de *partilha por efeito de dissolução do casamento,* o que inculca a ideia de estar excluído da tributação apenas o excesso na partilha decorrente de divórcio e não de separação judicial de pessoas e bens ou de simples separação judicial de bens.

Porém, como as relações patrimoniais entre os cônjuges cessam tanto no caso de divórcio como nos de separação judicial de pessoas e bens ou de simples separação judicial de bens, o director-geral dos impostos, por despacho de 17 de Abril de 2009, transmitido pela circular n.º 10/2009 da DGCI, determinou que a exclusão de tributação em sede de IMT prevista no n.º 6 do artigo 2.º do CIMT é aplicável aos casos de partilha que resulte quer de divórcio quer de separação judicial de pessoas e bens ou de simples separação judicial de bens.

Note-se, porém, que a adjudicação de bens imóveis aos sócios na *partilha de bens das sociedades comerciais ou civis sob a forma comercial ou das sociedades civis a que tenha sido legalmente reconhecida personalidade jurídica* está sujeita a pagamento do imposto municipal sobre a transmissão onerosa em relação ao valor total dos bens recebidos. No entanto, se algum sócio tiver pago imposto pela ocorrência de alguma das situações previstas no art. 2.º n.º 2 *d)* do mesmo código (aquisição de parte social ou de quota nas sociedades em nome colectivo, em comandita simples ou por quotas, bem como a amortização ou quaisquer outros factos, quando tais sociedades possuam bens imóveis e por aquelas aquisições ou estes factos algum dos sócios fique a dispor de, pelo menos, 75 por cento do capital social, ou o número de sócios se reduza a dois, sendo marido e mulher, casados sob o regime da comunhão geral ou de adquiridos), o imposto relativo à nova transmissão levará em conta o valor já tributado, incidindo sobre a diferença entre o valor dos bens agora adquiridos e o valor por que anteriormente o imposto tiver sido liquidado – cfr. arts. 2.º, n.º 5, alínea *e) in fine*, e 12.º, n.º 4, regra 19.ª, alínea *c)*, do CIMT.

A liquidação do IMT é promovida pelo serviço de finanças competente com base no próprio documento de partilha, ou seja, a liquidação do IMT não precede, como antigamente, o acto translativo dos bens, sendo, consequentemente, *posterior à celebração da partilha* – cfr. arts. 21.º, n.º 3, 22.º, n.º 1, e 23.º do CIMT.

O imposto deve ser pago nos 30 dias posteriores ao acto – n.º 7 do art. 36.º do CIMT.

7. **Selo**

É devido o selo estabelecido no n.º 1.1 da tabela geral, ou seja, 0,8% sobre o excesso da quota-parte que ao adquirente pertencer, não sendo aplicável a exclusão tributária prevista no n.º 6 do artigo 2.º do CIMT, já que a citada verba 1.1 da tabela geral abrange toda e qualquer aquisição onerosa de bens imóveis, independentemente da sua sujeição a IMT – cfr. despacho do director-geral dos impostos de 17 de Abril de 2009, transmitido pela circular n.º 10/2009 da DGCI.

O imposto fixado nesta verba 1.1 não é, porém, liquidado pelo advogado ou solicitador, mas antes pelos serviços centrais da Direcção-Geral dos Impostos, de acordo com o estatuído no n.º 4 do art. 23.º do CIS e no art. 21.º do CIMT, e *posteriormente à realização da partilha*, como se infere das dos arts. 22.º e 23.º deste CIMT.

O imposto deve ser pago nos 30 dias posteriores ao acto – n.º 7 do art. 36.º do CIMT.

É preciso ter em conta que o selo previsto neste ponto 1.1 incide sobre as tornas passíveis de imposto municipal sobre as transmissões onerosas de imóveis – arts. 2.º, n.º 5, alínea *c)*, e 12.º, n.º 4, regra 11.ª, do CIMT –, mas na adjudicação de bens imóveis aos sócios incide sobre o valor tributável dos bens adjudicados – art. 2.º, n.º 5, alínea *e)*, *in fine*, com a ressalva prevista na alínea *c)* da regra 19.ª do n.º 4 do art. 12.º do CIMT.

É claro que na partilha em vida o imposto de selo incide também sobre cada uma das doações de bens imóveis, da forma anteriormente explicitada a propósito do contrato de doação.

Sempre que o selo incidir sobre o excesso que o partilhante leva a mais em *imóveis*, é preciso notar que o excesso pode não coincidir com o montante das tornas prestadas, por exemplo quando o acervo a partilhar seja composto por bens móveis e imóveis ou por activo e passivo: no primeiro caso, se a partilha compreender bens móveis e imóveis, para a liquidação do imposto de selo da verba 1.1 (e também do IMT) só interessa considerar o excesso da quota-parte que ao adquirente pertencer nos bens imóveis – cfr. art. 2.º, n.º 5, alínea *c)*, do CIMT; no segundo caso, se do acervo a partilhar fizer parte activo e passivo, o passivo é abatido ao activo para efeito das tornas entre os partilhantes, mas tal facto não tem relevância para efeito do imposto do selo (como, aliás, também não tem para efeitos do IMT), o qual incide sempre sobre o valor dos imóveis que o interessado levar a mais em relação à quota-parte que nesses bens lhe pertencer.

8. **Minutas**

1.ª hipótese: *partilha da herança, composta de bens móveis e imóveis, com separação de meações*

Partilha hereditária

PRIMEIRO – F ..., viúva, ...;
SEGUNDO – F ... e mulher F ...;
TERCEIRO: F ... e mulher F ...
E por eles foi dito:

Que no dia ..., no lugar de ..., donde era natural e onde habitualmente residia, faleceu F ... no estado de casado em primeiras núpcias de ambos e sob o regime da comunhão de adquiridos com a primeira interveniente F ...;

Que o falecido fez testamento público no cartório notarial de ... com início a folhas ... do livro ... no qual instituiu a primeira interveniente, sua mulher, herdeira da quota disponível da herança, deixando como herdeiros legitimários a sobredita primeira interveniente e os filhos F ... e F ..., respectivamente, segundo e terceiro intervenientes, como consta da escritura de habilitação de herdeiros lavrada em ... no cartório notarial de ..., com início a folhas ... do livro de notas para escrituras diversas número ...;

Que, assim, são eles os únicos interessados na partilha dos bens a seguir descritos:

Bens móveis

Número um – automóvel marca ... com a matrícula ..., cuja propriedade foi registada a favor do autor da herança na conservatória do registo de automóveis de ... em ... sob o número ..., a que atribuem o valor de ...; e

Número dois – quota no valor nominal de ... euros, titulada em nome do autor da herança no capital da sociedade comercial por quotas com a firma ... com sede em ... matriculada na conservatória do registo comercial de ... sob o número ..., correspondente ao número de pessoa colectiva, com o capital social de ..., a que atribuem valor igual ao nominal indicado;

Bens imóveis

Número três – Fracção autónoma individualizada pela letra ..., composta de ..., no rés-do-chão lado direito do prédio urbano em regime de propriedade horizontal sito em ..., fracção a que corresponde na conservatória do registo predial de ... a descrição número ... da freguesia de ..., nela registadas a constituição do regime de propriedade horizontal, conforme inscrição ... e a aquisição da aludida fracção autónoma, a favor do falecido F ..., conforme inscrição ..., encontrando-se o prédio inscrito na matriz sob o artigo ... com o valor patrimonial tributário de ..., igual ao que lhe atribuem;

Número quatro – Terreno para construção, com a área de ..., sito em ... descrito ... e com a aquisição registada a favor do autor da herança conforme inscrição ... inscrito na matriz ... com o valor patrimonial tributário de ..., igual ao que lhe atribuem;

Número cinco – Terreno a pinhal com a área de ..., denominado ... sito em ... a confinar ... inscrito na respectiva matriz sob o artigo ..., com o valor patrimonial tributário de ..., para efeitos de IMT e de selo, igual ao que lhe atribuem;

Que os bens imóveis já pertenciam ao autor da herança ao tempo da celebração do casamento e os móveis foram por ele adquiridos a título oneroso na constância do matrimónio;

Que o valor global dos bens descritos é de ..., sendo de ... o valor dos bens comuns e de igual quantia o valor dos bens próprios do autor da herança;

Que o valor dos bens comuns tem de ser dividido em duas partes iguais, de ..., que constituem as meações do falecido e da primeira interveniente;

Que o valor da meação do falecido, somado ao valor dos seus bens próprios, perfaz a quantia de ... – que constitui o valor da sua herança –, dela cabendo à primeira interveniente viúva ... euros, a título de herdeira testamentária, e ... euros, a título de herdeira legitimária, no total de ... euros, que, acrescido de ... euros do valor da sua meação nos bens comuns, perfaz a quantia de ...euros, valor a que a primeira interveniente tem direito nos bens descritos;

Que cada um dos filhos F ... e F ..., segundo e terceiro intervenientes, tem nos citados bens direito ao valor de ... euros, correspondente à sua legítima;

Assim, nos bens imóveis supra descritos e de acordo com as regras de sucessão enunciadas, a primeira interveniente tem direito a um quinhão no valor de ... euros e cada um dos filhos um quinhão no valor de ... euros;

Que procedem à partilha do seguinte modo:

À primeira interveniente, em pagamento dos seus direitos, são adjudicados os bens móveis descritos sob as verbas números um e dois, tudo no valor de ... euros, com um defeito de ... euros;

Ao segundo interveniente F ..., em pagamento do seu quinhão, são adjudicados os prédios descritos sob as verbas números quatro e cinco, tudo no valor de ... euros, com um excesso de ... euros, que de tornas entrega a sua mãe, sendo, porém, de ... euros o excesso relevante para determinação do imposto municipal de transmissão onerosa sobre imóveis, dos quais ... euros dizem respeito a bens imóveis de natureza urbana e ... euros a imóveis de natureza rústica;

Ao terceiro interveniente F ..., em pagamento do seu quinhão, é adjudicado o prédio descrito sob a verba número três, no valor de ... euros, com um excesso de ... euros, que de tornas entrega a sua mãe, sendo, porém, de ... euros o excesso relevante para determinação do imposto municipal de transmissão onerosa sobre imóveis.

Disse a primeira interveniente que se dá por paga do que, a título de tornas, tinha a receber de seus filhos, os ora segundo e terceiro intervenientes [55].

Declararam as segunda e terceira intervenientes mulheres: que dão o seu consentimento ao presente acto.

Local: ...

Data: ...

Assinaturas:

Termo de autenticação

No dia ..., no meu escritório sito em ..., perante mim, F..., advogado (ou solicitador) titular da cédula profissional n.º ... emitida por ... em ... compareceram:

PRIMEIRO: F ..., NIF ..., viúva, natural e habitualmente residente em ...

SEGUNDO: F ..., NIF ..., e mulher F ..., NIF ..., casados sob o regime da comunhão geral, ela natural da freguesia de ... e ele da freguesia de ..., residentes habitualmente em ...

TERCEIRO: F ..., NIF ..., e mulher F ..., NIF ..., casados sob o regime da comunhão de adquiridos, ela natural da freguesia de ... e ele da freguesia de ..., residentes habitualmente em ...

Verifiquei a identidade dos intervenientes por ...

E por eles me foi apresentado, para fins de autenticação, o documento anexo que é uma partilha por óbito de ..., tendo declarado que já o leram e assinaram e que ele exprime a sua vontade.

Fiz a advertência da obrigatoriedade do registo de aquisição da quota no prazo de dois meses.

Arquivado: uma certidão comprovativa da matrícula e das inscrições em vigor relativas à mencionada sociedade.

Exibido:

***a)* Uma certidão de teor passada em ... pela conservatória do registo predial de ..., com o número de ordem ..., por onde verifiquei as descrições e inscrições dos prédios no registo e a omissão nele do identificado sob a verba número cinco;**

[55] Ver n.ºs 5 e 6 do art. 47.º do CN.

b) Três cadernetas prediais, duas urbanas e uma rústica, obtidas hoje via Internet, por onde verifiquei os elementos matriciais dos prédios; e

c) O livrete do automóvel e o respectivo título de registo de propriedade.

Este termo foi lido aos interessados e aos mesmos explicado o seu conteúdo.

Assinaturas: (dos intervenientes e do advogado ou solicitador)

2.ª hipótese: *liquidação e partilha de bens sociais*

Liquidação e partilha de bens sociais

PRIMEIRO: F ...;

SEGUNDO: F ...;

TERCEIRO: F ...

Disse o primeiro:

Que por escritura pública lavrada ... foi constituída a sociedade ... com o capital de ... dividido em duas quotas iguais de ... uma de cada um dos segundo e terceiro intervenientes, sendo ele primeiro interveniente designado gerente;

Que a sociedade foi matriculada sob o número ..., mas por escritura lavrada ... foi dissolvida por acordo unânime dos sócios, passando ele primeiro interveniente, desde então, a ser liquidatário da sociedade, nos termos do artigo 151.° do Código das Sociedades Comerciais;

Que, tendo procedido à satisfação de todos os direitos dos credores, deu as contas por encerradas em ...;

Que as contas finais foram por si apresentadas aos sócios, acompanhadas do relatório completo da liquidação e do projecto de partilha do activo restante, tendo sido aprovadas em ... por deliberação unânime deles;

Que o activo restante a repartir entre os sócios é constituído pelos seguintes bens imóveis:

Um – prédio rústico, composto de ...;

Dois – prédio urbano destinado a habitação ...;

Que é de ... o valor do acervo a partilhar, dele cabendo ... a cada sócio para reembolso integral da sua entrada de capital inicial, devendo o restante ser repartido entre eles na proporção aplicável à distribuição de lucros, ou seja, em partes iguais, pertencendo, assim, a cada um deles a quantia de ...;

Que, de acordo com o sobredito projecto de partilha, são os aludidos bens entregues ao segundo interveniente, no indicado valor de ..., pelo que leva a mais, em relação aos seus direitos, a quantia de ... que repõe ao outro sócio e este declara ter recebido [56];

Que o sócio-gerente F ... fica depositário dos livros, documentos e demais elementos da escrituração.

Declarou o segundo interveniente que aceita os referidos bens.

Local: ...

Data: ...

Assinaturas:

Termo de autenticação

No dia ..., no meu escritório sito em ..., perante mim, F..., advogado (ou solicitador) titular da cédula profissional n.º ... emitida por ... em ... compareceram:

PRIMEIRO: F ..., solteiro, maior, ...

SEGUNDO: F ..., casado com F ... no regime de separação, ...

TERCEIRO: F ..., divorciado, ...

Verifiquei a identidade dos intervenientes por ...

E por eles me foi apresentado, para fins de autenticação, o documento anexo que é uma liquidação e partilha dos bens da sociedade ..., tendo declarado que já o leram e assinaram e que ele exprime a sua vontade.

Adverti o primeiro interveniente da obrigatoriedade do registo de encerramento da liquidação dentro de dois meses, a contar de hoje.

Arquivado:

***a)* Certidão do registo comercial;**

***b)* Fotocópia da acta da mencionada deliberação e dos ditos relatório e projecto;**

Exibido:

[56] Ver n.ºs 5 e 6 do art. 47.º do CN.

_a)_ Alvará de autorização de utilização n.º ... emitido pela câmara municipal de ... em ...;

_b)_ Duas cadernetas prediais, uma urbana e outra rústica, obtidas hoje via Internet, por onde verifiquei os elementos matriciais dos prédios; e

_c)_ Certidão emitida em ... pela conservatória de ..., com o número de ordem ..., comprovativa dos elementos registrais referidos.

A ficha técnica de habitação referente ao imóvel supra identificado sob o número dois foi entregue neste acto ao adjudicatário.

Este termo foi lido aos interessados e aos mesmos explicado o seu conteúdo.

Assinaturas: (dos intervenientes e do advogado ou solicitador)

3.ª hipótese: *partilha na sequência de divórcio por mútuo consentimento proferido antes de 1 de Dezembro de 2008*

Partilha em consequência de divórcio

PRIMEIRO: F ...

SEGUNDO: F ...

E por eles foi dito:

Que foram casados um com o outro sob o regime da comunhão geral, mas por decisão proferida em ... pelo conservador do registo civil de ... foi entre ambos decretado o divórcio por mútuo consentimento;

Que o património comum do seu dissolvido casal é constituído pelos seguintes bens:

Número um: terreno para construção ..... com o valor patrimonial tributário e atribuído de ... euros;

Número dois: terreno para construção ... com o valor patrimonial tributário e atribuído de ... euros; e

Número três: prédio rústico ... com o valor patrimonial tributário, para efeitos de IMT e de selo, e atribuído de ... euros;

Que, somando os bens o valor de ... euros, dele cabe a cada ex-cônjuge a importância de ... euros;

Que procedem à partilha do seguinte modo:

Ao primeiro F ..., em pagamento da sua meação, são adjudicados os prédios descritos sob as verbas números um e dois, tudo no valor de ... euros, com um excesso de ... euros;

À segunda F..., em pagamento da sua meação, é adjudicado o prédio descrito sob a verba número três, no valor de ... euros, com um defeito de ... euros, que já recebeu [57].

Local: ...

Data: ...

Assinaturas:

Termo de autenticação

No dia ..., no meu escritório sito em ..., perante mim, F..., advogado (ou solicitador) titular da cédula profissional n.º ... emitida por ... em ... compareceram:

PRIMEIRO: F ..., NIF, ...

SEGUNDO: F ..., NIF ...

Verifiquei a identidade dos intervenientes por ...

E por eles me foi apresentado, para fins de autenticação, o documento anexo que é uma partilha do seu património comum em consequência de divórcio por mútuo consentimento, tendo declarado que já o leram e assinaram e que ele exprime a sua vontade.

Arquivado: certidão da decisão do conservador do registo civil.

Exibido:

***a)* Três cadernetas prediais, duas urbanas e uma rústica, obtidas hoje via Internet, por onde verifiquei os elementos matriciais dos prédios e;**

***b)* certidão emitida em ... pela conservatória de ..., com o número de ordem ..., comprovativa dos elementos registrais referidos.**

Este termo foi lido aos interessados e aos mesmos explicado o seu conteúdo.

Assinaturas: (dos intervenientes e do advogado ou solicitador)

4.ª hipótese: *partilha na sequência de divórcio por mútuo consentimento proferido antes de 1 de Dezembro de 2008* (com activo e passivo)

[57] Ver n.ºs 5 e 6 do art. 47.º do CN.

Partilha em consequência de divórcio

PRIMEIRO: F...

SEGUNDO: F ...

E por eles foi dito:

Que foram casados um com o outro sob o regime da comunhão de adquiridos, mas por decisão proferida em ... pelo conservador do registo civil de ... foi entre ambos decretado o divórcio por mútuo consentimento;

Que do seu dissolvido casal fazem parte os seguintes bens comuns:

Activo

Número um: terreno para construção ... com o valor patrimonial e atribuído de ... euros;

Número dois: prédio rústico ... com o valor patrimonial e atribuído de ... euros.

Passivo

Número três: dívida no montante de ... euros, resultante de empréstimo concedido por ...

Que, sendo de ... euros o valor dos bens imóveis e de ... euros o valor da dívida, é de ... euros o activo líquido a partilhar, dele cabendo a cada um dos intervenientes a quantia de ... euros;

Que procedem à partilha do seguinte modo:

Ao primeiro F ... é adjudicado o prédio descrito sob a verba número um, no indicado valor de ... euros, assumindo a obrigação do pagamento da totalidade da dívida descrita sob a verba número três, no valor de ... euros, pelo que leva a menos a quantia de ... euros, em relação ao direito que lhe cabe no activo líquido, quantia essa que já recebeu [58]**.**

À segunda F... é adjudicado o prédio descrito sob a verba número dois, no valor de ... euros, com um excesso de ... euros relativamente àquele seu direito.

Mais declararam:

Que, somando os bens imóveis a quantia de ... euros, é de ... euros o direito que neles tem cada um dos intervenientes, pelo que o pri-

[58] Idem.

meiro leva a mais nesse tipo de bens a importância de ... euros, excesso este que constitui o valor tributável para efeitos do imposto de selo.

Local: ...

Data: ...

Assinaturas:

Termo de autenticação

No dia ..., no meu escritório sito em ..., perante mim, F..., advogado (ou solicitador) titular da cédula profissional n.º ... emitida por ... em ... compareceram:

PRIMEIRO: F ..., NIF, ...

SEGUNDO: F ..., NIF ...

Verifiquei a identidade dos intervenientes por ...

E por eles me foi apresentado, para fins de autenticação, o documento anexo que é uma partilha do seu património comum em consequência de divórcio por mútuo consentimento, tendo declarado que já o leram e assinaram e que ele exprime a sua vontade.

Arquivado: certidão da decisão do conservador do registo civil.

Exibido:

***a)* Duas cadernetas prediais, uma urbana e outra rústica, obtidas hoje via Internet, por onde verifiquei os elementos matriciais dos prédios; e**

***b)* Certidão emitida em ... pela conservatória de ..., com o número de ordem ..., comprovativa dos elementos registrais referidos.**

Este termo foi lido aos interessados e aos mesmos explicado o seu conteúdo.

Assinaturas: (dos intervenientes e do advogado ou solicitador)

5.ª hipótese: *partilha na sequência de divórcio litigioso decretado antes de 1 de Dezembro de 2008 (ou em processo nessa data pendente em tribunal) com declaração de cônjuge culpado*

Partilha em consequência de divórcio

PRIMEIRO: F ...

SEGUNDO: F ...

E por eles foi dito:

Que foram casados um com o outro sob o regime da comunhão geral, mas por sentença com trânsito em julgado proferida em ... pelo tribunal judicial de ... foi entre ambos decretado o divórcio;

Que o património comum do seu dissolvido casal é constituído pelos seguintes bens:

Número um: terreno para construção ..... com o valor patrimonial tributário e atribuído de .. euros;

Número dois: terreno para construção ... com o valor patrimonial tributário e atribuído de ... euros;

Número três: prédio rústico ... com o valor patrimonial tributário, para efeitos de IMT e de selo, e atribuído de ... euros;

Que a sentença que decretou o divórcio declarou a segunda interveniente única culpada, não podendo ela, por isso, receber nesta partilha mais do que receberia se o casamento tivesse sido celebrado segundo o regime da comunhão de adquiridos, de acordo com a sanção estabelecida no artigo 1790.º do Código Civil, na redacção anterior à da Lei n.º 61/2008, de 31 de Outubro;

Que o bem descrito sob a verba número um foi levado para o casamento pelo primeiro; o descrito sob a verba número dois foi adquirido a título oneroso na constância do matrimónio; e o descrito sob a verba número três foi levado para o casamento pela segunda;

Que, somando os bens o valor de ... euros, a cada ex-cônjuge caberia a importância de ... euros, se a partilha fosse efectuada segundo o regime de bens sob o qual o casamento foi celebrado, ou seja, o regime da comunhão geral, mas, segundo o regime da comunhão de adquiridos, ao primeiro caberia a importância de ... euros e à segunda a importância de ... euros;

Que, assim, por aplicação do comando contido na citada norma do Código Civil, é segundo o regime da comunhão de adquiridos que esta partilha terá de ser realizada;

Que procedem à partilha do seguinte modo:

Ao primeiro interveniente F ... são adjudicados os prédios descritos sob as verbas números um e dois, tudo no valor de ... euros, com um excesso de ... euros;

À segunda interveniente F... é adjudicado o prédio descrito sob a verba número três, no valor de ... euros, com um defeito de ... euros, que já recebeu [59].

Local: ...

Data: ...

Assinaturas:

Termo de autenticação

No dia ..., no meu escritório sito em ..., perante mim, F..., advogado (ou solicitador) titular da cédula profissional n.º ... emitida por ... em ... compareceram:

PRIMEIRO: F ..., NIF, ...

SEGUNDO: F ..., NIF ...

Verifiquei a identidade dos intervenientes por ...

E por eles me foi apresentado, para fins de autenticação, o documento anexo que é uma partilha do seu património comum em consequência de divórcio litigioso, tendo declarado que já o leram e assinaram e que ele exprime a sua vontade.

Arquivado: certidão da decisão judicial.

Exibido:

***a)* Duas cadernetas prediais, uma urbana e uma rústica, obtidas hoje via Internet, por onde verifiquei os elementos matriciais dos prédios; e**

***b)* Certidão emitida em ... pela conservatória de ..., com o número de ordem ..., comprovativa dos elementos registrais referidos.**

Este termo foi lido aos interessados e aos mesmos explicado o seu conteúdo.

Assinaturas: (dos intervenientes e do advogado ou solicitador)

[59] Ver n.ºs 5 e 6 do art. 47.º do CN.

6.ª hipótese: *partilha na sequência de divórcio decretado a partir de 1 de Dezembro de 2008 (sem ser consequência de processo nessa data pendente em tribunal)*

Partilha em consequência de divórcio

PRIMEIRO: F ...

SEGUNDO: F ...

E por eles foi dito:

Que foram casados um com o outro sob o regime da comunhão geral, mas por sentença com trânsito em julgado proferida em ... pelo tribunal judicial de ... foi entre ambos decretado o divórcio;

Que o património comum do seu dissolvido casal é constituído pelos seguintes bens:

Número um: terreno para construção ..... com o valor patrimonial tributário e atribuído de ... euros;

Número dois: terreno para construção ... com o valor patrimonial tributário e atribuído de ... euros;

Número três: prédio rústico ... com o valor patrimonial tributário, para efeitos de IMT e de selo, e atribuído de ... euros;

Que, nos termos do artigo 1790.º do Código Civil, na redacção da Lei n.º 61/2008, de 31 de Outubro, nenhum dos ex-cônjuges pode na partilha receber mais do que receberia se o casamento tivesse sido celebrado segundo o regime da comunhão de adquiridos, pelo que se torna necessário indicar a proveniência dos bens, a fim de determinar o quinhão a que cada um dos ex-cônjuges neles tem direito, de acordo com o conteúdo daquela norma legal.

Que o bem descrito sob a verba número um foi levado para o casamento pelo primeiro interveniente; o descrito sob a verba número dois foi adquirido a título oneroso na constância do matrimónio; e o descrito sob a verba número três foi levado para o casamento pela segunda interveniente;

Que, somando os bens o valor de ... euros, nele cabe ao primeiro a importância de ... euros e à segunda a importância de ... euros, de acordo com os ditames do citado preceito legal;

Que procedem à partilha do seguinte modo:

Ao primeiro interveniente F ..., em pagamento do seu quinhão, são adjudicados os prédios descritos sob as verbas números um e dois, tudo no valor de ... euros, com um excesso de ... euros;

À segunda interveniente F..., em pagamento do seu quinhão, é adjudicado o prédio descrito sob a verba número três, no valor de ... euros, com um defeito de ... euros, que já recebeu [60].

Local: ...

Data: ...

Assinaturas:

Termo de autenticação

No dia ..., no meu escritório sito em ..., perante mim, F..., advogado (ou solicitador) titular da cédula profissional n.º ... emitida por ... em ... compareceram:

PRIMEIRO: F ..., NIF, ...

SEGUNDO: F ..., NIF ...

Verifiquei a identidade dos intervenientes por ...

E por eles me foi apresentado, para fins de autenticação, o documento anexo que é uma partilha do seu património comum em consequência de divórcio sem consentimento de um dos cônjuges, tendo declarado que já o leram e assinaram e que ele exprime a sua vontade.

Arquivado: certidão da decisão judicial.

Exibido:

***a)* Duas cadernetas prediais, uma urbana e uma rústica, obtidas hoje via Internet, por onde verifiquei os elementos matriciais dos prédios; e**

***b)* Certidão emitida em ... pela conservatória de ..., com o número de ordem ..., comprovativa dos elementos registrais referidos.**

Este termo foi lido aos interessados e aos mesmos explicado o seu conteúdo.

Assinaturas: (dos intervenientes e do advogado ou solicitador)

[60] Ver n.ºs 5 e 6 do art. 47.º do CN.

7.ª hipótese: *partilha em vida*

Partilha em vida

PRIMEIRO: F ... e F ..., casados ...

SEGUNDO: F ... e F ..., casados ...

TERCEIRO: F ..., solteiro, maior, ...

QUARTO: F ... e F ..., casados ...

Declararam os primeiros que ao seu casal pertencem os seguintes prédios rústicos:

Número um: ...;

Número dois: ...;

Número três: ...;

Que fazem doação dos citados bens aos seus únicos filhos, para se proceder imediatamente à partilha dos bens doados, pela forma seguinte:

***a)* Doam ao segundo interveniente F ... o prédio descrito sob a verba número um no indicado valor de ... euros;**

***b)* Doam ao terceiro interveniente F ... o prédio descrito sob a verba número dois no indicado valor de ... euros; e**

***c)* Doam ao quarto interveniente F ... o prédio descrito sob a verba número três no indicado valor de ... euros;**

Declararam os donatários que aceitam as doações que individualmente lhes são feitas por seus pais, nos termos exarados.

Declararam, seguidamente, os donatários e os doadores:

Que os donatários são os únicos presuntivos herdeiros legitimários dos doadores e que os doadores são potenciais herdeiros um do outro;

Que, não obstante se ignorar qual dos doadores se tornará real e efectivamente herdeiro do outro, concordam com os valores atribuídos aos bens doados e procedem à partilha dos mesmos;

Que os efeitos decorrentes da partilha, embora nela intervenham ambos os doadores, apenas se produzem em relação ao que falecer em último lugar, como se fosse o progenitor certo que interviesse com os donatários;

Que o acervo dos bens doados eleva-se à soma de ... euros, sendo de ... euros a meação de cada um dos doadores;

Que, cumprindo a vontade dos autores das liberalidades, os donatários são obrigados a conferir o valor dos bens doados, para igualação da partilha;

Que, assim, sendo o doador que falecer em último lugar apenas herdeiro do que falecer primeiro e os donatários herdeiros de ambos os doadores, o quinhão daquele nos bens doados é de ... euros e o de cada um destes de ... euros;

Que o valor da doação feita ao terceiro interveniente é igual ao valor do quinhão a que tinha direito, mas o valor das doações feitas ao segundo e ao quarto intervenientes excedem o quinhão de cada um deles em, respectivamente, ... euros e ... euros, no total de ... euros, importância esta que constitui o quinhão do progenitor que vier a falecer em último lugar;

Que, por isso, os segundo e quarto intervenientes donatários obrigam-se a pagar ao progenitor que enviuvar, no seu domicílio e no prazo de trinta dias a contar da morte do primeiro, as quantias de, respectivamente, ... euros e ... euros, devidamente actualizadas nos termos da lei;

Que, nos termos expostos, dão por concluída a partilha.

Declararam as mulheres dos segundo e quarto intervenientes donatários que dão o seu consentimento à partilha que seus maridos acabam de fazer com os demais interessados.

Local: ...

Data: ...

Assinaturas:

Termo de autenticação

No dia ..., no meu escritório sito em ..., perante mim, F..., advogado (ou solicitador) titular da cédula profissional n.º ... emitida por ... em ... compareceram:

PRIMEIRO: F ..., NIF ..., e F ..., NIF ..., casados sob o regime da comunhão geral ...

SEGUNDO: F ..., NIF ..., e F ..., NIF ..., casados sob o regime da comunhão geral ...

TERCEIRO: F ..., NIF ..., solteiro, maior ...

QUARTO: F ..., NIF ..., e F ..., NIF ..., casados sob o regime da comunhão geral ...

Verifiquei a identidade dos intervenientes por ...

E por eles me foi apresentado, para fins de autenticação, o documento anexo que é uma partilha em vida, tendo declarado que já o leram e assinaram e que ele exprime a sua vontade.

Exibido:

***a)* Três cadernetas prediais rústicas, obtidas hoje via Internet, por onde verifiquei os elementos matriciais dos prédios; e**

***b)* Certidão emitida em ... pela conservatória de ..., com o número de ordem ..., comprovativa dos elementos registrais referidos.**

Este termo foi lido aos interessados e aos mesmos explicado o seu conteúdo.

Assinaturas: (dos intervenientes e do advogado ou solicitador)

§ 15.º Permuta

1. Generalidades

O contrato de permuta, escambo ou troca, encontrava-se expressamente definido no art. 1592.º do Código Civil de 1866, como "o contrato por que se dá uma coisa por outra, ou uma espécie de moeda por outra espécie dela".

Actualmente é um contrato inominado, ao qual, nos termos do art. 939.º do CC, se aplicam as normas reguladoras da compra e venda em tudo o que não for contrariado pela sua específica natureza.

Aliás, o art. 1594.º do Código de Seabra já estabelecia que eram aplicáveis a este contrato "as regras do contrato de compra e venda, excepto na parte relativa ao preço".

Entre as normas reguladoras da compra e venda aplicáveis à permuta figura seguramente o art. 875.º do CC, segundo o qual, sem prejuízo do disposto em lei especial, o contrato de compra e venda de bens imóveis só é válido se for celebrado por *escritura pública* ou por *documento particular autenticado* – cfr. ainda a alínea *a)* do art. 22.º do Decreto-Lei n.º 116/2008, de 4 de Julho.

Normalmente, os bens trocados não têm igual valor para as partes. Sempre que tal suceda, a parte que recebe o bem de menor valor tem de receber ainda da outra parte algo mais – geralmente uma quantia em dinheiro – para igualar o valor do bem por si entregue.

Por exemplo: **A**, proprietário de uma fracção autónoma, e **B**, de um prédio rústico, resolvem trocar esses bens, atribuindo à fracção autónoma o valor de € 80 000 e ao prédio rústico o de € 60 000.

Ao formalizarem o negócio, **A** tem ainda de receber de **B** € 20 000 em dinheiro ou noutros bens (objectos, automóveis, quadros, jóias, etc.) para igualação do valor dos bens permutados.

Através do contrato de permuta, pode pôr-se termo à compropriedade ou estabelecer-se a compropriedade.

Imagine-se, para ilustrar o primeiro caso, que **A** e **B** são comproprietários de um prédio que permutam com **C**.

Se **A**, em troca da parte que lhe pertence, receber, por exemplo, uma fracção autónoma e uma quantia em dinheiro, para igualação do valor dos bens permutados, e **B**, também em troca da parte que lhe pertence, receber um determinado prédio rústico de valor igual ao da parte do imóvel por si entregue, a compropriedade desfez-se.

O mesmo se diga no caso a que se reporta a minuta infra apresentada como 3.ª hipótese, em que A e B, comproprietários de várias fracções autónomas, põem termo à compropriedade mediante o recurso a permutas: o primeiro transmite ao segundo o direito que tem sobre algumas dessas fracções e o segundo transmite ao primeiro, em troca, o seu direito sobre as restantes.

Figure-se agora a seguinte hipótese: **A** e **B**, casados no regime de separação de bens, têm, cada um, uma fracção autónoma, mas pretendem adquirir, para habitação da sua família, uma vivenda com jardim, pertencente a **C**.

De comum acordo, atribuem à fracção de **A** o valor de € 200 000, à de **B** o de € 500 000 e à vivenda o de € 750 000.

Ao procederem à permuta, **A** entrega a sua fracção autónoma a **C** no valor de € 200 000 e este cede-lhe em troca um terço da vivenda, no valor de € 250 000, entregando ainda **A** a **C** a quantia de € 50 000 para igualação do valor dos bens permutados; **B** entrega a sua fracção autónoma a **C** no valor de € 500 000 e recebe deste, em troca, dois terços da vivenda, no dito valor de € 500 000.

Estabeleceu-se, assim, a compropriedade sobre a vivenda.

Hoje em dia é prática muito corrente a troca de bens presentes por bens futuros, como se mostra no exemplo a que se reporta a minuta infra apresentada em primeiro lugar.

2. IMT

Sendo a permuta, como se disse, um contrato oneroso, as transmissões por ela operadas do direito de propriedade sobre bens imóveis estão sujeitas a pagamento de IMT pela diferença declarada de valores ou pela diferença entre os valores patrimoniais tributários, consoante a que for maior – art. 2.º, n.ºs 1 e 5 *b)* do CIMT.

Está também sujeita a IMT a resolução, invalidade ou extinção por mútuo consentimento do contrato de troca de imóveis – art. 2.º, n.º 5, alínea *a)*, do CIMT.

O imposto é devido pelo permutante que receber os bens de maior valor, entendendo-se como de troca ou permuta, para efeitos deste imposto, o contrato em que as prestações de ambos os permutantes compreendem bens imóveis, ainda que futuros (note-se que nos contratos de promessa de troca ou permuta com tradição de bens apenas para um dos permutantes, o imposto será desde logo devido pelo adquirente dos bens, como se de compra e venda se tratasse, sem prejuízo da reforma da liquidação ou da reversão do sujeito passivo, conforme o que resultar do contrato definitivo, procedendo-se, em caso de reversão, à anulação do imposto liquidado ao permutante adquirente) – art. 4.º, *c)* e *d)* do mesmo diploma.

A liquidação do imposto é efectuada, como se disse, com base na diferença declarada de valores, quando superior à diferença entre os valores patrimoniais tributários – art. 12.º, n.º 4, regra 4.ª.

Nos contratos de permuta de bens presentes por bens futuros, a transmissão, quanto a estes, ocorre, em princípio, logo que os mesmos se tornem presentes, devendo o imposto ser pago no prazo de 30 dias a contar da data da aquisição, mas, tratando-se de prédios a construir, o imposto deve ser pago antes da celebração do contrato – arts. 5.º, n.º 3, e 36.º, n.º 10, alíneas *a)* e *b)*.

A avaliação do bem futuro é efectuada quando o bem adquirir a natureza de prédio, nos termos do CIMI, considerando-se que o bem futuro adquire a natureza de prédio quando, tratando-se de imóveis urbanos a construir, já se encontre aprovado o respectivo projecto de construção, hipótese em que os interessados têm de juntar à declaração para liquidação do imposto cópia da planta de arquitectura devidamente autenticada – arts. 14.º, n.ºs 2 e 3, e 20.º, n.º 2.

3. Selo

É devido o selo de 0,8% sobre o valor – ponto 1.1 da tabela geral –, aplicando-se à tributação do imposto do selo sobre as permutas as regras de determinação da matéria tributável do CIMT, como se pode ler no n.º 4 do art. 9.º do CIS, na redacção da Lei n.º 60-A/2005, de 30 de Dezembro.

O imposto fixado no n.º 1.1 da tabela geral não é, porém, liquidado pelo advogado (ou solicitador), mas antes pelos serviços centrais da Direcção-Geral dos Impostos, de acordo com o estatuído no n.º 4 do art. 23.º do CIS, na redacção que lhe imprimiu a Lei n.º 64-A/2008, de 31 de Dezembro.

O documento deve mencionar o valor do imposto de selo cobrado e a data da sua liquidação – art. 23.º, n.º 6.

4. Minutas

1.ª hipótese: *permuta* (de bem presente, terreno para construção, por bem futuro, fracção autónoma de prédio a construir nesse terreno)

Constituição de propriedade horizontal e permuta

PRIMEIRO: F ... e mulher F ...

SEGUNDO: F ... e mulher F ...

E por eles foi dito:

Que os segundos são donos e legítimos possuidores de um prédio urbano, composto de terreno para construção urbana, com a área de ..., sito em..., descrito na conservatória do registo predial de... sob o número... da freguesia de ... e registado a seu favor pela inscrição ..., inscrito na respectiva matriz sob o artigo número ... com o valor patrimonial tributário de ... e atribuído de ...;

Que o primeiro interveniente varão, no exercício da sua actividade de construtor civil, tem prevista a construção no referido terreno de um edifício de habitação multifamiliar de cave para estacionamentos, rés-do-chão, primeiro e segundo andares para

habitação e sótão para arrumos, que ficará com a superfície coberta de ..., com base num projecto aprovado pela câmara municipal de ...;

Que entre os signatários foi acordado realizar um contrato de permuta, por virtude do qual os segundos dão aos primeiros, para o citado fim, o terreno acima descrito e os primeiros dão em troca aos segundos dois apartamentos do prédio a construir.

Disseram os primeiros:

Que o edifício a construir se destina à transmissão em fracções autónomas e satisfaz os requisitos legais para nele ser constituída a propriedade horizontal, sendo composto por doze fracções autónomas distintas, independentes e isoladas entre si, com saída própria para uma parte comum do prédio e desta para a via pública ou directamente para a via pública;

Que, deste modo, submetem esse edifício, a que atribuem o valor de ..., ao regime de propriedade horizontal com as seguintes fracções autónomas:

Fracção A – rés-do-chão do lado norte e um arrumo no sótão do lado poente, o segundo a contar do norte, a que atribuem o valor de ... e a permilagem de ... do valor total do prédio;

Fracção B – ...;

Fracção C – ...;

Fracção D – ...;

Fracção E – ...;

Fracção F – ...;

Fracção G – ...;

Fracção H – ...;

Fracção I – ...;

Fracção J – ...;

Fracção K – ...;

Fracção L – ...;

Que o acesso às fracções é feito por ...;

Que o acesso à cave, onde se situam as garagens, se faz por ...;

Que são comuns a todas as fracções ...

Pelos primeiros e segundo intervenientes foi finalmente dito, em cumprimento do acordo a que chegaram, que os segundos

cedem aos primeiros aquele seu terreno para construção urbana no indicado valor de ... e os primeiros, em troca, cedem aos segundos as fracções autónomas designadas pelas letras D e I, respectivamente, rés-do-chão lado sul e segundo andar lado norte, no valor global de ...

Local: ...

Data: ...

Assinaturas:

Termo de autenticação

No dia ..., no meu escritório sito em ..., perante mim, F..., advogado (ou solicitador) titular da cédula profissional n.º ... emitida por ... em ... compareceram:

PRIMEIRO: F ..., NIF ..., e mulher F ..., NIF ...

SEGUNDO: F ..., NIF ..., e mulher F ..., NIF ...

Verifiquei a identidade dos intervenientes por ...

E por eles me foi apresentado, para fins de autenticação, o documento anexo que é uma constituição de propriedade horizontal e permuta, tendo declarado que já o leram e assinaram e que ele exprime a sua vontade.

Os outorgantes informaram que o negócio titulado por este contrato não foi objecto de intervenção de mediador imobiliário, tendo sido advertidos de que, se for falsa a informação prestada, incorrem na pena prevista para o crime de desobediência previsto no artigo 348.º do Código Penal.

Arquivado:

a) A declaração para a liquidação, efectuada em ..., do imposto municipal sobre as transmissões onerosas de imóveis e o correspondente comprovativo da cobrança número ...

b) O documento número ... comprovativo do pagamento do imposto do selo da verba 1.1 da tabela geral, no montante de ..., liquidado hoje.

Exibido:

a) Fotocópia – certidão expedida pela câmara municipal de ... em ... do projecto de construção, aprovado em ... por essa entidade, e da respectiva memória descritiva, donde consta que o prédio se destina a ser transmitido em fracções autónomas;

_b)_ Certidão passada pela conservatória do registo predial de ... em ... com o número de ordem ..., por onde verifiquei o número da descrição e inscrição referidas; e

_c)_ Caderneta predial urbana, obtida hoje via Internet, por onde verifiquei os elementos matriciais do prédio.

Este termo foi lido aos interessados e aos mesmos explicado o seu conteúdo.

Assinaturas: (dos intervenientes e do advogado ou solicitador)

2.ª hipótese: *Permuta* (de bens presentes, no caso fracções autónomas)

Permuta

PRIMEIRO: F ... e mulher F ...

SEGUNDO: F ... e mulher F ...

E por eles foi dito:

Que os primeiros são donos e legítimos possuidores da fracção autónoma, destinada exclusivamente a habitação, designada pela letra B, correspondente ao rés-do-chão direito, com garagem na cave, do prédio urbano em regime de propriedade horizontal, sito ..., descrito na conservatória do registo predial de... sob o número... da freguesia de ... e registado o título constitutivo da propriedade horizontal pela inscrição ..., inscrito na respectiva matriz sob o artigo número ...;

Que a dita fracção autónoma tem o valor patrimonial tributário de ... e o atribuído de ..., achando-se registada a seu favor pela inscrição ...;

Que aos segundos pertence a fracção autónoma, destinada exclusivamente a habitação, designada pela letra D, correspondente a ... do prédio ..., sito ..., descrito ... e registado o título constitutivo da propriedade horizontal pela inscrição ..., inscrito na respectiva matriz sob o artigo número ...;

Que a dita fracção autónoma tem o valor patrimonial tributário de ... e o atribuído de ..., achando-se registada a seu favor pela inscrição ...;

Que procedem à seguinte permuta:

a) Os primeiros cedem aos segundos a indicada fracção B no valor atribuído de ...;

b) Os segundos cedem aos primeiros a referida fracção D no valor atribuído de ...

Local: ...

Data: ...

Assinaturas:

Termo de autenticação

No dia ..., no meu escritório sito em ..., perante mim, F..., advogado (ou solicitador) titular da cédula profissional n.º ... emitida por ... em ... compareceram:

PRIMEIRO: F ..., NIF ..., e mulher F ..., NIF ...

SEGUNDO: F ..., NIF ..., e mulher F ..., NIF ...

Verifiquei a identidade dos intervenientes por ...

E por eles me foi apresentado, para fins de autenticação, o documento anexo que é uma permuta, tendo declarado que já o leram e assinaram e que ele exprime a sua vontade.

Os outorgantes informaram que o negócio titulado por este contrato não foi objecto de intervenção de mediador imobiliário, tendo sido advertidos de que, se for falsa a informação prestada, incorrem na pena prevista para o crime de desobediência previsto no artigo 348.º do Código Penal.

Arquivado:

a) A declaração para a liquidação, efectuada em ..., do imposto municipal sobre as transmissões onerosas de imóveis e o documento número ... comprovativo de que a presente transmissão beneficia da isenção do referiso imposto, nos termos do art. 9.º do CIMT, por o imóvel se destinar a habitação própria e permanente.

b) O documento número ... comprovativo do pagamento do imposto do selo da verba 1.1 da tabela geral, no montante de ..., liquidado hoje.

Exibido:

a) Duas certidões expedidas pela câmara municipal de ... em ... dos alvarás das autorizações de utilização n.os ... e ... emitidos em ... e ... referentes à totalidade dos mencionados prédios;

b) **Duas certidões passadas pela conservatória do registo predial de ... em ... com os números de ordem ... e ..., por onde verifiquei os números das descrições e inscrições referidos; e**

c) **Duas cadernetas prediais urbanas, obtidas hoje via Internet, por onde verifiquei os elementos matriciais dos prédios.**

As fichas técnicas de habitação referentes às citadas fracções autónomas foram entregues neste acto aos interessados.

Este termo foi lido aos interessados e aos mesmos explicado o seu conteúdo.

Assinaturas: (dos intervenientes e do advogado ou solicitador)

3.ª hipótese: *Permuta* (para pôr termo à compropriedade de fracções autónomas)

Permuta

PRIMEIRO: F ... e mulher F ...

SEGUNDO: F ... casada com F ... sob o regime de separação de bens...

E por eles foi dito:

Que lhes pertencem as fracções autónomas, adiante identificadas, do prédio urbano em regime de propriedade horizontal, sito em ... inscrito na matriz ..., descrito na conservatória sob o número ... da freguesia de ..., onde se mostram registadas a constituição da horizontalidade pela inscrição ... e a aquisição das fracções a seu favor pela inscrição ...;

UM – fracção autónoma individualizada pela letra A, destinada a armazém, que constitui o rés-do-chão direito, sendo de ... o seu valor patrimonial tributário, a que é atribuído igual valor;

DOIS – fracção autónoma individualizada pela letra B, destinada a armazém e comércio, que constitui o rés-do-chão esquerdo, sendo de ... o seu valor patrimonial tributário, a que é atribuído igual valor;

TRÊS – fracção autónoma designada pela letra C, destinada a habitação, que constitui o primeiro andar direito, sendo de ... o seu valor patrimonial tributário, a que é atribuído igual valor;

QUATRO – fracção autónoma individualizada pela letra D, destinada a habitação, que constitui o primeiro andar esquerdo, sendo de ... o seu valor patrimonial tributário, a que é atribuído igual valor;

CINCO – fracção autónoma individualizada pela letra J, destinada a habitação, que constitui o quarto andar esquerdo, sendo de ... o seu valor patrimonial tributário a que é atribuído igual valor;

Somam as ditas fracções autónomas o valor patrimonial e atribuído de ...

Que, pelo presente contrato, procedem à seguinte permuta:

Os primeiros cedem à segunda METADE de cada uma das seguintes fracções autónomas atrás identificadas, no valor total de ...

***a)* No valor de ... a fracção A, descrita sob o número UM, com o valor patrimonial tributário, correspondente a metade, de ...;**

***b)* No valor de ... a fracção C, descrita sob o número TRÊS, com o valor patrimonial tributário, correspondente a metade, de ...;**

***c)* No valor de ... a fracção J, descrita sob o número CINCO, com o valor patrimonial tributário, correspondente a metade, de ...**

A segunda, em troca, cede aos primeiros METADE de cada uma das seguintes fracções autónomas atrás identificadas, no valor total de ...

***a)* No valor de ... a fracção B, descrita sob o número DOIS, com o valor patrimonial tributário, correspondente a metade, de ...;**

***b)* No valor de ... a fracção D, descrita sob o número QUATRO, com o valor patrimonial tributário, correspondente a metade, de ...**

Para igualação do valor dos bens permutados os primeiros entregam à segunda a quantia de ... [61]

[61] Ver n.ºs 5 e 6 do art. 47.º do CN.

Mais declarou a segunda interveniente que nenhuma das ditas fracções C e J constitui a sua casa de morada.

Local: ...

Data: ...

Assinaturas:

Termo de autenticação

No dia ..., no meu escritório sito em ..., perante mim, F..., advogado (ou solicitador) titular da cédula profissional n.º ... emitida por ... em ... compareceram:

PRIMEIRO: F ..., NIF ..., e mulher F ..., NIF ...

SEGUNDO: F ..., NIF ..., casada com F ... sob o regime de separação de bens...

Verifiquei a identidade dos intervenientes por ...

E por eles me foi apresentado, para fins de autenticação, o documento anexo que é uma permuta, tendo declarado que já o leram e assinaram e que ele exprime a sua vontade.

Os outorgantes informaram que o negócio titulado por este contrato não foi objecto de intervenção de mediador imobiliário, tendo sido advertidos de que, se for falsa a informação prestada, incorrem na pena prevista para o crime de desobediência previsto no artigo 348.º do Código Penal.

Arquivado:

***a)* A declaração para a liquidação, efectuada em ..., do imposto municipal sobre as transmissões onerosas de imóveis e o correspondente comprovativo da cobrança número ...**

***b)* O documento número ... comprovativo do pagamento do imposto do selo da verba 1.1 da tabela geral, no montante de ..., liquidado hoje.**

Exibido:

***a)* Alvará de autorização de utilização n.º ..., referente ao descrito prédio, emitido em ... pela câmara municipal de ...;**

***b)* Certidão do teor da descrição e inscrições prediais em vigor, com o número de ordem ..., passada pela conservatória do registo predial de ... em ...**

***c)* Cinco cadernetas prediais urbanas, obtidas hoje via Internet, por onde verifiquei os elementos matriciais dos prédios.**

As fichas técnicas de habitação referentes às correspondentes fracções autónomas foram entregues neste acto aos respectivos interessados.

Este termo foi lido aos interessados e aos mesmos explicado o seu conteúdo.

Assinaturas: (dos intervenientes e do advogado ou solicitador)

4.ª hipótese: *Permuta* (pela qual se estabeleceu a compropriedade)

Permuta

PRIMEIRO: F ..., viúva, e F ..., solteiro, maior, ...

SEGUNDO: F ..., que intervém na qualidade de administrador em representação da sociedade ...

E por eles foi dito que fazem o seguinte contrato de troca ou permuta:

Os primeiros intervenientes cedem à sociedade representada pelo segundo no valor de ... a fracção autónoma ..., destinada a habitação, do prédio urbano em regime de propriedade horizontal, sito em ... inscrito na matriz ..., descrito na conservatória sob o número ... da freguesia de ..., onde se mostram registadas a constituição da horizontalidade pela inscrição ... e a aquisição da fracção a seu favor, na proporção de um quarto para ela e três quartos para ele, pela inscrição ..., fracção essa que tem o valor patrimonial tributário de ...

Que do mencionado valor atribuído de ... correspondem ... à quarta parte dela interveniente F ... e ... aos três quartos pertencentes ao interveniente F ...

Em troca, a sociedade ... cede aos primeiros, em primeira transmissão, na proporção de metade para cada um e no valor de ... a fracção autónoma ..., destinada a habitação, fracção essa que tem o valor patrimonial tributário de ...

Para igualação do valor declarado dos bens permutados os primeiros entregam ainda à sociedade as seguintes importâncias em dinheiro: ela, F ..., a quantia de ..., e ele, F ..., a quantia de ..., o que

perfaz a quantia global de ... que o segundo interveniente declara ter recebido para a sociedade que representa [62].

Local: ...

Data: ...

Assinaturas:

Termo de autenticação

No dia ..., no meu escritório sito em ..., perante mim, F..., advogado (ou solicitador) titular da cédula profissional n.º ... emitida por ... em ... compareceram:

PRIMEIRO: F ..., viúva, e F ..., solteiro, maior, ...

SEGUNDO: F ..., que intervém na qualidade de administrador em representação da sociedade ..., qualidade e poderes que verifiquei por ...

Verifiquei a identidade dos intervenientes por ...

E por eles me foi apresentado, para fins de autenticação, o documento anexo que é uma permuta, tendo declarado que já o leram e assinaram e que ele exprime a sua vontade.

Os outorgantes informaram que o negócio titulado por este contrato não foi objecto de intervenção de mediador imobiliário, tendo sido advertidos de que, se for falsa a informação prestada, incorrem na pena prevista para o crime de desobediência previsto no artigo 348.º do Código Penal.

Arquivado:

***a)* A declaração para a liquidação, efectuada em ..., do imposto municipal sobre as transmissões onerosas de imóveis e o correspondente comprovativo da cobrança número ...;**

***b)* O documento número ... comprovativo do pagamento do imposto do selo da verba 1.1 da tabela geral, no montante de ..., liquidado hoje; e**

***c)* Certidão do registo comercial da sociedade ...**

Exibido:

***a)* Alvarás de autorização de utilização n.os ... e ..., referentes aos prédios de que fazem parte as fracções permutadas, pela ordem por**

[62] Ver n.ºs 5 e 6 do art. 47.º do CN.

que foram indicados, emitidos em ... e em ... pela câmara municipal de ...;

***b)* Certidões do teor das mencionadas descrições e inscrições prediais em vigor, com os números de ordem ... e ..., passadas pela conservatória do registo predial de ... em ...**

***c)* Duas cadernetas prediais urbanas, obtidas hoje via Internet, por onde verifiquei os elementos matriciais dos prédios.**

As fichas técnicas de habitação referentes às correspondentes fracções autónomas foram entregues neste acto aos interessados respectivos.

Este termo foi lido aos interessados e aos mesmos explicado o seu conteúdo.

Assinaturas: (dos intervenientes e do advogado ou solicitador)

§ 16.º Propriedade horizontal

1. Requisitos

A propriedade horizontal é uma forma especial do direito de propriedade consistente na possibilidade de diversas fracções de que se compõe um edifício poderem pertencer a proprietários diferentes, desde que sejam susceptíveis de constituir unidades independentes, perfeitamente distintas e isoladas entre si, com saída própria para a via pública ou para uma parte comum do prédio e desta para a via pública.

Depois de "desarticuladas" juridicamente do edifício, as partes que se autonomizaram através do processo de constituição da propriedade horizontal ficam a pertencer em propriedade singular ao respectivo titular; as outras, as que não puderam constituir-se em unidades independentes, são as partes comuns do prédio que ficam a pertencer aos vários proprietários na proporção do valor da parte autónoma de cada um, expresso em percentagem ou permilagem.

A propriedade horizontal é, assim, um direito real complexo, constituído por direitos de propriedade singular sobre as fracções autónomas e de compropriedade sobre as partes comuns, sendo tal unidade de direitos incindível.

Requisitos essenciais para que um certo edifício possa ser submetido ao regime de propriedade horizontal são, como se deixou antever, que seja constituído por *fracções autónomas, independentes, distintas e isoladas entre si* (que tanto podem abranger um andar ou um apartamento existente num andar como mais de um andar ou de parte dele sobrepostos e abarcar também outras partes do prédio como garagens, etc.) e que tais fracções tenham garantida uma *saída própria para uma parte comum do prédio* (por exemplo, o patamar da escada comum) *e dela para a via pública ou directamente para esta*, requisitos estes que, em princípio, terão de ser comprovados por documento passado pela câmara municipal do local da situação do prédio.

Se não apresentar os requisitos exigidos por lei, o título constitutivo da propriedade horizontal é nulo, ficando o prédio sujeito ao regime da compropriedade com atribuição a cada consorte da titularidade da quota que lhe tiver sido fixada ou que corresponder ao valor relativo da sua fracção.

A propriedade horizontal pode ser constituída por qualquer dos modos previstos no art. 1417.º do CC: negócio jurídico, usucapião ou decisão judicial.

Ao nosso estudo interessa, evidentemente, a constituição por *negócio jurídico.*

Podem ser negócios constitutivos do regime de propriedade horizontal o testamento (negócio unilateral), a partilha por acordo e a divisão amigável de coisa comum.

O estabelecimento do regime de propriedade horizontal surge no notariado com mais frequência através de um negócio jurídico unilateral típico, mediante o qual o proprietário do prédio declara submetê-lo ao regime da horizontalidade, operando o seu parcelamento jurídico em fracções autónomas para serem objecto de propriedade singular a favor de diversas pessoas, futuramente ou de imediato.

Quando a propriedade horizontal é constituída por testamento, por partilha por acordo ou por divisão amigável, no mesmo negócio confundem-se, ao menos cronologicamente, a constituição do regime de propriedade horizontal relativamente a todo o prédio e a atribuição das fracções autónomas aos diversos sujeitos, através da constituição de direitos reais autónomos sobre estas fracções.

Quando a propriedade horizontal for constituída por um negócio unilateral realizado pelo proprietário (ou proprietários) do edifício, sem que se siga imediatamente a alienação das fracções a diversos sujeitos, parece que o proprietário continua a ter um direito de propriedade sobre um edifício indiviso e não uma pluralidade de direitos de propriedade sobre a totalidade das fracções autónomas. Se passar a haver pelo menos dois proprietários de fracções autónomas, ainda que um reúna em si a titularidade de todas as fracções exceptuada a do outro, então passam também a existir direitos de propriedade horizontal e entra em funcionamento o regime previsto nos arts. 1414.º e ss.

Parece ser outra a visão do CT da DGRN, que em 26.07.96 firmou a deliberação a seguir transcrita:

"I – Instituído o regime da propriedade horizontal num edifício pertencente a duas ou mais pessoas, os comproprietários deixam de ter um direito único sobre todo o edifício e passam a ter tantos direitos quantas as fracções autónomas. A compropriedade assim transferida para cada uma das fracções autónomas só pode terminar pela realização de permutas, doações ou compras e vendas e nunca por meio de escritura de divisão ou partilha do conjunto dessas fracções autónomas.

II – Diverso é o caso dos comproprietários do prédio, tendo em vista a sua divisão, o submeterem ao regime de propriedade horizontal procedendo seguidamente à adjudicação das fracções autónomas. Neste caso, devem ser contados dois actos para efeitos emolumentares: a divisão de coisa comum e a constituição da propriedade horizontal. Em sede de imposto do selo haverá que considerar um só acto: a divisão."

Para a celebração do acto de constituição da propriedade horizontal em prédio comum do casal, é necessário o *consentimento de ambos os cônjuges*, de acordo com o entendimento firmado no parecer do CT de 20/9/89, publicado na Revista do Notariado 1989/3, pp. 449 e ss.

São do seguinte teor as suas conclusões:

"I – A distinção entre actos de disposição e de administração, e, dentro desta, entre a ordinária e a extraordinária, não assenta na natureza jurídica dos actos, mas nos riscos e na importância patrimonial dos mesmos.

II – Assim, o acto de constituição da propriedade horizontal, atendendo à sua importância patrimonial, da qual resultam efeitos jurídicos imediatos, alguns que podem ser prejudiciais para o casal, deve ser considerado como acto de administração extraordinária, sendo por isso necessário o consentimento de ambos os cônjuges para a sua realização em prédio comum do casal (art. 1678.º, n.º 3, 2.ª parte, do Cód. Civ.), salvo se a administração desse prédio pertencer apenas a um dos cônjuges (alíneas *c)* e *d)* do n.º 2 do art. 1678.º).

III – Como a celebração dos actos de administração extraordinária por um só dos cônjuges, sem o consentimento do outro, tem como sanção a anulabilidade (art. 1687.º, n.º 1, do Cód. Civ.), o notário não pode recusar a realização da escritura, mas deve nela consignar a advertência de ser o acto anulável, cumprindo assim o disposto no art. 191.º (leia-se hoje 174.º) n.ºs 1 e 2 do Código do Notariado".

A constituição da propriedade horizontal por *escritura pública* ou *documento particular autenticado* está dependente da junção pelos interessados de **documento, passado pela câmara municipal, comprovativo de que as fracções autónomas satisfazem os requisitos legais**, acima enunciados (documento que ficará arquivado), ou, *tratando-se de prédio construído para transmissão em fracções autónomas*, da **exibição do projecto de construção e, sendo caso disso, dos posteriores projectos de alteração aprovados pela mesma entidade** – n.os 1 e 2 do art. 59.º do CN.

No caso a que se refere o n.º 2 do citado art. 59.º, é indiferente que o prédio esteja ou não construído à data da constituição do regime de propriedade horizontal, mas é necessário que do projecto ou dos documentos que o integrem (memória descritiva, por exemplo) conste que o prédio se destina a ser transmitido em fracções autónomas, pois só assim se ficará com a certeza de que a entidade administrativa, ao examinar o projecto e ao aprová-lo, verificou os requisitos legais para a constituição da propriedade horizontal.

É do documento a que se reporta o n.º 1 ou do projecto referido no n.º 2 que o advogado extrairá os elementos necessários à elaboração do documento, a fim de poder nele descrever as partes do prédio que constituem unidades autónomas, distintas e isoladas, com saída própria, e as que constituem as partes comuns.

Não podem transmitir-se direitos reais nem contrair encargos sobre fracções autónomas de prédios em regime de propriedade horizontal sem que se exiba ao advogado (ou ao solicitador) documento comprovativo da inscrição do respectivo título constitutivo no registo predial, a menos que os actos de transmissão de direitos ou de constituição de encargos sejam lavrados no mesmo dia e com o conhecimento pessoal do advogado de que foi lavrado o título constitutivo de propriedade horizontal, circunstância que deve ser expressamente mencionada – art. 62.º do CN.

Não podem também celebrar-se documentos particulares autenticados que envolvam a transmissão da propriedade de fracções autónomas sem se fazer perante o advogado (ou o solicitador) prova suficiente da existência da correspondente licença ou autorização de utilização, de cujo alvará se fará sempre menção expressa no documento – cfr. Decretos-Leis n.os 281/99, de 26 de Julho, e 559/99, de 16 de Dezembro, e o que sobre a matéria se disse a propósito da compra e venda.

Tratando-se, porém, de edifício construído antes de 7 de Agosto de 1951 – data a partir da qual passou a ser exigível a licença de utilização – não haverá lugar à exigência da exibição, perante o advogado, nem do alvará de licença ou de autorização de utilização nem do alvará de licença ou de autorização de construção.

Idêntica é a posição no caso da câmara municipal do concelho da situação do prédio, de que a fracção faz parte, declarar que o Regulamento Geral das Edificações Urbanas, à data da construção, não estava em vigor nesse local.

2. **Conteúdo do título**

O art. 1418.º do CC, dispondo sobre o *conteúdo do título constitutivo*, indica-nos quais as menções obrigatórias e quais as facultativas que devem e podem ser nele inseridas.

É *obrigatório* especificar no título as partes do edifício a que correspondem as várias fracções, por forma a ficarem devidamente individualizadas, e fixar o valor relativo de cada fracção, expresso em percentagem ou permilagem do valor total do prédio – n.º 1.

São *facultativas*: a menção do fim a que se destina cada fracção ou parte comum, o regulamento do condomínio e a previsão do compromisso arbitral para a resolução dos litígios emergentes da relação de condomínio – n.º 2.

(Note-se que a falta da especificação exigida pelo citado n.º 1 e a não coincidência entre o fim a que se destina cada fracção ou parte comum e o que foi fixado no projecto aprovado pela entidade pública competente determinam a nulidade do título constitutivo)

Por sua vez, o art. 83.º, n.º 1, do Cód. Reg. Predial estabelece que a descrição de cada fracção autónoma deve conter:

a) O número da descrição genérica do prédio, seguido da *letra ou letras da fracção*, segundo a ordem alfabética.

b) De entre as menções gerais das descrições constantes das alíneas *c), d)* e *f)* do n.º 1 do art. 82.º (ou seja, a denominação do prédio e a sua situação, por referência ao lugar, rua, números de polícia ou confrontações, a composição sumária e a área do prédio, a situação matricial do prédio expressa pelo artigo de matriz, definitivo ou provisório, ou pela menção de estar omisso), as *indispensáveis para a identificar.*

Como ensina J. A. Mouteira Guerreiro nas suas Noções de Direito Registral, a propósito da composição do prédio, se, por hipótese, a fracção A é o rés-do-chão direito, tipo T-3, será supérfluo mencionar que é composto por "três quartos, cozinha, sala e quarto de banho". Mas se faz parte da fracção um lugar de garagem na cave (portanto, fora do local indicado para o andar), já parece necessário referi-lo, para completa identificação da fracção (o que neste sentido se torna *indispensável*).

c) A menção do *fim a que se destina, se constar do título.*

Esta menção pode ser feita de forma directa, sem necessidade de qualquer outra pormenorização (v.g. Fracção X: *garagem*, a sul) porque a própria denominação significará *também* a finalidade – idem, ibidem.

A *subordinação das fracções autónomas a letras* – escreveu o ilustre notário Dr. Carlos Chagas na Revista do Notariado 1986/3, pág. 332 – não oferece dificuldades, mesmo quando se trate de prédio de grande volume: é possível combinar grupos de 2 ou mais letras, sempre, porém, segundo a ordem alfabética (do alfabeto português, de preferência, mas não se vê inconveniente de ordem legal para a utilização também das letras K, W e Y), de modo a cobrir um conjunto até centenas de unidades (exemplos: A, B, C, ... até Z; ou AA, AB, AC, ... até AZ e depois BA, BB, BC, ... até BZ e assim sucessivamente; ou AAA, AAB, AAC, etc.

A *identificação das fracções autónomas* ou a especificação das partes do edifício correspondentes às várias fracções por forma a que fiquem *devidamente individualizadas* não se reporta ao número de salas ou quartos que compõem cada uma, tendo antes a ver com a sua localização ou individualização: na cave, no rés-do-chão, em determinado andar, no sótão ou nas águas-furtadas, no lado direito, no centro ou no lado esquerdo, na frente ou na retaguarda (exemplos: rés do chão direito ou 1.º andar esquerdo frente).

As fracções autónomas podem ser compostas por partes materialmente separadas umas das outras, como as arrecadações no sótão ou garagens na cave, as quais fazem parte integrante delas em pé de igualdade com os quartos, as cozinhas, etc. e, nessa hipótese, a fracção autónoma deve deixar transparecer esta realidade (por exemplo: rés do chão frente e a garagem na cave do lado norte).

A área da fracção, embora possa ser indicada – e, se tal vier a ocorrer, será da maior utilidade –, não é elemento de identificação indispensável, ao contrário do que acontece com os prédios, porque estes correspondem a uma parte delimitada do solo e a superfície que ocupam é elemento basilar da sua individualização.

As fracções autónomas têm de ser independentes, distintas e isoladas entre si, como sabemos, mas na prática as câmaras muitas vezes consideram como tais, legalizando-os, simples lugares de garagem ou lugares de estacionamento, demarcados no pavimento dos locais de estacionamento colectivo com um simples risco.

Como dissemos, não é obrigatório que o título constitutivo refira o *destino das fracções*, embora os condóminos careçam de autorização administrativa para darem às suas fracções um uso que se não ajuste ao fim fixado no projecto aprovado pela entidade pública competente, desde logo quando pretendam efectuar arrendamentos não habitacionais de locais apenas licenciados para habitação – cfr. n.º 1 do art. 1070.º do CC.

Quando, porém, do título constar o fim a que se destina cada fracção, há que prestar atenção ao comando do n.º 3 do art. 1418.º do CC, que estabelece que a não coincidência entre esse fim e o fixado no projecto aprovado acarreta nulidade.

O fim a que as fracções autónomas se destinam, constando do título constitutivo da propriedade horizontal, faz parte do estatuto (real) do condomínio, de modo que a sua alteração depende do consentimento de todos os condóminos e deve ser formalizada por eles ou, em sua representação, pelo administrador, desde que o acordo de todos os condóminos conste de acta assinada por eles, de harmonia com o que dispõe o n.º 2 do art. 1419.º do CC.

O título constitutivo deve indicar o *valor relativo de cada fracção*, expresso em percentagem ou permilagem do valor total do prédio, pois é em face desse valor que se calcula o número de votos de cada condómino nas respectivas assembleias e se determina, salvo disposição em contrário, a sua participação nas despesas necessárias à conservação e fruição das partes comuns do edifício e ao pagamento de serviços de interesse comum – vide n.º 2 do art. 1430.º e n.º 1 do art. 1424.º, ambos do CC.

A percentagem ou permilagem a estabelecer fixa-se livremente, sem sujeição a limitações de qualquer ordem, designadamente de natureza fiscal, embora seja normal o proprietário atender à área das fracções, à sua natureza, à sua localização ou a outros critérios para, na estimativa do conjunto, conseguir obter valores proporcionais.

A lei fala em percentagem ou permilagem, não prevendo, numa interpretação puramente literal, fracção aritmética com denominador diverso de 100 ou 1000 para representar o valor relativo das fracções autónomas.

Nos edifícios com número elevado de fracções autónomas torna-se mais simples fixar o valor relativo em permilagem, o que também facilita a expressão dos valores relativos em unidades inteiras, para efeito de contagem de votos, como prevê o n.º 2 do art. 1430.º.

Carlos Chagas – a pp. 335 e 336 da citada Revista – ponderava que a representação do valor relativo das fracções em percentagem ou permilagem podia originar dificuldades em alguns casos, como o de prédio apenas formado por três fracções autónomas iguais (em que o valor relativo de, pelo menos, uma delas teria necessariamente de ser diferente do das demais) ou por centenas de fogos (em que à permilagem fixada poderia ter de corresponder um número decimal, onde não caberia, portanto, nenhuma unidade inteira para efeito de contagem de votos) e, por isso, advogava que o legislador, em vez de percentagem ou permilagem, devia ter falado em *"quota de participação ou quota-parte ou parte correspondente"* do valor total do prédio, expressões que se adequariam mais facilmente a qualquer representação numérica.

É hoje doutrina pacífica que a expressão legal "percentagem ou permilagem" deve entender-se como referência a uma fracção decimal.

Assim, nos prédios com grande número de fracções autónomas e grande diferença entre o valor destas, o respectivo valor relativo tem de ter por base uma fracção, que pode chegar a 100 000 ou mais.

Como na propriedade horizontal a lei não permite a existência de um sindicato de voto e o n.º 2 do artigo 1430.º atribui a cada condómino tantos votos quantas as unidades inteiras que couberem no valor relativo da sua fracção, só recorrendo a fracções decimais com denominadores muito elevados se evitarão, nos grandes edifícios, muitos votos perdidos e, mais do que isso, que os titulares de pequenas fracções não tenham voz nas assembleias gerais do condomínio (pondere-se o caso de haver, num condomínio, fracções autónomas abrangendo dois pisos – andares em duplex – com enorme área e várias garagens, ao lado de fracções autónomas constituídas apenas por uma garagem de área diminuta. Numa fracção tendo por denominador 1 000, à fracção autónoma correspondente à garagem pequena não caberia qualquer unidade inteira, o que se não pode admitir. A solução é, portanto, calcular, nestas hipóteses, o valor relativo tomando por base uma fracção decimal de 10 000 ou 100 000, consoante se mostrar necessário).

A propriedade horizontal, como vimos, caracteriza-se pela existência de direitos de propriedade singular sobre as fracções autónomas e de compropriedade sobre as partes comuns, sendo tal unidade de direitos incindível.

Às *partes comuns* do prédio se reporta o art. 1421.º.

As partes indicadas nas quatro alíneas do n.º 1 são *imperativamente comuns*, não podendo os interessados convencionar o contrário.

As mencionadas nas cinco alíneas do n.º 2 são *presuntivamente comuns*, o que significa que podem deixar de ser comuns, se a presunção legal for afastada por acordo dos interessados, passando então a integrar alguma fracção autónoma.

A lei permite, no entanto, que o título constitutivo possa afectar ao uso exclusivo de um condómino certas zonas das partes comuns – cfr. n.º 3 do artigo em análise.

3. **Modificação do título**

A lei estabelece que, sem prejuízo do disposto no n.º 3 do art. 1422.º-A do CC e do disposto em lei especial, o título constitutivo da propriedade horizontal pode ser modificado por *escritura pública* ou por *documento particular autenticado*, havendo acordo de todos os condóminos – cfr. n.º 1 do art. 1419.º do CC –, desde que se observem os requisitos constantes do art. 1415.º do CC, ou seja, desde que as fracções autónomas continuem independentes, distintas e isoladas entre si e que tenham garantida uma saída própria para uma parte comum do prédio e desta para a via pública ou directamente para a via pública.

Se o acordo constar de acta assinada por todos os condóminos, o administrador tem também legitimidade para outorgar a escritura ou elaborar e subscrever o documento particular em representação do condomínio – n.º 2 desse art. 1419.º.

Esta regra sofre alguns desvios no caso particular da junção e divisão de fracções autónomas, a que se aludirá mais adiante.

Entre as *modificações possíveis* contam-se:

– As dos **valores relativos** das fracções, que poderão ser redistribuídos em proporções diferentes das referidas no título constitutivo;

– As que importem alteração da **composição**: por acrescentamento de componentes que antes integravam outras fracções autónomas ou eram partes comuns; por divisão de fracções em novas fracções; por reunião numa só de duas ou mais fracções autónomas; pela atribuição, apenas a alguns condóminos, da comunhão em elementos que antes eram comuns a todos; pela criação de nova fracção autónoma, etc.;

– As que demandem alteração do **destino** das respectivas fracções.

O art. 60.º do CN determina que os instrumentos de *modificação do título constitutivo da propriedade horizontal que importem alteração da composição ou do destino das respectivas fracções* só podem ser lavrados se for junto documento camarário (que se arquivará) comprovativo de que a alteração está de acordo com os correspondentes requisitos legais, documento que é dispensado e substituído pela exibição do projecto devidamente aprovado, no caso de a modificação exigir obras de adaptação.

Um caso frequente de modificação do título constitutivo da propriedade horizontal é o resultante da *casa da porteira*, parte presuntivamente comum, vir a adquirir a natureza de *fracção autónoma*, desde que, como já sabemos, os condóminos assim o resolvam unanimemente e obtenham o documento camarário necessário, tudo em conformidade com os arts. 1419.º do CC e 60.º do CN, citados.

A nova fracção tem de ser devidamente individualizada, fixando-se-lhe o valor relativo, em consonância com a exigência do art. 1418.º.

Em consequência da fixação deste valor, as percentagens ou permilagens das outras fracções, já existentes, têm de ser proporcionalmente reduzidas para formar a percentagem ou permilagem da nova fracção.

Para se alcançar a percentagem (ou a permilagem) a que cada uma das fracções preexistentes fica confinada, basta usar a seguinte regra de três simples: multiplica-se a percentagem (ou permilagem) da fracção preexistente pela percentagem (ou permilagem) total do prédio, descontada da que foi atribuída à nova fracção, e depois divide-se o resultado por 100 (ou por 1000), ou seja, pela percentagem (ou permilagem) total do prédio. Entendemos, porém, que, feitas as contas, deve proceder-se a arredondamentos ou à multiplicação por 10 do denominador da fracção, de molde a evitar, tanto quanto possível, votos perdidos nas assembleias gerais.

Outro caso interessante de modificação de propriedade horizontal tem a ver com a *construção de novo piso* por um só dos condóminos e que motivou o parecer do CT de 24.01.97, publicado no BRN n.º 5/97 a pp. 26 e ss., cujas conclusões são do teor seguinte:

"I – Deve ser recusado, por falta de título, o registo de aquisição de uma fracção autónoma construída sobre prédio já em regime de propriedade horizontal pelo titular de uma das fracções, com base apenas na escritura de alteração da propriedade horizontal que autonomizou a referida nova fracção.

II – A criação físico-normativa de uma nova fracção, ainda que a expensas de um dos condóminos, implica que esse objecto passe a integrar os direitos comuns (de compropriedade) de todos os condóminos.

III – Para que essa fracção fique a pertencer apenas a um dos condóminos, será necessário que cesse a referida relação de compropriedade, pelos meios legalmente previstos".

Julgamos, no entanto, que neste caso também poderia ter-se previamente constituído por contrato o direito de superfície, na modalidade do direito de sobreelevação prevista no art. 1526.º do CC, ficando estabelecido, por acordo dos condóminos, que a construção determinaria a criação de uma nova fracção autónoma (cuja composição, destino e valor relativo seriam desde logo indicados) e, então, concluída a sua construção, o condómino podia, por si só e com base no contrato previamente celebrado, alterar o regime da propriedade horizontal em conformidade.

Diversa seria a hipótese de a construção do novo piso ter sido levada a cabo por acordo de todos os condóminos, para que lhes ficasse a pertencer em compropriedade na proporção dos seus direitos. Nesse caso, o registo da modificação da propriedade horizontal acarretaria também o registo da aquisição da nova fracção em comum a favor dos condóminos, se esta realidade transparecesse do título com clareza.

4. Divisão e junção de fracções autónomas

O art. 1422.º-A do CC, na redacção dos Decretos-Leis n.os 267/94, de 25 de Outubro, e 116/2008, de 4 de Julho, acerca da divisão e junção de fracções autónomas, veio determinar o seguinte:

1 – Não carece de autorização dos restantes condóminos a junção, numa só, de duas ou mais fracções do mesmo edifício, desde que estas sejam contíguas.

2 – Para efeitos do disposto no número anterior, a contiguidade das fracções é dispensada quando se trate de fracções correspondentes a arrecadações e garagens.

3 – Não é permitida a divisão de fracções em novas fracções autónomas, salvo autorização do título constitutivo ou da assembleia de condóminos, aprovada sem qualquer oposição.

4 – Sem prejuízo do disposto em lei especial, nos casos previstos nos números anteriores, cabe aos condóminos que juntaram ou cindiram as fracções o poder de, por acto unilateral constante de escritura pública ou de documento particular autenticado, introduzir a correspondente alteração no título constitutivo.

5 – A escritura pública ou o documento particular a que se refere o número anterior devem ser comunicados ao administrador no prazo de 10 dias.

Quem tem interesse na junção de duas ou mais fracções numa só ou na divisão de uma fracção em novas fracções autónomas é certamente o respectivo titular, mas só a junção é que não carece de autorização dos demais condóminos, dado que a divisão só é legalmente admissível se tiver sido autorizada no título constitutivo ou se o for pela assembleia de condóminos sem qualquer oposição.

A alteração do título constitutivo a que a junção ou a divisão dão lugar pode ser formalizada em *escritura pública* ou em *documento particular autenticado*, por acto unilateral do condómino que proceder à junção ou pelos condóminos que cindirem as fracções, mas, neste último caso, só com autorização do título constitutivo ou em face do consentimento dos outros condóminos (e de documento camarário ou de projecto devidamente aprovado que comprove que a alteração introduzida respeitou os requisitos legais das fracções, desde que tal modificação exija obras de adaptação que necessitem de autorização camarária).

É preciso notar – como se salienta no parecer proferido no Proc. N.º R.P. 4/98 DSJ-CT, publicado no II caderno do BRN n.º 7/98 – que a lei, ao autorizar a junção, pressupôs que o destino das fracções se mantinha e que este só pode manter-se, com a excepção do n.º 2 do artigo em anotação, quando o fim das fracções a anexar for o mesmo. Digamos que apenas se permitiu que o objecto, que é a fracção autónoma, fosse ampliado com a junção de outra fracção contígua (ou de arrecadação e garagens), se tal junção não ofender quaisquer outros princípios ou regras imperativas consignadas nas demais disposições legais que exijam o consenso unânime dos condóminos, como é o caso da prevista no art. 1419.º do CC.

As conclusões desse parecer são as seguintes:

"I – A junção de fracções autónomas contíguas é livre e pode ser formalizada através de escritura pública outorgada, unilateralmente, pelo respectivo titular ou titulares, mas no pressuposto de inexistirem obstáculos legais, designadamente os que impliquem qualquer outra modificação no conteúdo do estatuto do condomínio do prédio.

II – O fim a que as fracções autónomas se destinam, constando do título constitutivo da propriedade horizontal, faz parte do estatuto (real) do condomínio, pelo que a sua alteração depende do consentimento de todos os condóminos, que deve ser formalizado em escritura pública por estes outorgada, ou, em sua representação, pelo administrador, de harmonia com o disposto no n.º 2 do art. 1419.º do Código Civil.

III – A junção de fracções autónomas com fins diferentes implica que pelo menos o de uma delas sofra alteração, pelo que só poderá ter lugar depois de previamente obtido o consentimento dos restantes condóminos, nos termos da conclusão anterior".

5. **Conjuntos de edifícios**

O artigo 1438.º-A do CC estendeu a aplicação do regime da propriedade horizontal aos chamados "conjuntos imobiliários", permitindo que o referido regime tanto possa ter por objecto as fracções de um edifício como os edifícios que constituam, eles próprios, fracções ou parcelas de um conjunto mais vasto.

A aplicabilidade do regime da propriedade horizontal a conjuntos de edifícios depende da observância cumulativa dos seguintes requisitos: que os edifícios se encontrem numa relação de proximidade ou vizinhança; e que se encontrem funcionalmente ligados entre si pela existência de partes comuns.

Na definição de Antunes Varela (Código Civil Anotado, vol. III, 2.ª edição), conjuntos imobiliários são "conjuntos de imóveis urbanos afectados a determinado fim e que, a par de edifícios fruídos, no todo ou por fracções autónomas, segundo o regime da propriedade exclusiva, compreendem ainda elementos ou serviços de utilização comum, como restaurantes, casas de espectáculos, garagens, piscinas, jardins, instalações gerais de água, luz, aquecimento, etc.".

Quer dizer: a figura do conjunto imobiliário não implica a existência de ligação física entre os diversos edifícios que o integram, mas tão só e apenas a sua implantação num espaço unitário, caracterizado pela existência de partes comuns que os ligam funcionalmente uns aos outros.

Passou, assim, a admitir-se que a construção de vários prédios no mesmo terreno fosse concretizada por meio da constituição da propriedade horizontal, sem haver necessidade de proceder a qualquer operação de loteamento, sujeita a licenciamento municipal.

Na *fattispecie* do art. 1438.º-A do CC cabem várias situações: a de *vários edifícios em altura*, já divididos em fracções autónomas e constituídos em propriedade horizontal, que se encontram ligados entre si por coisas e serviços comuns; a de *várias unidades imobiliárias*, em que não há divisão da propriedade por fracções, mas que fruem de bens e serviços comuns (caso dos condomínios fechados, com moradias, casas, vivendas autónomas); a de vários edifícios em altura fraccionados e unidades imobiliárias autónomas ligadas funcionalmente pela existência de partes comuns; e a de vários edifícios não constituídos em propriedade horizontal e que partilham entre si partes comuns.

Os conjuntos imobiliários em regime de propriedade horizontal não se confundem, no entanto, com os *loteamentos com áreas desti-*

nadas a espaços verdes e de utilização colectiva, infra-estruturas viárias e equipamentos, disciplinados pelos artigos 43.º e ss. do Decreto-Lei n.º 555/99, de 16 de Dezembro.

A lei prevê que tais espaços verdes e de utilização colectiva, infra-estruturas viárias e equipamentos possam revestir natureza pública ou privada: os que revestirem natureza pública são cedidos ao Município para os fins a que se destinam; os outros passam a constituir partes comuns dos edifícios a construir nos lotes resultantes da operação de loteamento, regendo-se pelas disposições legais aplicáveis à propriedade horizontal.

Assim, nos conjuntos de edifícios em propriedade horizontal é o conjunto imobiliário *qua tale* que se encontra submetido ao regime da propriedade horizontal, ao passo que nos loteamentos com áreas destinadas a espaços verdes e de utilização colectiva, infra-estruturas viárias e de equipamentos de natureza privada esse regime é apenas aplicado para regular as relações entre proprietários de imóveis, v. g. os lotes que, embora não sejam objecto de propriedade horizontal, possuem partes comuns, as áreas destinadas a espaços verdes e de utilização colectiva, infra-estruturas viárias e de equipamento de natureza privada que integram o loteamento.

Dito de outro modo: enquanto nos conjuntos de edifícios é aplicável em bloco o regime da propriedade horizontal, abrangendo tanto as partes comuns como as unidades ou fracções que os compõem, com as inerentes limitações do direito de propriedade sobre estas últimas, já no que concerne aos loteamentos urbanos, apenas as áreas destinadas a espaços verdes e de utilização colectiva, infra-estruturas viárias e equipamentos de natureza privada são submetidas ao regime dos artigos 1420.º a 1438.º-A do CC – cfr. n.º 4 do artigo 43.º do citado Decreto-Lei n.º 555/99 (para mais desenvolvimentos do tema, vide estudo de João

Amado, *in* Revista de Administração Local, n.º 176, Março-Abril de 2000).

6. Selo

Com a eliminação da verba n.º 15.8 da Tabela Geral, este acto deixou de estar sujeito a selo específico.

7. Minutas

As minutas que seguem abrangem as seguintes hipóteses:

– As três primeiras contemplam a constituição do regime da propriedade horizontal nos casos previstos, respectivamente, nos n.os 1 e 2 do art. 59.º do CN e no art. 1438.º-A do CC; e

– As cinco seguintes põem em relevo algumas das possíveis modificações do título constitutivo, designadamente a alteração da composição das fracções, a alteração do regime de uso exclusivo de parte comum, a criação de nova fracção, a junção de fracções, e a divisão de fracção.

1.ª hipótese: *constituição* (instruída com documento comprovativo de que as fracções autónomas satisfazem os requisitos legais)

Constituição de propriedade horizontal

F ... e mulher F ...

E por eles foi dito:

Que são donos e legítimos possuidores do prédio urbano, sito na Rua... com os números ... e ... de polícia, desta cidade de ..., descrito na conservatória do registo predial deste concelho sob o número... da freguesia de ..., inscrito na respectiva matriz sob o artigo número

... com o valor patrimonial tributário de ... e a que atribuem o valor de ...;

Que o prédio se compõe de cave, rés-do-chão e três andares: na cave situam-se duas garagens, designadas pelos números um e dois, e dois lugares de estacionamento, também designados pelos números um e dois; no rés-do-chão situam-se três lojas destinadas a comércio, designadas pelos números um, dois e três; os primeiro, segundo e terceiro andares têm três fogos por piso, num total de nove fogos, todos destinados a habitação;

Que constituem o regime de propriedade horizontal sobre o identificado prédio, o qual obedece às condições legalmente exigidas para tal efeito, sendo composto pelas seguintes fracções autónomas distintas, independentes e isoladas entre si, com saída própria para uma parte comum do prédio e desta para a via pública ou directamente para a via pública:

Fracção A – garagem número um na cave, com entrada pelo n.º ..., a que corresponde a percentagem de ... do valor total do prédio e o valor de ...

Fracção B – garagem número dois na cave, com entrada pelo n.º ..., a que corresponde a percentagem de ... do valor total do prédio e o valor de ...

Fracção C – loja número um no rés-do-chão esquerdo, com entrada pelo n.º ..., a que corresponde a percentagem de ... do valor total do prédio e o valor de ...

Fracção D – loja número dois no rés-do-chão frente, com entrada pelo n.º ..., a que corresponde a percentagem de ... do valor total do prédio e o valor de ...

Fracção E – loja número três no rés-do-chão direito, com entrada pelo n.º ..., a que corresponde a percentagem de ... do valor total do prédio e o valor de ...

Fracção F – primeiro andar esquerdo, com o lugar de estacionamento número um na cave, a que corresponde a percentagem de ... do valor total do prédio e o valor de ...

Fracção G – primeiro andar frente, a que corresponde a percentagem de ... do valor total do prédio e o valor de ...

Fracção H – primeiro andar direito, com o lugar de estacionamento número dois na cave, a que corresponde a percentagem de ... do valor total do prédio e o valor de ...

Fracção I – segundo andar esquerdo, a que corresponde a percentagem de ... do valor total do prédio e o valor de ...

Fracção J – segundo andar frente, a que corresponde a percentagem de ... do valor total do prédio e o valor de ...

Fracção K – segundo andar direito, a que corresponde a percentagem de ... do valor total do prédio e o valor de ...

Fracção L – terceiro andar esquerdo, a que corresponde a percentagem de ... do valor total do prédio e o valor de ...

Fracção M – terceiro andar frente, a que corresponde a percentagem de ... do valor total do prédio e o valor de ...

Fracção N – terceiro andar direito, a que corresponde a percentagem de ... do valor total do prédio e o valor de ...

As fracções F a N, inclusive, têm entrada comum pelo n.º ...

São partes comuns do prédio, além das referidas no artigo 1421.º do Código Civil, um arrumo situado no rés-do-chão destinado à guarda do contentor do lixo.

Local: ...

Data: ...

Assinaturas:

Termo de autenticação

No dia ..., no meu escritório sito em ..., perante mim, F..., advogado (ou solicitador) titular da cédula profissional n.º ... emitida por ... em ... compareceram F ... NIF ..., e mulher F ..., NIF ..., casados segundo o regime de ..., naturais e habitualmente residentes em ...

Verifiquei a identidade dos intervenientes por ...

E por eles me foi apresentado, para fins de autenticação, o documento anexo que é uma constituição de propriedade horizontal, tendo declarado que já o leram e assinaram e que ele exprime a sua vontade.

Arquivado: certidão camarária com o auto de vistoria para efeitos de constituição do regime de propriedade horizontal.

Exibido:

_a)_ Certidão passada pela conservatória do registo predial de ... em ... com o número de ordem ..., por onde verifiquei o número da descrição referida; e

_b)_ Caderneta predial urbana, obtida hoje via Internet, por onde verifiquei os elementos matriciais do prédio.

Este termo foi lido aos interessados e aos mesmos explicado o seu conteúdo.

Assinaturas: (dos intervenientes e do advogado ou solicitador)

2.ª hipótese: *constituição* (prédio construído para transmissão em fracções autónomas)

Constituição de propriedade horizontal

F ... e mulher F ...

E por eles foi dito:

Que são donos e legítimos possuidores de um prédio urbano, composto de terreno destinado a construção urbana, com a área de ..., sito em..., descrito na conservatória do registo predial de... sob o número... da freguesia de ..., inscrito na respectiva matriz sob o artigo número ... com o valor patrimonial tributário de ...;

Que neste terreno está em construção um edifício de rés-do-chão e andar, com a superfície coberta de ... e descoberta de ..., que se destina a ser transmitido em fracções autónomas e ao qual atribuem o valor de ...;

Que o referido edifício satisfaz os requisitos legais para nele ser constituída a propriedade horizontal, sendo composto por duas fracções autónomas distintas, independentes e isoladas entre si, com saída própria para uma parte comum do prédio e desta para a via pública ou directamente para a via pública e que são as seguintes:

Fracção A – rés-do-chão e a parte do logradouro do lado norte no tardoz do prédio com a área aproximada de ... a que atribuem o valor de ... e a percentagem de ... do valor total do prédio;

Fracção B – primeiro andar e a parte do logradouro do centro no tardoz do prédio com a área aproximada de ... a que atribuem o valor de ... e a percentagem de ... do valor total do prédio;

Que ambas as fracções se destinam a habitação;

Que é comum a ambas as fracções o logradouro do lado sul, com a área de ..., para acesso às fracções e estacionamento;

Que o acesso às fracções se faz através de logradouro comum por um átrio onde está a porta de entrada para o rés-do-chão e onde nascem as escadas que levam ao andar;

Que, assim, fica constituída a propriedade horizontal sobre o citado prédio nos sobreditos termos.

Local: ...

Data: ...

Assinaturas:

Termo de autenticação

No dia ..., no meu escritório sito em ..., perante mim, F..., advogado (ou solicitador) titular da cédula profissional n.º ... emitida por ... em ... compareceram F ... NIF ..., e mulher F ..., NIF ..., casados segundo o regime de ..., naturais e habitualmente residentes em ...

Verifiquei a identidade dos intervenientes por ...

E por eles me foi apresentado, para fins de autenticação, o documento anexo que é uma constituição de propriedade horizontal, tendo declarado que já o leram e assinaram e que ele exprime a sua vontade.

Exibido:

***a)* Fotocópia – certidão expedida pela câmara municipal de ... em ... do projecto de construção, aprovado em ... por essa entidade, e da respectiva memória descritiva, donde consta que o prédio se destina a ser transmitido em fracções autónomas;**

***b)* Certidão passada pela conservatória do registo predial de ... em ... com o número de ordem ..., por onde verifiquei o número da descrição referida; e**

***c)* Caderneta predial urbana, obtida hoje via Internet, por onde verifiquei os elementos matriciais do prédio.**

Este termo foi lido aos interessados e aos mesmos explicado o seu conteúdo.

Assinaturas: (dos intervenientes e do advogado ou solicitador)

3.ª hipótese: *constituição* (conjunto imobiliário)

Constituição de propriedade horizontal

F ... F ..., que intervêm em representação da sociedade ...

E por eles foi dito:

Que à sociedade que representam pertence um prédio misto, composto de ..., com a área total de ..., sito em..., descrito na conservatória ... e inscrito na matriz nos artigos ...;

Que sobre o identificado prédio foi aprovado em ... pela Direcção-Geral do Turismo, o título constitutivo da primeira, segunda e terceira fases de um empreendimento turístico, denominado ... composto de fracções autónomas que constituem unidades independentes, distintas e isoladas entre si, com saída própria para uma parte comum do prédio e desta para a via pública, pelo que, por este acto, submetem o dito prédio ao regime de propriedade horizontal, especificando as fracções autónomas que o compõem e os respectivos valores relativos e que são os seguintes:

Fracção A – Hotel-apartamentos, com a área de ..., que confronta ..., composto por um estabelecimento hoteleiro de apartamentos tipos T-0, T-1 e T-2, a construir, com a permilagem de ..., a que corresponde o valor de ..., relativamente ao valor total do prédio;

Fracção B – Hotel, denominado ..., com a área de ..., a confrontar ... com um total de ... quartos, todos com casa de banho, dois restaurantes, dois salões para reuniões, um salão de bar e um de snack-bar, ginásio, duas piscinas, dois estacionamentos, um coberto com capacidade para ... viaturas e outro descoberto com capacidade para ... viaturas, com a permilagem de ... a que corresponde ....;

Fracção C – Aldeamento turístico, designado pela letra A, com a área total de ..., a confrontar ... composto por ... moradias tipo T-4, T-5 e T-6, com logradouro, piscina e acessos vários, um edifício de um piso, que serve de portaria e comporta as áreas administrativas,

de recepção, instalação de pessoal, armazém para equipamento de jardim, recolha de lixo e posto de transformação, uma lagoa natural e vários arruamentos, com a permilagem de ... a que corresponde ...;

Fracção D – Aldeamento turístico, designado pela letra B ...;

Fracção E – Aldeamento turístico, designado pela letra C ...;

Fracção F – Aldeamento turístico, designado pela letra D ...;

Fracção G – Aldeamento turístico, designado pela letra E ...;

Fracção H – Clube de golfe, sito ..., com a área de ..., a confrontar ..., composto por um edifício destinado a administração, com cantina, loja para profissionais, recepção e um quiosque, com a permilagem de ... a que corresponde ...;

Fracção I – Campo de golfe de ... buracos, sito em ... com a área de ..., a confrontar ... com a permilagem de ... a que corresponde ...;

Fracção J – Campo de golfe ...;

Fracção L – Campo de prática ...;

Fracção M – Clube de campo, designado pelo número ..., sito em ..., com a área de ..., a confrontar ..., composto por um edifício que serve de sede social, três campos de ténis com iluminação, um campo de ténis com bancadas, um campo polidesportivo com iluminação, dois campos de squash, piscinas, um picadeiro descoberto, estábulos para ... cavalos, com instalações para nascituros, veterinário e tratadores, zona para rações, arreios e preparação de cavalos, uma pista de saltos, com a permilagem de ..., a que corresponde ...;

Fracção N – Clube de campo ...;

Fracção O – Centro cultural, com a área de ..., sito em ..., a confrontar ..., composto por ..., logradouro e jardim, com a permilagem ...;

Fracção P – Percurso histórico, com a área de ..., sito em ..., a confrontar ..., composto por ..., com a permilagem ...;

Fracção Q – Área de manutenção e serviços, com a área de ..., sita em ..., a confrontar ..., composta por ..., com a permilagem ...;

Fracção R – Palácio ..., com a área de ..., sito em ..., a confrontar ..., composto por ..., com a permilagem ...;

Fracção S – Estação de Tratamento de Águas Residuais, abreviadamente designada por ETAR, com a área de ..., sita em ..., a confrontar ..., composto por ..., com a permilagem ...;

Fracção T – Área de Apoio, com a área de ..., sita em ..., a confrontar ..., composta ..., com a permilagem ...; e

Fracção U – Área de Comércio, com a área de ..., sita em ..., a confrontar ..., composta por ..., com a permilagem ...

São partes comuns do empreendimento turístico: ...

Os condóminos dos Aldeamentos C, D e E, cujos lotes não têm piscina, têm ainda direito à utilização das piscinas da fracção ...; os condóminos dos Aldeamentos ... têm direito a ...

Que, por sua vez, a fracção autónoma designada pela letra C, correspondente ao Aldeamento designado pela letra ..., reúne em si as condições para ser submetida ao regime de propriedade horizontal, pois é composta pelas fracções autónomas a seguir identificadas, que constituem unidades independentes e autónomas, distintas e isoladas entre si, com saída própria para uma parte comum do prédio e desta para a via pública e que são:

Fracção C-A – lote onze, número um, com a área de ..., formada por moradia de dois pisos, com jardim, piscina, garagem, pátio de entrada e terraços, com a permilagem de ... relativamente ao valor total da fracção C, a que corresponde o valor de ...;

Fracção C-B – lote onze, número dois ...;

Fracção C-C – lote onze, número três ...;

etc.

São partes comuns ...

Que a fracção autónoma designada pela letra D, correspondente ao Aldeamento designado pela letra ..., reúne em si as condições para ser submetida ao regime de propriedade horizontal, pois é composta pelas fracções autónomas a seguir identificadas, que constituem unidades independentes e autónomas, distintas e isoladas entre si, com saída própria para uma parte comum do prédio e desta para a via pública e que são:

Fracção D-A – lote doze, número um, com a área de ..., formada por ..., com a permilagem de ... relativamente ao valor total da fracção D, a que corresponde o valor de ...;

Fracção D-B – lote doze, número dois ...;

até

Fracção D-AX – lote doze, composto de minimercado e snack-bar, com a área total de ... a confrontar ... com a permilagem de ... a que corresponde o valor de ...

Esta fracção destina-se à exploração directa do Promotor Turístico, pelo que não pode ser alienada.

São partes comuns às fracções autónomas em que se desdobra a fracção D: ...

Declararam ainda:

Que se encontram construídas as fracções acima identificadas pelas letras ...; e

Que se encontram em construção as fracções acima identificadas pelas letras ...

Local: ...

Data: ...

Assinaturas:

Termo de autenticação

No dia ..., no meu escritório sito em ..., perante mim, F..., advogado (ou solicitador) titular da cédula profissional n.º ... emitida por ... em ... compareceram F ... F ..., administradores da sociedade ..., que intervêm em sua representação.

Verifiquei a identidade dos intervenientes, a qualidade em que intervêm e os poderes para este acto por ..., documentos que arquivo.

E por eles me foi apresentado, para fins de autenticação, o documento anexo que é uma constituição de propriedade horizontal, tendo declarado que já o leram e assinaram e que ele exprime a sua vontade.

Arquivado:

***a)* Fotocópia de acta e certidão do registo comercial;**

***b)* Certidão da Direcção-Geral do Turismo; e**

***c)* Certidão camarária.**

Exibido:

_a)_ Certidão passada pela conservatória do registo predial de ... em ... com o número de ordem ..., por onde verifiquei o número da descrição referida; e

_b)_ Certidão passada em ... pelo serviço de finanças de ..., comprovativa dos citados artigos e valores patrimoniais tributários.

Este termo foi lido aos interessados e aos mesmos explicado o seu conteúdo.

Assinaturas: (dos intervenientes e do advogado ou solicitador)

4.ª hipótese: *modificação* (alteração da composição das fracções autónomas, por nelas ser integrado o logradouro, que antes era parte comum)

Modificação de propriedade horizontal

PRIMEIRO: F ... e mulher F ...

SEGUNDO: F ... e mulher F ...

E por eles foi dito:

Que são os únicos condóminos do prédio urbano em regime de propriedade horizontal, sito em... na Rua ... com o número ... de polícia, descrito na conservatória do registo predial de ... sob o número... da freguesia de ..., inscrito na respectiva matriz sob o artigo número ... com o valor patrimonial tributário de ... e atribuído de ...;

Que o referido imóvel foi submetido ao regime de propriedade horizontal por escritura lavrada no cartório notarial de ... no dia ... com início a folhas ... do livro ..., com as fracções autónomas A e B, para habitação, correspondentes, respectivamente, ao rés-do-chão e ao primeiro andar, cada uma com o valor relativo de cinquenta por cento do valor total do prédio;

Que o regime da propriedade horizontal foi registado na dita conservatória pela inscrição ... estando a fracção A nela registada a favor do primeiro interveniente varão pela inscrição ... e a fracção B a favor do segundo interveniente varão pela inscrição ...;

Que, pelo presente documento, modificam o referido título constitutivo da propriedade horizontal no sentido de o logradouro do

prédio, que naquela escritura era parte comum, passar a constituir dois logradouros distintos, devidamente demarcados por muretes, com a área de ... cada um, ficando o do lado norte a integrar a fracção A e o do lado sul a integrar a fracção B;

Que, em consequência, as fracções passam a ter a seguinte composição:

Fracção A – rés-do-chão e logradouro com a área de ... situado do lado norte do prédio, inscrito na respectiva matriz sob o artigo ..., pendente de alteração, com o valor atribuído de ...;

Fracção B – primeiro andar e logradouro com a área de ... situado do lado sul do prédio, inscrito na respectiva matriz sob o artigo ..., pendente de alteração, com o valor atribuído de ...;

Que em tudo o mais se mantém o constante da referida escritura de constituição de propriedade horizontal, designadamente quanto ao valor relativo de cada uma das aludidas fracções.

Local: ...

Data: ...

Assinaturas:

Termo de autenticação

No dia ..., no meu escritório sito em ..., perante mim, F..., advogado (ou solicitador) titular da cédula profissional n.º ... emitida por ... em ... compareceram:

PRIMEIRO: F ..., NIF ..., e mulher F ..., NIF ...

SEGUNDO: F ..., NIF ..., e mulher F ..., NIF ...

Verifiquei a identidade dos intervenientes por ...

E por eles me foi apresentado, para fins de autenticação, o documento anexo que é uma modificação do regime de propriedade horizontal, tendo declarado que já o leram e assinaram e que ele exprime a sua vontade.

Arquivado: certidão camarária comprovativa de que a alteração da propriedade horizontal está de acordo com os correspondentes requisitos legais.

Exibido:

a) Certidão passada pela conservatória do registo predial de ... em ... com o número de ordem ..., por onde verifiquei o número da descrição e inscrições apontados;

***b)* Caderneta predial urbana, obtida hoje via Internet, por onde verifiquei os elementos matriciais do prédio; e**

***c)* Duplicado do pedido de alteração da composição das referidas fracções autónomas na matriz, com o carimbo do seu recebimento no dito serviço de finanças em ...**

Este termo foi lido aos interessados e aos mesmos explicado o seu conteúdo.

Assinaturas: (dos intervenientes e do advogado ou solicitador)

5.ª hipótese: *modificação* (alteração do regime de uso exclusivo de parte comum)

Modificação de propriedade horizontal

F ...

Declaro que, além de condómino, sou administrador do condomínio do prédio urbano sito em ..., inscrito na matriz ... e descrito na conservatória do registo predial de ... sob o número ..., achando-se registada a constituição do regime da propriedade horizontal, nos termos da inscrição ...

Que o referido prédio foi submetido ao regime de propriedade horizontal por escritura lavrada ...;

Que nessa escritura foi atribuído à fracção autónoma designada pela letra "B" da zona I, correspondente ao estabelecimento comercial número dois, ao nível do rés-do-chão, com acesso directo ao logradouro à frente, o direito ao uso exclusivo de quinze lugares para viaturas, identificados com a menção do dito estabelecimento, no parqueamento privativo dos condóminos, ao nível da terceira cave;

Que, de acordo com o deliberado, por unanimidade, por todos os condóminos em reunião do condomínio realizada em ..., fica alterado o direito ao uso exclusivo dos lugares de estacionamento existentes na terceira cave, afectos à dita fracção "B", passando esta fracção autónoma a ter direito apenas ao uso exclusivo de quatro lugares para viaturas no parqueamento privativo dos condóminos, ao nível da terceira cave, e sendo o uso exclusivo dos restantes onze

lugares de estacionamento, na referida cave, que lhe estavam afectos, redistribuídos pelas seguintes fracções autónomas: letras "D", "F", "L", "AD", "J", "AI" e "T";

Que, em virtude da presente alteração do direito ao uso exclusivo dos lugares de estacionamento ao nível da terceira cave, cada uma das fracções autónomas da zona II, individualizadas pelas letras "D", "F", "L" e "AD", passa a ter direito ao uso exclusivo, na terceira cave, de dois lugares de estacionamento;

Cada uma das fracções autónomas designadas pelas letras "J" e "AI", da zona II, passa a ter direito ao uso exclusivo, na terceira cave, de três lugares de estacionamento; e

A fracção autónoma individualizada pela letra "T", da zona II, passa a ter direito ao uso exclusivo, na terceira cave, de quatro lugares de estacionamento.

Que em tudo o mais se mantém o conteúdo da citada escritura lavrada em ...

Local: ...

Data: ...

Assinatura:

Termo de autenticação

No dia ..., no meu escritório sito em ..., perante mim, F..., advogado (ou solicitador) titular da cédula profissional n.º ... emitida por ... em ... compareceu F ..., NIF ..., casado, natural e habitualmente residente em ..., que intervém neste acto na qualidade de administrador do condomínio do citado prédio urbano.

Verifiquei a sua identidade por ... e a qualidade e poderes por fotocópias das actas de ..., ... e ...

E por ele me foi apresentado, para fins de autenticação, o documento anexo que é uma modificação do regime de propriedade horizontal, tendo declarado que já o leu e assinou e que ele exprime a sua vontade e a de todos os condóminos por ele representados.

Arquivado: três fotocópias de actas de reunião do condomínio.

Exibido:

a) Certidão de teor da descrição e inscrição em vigor passada em ... por ... com o número de ordem ...; e

_b)_ Caderneta predial urbana, obtida hoje via Internet, por onde verifiquei os elementos matriciais do prédio.

Este termo foi lido aos interessados e aos mesmos explicado o seu conteúdo.

Assinaturas: (do interveniente e do advogado ou solicitador)

6.ª hipótese: *modificação* (criação de nova fracção autónoma)

Modificação de propriedade horizontal

PRIMEIRO: F ... e mulher F ...

SEGUNDO: F ... e mulher F ...

E por eles foi dito:

Que são os únicos condóminos do prédio urbano em regime de propriedade horizontal, sito em... na Rua ... com os números ... e ... de polícia, descrito na conservatória do registo predial de ... sob o número... da freguesia de ..., inscrito na respectiva matriz sob o artigo número ... com o valor patrimonial tributário de ... e atribuído de ...;

Que o referido imóvel foi submetido ao regime de propriedade horizontal por escritura lavrada no cartório notarial de ... no dia ... com início a folhas ... do livro ..., com as fracções autónomas A e B, correspondentes, respectivamente, ao rés-do-chão, destinado a comércio, com logradouro e ao primeiro andar e respectiva escadaria de acesso, destinado a habitação, cada uma com o valor relativo de cinquenta por cento do valor total do prédio;

Que o regime da propriedade horizontal foi registado na dita conservatória pela inscrição ... estando a fracção A nela registada a favor dos primeiros intervenientes pela inscrição ... e a fracção B a favor dos segundos pela inscrição ...;

Que, entretanto, submeteram o prédio a obras de que resultaram a construção de um novo andar e alterações na fracção B, tendo em vista o acesso ao novo andar;

Que este andar recentemente construído reúne os requisitos legais para constituir uma nova fracção autónoma, dado ser independente, distinto e isolado das demais fracções autónomas e dis-

por de saída própria para parte comum do prédio e desta para a via pública;

Que, assim, pelo presente documento, modificam o referido título constitutivo da propriedade horizontal, passando o prédio a ser composto por três fracções autónomas a seguir descritas:

Fracção A – rés-do-chão destinado a comércio com logradouro, com o valor patrimonial tributário de ... e o atribuído de ..., correspondente a trinta e três por cento do valor total do prédio;

Fracção B – primeiro andar, destinado a habitação, com o valor patrimonial tributário de ... e o atribuído de ... correspondente a trinta e três por cento do valor total do prédio;

Fracção C – segundo andar, destinado a habitação, com o valor atribuído de ... correspondente a trinta e quatro por cento do valor total do prédio, ainda omisso na respectiva matriz, mas já participado;

Que o acesso à fracção A continua a ser feito pela porta com o número ... de polícia e o acesso à fracção B e à nova fracção C é feito pela porta com o número ... de polícia, que liga directamente com a escadaria, a qual passa a servir as duas fracções B e C;

Que esta escadaria de acesso ao primeiro e ao segundo andares fica, assim, a constituir parte comum às fracções B e C;

Que, na decorrência da construção do novo andar, que originou a criação da mencionada fracção C, e tendo em vista que as duas fracções autónomas preexistentes tinham, cada uma delas, um valor de cinquenta por cento em relação ao valor total do prédio, esta fracção C fica a pertencer a eles primeiros e segundos outorgantes em partes iguais [63].

[63] Além do registo da modificação da propriedade horizontal, registar-se-á também a aquisição da nova fracção em comum a favor dos condóminos.

Se a construção do novo piso tivesse sido feita apenas por um dos condóminos, com o acordo do outro, o registo de aquisição da nova fracção a favor do condómino que a custeou ficaria dependente da transmissão que o outro condómino lhe fizesse do direito de comproprietário que tinha na fracção criada de novo, fosse por compra e venda, fosse através de divisão, a realizar nesta escritura ou noutra subsequente.

A esta hipótese de construção de novo piso por um só dos condóminos se refere o parecer publicado no BRN n.º 5/97, cujas conclusões se transcreveram supra.

Local: ...
Data: ...
Assinaturas:

Termo de autenticação

No dia ..., no meu escritório sito em ..., perante mim, F..., advogado (ou solicitador) titular da cédula profissional n.º ... emitida por ... em ... compareceram:

PRIMEIRO: F ..., NIF ..., e mulher F ..., NIF ...

SEGUNDO: F ..., NIF ..., e mulher F ..., NIF ...

Verifiquei a identidade dos intervenientes por ...

E por eles me foi apresentado, para fins de autenticação, o documento anexo que é uma modificação do regime de propriedade horizontal, tendo declarado que já o leram e assinaram e que ele exprime a sua vontade.

Arquivado: certidão camarária comprovativa de que a alteração da propriedade horizontal está de acordo com os correspondentes requisitos legais.

Exibido:

***a)* Certidão passada pela conservatória do registo predial de ... em ... com o número de ordem ..., por onde verifiquei o número da descrição e inscrições apontados;**

***b)* Caderneta predial urbana, obtida hoje via Internet, por onde verifiquei os elementos matriciais do prédio; e**

***c)* Duplicado do pedido de alteração da inscrição do prédio na matriz, que tem aposto o carimbo de recebimento do original no dito serviço de finanças em ...**

Este termo foi lido aos interessados e aos mesmos explicado o seu conteúdo.

Assinaturas: (dos intervenientes e do advogado ou solicitador)

Mas, como também acima dissemos, cremos que em tal caso poderia adoptar-se uma outra solução que passava pela constituição prévia do direito de superfície, por contrato, na modalidade do direito de sobreelevação, estabelecendo-se desde logo por acordo dos condóminos a composição, destino e valor relativo da nova fracção autónoma, para que, concluída a construção, o condómino construtor pudesse, com base no contrato que celebrara, alterar o conteúdo da propriedade horizontal em conformidade.

7.ª hipótese: *modificação* (junção de fracções autónomas)

Modificação de propriedade horizontal

F ... e mulher F ...

E por eles foi dito:

Que lhes pertencem as fracções autónomas designadas pelas letras C e D do prédio urbano em regime de propriedade horizontal, sito em... na Rua ... com o número ... de polícia, descrito na conservatória do registo predial de ... sob o número... da freguesia de ..., inscrito na respectiva matriz sob o artigo número ...;

Que o referido imóvel foi submetido ao regime de propriedade horizontal por escritura lavrada no cartório notarial de ... no dia ... com início a folhas ... do livro ..., ficando a horizontalidade registada pela inscrição ...;

Que as ditas fracções C e D são contíguas, estão registadas a seu favor pela inscrição ... e têm a seguinte composição:

Fracção C: primeiro andar centro, destinado a habitação, com o valor patrimonial tributário de ... e o atribuído de ... correspondente a trinta por mil do valor total do prédio;

Fracção D: primeiro andar esquerdo, destinado a habitação, com o valor patrimonial tributário de ... e o atribuído de ... correspondente a cinquenta por mil do valor total do prédio;

Que procedem à junção dessas fracções autónomas numa só, designada pela letra C, que passará a ter a seguinte composição:

Fracção C – primeiro andar centro e esquerdo, destinado a habitação, com o valor atribuído de ..., correspondente a oitenta por mil do valor total do prédio;

Que, em consequência, fica eliminada a fracção D, modificando-se em conformidade o referido título constitutivo da propriedade horizontal.

Local: ...

Data: ...

Assinaturas:

Termo de autenticação

No dia ..., no meu escritório sito em ..., perante mim, F..., advogado (ou solicitador) titular da cédula profissional n.º ... emitida por ... em ... compareceram F ..., NIF ..., e mulher F ..., NIF ...

Verifiquei a identidade dos intervenientes por ...

E por eles me foi apresentado, para fins de autenticação, o documento anexo que é uma modificação do regime de propriedade horizontal, tendo declarado que já o leram e assinaram e que ele exprime a sua vontade.

Exibido:

***a)* Certidão passada pela conservatória do registo predial de ... em ... com o número de ordem ..., por onde verifiquei o número da descrição e inscrições apontados;**

***b)* Caderneta predial urbana, obtida hoje via Internet, por onde verifiquei os elementos matriciais do prédio; e**

***c)* Duplicado do pedido de alteração da inscrição do prédio na matriz, cujo original deu entrada no referido serviço de finanças em ...**

Este termo foi lido aos interessados e aos mesmos explicado o seu conteúdo.

Assinaturas: (dos intervenientes e do advogado ou solicitador)

8.ª hipótese: *modificação* (divisão de fracção autónoma)

Modificação de propriedade horizontal

F ... e mulher F ...

E por eles foi dito:

Que lhes pertence a fracção autónoma designada pela letra K do prédio urbano em regime de propriedade horizontal, sito em... na Rua ... com o número ... de polícia, descrito na conservatória do registo predial de ... sob o número... da freguesia de ..., inscrito na respectiva matriz sob o artigo número ...;

Que o referido imóvel foi submetido ao regime de propriedade horizontal por escritura lavrada no cartório notarial de ... no dia ... com início a folhas ... do livro ..., ficando a horizontalidade regis-

tada pela inscrição ... com doze fracções autónomas correspondentes às letras A a L;

Que a dita fracção K está registada a seu favor pela inscrição ... e tem a seguinte composição:

Fracção K: terceiro andar direito, destinado a habitação, com o valor patrimonial tributário de ... e o atribuído de ..., correspondente a oitenta por mil do valor total do prédio;

Que, com autorização da assembleia de condóminos realizada no dia ..., votada por todos sem qualquer oposição, procedem à divisão dessa fracção autónoma em duas, designadas pelas letras K e M, que passarão a ter a seguinte composição:

Fracção K – terceiro andar direito frente, destinado a habitação, com o valor atribuído de ..., correspondente a quarenta por mil do valor total do prédio;

Fracção M – terceiro andar direito tardoz, destinado a habitação, com o valor atribuído de ... correspondente a quarenta por mil do valor total do prédio;

Que, em consequência, fica modificado em conformidade o referido título constitutivo da propriedade horizontal.

Local: ...

Data: ...

Assinaturas:

Termo de autenticação

No dia ..., no meu escritório sito em ..., perante mim, F..., advogado (ou solicitador) titular da cédula profissional n.º ... emitida por ... em ... compareceram F ..., NIF ..., e mulher F ..., NIF ...

Verifiquei a identidade dos intervenientes por ...

E por eles me foi apresentado, para fins de autenticação, o documento anexo que é uma modificação do regime de propriedade horizontal, tendo declarado que já o leram e assinaram e que ele exprime a sua vontade.

Arquivado:

a) Certidão camarária comprovativa de que a alteração da propriedade horizontal está de acordo com os correspondentes requisitos legais; e *b)* Pública-forma da acta da reunião da assembleia dos condóminos, supra referida.

Exibiu-se:

a) Certidão passada pela conservatória do registo predial de ... em ... com o número de ordem ..., por onde verifiquei o número da descrição e inscrições apontados;

b) Caderneta predial urbana, obtida hoje via Internet, por onde verifiquei os elementos matriciais do prédio; e

c) Duplicado do pedido de alteração da inscrição do prédio na matriz, cujo original deu entrada no referido serviço de finanças em ...

Este termo foi lido aos interessados e aos mesmos explicado o seu conteúdo.

Assinaturas: (dos intervenientes e do advogado ou solicitador)

§ 17.º Renda vitalícia

1. Generalidades

A renda vitalícia vem regulada nos arts. 1238.º e ss. do CC como um contrato através do qual uma pessoa aliena a favor de outra certa soma de dinheiro, ou qualquer outra coisa móvel ou imóvel, ou um direito, e a segunda se obriga a pagar certa quantia em dinheiro ou outra coisa fungível durante a vida do alienante ou de terceiro.

O contrato pode ter natureza onerosa ou gratuita, conforme a renda seja o correspectivo da alienação de coisas ou direitos ou assuma o carácter de simples encargo modal imposto numa doação.

Apesar da formulação legal sugerir que só por contrato pode ser ultimada, a verdade é que esta figura jurídica pode ter por fonte um negócio unilateral como o testamento ou mesmo uma decisão judicial em matéria de reparação ao lesado de danos civis.

Sem prejuízo da aplicação das regras especiais de forma quanto à alienação da coisa ou do direito e do disposto em lei especial, a renda vitalícia deve ser constituída por *documento escrito*, sendo necessária *escritura pública* ou *documento particular autenticado* se a coisa ou o direito alienado for de valor igual ou superior a € 25 000 – art. 1239.º do CC, na redacção do Decreto-Lei n.º 116/2008, de 4 de Julho.

Havendo dois ou mais beneficiários conjuntos da renda, o negócio deve esclarecer se, falecendo um deles, a sua parte acresce ou não à dos outros.

2. IMT

Se a alienação onerosa do direito de propriedade ou de figuras parcelares desse direito envolver bens imóveis, a renda vitalícia está sujeita a pagamento prévio deste imposto – art. 2.º, n.º 1, do CIMT.

O imposto incide sobre o valor constante do acto ou do contrato ou sobre o valor patrimonial tributário dos imóveis, consoante o que for maior – n.º 1 do art. 12.º –, sendo certo que à determinação do valor tributável do IMT é aplicável a regra constante da alínea *c)* do art. 13.º do respectivo código, segundo a qual o valor da renda vitalícia se obtém aplicando ao produto da renda anual por 20 as percentagens indicadas na alínea *a)* desse artigo, conforme a idade da pessoa ou pessoas de cuja vida dependa a subsistência da renda.

Se a renda vitalícia resultar de encargo constituído numa doação, há lugar a pagamento de IMT e também a imposto do selo – vide art. 3.º do CIMT.

3. Selo

Se a renda vitalícia envolver aquisição onerosa ou gratuita do direito de propriedade ou de figuras parcelares desse direito sobre imóveis, o acto está sujeito ao selo de 0,8 % sobre o seu valor, calculado da forma que vimos supra na compra e na doação – vide n.º 1.1 da tabela geral.

O imposto fixado neste n.º 1.1 da tabela geral (que incide sobre o valor do contrato ou sobre o valor patrimonial tributário, correspondente aos imóveis compreendidos no direito alienado) não é, porém, liquidado pelo advogado ou solicitador, mas antes pelos serviços centrais da Direcção-Geral dos Impostos, de acordo com o estatuído no n.º 4 do art. 23.º do CIS.

O documento deve mencionar o valor do imposto de selo cobrado e a data da sua liquidação – art. 23.º, n.º 6.

Porém, se a renda envolver aquisição gratuita, como as doações estão simultaneamente sujeitas ao imposto da verba 1.2 da tabela geral, a liquidação do imposto daquela verba 1.1 é feita *a posteriori* com o da verba 1.2, como determina o n.º 5 daquele art. 23.º do CIS, na redacção da citada Lei n.º 64-A/2008.

4. Minuta

Renda vitalícia

PRIMEIRO: F ... e mulher F ...

SEGUNDO: F ...

Por eles foi dito:

Que aos primeiros intervenientes pertence um prédio rústico denominado ... sito em ... inscrito na matriz ... com o valor patri-

monial tributário de ..., para efeitos de IMT e de selo, e atribuído de ..., descrito ... e registado a seu favor pela inscrição ...;

Que cedem ao segundo a propriedade do aludido prédio, mediante a obrigação de este lhes pagar, como contrapartida da alienação e durante a sua vida, a quantia mensal de ..., por depósito na conta bancária número ... aberta em nome de ambos na filial do banco ... em ....

Que, por morte de um dos primeiros intervenientes, a contrapartida paga pelo segundo será reduzida a metade e, portanto, a sua parte não acresce à do outro.

Local: ...

Data: ...

Assinaturas:

Termo de autenticação

No dia ..., no meu escritório sito em ..., perante mim, F..., advogado (ou solicitador) titular da cédula profissional n.º ... emitida por ... em ... compareceram:

PRIMEIRO: F ..., NIF ..., e mulher F ..., NIF ..., casados sob o regime ...

SEGUNDO: F ..., NIF ..., casado ...

Verifiquei a identidade dos intervenientes por ...

E por eles me foi apresentado, para fins de autenticação, o documento anexo que é um contrato de renda vitalícia, tendo declarado que já o leram e assinaram e que ele exprime a sua vontade.

Arquivado:

a) A declaração para a liquidação, efectuada em ..., do imposto municipal sobre as transmissões onerosas de imóveis e o correspondente comprovativo da cobrança número ...; e

b) O documento número ... comprovativo do pagamento do imposto do selo da verba 1.1 da tabela geral, no montante de ..., liquidado hoje.

Exibido:

a) Caderneta predial rústica, obtida hoje via Internet, por onde verifiquei os elementos matriciais do prédio; e

_b)_ Certidão emitida em ... pela conservatória do registo predial de ..., com o número de ordem ..., por onde verifiquei a descrição e inscrição mencionadas.

Este termo foi lido aos interessados e aos mesmos explicado o seu conteúdo.

Assinaturas: (dos intervenientes e do advogado ou solicitador)

§ 18.º Servidões prediais

1. Noção e características

O art. 1543.º do CC define servidão predial como "o encargo imposto num prédio em proveito exclusivo de outro prédio pertencente a dono diferente". Acrescenta ainda que o prédio sobre o qual é imposto tal encargo se denomina serviente, enquanto aquele que dele beneficia se chama dominante.

As servidões prediais caracterizam-se pelos seguintes elementos:

a) Constituem um encargo, uma restrição ou limitação ao direito de propriedade impostos ao prédio sobre que incidem – prédio serviente – em benefício exclusivo de um outro prédio que aufere a utilidade desse encargo – prédio dominante.

O encargo imposto ao proprietário do prédio serviente tem de proporcionar ao proprietário do prédio dominante uma utilidade determinada e definida, ainda que futura ou eventual, mas não tem necessariamente de importar um acréscimo de valor do prédio dominante – art. 1544.º.

Essa utilidade determinada e definida, mesmo que se traduza em poderes de fruição, não pode nunca confundir-se com o direito de propriedade. E assim é que, por exemplo, através da constituição de uma servidão, um prédio (o serviente) não pode passar a constituir o logradouro de outro prédio (o dominante), sob pena de haver uma apropriação do domínio do prédio serviente pelo proprietário do prédio dominante.

b) Tal encargo tem como tónica a "predialidade", no sentido de que recai sobre um prédio em proveito exclusivo de outro prédio, qualquer que seja a sua natureza, rústica ou urbana.

É certo que a relação jurídica em que se analisa a servidão não se estabelece entre prédios, mas sim entre pessoas, a quem a lei confere legitimidade para as constituir, uma como sujeito activo e outra como sujeito passivo dessa relação. No entanto, o proprietário do prédio dominante e o proprietário do prédio serviente só podem transmitir a sua posição jurídica no tocante ao prédio sobre o qual incide ou a favor do qual foi constituída a servidão.

c) Não podem ser separadas dos prédios a que pertencem, activa ou passivamente, salvas as excepções previstas na lei – art. 1545.º (a propósito das excepções, veja-se, nomeadamente, o disposto no n.º 2, *in* fine, do art. 1567.º e o n.º 1 do art. 1568.º).

d) São indivisíveis: mesmo que sejam divididos os prédios a que respeita a servidão, esta continua a existir nos mesmos termos em que foi constituída – art. 1546.º.

e) Os prédios sobre que incide a servidão têm de pertencer a proprietários diferentes.

Não importa derrogação deste princípio a constituição de servidão por destinação do pai de família, uma vez que tais servidões só se constituem quando os prédios deixam de pertencer ao mesmo dono.

À constituição de uma servidão não obsta, porém, o facto de o proprietário de um dos prédios (serviente ou dominante) ser, simultaneamente, comproprietário do outro prédio em que a relação jurídica da servidão se analisa.

2. **Constituição**

As servidões prediais podem ser constituídas por contrato, testamento, usucapião ou destinação do pai de família – diz o n.º 1 do art. 1547.º.

Embora possa parecer que ao notariado interessa sobretudo o estudo das chamadas servidões voluntárias (por contraposição às servidões legais), a realidade é que umas e outras podem ser constituídas por contrato e, portanto, pode em qualquer dos casos ser solicitado ao advogado ou ao solicitador a elaboração do respectivo título constitutivo ou a sua alteração, bem como um acto tendente à sua extinção, como, por exemplo, a renúncia a servidão devidamente constituída e registada.

A forma mais usual da constituição das servidões é o contrato, a título gratuito ou oneroso, sendo a compra e venda o mais frequente.

De qualquer modo, a alínea *a)* do art. 22.º do Decreto-Lei n.º 116/2008, de 4 de Julho, veio estatuir que, sem prejuízo do disposto em lei especial, só são válidos se forem celebrados por *escritura pública* ou *documento particular autenticado*, os actos que importem constituição dos direitos de servidão sobre coisas imóveis.

Pode ainda acontecer que o contrato se destine exclusivamente à constituição da servidão ou que a constituição desta resulte de um outro contrato.

É, com efeito, muito vulgar, fora dos grandes aglomerados urbanos, o proprietário de dois prédios contíguos alienar um deles, reservando, no respectivo acto de alienação, a favor do outro, o direito de manter janelas abertas, assim se constituindo sobre o prédio que aliena a correspondente servidão de vistas.

Para produzirem os seus efeitos em relação a terceiros, as servidões carecem de ser registadas – cfr. arts. 2.º, n.º 1, alínea *a)*, e 5.º, n.º 2, alínea *b)*, do Código do Registo Predial.

O título constitutivo deve, assim, conter os elementos necessários para o registo, além de identificar com toda a clareza em que consiste a servidão, dado que esta importa sempre, relativamente ao proprietário ou proprietários do prédio serviente, uma limitação do seu direito de propriedade.

Por exemplo, na constituição de uma servidão de passagem, deverá indicar-se se é de pé e carro ou só de pé, qual a largura e o comprimento, onde começa e onde acaba, sendo ainda da maior conveniência juntar, sempre que possível e para evitar dúvidas, uma planta a documentar o título constitutivo.

Quanto às servidões legais, reguladas nos arts. 1550.º a 1563.º – que, como se referiu, podem ser constituídas, em caso de acordo, por contrato –, chama-se a atenção, pela frequência com que surgem no norte do país, para as servidões legais de águas, reguladas nos arts. 1557.º a 1563.º, as quais podem revestir por vezes dificuldades derivadas da complexidade da legislação existente sobre a matéria (recomenda-se sobre o tema a leitura das obras "As Águas no Notariado" de José Fonseca e Silva e "As Águas no Direito Português e no Direito Comparado" de Mário Tavarela Lobo).

Como é sabido, as servidões não aparentes – as que não se revelem por sinais visíveis e permanentes – não podem ser constituídas por usucapião.

Não pode deixar de se referir o especial interesse que actualmente reveste a possibilidade de constituição de servidões por destinação do pai de família – art. 1549.º – e o cuidado que deve ter-se na elaboração do respectivo título.

É que cada vez mais os serviços de urbanização das câmaras municipais aprovam projectos de construção de vários prédios contíguos destinados a ser sujeitos ao regime de propriedade horizontal, cada um com a sua descrição predial, mas todos inscritos a favor do mesmo titular e ligados entre si ao nível do primeiro ou primeiros pisos, que são destinados ao estacionamento de veículos automóveis dos condóminos. Tais pisos têm, por via de regra, uma única área de acesso e uma só saída, comunicando entre si por uma área de circulação de veículos e pessoas devidamente demarcada.

Nesta hipótese, deve ficar claro no documento constitutivo da propriedade horizontal a vontade de constituir uma servidão por destinação do pai de família. Assim, dir-se-á, por exemplo, que, tendo os prédios sido submetidos ao regime de propriedade horizontal com vista à futura alienação a proprietários diversos das respectivas fracções autónomas, ficam constituídas determinadas servidões (que se descrevem) logo que se proceda à alienação das fracções, ou seja, logo que as diversas fracções deixem de pertencer todas ao construtor.

3. Tipos

As servidões podem ser dos tipos mais diversos, tendo como conteúdo toda e qualquer utilidade que um prédio pode prestar a outro, e podem traduzir-se na permissão (ou na imposição de uma abstenção) da prática de actos sobre o prédio ser-viente.

É, assim, possível constituir servidões de passagem (a favor de prédio encravado ou para aproveitamento de águas), de vistas, de águas para gastos domésticos ou para fins agrícolas, de aqueduto, de presa, de escoamento para certos aproveitamentos de águas, de estilicídio, de emissão de fumos, *altius non tollendi*, etc.

4. Mudança e extinção

Uma vez constituída, o proprietário do prédio serviente pode, como é sabido, exigir a mudança da servidão para sítio diferente do primitivo ou para outro prédio, se a mudança lhe for conveniente e não prejudicar os interesses do proprietário do prédio dominante, nos termos prescritos no art. 1568.º.

A extinção das servidões ocorre nos casos enumerados no art. 1569.º.

A alínea *a)* do art. 22.º do Decreto-Lei n.º 116/2008, de 4 de Julho, veio estatuir que, sem prejuízo do disposto em lei especial, só são válidos se forem celebrados por *escritura pública* ou *documento particular autenticado*, os actos que importem modificação e extinção dos direitos de servidão sobre coisas imóveis.

5. IMT

As transmissões onerosas do direito de propriedade ou de figuras parcelares desses direitos sobre bens imóveis estão sujeitas a pagamento do IMT, designadamente a constituição do direito de servidão – cfr. n.º 1 do art. 2.º do CIMT.

Para a determinação do valor tributável sobre que incide o IMT, atender-se-á ao valor constante do acto ou do contrato ou ao valor patrimonial tributário dos imóveis (este, nos rústicos, é o indicado para efeitos de IMT e de selo), consoante o que for maior – art. 12.º, n.º 1.

No caso de imóveis omissos na matriz ou nela inscritos sem valor patrimonial tributário, bem como no caso de bens ou direitos não sujeitos a inscrição matricial, o imposto é liquidado sobre o valor constante do acto ou contrato, corrigindo-se oficiosamente a liquidação, sendo caso disso, logo que o valor da avaliação, a efectuar nos termos do CIMI, se torne definitivo.

– cfr. arts. 12.º, n.º 2, e 27.º.

6. **Selo**

O acto está sujeito ao selo de 0,8% sobre o valor [o valor da aquisição onerosa ou por doação de figuras parcelares do direito de propriedade sobre imóveis é o constante do acto ou contrato ou o valor patrimonial tributário dos imóveis (este, quanto aos rústicos, é o que for indicado como relevante para efeitos de IMT e de selo), consoante o que for maior; no caso de imóveis omissos na matriz, o imposto é liquidado sobre o valor constante do acto ou contrato, corrigindo-se depois a liquidação, se for caso disso – vide arts. 12.º, n.ºs 1 e 2, e 27.º do CIMT, aplicáveis por força do n.º 4 do art. 3.º da Lei n.º 150/99, de 11 de Setembro, do n.º 2 do art. 28.º do Decreto-Lei n.º 287/2003, de 12 de Novembro, e do n.º 4 do art. 9.º do CIS e cfr. ponto n.º 1.1 da tabela geral].

O imposto fixado neste n.º 1.1 da tabela geral não é, porém, liquidado pelo advogado (ou solicitador), mas antes pelos serviços centrais da Direcção-Geral dos Impostos, de acordo com o estatuído no n.º 4 do art. 23.º do CIS.

Tratando-se de constituição de servidão por doação, como as doações estão simultaneamente sujeitas ao imposto da verba 1.2 da tabela geral, a liquidação do imposto desta verba 1.1 é feita *a posteriori* com o da verba 1.2, como determina o n.º 5 daquele art. 23.º do CIS.

7. Minutas

1.ª hipótese: *constituição de servidão* (entre prédios rústicos)

Constituição de servidão

PRIMEIRO: F ... e mulher F ...

SEGUNDO: F ...

Disseram os primeiros:

Que são donos de um prédio rústico, composto de ..., sito em ..., descrito na conservatória do registo predial de ... sob o número ... e aí registada a aquisição a seu favor pela inscrição ..., inscrito na matriz respectiva sob o artigo número ...;

Que constituem sobre o identificado prédio, que assim passa a ter a natureza de prédio serviente, uma servidão de passagem de pé e carro, com o comprimento de ... e a largura de ..., devidamente assinalada em planta anexa a este contrato, em favor do prédio rústico pertencente ao segundo interveniente, que passa a ter a natureza de prédio dominante, composto de ..., sito em ..., descrito na aludida conservatória sob o número ... e aí registada a aquisição a favor dele pela inscrição ..., inscrito na matriz respectiva sob o artigo número ...;

Que são contíguos os assinalados prédios;

Que pela constituição desta servidão já receberam, como contrapartida, a importância de ... [64]

Declarou o segundo interveniente que aceita este contrato nos termos exarados.

Local: ...

Data: ...

Assinaturas:

Termo de autenticação

No dia ..., no meu escritório sito em ..., perante mim, F..., advogado (ou solicitador) titular da cédula profissional n.º ... emitida por ... em ... compareceram:

PRIMEIRO: F ..., NIF ..., e mulher F ..., NIF ..., casados segundo o regime de ...

SEGUNDO: F ..., NIF ... casado ...

Verifiquei a identidade dos intervenientes por ...

E por eles me foi apresentado, para fins de autenticação, o documento anexo que é um contrato de constituição de servidão, acompanhado de uma planta topográfica, tendo declarado que já o leram e assinaram e que ele exprime a sua vontade.

Arquivado:

***a)* A declaração para a liquidação, efectuada em ..., do imposto municipal sobre as transmissões onerosas de imóveis e o correspondente comprovativo da cobrança número ...; e**

***b)* O documento número ... comprovativo do pagamento do imposto do selo da verba 1.1 da tabela geral, no montante de ..., liquidado hoje.**

***c)* A mencionada plante topográfica.**

Exibido:

***a)* Certidão passada pela conservatória do registo predial em ..., com o número de ordem ..., por onde verifiquei os números das descrições e as inscrições referidos; e**

***b)* Duas cadernetas prediais rústicas, obtidas hoje via Internet, por onde verifiquei os elementos matriciais dos prédios.**

[64] Ver n.ºs 5 e 6 do art. 47.º do CN.

Este termo foi lido aos interessados e aos mesmos explicado o seu conteúdo.

Assinaturas: (dos intervenientes e do advogado ou solicitador)

2.ª hipótese: *constituição de servidão* (entre prédios urbanos)

Constituição de servidão

PRIMEIRO: F ... presidente do conselho de administração em representação da sociedade comercial anónima ...

SEGUNDO: F ...

Disseram os intervenientes nas qualidades em que intervêm:

Que são os únicos condóminos do prédio urbano, designado por lote A, sito em ..., descrito na conservatória do registo predial de ... sob o número ... e aí registada a aquisição do imóvel a favor da sociedade representada pelo primeiro pela inscrição ..., inscrito na matriz respectiva sob o artigo número ...;

Que ele, primeiro interveniente, em nome da sociedade sua representada, submeteu o dito prédio ao regime de propriedade horizontal por escritura de ..., iniciada a folhas ... do livro ... do cartório notarial de ..., tendo a segunda interveniente, também por escritura de ..., iniciada a folhas ... do mesmo livro, adquirido a fracção autónoma designada pela letra ... que constitui o segundo andar, lado esquerdo, do identificado prédio;

Que a sociedade que ele primeiro interveniente representa é também proprietária do prédio denominado lote B, sito em ... , descrito na conservatória do registo predial de ... sob o número ... e aí registado a seu favor pela inscrição ... e inscrito na matriz respectiva sob o artigo número ..., onde se encontra em construção um edifício contíguo ao ora identificado lote A e que se compõe de ...;

Que a cave e sub-cave de cada um destes prédios, lote A e lote B, se destinam a estacionamento e arrecadações dos proprietários das respectivas fracções autónomas e têm os seus pavimentos ao mesmo nível;

Que ele, primeiro interveniente, em nome da sociedade que representa, e a segunda interveniente, proprietários do prédio

denominado lote A, constituem sobre ele – que passa a ter a natureza de prédio serviente – uma servidão de passagem, a pé e de carro, em favor do prédio denominado lote B, também já identificado – que passa a ser prédio dominante –, propriedade da sociedade que ele primeiro interveniente representa, para acesso às respectivas garagens e arrecadações;

Que esta servidão incide sobre a rampa de entrada, portão e áreas de circulação situados na cave e sub-cave do prédio serviente, nos termos constantes da planta que fica a documentar este documento;

Que o preço da servidão ora constituída, já pago, é de ... [65]

Local: ...

Data: ...

Assinaturas:

Termo de autenticação

No dia ..., no meu escritório sito em ..., perante mim, F..., advogado (ou solicitador) titular da cédula profissional n.º ... emitida por ... em ... compareceram:

PRIMEIRO: F ... presidente do conselho de administração em representação da sociedade comercial anónima ..., qualidade e poderes que verifiquei por ..., documentos que arquivo.

SEGUNDO: F ..., NIF ..., casada com F ... sob o regime da separação ...

Verifiquei a identidade dos intervenientes por ...

E por eles me foi apresentado, para fins de autenticação, o documento anexo que é um contrato de constituição de servidão, acompanhado de uma planta topográfica, tendo declarado que já o leram e assinaram e que ele exprime a sua vontade e a da sociedade representada do primeiro.

Arquivado ainda:

***a)* A declaração para a liquidação, efectuada em ..., do imposto municipal sobre as transmissões onerosas de imóveis e o correspondente comprovativo da cobrança número ...; e**

[65] Ver n.ºs 5 e 6 do art. 47.º do CN.

_b)_ O documento número ... comprovativo do pagamento do imposto do selo da verba 1.1 da tabela geral, no montante de ..., liquidado hoje.

Exibido:

_a)_ Duas certidões passadas em ... e em ..., com os números de ordem ... e ..., do teor das descrições e inscrições prediais em vigor; e

_b)_ Duas cadernetas prediais urbanas, obtidas hoje via Internet, por onde verifiquei os elementos matriciais dos prédios.

Este termo foi lido aos interessados e aos mesmos explicado o seu conteúdo.

Assinaturas: (dos intervenientes e do advogado ou solicitador)

3.ª hipótese: *mudança de servidão*

Mudança de servidão

PRIMEIRO: F ... e mulher F ...

SEGUNDO: F ...

Disseram os primeiros:

Que, por escritura lavrada em ..., com início a folhas ... do livro de notas para escrituras diversas número ... do cartório ..., foi constituída sobre o seu prédio rústico, composto de ..., sito em ..., descrito na conservatória do registo predial de ... sob o número ... e inscrito na matriz respectiva sob o artigo número ... uma servidão de passagem de pé e carro, com o comprimento de ... e a largura de ..., devidamente assinalada em planta arquivada juntamente com outro documento relativo à citada escritura, em favor do prédio rústico pertencente ao segundo interveniente, composto de ..., sito em ..., descrito na aludida conservatória sob o número ..., inscrito na matriz respectiva sob o artigo número ...;

Que a servidão foi registada na conservatória competente pela inscrição ...;

Que, por este contrato, de comum acordo, mudam a referida servidão para sítio diferente do primitivo, localizado na planta que se arquiva, ficando, porém, com a mesma largura e o mesmo comprimento.

Declarou o segundo interveniente que aceita esta mudança de servidão, nos termos exarados.

Local: ...

Data: ...

Assinaturas:

Termo de autenticação

No dia ..., no meu escritório sito em ..., perante mim, F..., advogado (ou solicitador) titular da cédula profissional n.º ... emitida por ... em ... compareceram:

PRIMEIRO: F ..., NIF ..., e mulher F ..., NIF ..., casados sob o regime de ...

SEGUNDO: F ..., NIF ..., casada com F ... sob o regime da separação ...

Verifiquei a identidade dos intervenientes por ...

E por eles me foi apresentado, para fins de autenticação, o documento anexo que é um contrato de mudança de servidão, acompanhado de uma planta topográfica, tendo declarado que já o leram e assinaram e que ele exprime a sua vontade.

Exibido:

***a)* Certidão passada pela conservatória do registo predial em ..., com o número de ordem ..., por onde verifiquei os números das descrições e a inscrição referidos; e**

***b)* Duas cadernetas prediais rústicas, obtidas hoje via Internet, por onde verifiquei os elementos matriciais dos prédios.**

Este termo foi lido aos interessados e aos mesmos explicado o seu conteúdo.

Assinaturas: (dos intervenientes e do advogado ou solicitador)

§ 19.º Sociedades

Preceitua a alínea *d)* do art. 22.º do Decreto-Lei n.º 116/2008, de 4 de Julho, que só são válidos se forem celebrados por escritura pública ou documento particular autenticado os actos de *constituição e liquidação de sociedades civis*, se esta for a forma exigida para a transmissão dos bens com que os sócios entram para a sociedade.

De igual modo, parece-nos que também só poderão ser válidos se forem celebrados por escritura pública ou documento particular autenticado os actos de *constituição ou de aumento do capital social e os de liquidação e partilha das sociedades comerciais*, quando os sócios entrem com bens imóveis para a sociedade ou quando do património a liquidar façam parte bens desta natureza.

É o que, a nosso ver, decorre dos artigos 7.º, n.º 1, e 89.º, n.º 1, do Código das Sociedades Comerciais, quando conjugados com o n.º 2 do art. 23.º daquele Decreto-Lei n.º 116/2008, que reza assim:

"Todas as disposições legais, regulamentares ou outras que pressuponham ou exijam a celebração de escritura pública para a prática de actos que importem reconhecimento, constituição, aquisição, modificação, divisão ou extinção dos direitos de propriedade, usufruto, uso e habitação, superfície ou servidão sobre coisas imóveis ou outros equivalentes àqueles em relação aos quais se torna esta forma facultativa são entendidas como pressupondo ou exigindo a celebração de escritura pública ou a autenticação do documento particular que formaliza o acto".

A estes caos nos iremos referir em seguida, começando pelos concernentes às sociedades civis e terminando com os que dizem respeito às sociedades comerciais.

1. **Sociedades civis**

"Contrato de sociedade é aquele em que duas ou mais pessoas se obrigam a contribuir com bens ou serviços para o exercício em comum de certa actividade económica, que não seja de mera fruição, a fim de repartirem os lucros resultantes dessa actividade" – art. 980.º do CC.

Ao definir o contrato, a lei fornece os seus requisitos essenciais:
a) A contribuição dos sócios;
b) O exercício em comum de certa actividade económica, que não seja de mera fruição; e
c) A repartição dos lucros.

Os sócios podem contribuir com *bens* ou *serviços*: com bens, quando entram com a propriedade ou titularidade de coisas ou créditos (ou o seu uso ou fruição); com serviços, quando se obrigam a prestar determinada actividade.

As sociedades de advogados costumam ser apontadas como exemplos de sociedades em que os sócios integram obrigatoriamente a sociedade com participações de indústria.

A actividade deve ser exercida em comum, não podendo ser uma actividade de mera fruição.

Os sócios não podem limitar-se a receber os proventos da actividade social: estes têm de resultar da própria actividade dos sócios.

O objectivo da sociedade será sempre a repartição dos lucros, não sendo, por isso, permitida a cláusula que exclua qualquer sócio da comunhão nos lucros (pacto leonino) – cfr. art. 994.º do dito código.

O n.º 4 do dito art. 1.º do CSC mantém o princípio de aplicação do regime das sociedades comerciais às sociedades civis que adoptem um dos seguintes tipos: sociedade em nome colectivo, sociedade por quotas, sociedade anónima, sociedade em comandita simples ou sociedade em comandita por acções.

1.1. *Constituição*

Diz o art. 981.º do mesmo diploma que o contrato de sociedade *não está sujeito a forma especial*, à excepção da que for exigida pela natureza dos bens com que os sócios entram para a sociedade.

Como se vê, a lei sujeitou o regime do contrato de sociedade, quanto à forma, ao que for exigido para a natureza das entradas dos sócios, dado que o contrato, por si só, tem natureza obrigacional.

Compreende-se, assim, que a alínea *a)* do art. 984.º do CC preceitue que, se a entrada de um sócio consistir na transferência ou constituição de um direito real, a execução da prestação é regulada pelas normas do contrato de compra e venda.

Deste jeito, como se disse supra, só é necessária a forma de escritura pública ou de documento particular autenticado para a celebração dos actos de *constituição e liquidação de sociedades civis,* se os sócios entrarem com bens imóveis para a sociedade ou se no momento da sua liquidação o património social os integrar.

1.2. *Liquidação*

Dissolvida a sociedade por alguma das causas enumeradas no art. 1007.º, procede-se à liquidação do património social, tendo em vista a extinção da sociedade – cfr. art. 1010.º do CC.

Aos liquidatários incumbe praticar todos os actos necessários à liquidação, ultimando os negócios pendentes, cobrando os créditos, alienando os bens e pagando aos credores, por forma a atribuir aos sócios na partilha o activo residual, se o houver – vide arts. 1015.º e 1018.º.

O activo destina-se em primeiro lugar ao reembolso das entradas efectivamente realizadas.

Se não puder ser feito o reembolso integral, será deduzida, em relação a cada sócio, a parte que lhe cabe nas perdas da sociedade.

Caso contrário, os sócios têm direito a uma quota nos lucros.

O reembolso dos sócios é normalmente feito em dinheiro, mas o n.º 4 do art. 1018.º permite que os sócios possam acordar em que a partilha dos bens se faça em espécie, ainda que o contrato não o preveja.

2. **Sociedades comerciais**

As sociedades comerciais são, na definição do n.º 2 do art. 1.º do CSC – diploma a que doravante nos reportaremos, sempre que não houver outra indicação – as que tenham por objecto a prática de actos de comércio e adoptem um dos seguintes tipos: sociedade em nome colectivo, sociedade por quotas, sociedade anónima, sociedade em comandita simples ou sociedade em comandita por acções.

Ao dizer-se que as sociedades comerciais são sociedades que têm um certo objecto e adoptam um certo tipo, a lei limita-se a enunciar as notas específicas dessa figura jurídica, pressupondo um conceito genérico de sociedade, que, como se sabe, nos é dado pelo citado art. 980.º do CC.

É como contrato que a lei qualifica a sociedade, pese embora o facto de, excepcionalmente, o acto constitutivo poder assentar na vontade do próprio legislador (sociedades constituídas *ope legis*, como, por exemplo, as de capitais públicos) ou num negócio jurídico unilateral (v.g. sociedades unipessoais por quotas e sociedades anónimas no caso previsto no art. 488.º do CSC).

2.1. *Constituição*

O n.º 1 do art. 7.º do CSC, na sua primitiva redacção, dispunha que o contrato de sociedade devia ser celebrado por escritura pública.

A lei contenta-se actualmente com que o contrato de sociedade seja reduzido a escrito e as assinaturas dos seus subscritores reconhecidas presencialmente, salvo se forma mais solene for exigida para a transmissão dos bens com que os sócios entram para a sociedade, devendo, neste caso, o contrato revestir essa forma, sem prejuízo do disposto em lei especial – n.º 1 do art. 7.º do CSC, na redacção do Decreto-Lei n.º 247-B/2008, de 30 de Dezembro.

Assim sendo, a constituição de sociedades com entrada de bens imóveis para a realização do capital social tem de revestir a forma de escritura pública ou de documento particular autenticado, por força do que dispõem o art.º 22.º, *g)*, e o art. 23 .º do Decreto--Lei n.º 116/2008, de 4 de Julho.

Os elementos que devem constar do contrato de sociedade podem classificar-se em:

– *Gerais*, necessários em qualquer tipo de sociedade e que são os discriminados no n.º 1 do art. 9.º;

– *Especiais*, os do n.º 1 do art. 176.º, nas sociedades em nome colectivo; os do art. 199.º, nas sociedades por quotas; os do art. 272.º, nas sociedades anónimas; e os do art. 466.º, nas sociedades em comandita.

Detenhamo-nos um pouco na análise dos elementos mais importantes, seguramente os previstos no citado n.º 1 do art. 9.º.

2.1.1. ***Partes***

As partes de um contrato de sociedade, ou seja, os sócios, poderão ser pessoas singulares ou sociedades (a participação de associações e fundações em sociedades não é de excluir, por poder ser necessária ou conveniente à prossecução dos seus fins estatutários, desde que prevista nos respectivos estatutos).

A identificação das pessoas singulares faz-se pelo nome completo, estado, naturalidade e residência habitual e, se forem casadas, indicar-se-á também o nome completo do cônjuge e o regime de bens do casamento; a das sociedades, pela indicação do tipo, firma, sede, matrícula e, se for sociedade de capitais, pelo montante do capital realizado; a das demais pessoas colectivas pela denominação e sede.

O número fiscal de contribuinte dos sócios, tanto pessoas singulares como pessoas colectivas e entidades equiparadas – NIF ou NIPC –, deve também ser mencionado no contrato.

Nos termos dos n.os 2 e 3 do art. 7.º, o número mínimo de partes de um contrato de sociedade (contando-se como uma só as pessoas cuja participação social for adquirida em regime de contitularidade) é de *dois*, excepto quando a lei exija número superior [*cinco* na sociedade anónima, embora possa constituir-se apenas com dois sócios a sociedade anónima em que o Estado, directamente ou por intermédio de empresas públicas ou outras entidades equiparadas por lei para esse efeito, fique a deter a maioria do capital; *seis* na comandita por acções, não podendo constituir-se com menos de cinco sócios comanditários e há-de ter pelo menos um sócio comanditado – cfr., respectivamente, arts. 273.º, n.os 1 e 2, e 479.º; ou permita que a sociedade seja constituída por *uma só pessoa* (sociedade unipessoal por quotas ou no caso de domínio total inicial, em que uma sociedade pode constituir uma sociedade anónima de cujas acções ela seja a única titular – arts. 270.º-A e 488.º)].

2.1.2. *Tipo*

Na constituição das sociedades não vigora o princípio da autonomia da vontade ou da liberdade contratual, no sentido de que as partes podem adoptar ou configurar o modelo ou tipo de sociedade que lhes convenha.

O que vigora neste particular é o princípio do *numerus clausus* ou da tipicidade, por força do qual a vontade das partes tem de ficar subordinada à adopção de um dos tipos que o n.º 2 do art. 1.º taxativamente enumera: em nome colectivo, por quotas, anónima, em comandita simples ou em comandita por acções.

Esses tipos legais de sociedade caracterizam-se e distinguem-se uns dos outros, fundamentalmente, pela existência ou não de responsabilidade pessoal dos sócios perante os credores sociais e pela extensão dessa responsabilidade, visto que, como é sabido, qualquer sociedade responde ante os seus credores com todo o seu património ilimitadamente.

Nas *sociedades em nome colectivo* os sócios, além de responderem individualmente pela sua entrada, respondem perante os credores da sociedade subsidiariamente em relação à sociedade e solidariamente com os outros sócios – cfr. art. 175.º, n.º 1 –, o que quer dizer que pelas dívidas sociais respondem primeiro os bens da sociedade, mas, se estes não chegarem, os credores podem fazer--se pagar pelos bens dos sócios.

Nas *sociedades por quotas* a garantia dos credores é representada pelo património social, não respondendo os sócios pelas dívidas sociais. Porém, cada um deles responde perante a sociedade pela realização da sua quota e solidariamente com os demais pelas prestações que à sociedade forem devidas por um ou alguns dos outros sócios (responsabilidade pela integração do capital social) – cfr. art. 197.º.

É, no entanto, lícito estipular no contrato que um ou mais sócios (além da responsabilidade solidária por todas as entradas convencionadas no contrato social) respondem também perante os credores sociais até determinado montante; essa responsabilidade tanto pode ser solidária com a da sociedade, como subsidiária em relação a esta e a efectivar apenas na fase da liquidação, e abrange apenas as obrigações assumidas pela sociedade enquanto o sócio a ela pertencer e não se transmite por morte deste, sem prejuízo da transmissão das obrigações a que o sócio estava anteriormente vinculado – vide art. 198.º.

Nas *sociedades anónimas* os sócios também não respondem, como tais, perante os credores da sociedade, que só se podem pagar pelos bens sociais. Além disso, cada sócio só é responsável pelo valor das acções que subscreveu – cfr. art. 271.º.

Nas *sociedades em comandita*, simples e por acções, coexistem sócios que assumem responsabilidade ilimitada, os comanditados (que respondem pelas dívidas sociais nos mesmos termos que os sócios das sociedades em nome colectivo), e os que estão dela isentos, os comanditários (que respondem apenas pelo valor das suas entradas, tal como os accionistas nas sociedades anónimas) – cfr. art. 465.º, n.º 1.

2.1.3. *Firma*

Ao constituir-se uma sociedade cria-se uma pessoa jurídica nova, cujo nome é a firma.

Nos termos dos n.os 2 e 3 do art. 10.º, a firma pode revestir as seguintes modalidades:

– *Firma-nome* ou *firma pessoal*, quando for constituída exclusivamente por nomes ou firmas de todos, algum ou alguns sócios;

– *Firma-denominação*, quando for constituída por denominação particular, seja pela referência a uma actividade contida no objecto social ou a uma designação de fantasia, sigla ou composição que não sugira actividade diferente da que constitui esse objecto; e

– *Firma mista*, quando for formada por denominação e nome ou firma de sócio.

A formação da firma deve obedecer a certos requisitos e princípios que vêm consagrados no citado art. 10.º do CSC e nos arts. 32.º e 33.º do RRNPC.

Desde logo, da firma não podem fazer parte as expressões mencionadas nas alíneas *a)* e *b)* do n.º 5 daquele art. 10.º [expressões que as alíneas *a)* e *b)* do n.º 4 do dito art. 32.º voltam a enumerar], nem as expressões a que aludem as alíneas *c)* e *d)* do n.º 4 desse art. 32.º, a saber:

– Expressões que possam induzir em erro quanto à caracterização jurídica da sociedade, designadamente expressões correntemente usadas na designação de organismos públicos ou de pessoas colectivas sem finalidade lucrativa;

– Expressões proibidas por lei ou ofensivas da moral ou dos bons costumes;

– Expressões incompatíveis com o respeito pela liberdade de opção política, religiosa ou ideológica; e

– Expressões que desrespeitem ou se apropriem ilegitimamente de símbolos nacionais, personalidades, épocas ou instituições cujo nome ou significado seja de salvaguardar por razões históricas, patrióticas, científicas, institucionais, culturais ou outras atendíveis.

Além disso:

– A firma da sociedade em nome colectivo, quando não individualizar todos os sócios, deve conter, pelo menos, o nome ou firma de um deles, com o aditamento, abreviado ou por extenso, "*e Companhia*" ou qualquer outro que indique a existência de outros sócios – art. 177.º, n.º 1;

– A firma da sociedade por quotas deve ser formada, com ou sem sigla, pelo nome ou firma de todos, algum ou alguns dos sócios, ou por uma denominação particular, ou pela reunião de ambos esses elementos, concluída pela palavra "*Limitada*" ou pela abreviatura "*Lda*", não podendo, porém, ser incluídas ou mantidas na firma expressões indicativas de um objecto social que não esteja especificamente previsto na respectiva cláusula do contrato de sociedade – art. 200.º, n.ºs 1 e 2;

– A firma da sociedade unipessoal por quotas deve ser formada pela expressão "*sociedade unipessoal*" ou pela palavra "*unipessoal*" antes da palavra "*limitada*" ou da abreviatura "*L.da*" – art. 270.º-B;

– A firma da sociedade anónima deve ser formada, com ou sem sigla, pelo nome ou firma de um ou alguns dos sócios ou por uma denominação particular, ou pela reunião de ambos esses elementos, concluída pela expressão "*sociedade anónima*" ou pela abreviatura "*S.A.*", não podendo, porém, ser incluídas ou mantidas na firma expressões indicativas de um objecto social que não esteja especificamente previsto na respectiva cláusula do contrato de sociedade – art. 275.º, n.os 1 e 2; e

– A firma da sociedade em comandita é formada pelo nome ou firma de um, pelo menos, dos sócios comanditados e o aditamento "*em comandita*" ou "*& comandita*", "*em comandita por acções*" ou "*& comandita por acções*" – art. 467.º, n.º 1.

Há ainda que ter em conta que, sendo a firma o nome por que a sociedade é conhecida no exercício do seu comércio, é essencial que ela assegure uma função diferenciadora, para que o público em geral e os terceiros que com ela mantenham relações mercantis a não confundam com outra ou outras sociedades, sendo igualmente do interesse da própria sociedade evitar a confusão entre firmas pois só assim poderá defender melhor os seus direitos.

Atendendo a isso, a lei consagrou que a formação da firma devia obedecer ao princípio da novidade ou da exclusividade e impôs-lhe o princípio da verdade.

Segundo o *princípio da novidade ou da exclusividade*, a firma-nome deve ser completamente distinta das demais registadas e a firma-denominação ou a firma mista não podem ser idênticas à firma registada de outra sociedade nem por tal forma semelhantes que possam induzir em erro – cfr. arts. 10.º, n.os 2 e 3, do CSC e 33.º do RRNPC.

O *princípio da verdade* traduz-se na obrigatoriedade de os elementos componentes das firmas serem verdadeiros e não induzirem em erro sobre a identificação, natureza ou actividade do seu titular – diz o n.º 1 do art. 32.º do RRNPC.

A admissibilidade das firmas das sociedades é comprovada através da disponibilização do respectivo certificado.

O certificado de admissibilidade (requerido por um dos interessados, ou presencialmente, por forma verbal ou por escrito em formulário próprio, ou através da Internet em *www.portaldocidadao.pt*, ou pelo correio em formulário próprio), é disponibilizado exclusivamente de forma electrónica, mediante uma senha de acesso fornecida aquando do pedido, e é emitido pelo Registo Nacional das Pessoas Colectivas, com a validade de 3 meses, a contar da data da sua emissão, para a firma, sede, objecto, requerente e condições de validade nele indicadas – arts. 45.º, 46.º, 51.º e 53.º do RRNPC [66].

Os actos constitutivos das sociedades devem fazer referência à emissão do certificado de admissibilidade da firma, através da indicação do respectivo número e data de emissão – n.º 1 do art. 54.º.

De notar que, nos termos do art. 55.º desse diploma, são nulos os actos lavrados sem a emissão do certificado de admissibilidade da firma, quando exigível (a menos que seja apresentado o certificado em falta no prazo de três meses a contar da data do acto), ou com certificado fora do prazo de validade.

2.1.4. ***Objecto***

O n.º 2 do art. 11.º define o objecto – entenda-se, objecto a indicar no contrato – como a actividade ou o conjunto das actividades que os sócios propõem que a sociedade venha a exercer, acrescentando o n.º 3 que compete aos sócios deliberar sobre as actividades

[66] O art. 22.º-A criou a certidão *online* que disponibiliza a informação constante do FCPC (Ficheiro Central de Pessoas Colectivas) referente às entidades mencionadas nas alíneas a), b) e e) do n.º 1 do art. 4.º, entre as quais estão incluídas as sociedades civis e comerciais.

A Portaria n.º 259/2018, de 13 de Setembro, veio regulamentar o âmbito dessa certidão *online*, as condições de acesso à mesma, o respectivo prazo de validade e os emolumentos devidos por esse serviço.

compreendidas nesse objecto que a sociedade efectivamente exercerá – objecto de exercício, portanto – bem como sobre a suspensão ou cessação de uma ou algumas das actividades que venham sendo exercidas.

Em primeiro lugar, convém dizer – recitando o n.º 1 do art. 11.º, na redacção dada pelo Decreto-Lei n.º 257/96, de 31 de Dezembro – que a indicação do objecto da sociedade deve ser correctamente redigida em língua portuguesa.

É preciso, no entanto, notar que parece inequívoco que o legislador, ao estabelecer que a indicação do objecto da sociedade deve ser "correctamente redigida em língua portuguesa" não podia estar a querer referir-se à inclusão de expressões estrangeiras de uso generalizado na nossa língua ou que nela não tenham uma tradução adequada. A não ser assim, cair-se-ia no absurdo de não poderem ser exercidas actividades cujos descritivos só em língua estrangeira fazem sentido (ex: *factoring, marketing, design, outsorcing*) e de proibir o uso de palavras pacificamente utilizadas na língua portuguesa, ainda que para elas exista tradução (ex: snack-bar, rent-a-car).

Em segundo lugar, a indicação no contrato de sociedade das actividades que os sócios propõem que a sociedade venha a exercer deve ser feita de forma nítida, clara e específica.

A indicação clara do fim social torna-se necessária, além do mais, para se poder delimitar a competência da administração e o grau de vinculação da sociedade aos actos por ela praticados – cfr. arts. 6.º, n.º 4, 192.º, 260.º e 409.º.

Em terceiro e último lugar, existe um outro ponto que merece atenção.

As sociedades, regra geral, podem constituir-se livremente, sem qualquer autorização, entre quaisquer pessoas, prosseguir quaisquer actividades e adoptar qualquer um dos tipos assinalados.

Porém, para certas sociedades que exercem determinadas actividades, situadas sobretudo nas áreas financeira e da prestação de serviços, há regimes especiais que fazem depender a sua constituição de autorização administrativa ou de observância de certos requisitos relativos à forma de sociedade, ao tipo societário, ao capital mínimo, à qualificação dos sócios e à exclusividade do objecto.

2.1.5. *Sede*

Outro elemento que tem obrigatoriamente de constar do pacto social é a sede.

A sede é legalmente considerada como o domicílio das sociedades, sem prejuízo de o contrato estipular domicílio particular para determinados negócios – cfr. n.º 3 do art. 12.º –, constituindo, juntamente com a firma, um dos elementos relevantes para a identificação de qualquer sociedade.

Digamos que enquanto a firma indica ao público em geral a pessoa jurídica com quem se pode contactar, a sede diz-lhe onde pode ser contactada.

Por tal motivo, o n.º 1 do dito art. 12.º prescreve que *a sede da sociedade deve ser estabelecida em local concretamente definido.*

A lei, ao falar em "local concretamente definido" exige, como é natural, que ele seja fixado com a maior precisão, para facilitar terceiros e a própria sociedade (no recebimento de correspondência do seu interesse, por exemplo), indicando-se não só os nomes da localidade e da freguesia e concelho a que ela pertence, mas também, até onde isso for possível, o nome da rua, o número de polícia e o andar.

2.1.6. *Capital*

Outro elemento do contrato é o capital social, entendido como o valor representativo das entradas dos sócios, sempre e apenas expresso em moeda com curso legal em Portugal – cfr. art. 14.º.

Trata-se de um elemento normal do contrato de sociedade, mas não essencial, visto que nas sociedades em nome colectivo só com entradas em indústria a cifra do capital é dispensada, embora a indústria tenha um valor que há-de constar obrigatoriamente do contrato – cfr. arts. 178.º, n.º 1, e 176.º, n.º 1, alínea *b)*.

Abstraindo das regras especiais existentes para certas sociedades, que fixam capitais mínimos diferentes dos previstos no CSC, a lei não estabelece um capital mínimo para as sociedades em nome colectivo, exigindo, no entanto, para as sociedades anónimas o capital mínimo de € 50.000 (art. 276.º n.º 3).

Para as sociedades por quotas e unipessoais por quotas (com excepção da sociedades reguladas por leis especiais e das sociedades cuja constituição dependa de autorização especial), o montante do capital social é livremente fixado no contrato de sociedade. Porém, o valor nominal das quotas, podendo ser diverso, não pode ser inferior a € 1 – arts. 201.º e 219.º, n.º 3.

2.1.7. *Participações sociais*

Todo o sócio é obrigado a entrar para a sociedade com bens susceptíveis de penhora ou, nos tipos de sociedade em que tal seja permitido, com indústria – art.º 20.º, alínea *a)*.

Esta obrigação de contribuir com bens ou serviços para a formação de um determinado património, designada por *"entrada"*, é imperativa e está a cargo de todo e qualquer sócio, podendo consistir em bens de diversa natureza, imóveis e móveis (dinheiro, títulos de crédito e outros valores corpóreos, estabelecimentos comerciais e industriais, patentes, serviços, etc.)

Em princípio, salvo o caso de os estatutos previrem a obrigação de prestações suplementares – "chamadas obrigatórias de capital" – ou obrigações de prestações acessórias, o sócio não pode ser compelido pela sociedade, durante o curso da vida desta, a realizar outra prestação, além da entrada que subscreveu, tendo em conta que, nos termos do n.º 2 do art. 86.º, o sócio é livre de subscrever ou não qualquer aumento de capital.

Como contrapartida desta obrigação, o sócio recebe participações sociais na sociedade (partes sociais, quotas e acções).

Imprescindíveis no contrato da sociedade são as quotas do capital, a natureza das entradas (em dinheiro ou em espécie) e os pagamentos efectuados por conta de cada quota, elementos que constam das alíneas *g)* e *h)* do falado art. 9.º.

Vejamo-los pela ordem indicada.

1.º – O capital é representado por partes, quotas ou acções, consoante o tipo de sociedade.

O valor nominal da parte, da quota ou das acções atribuídas a um sócio no contrato de sociedade não pode exceder o valor da sua entrada, correspondente à importância em dinheiro ou ao valor dos bens diferentes de dinheiro – art. 25.º, n.º 1 –, podendo, no entanto, ser inferior.

Nem as partes sociais nem as quotas podem ser representadas por títulos – n.º 2 do art. 176.º e n.º 7 do art. 219.º.

a) **Quotas**

Na constituição da sociedade cada sócio apenas pode subscrever uma quota – n.º 1 do art. 219.º

Os valores nominais das quotas podem ser diversos, mas nenhum pode ser inferior a € 1 – cfr. n.º 3 desse art. 219.º.

b) **Acções**

Todas as acções têm o mesmo valor nominal, com o mínimo de um cêntimo, e são representadas por títulos definitivos ou provisórios (cautelas) – arts. 276.º, n.º 2, e 304.º, n.º 1).

As acções são indivisíveis – n.º 4 do art. 276.º –, não podendo ser emitidas por valor inferior ao seu valor nominal – art. 298.º, n.º 1 –, e são nominativas, não sendo permitidas acções ao portador – cfr. art. 299.º.

A Lei n.º 15/2017, de 3 de Maio, proibiu a emissão de valores mobiliários ao portador e criou um regime transitório destinado à conversão, em nominativos, dos valores mobiliários ao portador existentes à data da sua entrada em vigor, determinando, nos termos do n.º 2 do art. 2.º e do art. 3.º, que os valores mobiliários ao portador seriam convertidos em nominativos num prazo máximo de seis meses após a sua entrada em vigor, cumprindo ao Governo regular o processo de conversão.

O DL n.º 123/2017, de 25 de Setembro, em execução da Lei n.º 15/2017, estabeleceu o regime de conversão dos valores mobiliários ao portador em valores mobiliários nominativos, definindo o procedimento a adoptar e os modos de conversão.

A conversão dos valores mobiliários ao portador em nominativos implica alterações, designadamente, aos contratos de sociedade dos emitentes e aos documentos relativos às condições de emissão de valores mobiliários. Com vista à simplificação dos procedimentos, prevê-se que estas alterações podem ser deliberadas pelo órgão responsável pela administração da sociedade, sem que as mesmas necessitem de ser aprovadas pela assembleia geral [67].

[67] Para mais desenvolvimentos sobre o assunto, *vide* parecer técnico e/ou jurídico para divulgação sobre "Conversão de valores mobiliários ao portador em nominativos – Registos a efectuar e procedimentos a adoptar nos termos do Decreto-Lei n.º 123/2017, de 25 de Setembro", proferido no Proc. CCo n.º 16/2017 em 10-10-2017, publicado no *site* do IRN.

Dos títulos devem constar, além das menções referidas nas alíneas a) e b) do n.º 1 do art. 44.º, do Código dos Valores Mobiliários (CVM) (aprovado pelo DL n.º 486/99, de 13 de Novembro, sujeito a variadíssimas alterações, das quais a última foi realizada pela Lei n.º 104/2017, de 30 de Agosto) os seguintes elementos:

a) Número de ordem;

b) Quantidade de direitos representados no título e, se for o caso, valor nominal global;

c) Identificação do titular – art. 97.º do CVM.

Os valores mobiliários *titulados nominativos* transmitem-se por declaração de transmissão (efectuada pelas entidades a que se refere o n.º 2 do art. 102.º do CVM), escrita no título a favor do transmissário, seguida de registo junto da sociedade ou junto de intermediário financeiro que o represente – n.º 1 desse art. 102.º.

A declaração de transmissão entre vivos ou por norte do titular efectua-se de acordo com o prescrito nos n.ºs 2 e 3 desse art. 102.

Os valores mobiliários *escriturais* transmitem-se pelo registo na conta do adquirente – art. 80.º, n.º 1, do CVM.

O n.º 2 desse art. 80.º estipula ainda que a compra em mercado regulamentado de valores mobiliários escriturais confere ao comprador, independentemente do registo e a partir da realização da operação, legitimidade para a sua venda nesse mercado.

2.º – Os sócios estão obrigados a entrar para a sociedade com bens de qualquer natureza, desde que redutíveis a um valor pecuniário, representados, como dissemos, por imóveis, móveis, dinheiro, títulos de crédito e demais valores corpóreos, estabelecimentos comerciais ou industriais, patentes, serviços, etc.

Para garantir a realização do capital social, a lei sujeita as entradas em bens diferentes de dinheiro (*entradas em espécie*) à sua descrição e à especificação dos seus valores – art. 9.º, n.º 1, alínea *h*).

Verificada a existência de uma entrada em espécie, os sócios que a não efectuem designam um revisor oficial de contas sem interesse na sociedade que elaborará um relatório – que o advogado arquivará, se for ele quem vier a celebrar o documento que formaliza o contrato de sociedade – donde constem os elementos a que se reporta o n.º 3 do art. 28.º, a saber: descrição dos bens avaliados; identificação dos titulares; avaliação dos bens, com indicação dos critérios utilizados para a avaliação; declaração no sentido de os valores encontrados atingirem ou não os valores nominais das participações subscritas pelos sócios, acrescidas dos prémios de emissão, ou a contrapartida a pagar pela sociedade.

Quando todos os sócios efectuem entradas em espécie, o revisor oficial de contas poderá – por aplicação analógica do art. 99.º, n.º 3, *in* fine – ser designado, a pedido deles, pela Câmara dos Revisores Oficiais de Contas, para evitar a intervenção de vários revisores, o que se tornaria demasiado oneroso para a sociedade.

O intervalo entre a data do contrato de sociedade e a do relatório tem de situar-se entre um período mínimo de 15 dias e máximo de 90 dias, estando sujeito às mesmas formalidades de publicidade devidas para o contrato de sociedade, embora possa publicar-se apenas a menção do seu depósito no registo comercial – cfr. n.os 4, 5 e 6 desse art. 28.º.

3.º – Em princípio, as entradas devem ser realizadas até ao momento da celebração do contrato de sociedade. No entanto, sempre que a lei o permita, as entradas podem ser realizadas até ao termo do primeiro exercício económico, a contar da data do registo definitivo do contrato de sociedade, sem prejuízo de estipulação contratual que preveja o *diferimento da realização das entradas em dinheiro*, o que, desde logo, significa que as entradas em espécie nunca podem ser diferidas – art. 26.º.

A lei permite o diferimento das entradas em dinheiro nas sociedades por quotas e anónimas (arts. 203.º, n.º 1, e 277.º, n.º 2), mas não prevê – e, portanto, não autoriza – o diferimento desse tipo de entradas nas sociedades em nome colectivo.

Nas sociedades por quotas e unipessoais por quotas, sem prejuízo de estipulação contratual que preveja o diferimento da realização das entradas em dinheiro, os sócios devem declarar no acto constitutivo, sob sua responsabilidade, que já procederam à entrega do valor das suas entradas ou que se comprometem a entregar, até ao final do primeiro exercício económico, as respectivas entradas nos cofres da sociedade, devendo, no último caso, declarar ainda na primeira assembleia geral anual da sociedade posterior ao fim de tal prazo que já procederam à entrega do respectivo valor nos cofres da sociedade – n.os 4 e 6 do art. 202.º.

O pagamento das entradas diferidas tem de ser efectuado em datas certas ou ficar dependente de factos certos e determinados, mas a prestação pode, em qualquer caso, ser exigida a partir do momento em que se cumpra o período de 5 anos sobre a celebração do contrato, a deliberação do aumento de capital ou se encerre o prazo equivalente a metade da duração da sociedade, se este limite for inferior – n.º 1 do art. 203.º.

Nas sociedades anónimas as entradas em dinheiro podem ser diferidas em 70% do valor nominal das acções, mas não pode ser diferido o pagamento do prémio de emissão, quando previsto – n.º 2 do art. 277.º. No entanto, na constituição com apelo à subscrição pública o capital mínimo deve estar integralmente realizado desde início – cfr. art. 279.º, n.º 2.

O contrato de sociedade não pode, porém, diferir a realização das entradas em dinheiro por um prazo superior a 5 anos – art. 285.º, n.º 1.

Neste tipo de sociedades a soma das entradas em dinheiro já realizadas deve ser depositada numa instituição de crédito, antes de celebrado o contrato, em conta aberta em nome da futura sociedade, devendo os sócios declarar no acto constitutivo, sob sua responsabilidade, que procederam a esse depósito – art. 277.º, n.ºs 3 e 4.

Da conta aberta em nome da sociedade só poderão ser efectuados ***levantamentos***:

– Depois de o contrato estar definitivamente registado;

– Depois de celebrado o contrato, caso os accionistas autorizem os administradores a efectuá-los para fins determinados;

– Para liquidação provocada pela inexistência ou nulidade do contrato ou pela falta de registo; e

– Para a restituição das entradas efectuadas pelos subscritores de acções de sociedade anónima a constituir com apelo à subscrição pública, no caso de ela não chegar a constituir-se – cfr. art. 277.º, n.º 5.

2.1.8. ***Data do encerramento do exercício***

O Decreto-Lei n.º 328/95, de 9 de Dezembro, veio introduzir no n.º 1 do art. 9.º uma nova alínea, a *i)*, que obriga a mencionar no contrato a data do encerramento do exercício anual, quando for diferente do civil, a qual deve coincidir com o último dia do mês de calendário, sem prejuízo do previsto no art. 7.º do Código do Imposto sobre o Rendimento das Pessoas Colectivas.

2.2. *Aumento de capital*

O aumento de capital depende de deliberação dos sócios, sem embargo de o contrato de sociedade anónima poder autorizar o órgão de administração a proceder ao aumento do capital, uma ou mais vezes, por entradas em dinheiro, nas condições constantes do art. 456.º, ou seja, desde que sejam fixados o limite máximo do aumento e o prazo, não excedente a cinco anos, durante o qual aquela competência pode ser exercida (sendo que, na falta de indicação, o prazo é de cinco anos) e sejam mencionados os direitos atribuídos às acções a emitir; na falta de menção, apenas é autorizada a emissão de acções ordinárias.

O aumento do capital pode realizar-se por incorporação de reservas ou por novas entradas.

O *aumento por incorporação de reservas* traduz-se numa operação contabilística, mediante a qual as reservas inscritas no balanço são transferidas para o capital social.

O aumento é, nesta modalidade, necessariamente realizado pelos sócios – em princípio, proporcionalmente ao valor nominal da participação de cada um no capital da sociedade –, podendo ser incorporadas no capital todas as reservas disponíveis para o efeito, desde que figurem no balanço aprovado há menos de seis meses, embora os sócios fiquem obrigados a reconstituir a reserva legal, se esta tiver sido utilizada.

As reservas classificam-se em obrigatórias – podendo resultar da lei ou dos estatutos – e livres, criadas por deliberação dos sócios.

São obrigatórias a reserva legal – cfr. arts. 218.º e 295.º, n.º 1; as reservas equiparadas, sujeitas, portanto, ao regime da reserva legal (ágios ou prémios de emissão, saldos positivos de reavaliações monetárias consentidos por lei, importâncias correspondentes a bens obtidos a título gratuito e acessões e prémios que venham a ser atribuídos a títulos pertencentes à sociedade) – cfr. art. 295.º, n.º 2; e as reservas estatutárias – cfr. art. 295.º, n.º 1.

O aumento por incorporação de reservas só pode ser deliberado depois de aprovadas as contas do exercício anterior, mas, se tiverem decorrido mais de 6 meses sobre essa aprovação, a existência de reservas a incorporar só pode ser aprovada por um balanço especial, organizado e aprovado nos termos prescritos para o balanço anual – art. 91.º, n.º 2.

A deliberação do aumento por esta modalidade indicará o valor do aumento e as reservas utilizadas para o efeito e se são criadas novas quotas ou acções ou se é aumentado o valor nominal das existentes; na falta de indicação, será aumentado o valor nominal destas – cfr. arts. 91.º, n.º 4, e 92.º, n.º 3.

O aumento de capital por incorporação de reservas deve ser instruído – tal como a lei exige para o pedido de registo – com o balanço, anual ou especial, que serviu de base à deliberação, devendo o órgão de administração (e, quando deva existir, o órgão de fiscalização) declarar não ter conhecimento de que, desde o dia a que se reporta o balanço que serviu de base à deliberação até ao dia em que esta foi tomada, haja ocorrido diminuição patrimonial que obste ao aumento de capital – art. 93.º.

O *aumento na modalidade de novas entradas* deve ser deliberado em obediência aos requisitos constantes dos n.ºs 1 e 2 do art. 87.º, indicando-se, além dessa modalidade, o montante do aumento do capital, o montante nominal das novas participações, a natureza das novas entradas, o ágio ou prémio de emissão, se o houver, os prazos dentro dos quais as entradas devem ser efectuadas, com observância do disposto no art. 89.º, e as pessoas que participarão no aumento (mencionando-se que participarão os sócios que exerçam o seu direito de preferência, ou que participarão só os sócios, embora sem aquele direito, ou que a subscrição vai ser realizada por terceiros ou em subscrição pública).

Sendo o aumento de capital destinado à admissão de novos sócios, estes devem declarar que aceitam associar-se nas condições do contrato vigente e da deliberação de aumento de capital – n.º 2 do art. 268.º.

Não pode, nesta modalidade, ser deliberado aumento de capital enquanto não estiver definitivamente registado um aumento anterior nem estiverem vencidas todas as prestações de capital, inicial ou proveniente de anterior aumento – n.º 3 do art. 87.º.

O sócio de sociedade por quotas que por si ou juntamente com outros reunir a maioria de votos necessária para deliberar a alteração do contrato de sociedade pode comunicar à gerência o aumento do capital social por conversão de suprimentos registados no último balanço aprovado de que seja titular – n.º 4 do art. 87.º.

O órgão de administração procede à comunicação por escrito, no prazo máximo de 10 dias, aos sócios que não hajam participado no aumento referido no número anterior, com a advertência de que a eficácia do aumento depende da não oposição expressa de qualquer um daqueles, manifestada por escrito, no prazo de 10 dias, contados da comunicação de conversão – n.º 5 do art. 87.º.

Quanto à eficácia interna do aumento de capital, exceptuado o disposto no n.º 5 do art. 87.º, que acima se transcreveu, considera-se, para todos os efeitos internos, que o capital é aumentado e as participações constituídas na data da deliberação, se da respetiva acta constar quais as entradas já realizadas e que não é exigida por aquela, pela lei ou pelo contrato a realização de outras entradas – n.º 1 do art. 88.º.

Caso a deliberação não faça referência aos factos mencionados na parte final deste n.º 1 e no caso do disposto no n.º 5 do art. 87.º, o capital considera-se aumentado e as participações consideram-se constituídas na data em que qualquer membro da administração declarar, por escrito e sob sua responsabilidade, quais as entradas já realizadas e que não é exigida pela lei, pelo contrato ou pela deliberação a realização de outras entradas – vide n.º 2 do art. 88.º.

O reforço de quota existente só é possível desde que a quota primitiva e a relativa à subscrição no aumento estejam integralmente liberadas e não lhes correspondam, segundo o contrato, direitos e obrigações diversos – n.º 4 do art. 219.º.

De contrário, às entradas subscritas no aumento deverão corresponder quotas novas, não unificáveis com as anteriores.

As novas entradas podem ser efectuadas em dinheiro ou em espécie.

Quanto às entradas em dinheiro que a lei permite diferir, o seu pagamento é sempre exigível a partir do registo definitivo do aumento do capital, se a deliberação for omissa quanto à sua exigibilidade – cfr. n.º 2 desse art. 89.º.

Os bens que constituírem as entradas em espécie (coisas e direitos, incluindo a conversão de suprimentos em capital) ficam sujeitos às regras de avaliação por revisor oficial de contas, nos termos e com as formalidades constantes do art. 28.º – cfr. art. 89.º, n.º 1 –, devendo tais entradas ser realizadas até ao momento em que se considere aumentado o capital.

Para efeitos de verificação das entradas, no caso de conversão de suprimentos, é suficiente declaração do contabilista certificado ou do revisor oficial de contas, sempre que a revisão de contas seja legalmente exigida, mencionando que a quantia consta dos regimes contabilísticos bem como a proveniência e a data – n.º 4 do art. 89.º.

Esta declaração faz parte integrante da documentação sujeita às formalidades de publicidade prescritas no presente Código, podendo publicar-se apenas menção do respetivo depósito no registo comercial – n.º 5 do art. 89.º.

Se as novas entradas consistirem em bens para cuja transmissão a lei exija forma mais solene, é na escritura ou no documento particular autenticado que elas devem ser efectuadas – vide arts. 26.º e 7.º, n.º 1.

2.3. *Liquidação e partilha*

A *liquidação* consiste fundamentalmente na redução do activo a dinheiro, desenrolando-se numa série de actos, normalmente praticados pelos liquidatários, conducentes à extinção da sociedade.

Nesta fase, os liquidatários ultimam os negócios pendentes, pagam as dívidas da sociedade para as quais seja suficiente o activo social, cobram os créditos e alienam o património residual (a menos que os sócios unanimemente deliberem ou o contrato preveja a sua partilha em espécie), propondo depois a partilha dos haveres sociais – cfr. n.º 3 do art. 152.º.

Se não houver prazo inferior convencionado no contrato ou fixado por deliberação dos sócios, é no prazo de dois anos a partir da data em que a sociedade se considere dissolvida que a liquidação deve estar encerrada e a partilha aprovada – n.º 1 do art. 150.º.

Antes de ser iniciada a liquidação, a administração deve organizar e fazer aprovar os documentos de prestação de contas da sociedade, reportados à data da dissolução, e entregar aos liquidatários todos os livros, documentos e haveres sociais – vide art. 149.º.

Os liquidatários devem prestar, nos três primeiros meses de cada ano, contas da liquidação que forem efectuando, as quais devem ser acompanhadas por um relatório pormenorizado da situação – cfr. art. 155.º

As contas finais devem ser acompanhadas por um relatório completo da liquidação e pelo projecto de partilha do activo restante, sendo o relatório e as contas finais dos liquidatários submetidos a deliberação dos sócios – cfr. art. 157.º.

Depois da deliberação dos sócios e em conformidade com ela, os liquidatários procedem à entrega dos bens que pela *partilha* ficam cabendo a cada um, executando as formalidades necessárias à transmissão dos bens atribuídos aos sócios, quando tais formalidades sejam exigíveis (diz-se na alínea *f)* do art. 22.º do Decreto-Lei n.º 116/2008, de 4 de Julho, que devem ser celebrados por *escritura pública* ou por *documento particular autenticado* as partilhas de patrimónios societários que façam parte coisas imóveis).

A partilha do património societário tem efeito translativo e, por isso, diferentemente do que acontece na partilha da herança, se algum sócio receber prédio urbano, exigir-se-á, relativamente a esse prédio, a correspondente *autorização ou licença de utilização* ou documento comprovativo de que, à data da construção, o imóvel não estava sujeito a ela, a não ser que a existência desta esteja anotada na descrição e o prédio não tenha sofrido alterações – cfr. n.º 4 do art. 1.º do Decreto-Lei n.º 281/99, de 26 de Julho, e alínea *a)* do n.º 1 do art. 90.º-A do Código do Registo Predial, na redacção do Decreto-Lei n.º 116/2008, de 4 de Julho.

Se, à data da dissolução, a sociedade não tiver dívidas, os sócios podem proceder imediatamente à partilha dos bens sociais – cfr. art. 147.º.

A lei prevê no art. 148.º que se possa fazer a liquidação de sociedade dissolvida por transmissão global de todo o seu património, activo e passivo, para algum ou alguns sócios, com acordo escrito de todos os credores da sociedade.

Esta forma de liquidação não dispensa, no entanto, as operações preliminares de que falámos – organização e aprovação dos documentos de prestação de contas da sociedade, reportados à data da dissolução – nem a intervenção de liquidatários que representem a sociedade nas negociações para obter o acordo escrito dos credores para essa forma de liquidação e para os demais actos da sua competência que se tornem necessários, como entregar os bens aos sócios a quem são transmitidos, cobrar destes e entregar aos demais sócios as "tornas" devidas.

A liquidação ultima-se com o pedido do *registo do encerramento da liquidação*, após o que a sociedade se considera extinta – arts. 159.º e 160.º.

A liquidação deve estar encerrada e a partilha aprovada no prazo de dois anos a contar da data em que a sociedade se considere dissolvida, sem prejuízo de prazo inferior convencionado no contrato ou fixado por deliberação dos sócios.

Decorridos esses prazos sem ter sido requerido o registo de encerramento da liquidação, a conservatória promove oficiosamente a liquidação por via administrativa – art.º 150.º do CSC e alínea *b)* do n.º 5 do art. 15.º do Regime jurídico dos procedimentos administrativos de dissolução e de liquidação de entidades comerciais (RJPADLEC), a que se refere o n.º 3 do art. 1.º do Decreto-Lei n.º 76-A/2006, de 29 de Março.

3. Registo comercial obrigatório

A constituição e a liquidação das sociedades civis, sob forma comercial, estão sujeitas a registo obrigatório, o qual deve ser pedido no prazo de dois meses a contar da data em que tiverem sido titulados – vide arts. 3.º, n.º 1, *a)* e *t)*, e 15.º, n.os 1 e 2, do CRComercial.

Igualmente sujeitas a registo comercial obrigatório – pedido no mesmo prazo de dois meses a contar da data em que tiverem sido titulados – estão a *constituição, o aumento de capital social e a liquidação das sociedades comerciais*, nos termos dos arts. 3.º, n.º 1, *a)*, *r)* e *t)*, e 15.º, n.os 1 e 2, do mesmo diploma.

A Portaria n.º 1416-A/2006, de 19 de Dezembro (alterada pelas Portarias n.os 562/2007, de 30 de Abril, 1256/2009, de 14 de Outubro, 286/2012, de 20 de Setembro e 358/2015, de 14 de Outubro), veio regular a *promoção online de actos de registo comercial*, os quais podem ser solicitados por qualquer pessoa que tenha um meio de certificação electrónica adequado.

Além das pessoas directamente interessadas na promoção dos actos de registo, também os advogados podem fazê-lo, sempre com utilização de um meio de validação electrónico da sua identidade.

Os interessados na promoção dos actos de registo comercial *online* formulam o seu pedido e enviam, através da Internet, os documentos necessários ao registo, designadamente os que legalmente comprovem os factos constantes do pedido de registo e os comprovativos da sua capacidade e dos seus poderes de representação para o acto.

O pedido de actos do registo comercial *online* só é considerado validamente submetido após a emissão de um comprovativo electrónico, através da Internet, que indique a data e a hora em que o pedido foi concluído.

Esse comprovativo deve ser enviado aos interessados através de mensagem de correio electrónico e comunicada a realização do registo, por igual meio ou, sempre que possível, por *short message service* (*sms*).

A promoção *online* de actos de registo comercial através do sítio na Internet com o endereço *www.empresaonline.pt.*

As sociedades devem ser identificadas, como já dissemos, pela indicação da firma, tipo, sede, conservatória do registo onde se encontrem matriculadas, número de matrícula e de identificação de pessoa colectiva e, sendo caso disso, pela menção de que a sociedade se encontra em liquidação; as de capitais devem indicar ainda o capital social, o montante do capital realizado, se for diverso, e o montante do capital próprio segundo o último balanço aprovado, sempre que este for igual ou inferior a metade do capital social – art. 171.º, n.os 1 e 2, do Código das Sociedades Comerciais.

Esses elementos são extraídos de certidão do registo comercial, válida por um período de seis meses, nos termos do n.º 2 do art. 75.º do Código do Registo Comercial.

A certidão pode também ser disponibilizada em suporte electrónico, fazendo prova para todos os efeitos legais e perante qualquer autoridade pública ou entidade privada, nos mesmos termos da correspondente versão em suporte de papel – cfr. n.º 5 desse art. 75.º.

A *certidão permanente de registo comercial*, regulada pela dita Portaria n.º 1416-A/2006, de 19 de Dezembro é a designação dada à disponibilização, em suporte electrónico e permanentemente actualizada, da reprodução dos registos em vigor respeitantes a entidade sediada em conservatória informatizada, bem como da menção das apresentações e dos pedidos de registos pendentes.

A Portaria n.º 285/2012, de 20 de Setembro (alterada pela Portaria n.º 358/2015, de 14 de Outubro), regulou a *certidão permanente de registos e de documentos*, arquivados na pasta electrónica das entidades inscritas no registo comercial, e a *certidão permanente do pacto social actualizado*: a primeira reproduz, em suporte electrónico e permanentemente actualizada, os registos respeitantes a entidades inscritas no registo comercial, a menção das apresentações e pedidos de registo pendentes, bem como os documentos que serviram de base aos registos efectuados, com excepção do registo de prestação de contas, desde que sobre a entidade existam registos requeridos e efectuados após 1 de Janeiro de 2011; a segunda reproduz, também em suporte electrónico e permanentemente actualizada, o último pacto ou estatutos entregue por entidade inscrita no registo comercial, quando este esteja digitalizado e disponível na respectiva pasta electrónica.

São pontos comuns a estas certidões:

a) O pedido das certidões permanentes de registo comercial, de registos e de documentos e do pacto social actualizado pode ser efectuado através da Internet com o endereço *www.empresaonline.pt* ou, verbalmente, em qualquer serviço com competência para a prática de actos de registo comercial.

O requerente é identificado pela indicação do nome ou firma e do endereço do correio electrónico, sem necessidade de utilização de meios especiais de autenticação, tendo de ser indicado, no caso do pedido das certidões permanentes de registos e de documentos e do pacto social actualizado, o número de identificação de pessoa colectiva da entidade a que respeita a mesma.

b) Após a solicitação das certidões permanentes, é disponibilizado ao requerente um código que permite a visualização das certidões a partir do momento em que seja confirmado o pagamento das taxas devidas, sendo a entrega desse código a qualquer entidade pública ou privada equivalente à entrega de uma certidão do registo comercial.

c) O serviço certidão permanente em qualquer destas modalidades é prestado mediante a subscrição de uma assinatura que pode ter a duração de um, dois, três ou quatro anos.

4. IMT

Há algumas regras do imposto municipal sobre as transmissões onerosas de imóveis – aplicáveis às sociedades e que constam do respectivo código – que interessa conhecer.

Assim:

– As *entradas dos sócios com bens imóveis para a realização do capital* das sociedades comerciais ou civis sob a forma comercial ou das sociedades civis a que tenha sido legalmente reconhecida personalidade jurídica estão sujeitas a pagamento do dito imposto, o qual é devido pela sociedade, dado existir uma transmissão de bens entre ela e o sócio – cfr. alínea *e)* n.º 5 do art. 2.º do CIMT.

O valor dos imóveis é o valor patrimonial tributário ou aquele por que os mesmos entrarem para o activo das sociedades, consoante o que for maior – regra 12.ª do n.º 4 do art. 12.º.

O IMT é liquidado pelos serviços centrais da Direcção-Geral dos Impostos e precede o acto ou facto translativo dos bens – cfr. arts. 21.º, n.ºs 1 e 2, e 22.º, n.º 1.

– A *adjudicação de bens imóveis aos sócios* na liquidação das sociedades comerciais ou civis sob a forma comercial ou das sociedades civis a que tenha sido legalmente reconhecida personalidade jurídica está sujeita a pagamento do imposto municipal sobre a transmissão onerosa, *em relação ao valor total dos bens recebidos* – cfr. art. 2.º, n.º 5, alínea *e), in fine.*

No entanto, se algum sócio tiver pago imposto pela ocorrência de alguma das situações previstas na alínea *d)* do n.º 2 do art. 2.º (aquisições de partes sociais ou de quotas, bem como a amortização ou quaisquer outros factos, quando as sociedades em nome colectivo, em comandita simples ou por quotas possuam bens imóveis e por aquelas aquisições ou estes factos algum dos sócios fique a dispor de, pelo menos, 75% do capital social, ou o número de sócios se reduza a dois, sendo marido e mulher, casados no regime de comunhão de bens ou de adquiridos), o imposto relativo à nova transmissão levará em conta o valor já tributado, incidindo sobre a diferença entre o valor dos bens agora adquiridos e o valor por que anteriormente o imposto tiver sido liquidado – cfr. art. 12.º, n.º 4, regra 19.ª, alínea *c)*.

A liquidação do IMT é sempre promovida pelo serviço de finanças competente com base na própria *partilha* do património social e, portanto, depois do acto ou facto translativo dos bens – cfr. arts. 21.º, n.º 3, 22.º, n.º 1 *in fine*, 23.º e 36.º, n.º 7.

5. Selo

O documento que formaliza a constituição, ou o aumento de capital ou a liquidação e partilha das sociedades já não está sujeito ao selo das verbas n.os 15.8 nem 26.1 ou 26.3 da Tabela Geral, entretanto revogadas.

Porém, no que à *partilha de bens sociais* diz respeito, se dos haveres sociais fizerem parte bens imóveis, é devido o selo constante do ponto 1.1 da mesma tabela (0,8% sobre os bens dessa natureza adjudicados aos sócios, excepto se tiverem já sido tributados em IMT por alguma das situações previstas no art. 2.º n.º 2 *d)* do CIMT, hipótese em que o imposto incidirá sobre a diferença entre o valor dos bens adquiridos pela partilha e o valor por que anteriormente o imposto foi liquidado) – cfr. art. 12.º, n.º 4, regra 19.ª, alínea *c)*, do referido código.

O imposto fixado nesta verba 1.1 não é, porém, liquidado pelo advogado, mas antes pelos serviços centrais da Direcção-Geral dos Impostos, de acordo com o estatuído no n.º 4 do art. 23.º do CIS, na redacção que lhe imprimiu a Lei n.º 64-A/2008, de 31 de Dezembro, e no art. 21.º do CIMT, e posteriormente à realização do acto, como se infere dos arts. 22.º e 23.º deste CIMT.

6. **Minutas**

1.ª hipótese: *constituição de sociedade civil com entrada de bens imóveis*

Constituição de sociedade de natureza civil

PRIMEIRO: F ...

SEGUNDO: F ...

E por eles foi dito:

Que constituem entre si uma sociedade de natureza civil nos termos constantes dos artigos seguintes:

Art. 1.º

A sociedade adopta a firma "..." e tem a sua sede em ...

Art. 2.º

O seu objecto social consiste na exploração de dois prédios rústicos, sitos em ..., descritos na conservatória do registo predial de ... sob os números ... e ... e aí registados a favor do primeiro interveniente F ... pelas inscrições ... e ..., com os quais ele entra para a sociedade e que são os seguintes:

***a)* Herdade de ..., com a área de ..., destinado a ..., inscrito na matriz cadastral da freguesia de ... sob o número ..., com o valor patrimonial tributário de ... e a que atribuem o valor de ...;**

***b)* Herdade de ...**

Art. 3.º

O capital social, integralmente realizado, é de ... euros, sendo de ... euros a quota do sócio F ..., representada pelos dois já identificados prédios que ora transfere para a sociedade, e de ... euros a quota do sócio F ..., em dinheiro, que já deu entrada na caixa social.

Art. 4.º

A administração e representação da sociedade pertencem ao sócio F ... que será substituído, nas suas faltas ou impedimentos, pelo outro sócio.

Art. 5.º

Até 31 de Dezembro de cada ano far-se-á o balanço, e os lucros que houver, depois de abatida a importância de ... euros que pertencerá ao sócio administrador a título de remuneração pelos trabalhos inerentes ao cargo que desempenha, serão divididos pelos sócios, na proporção das respectivas quotas.

Art. 6.º

O presente contrato pode ser alterado apenas por decisão do sócio F ...

Art. 7.º

A sociedade dissolver-se-á verificados os pressupostos legalmente exigidos para tal e ainda no caso do sócio F ... deixar de exercer as funções de administrador da sociedade.

Art. 8.º

Sendo dissolvida a sociedade, fica desde já nomeado único liquidatário o sócio F ... podendo proceder-se à partilha dos bens sociais em espécie.

Local: ...

Data: ...

Assinaturas:

Termo de autenticação

No dia ..., no meu escritório sito em ..., perante mim, F..., advogado (ou solicitador) titular da cédula profissional n.º ... emitida por ... em ... compareceram:

PRIMEIRO: F ..., NIF ..., viúvo, natural e habitualmente residente em ...

SEGUNDO: F ..., NIF ..., solteiro, maior, natural de ... e residente habitualmente em ...

Verifiquei a identidade dos intervenientes por ...

E por eles me foi apresentado, para fins de autenticação, o documento anexo que é um contrato de constituição de sociedade de

natureza civil, tendo declarado que já o leram e assinaram e que ele exprime a sua vontade.

Arquivado: A declaração para a liquidação, efectuada em ..., do imposto municipal sobre as transmissões onerosas de imóveis e o correspondente comprovativo da cobrança número ...

Exibido:

***a)* Certidão passada pela conservatória do registo predial de ... em ..., com o número de ordem ..., por onde verifiquei os números das descrições e inscrições referidas; e**

***b)* Duas cadernetas prediais rústicas, obtidas hoje via Internet, por onde verifiquei os elementos matriciais dos prédios.**

O certificado de admissibilidade da firma adoptada – que hoje consultei pelas ... horas e ... minutos, via Internet, através do código de acesso ... – tem o número ..., foi emitido em ... , sendo ... e ..., respectivamente, o número de identificação fiscal e o CAE da sociedade.

Adverti os intervenientes da obrigatoriedade do registo deste acto, no prazo de dois meses, a contar de hoje.

Este termo foi lido aos interessados e aos mesmos explicado o seu conteúdo.

Assinaturas: (dos intervenientes e do advogado ou solicitador)

Verbete estatístico n.º ... (rubrica)

2.ª hipótese: *constituição de sociedade comercial por quotas com entrada de bens imóveis*

Contrato de sociedade

PRIMEIRO: F ...

SEGUNDO: F ...

TERCEIRO: F ...

QUARTO: F ... e mulher F ...

E por eles, com excepção da mulher do quarto, foi dito:

Que constituem entre si uma sociedade comercial por quotas nos termos constantes dos artigos seguintes:

Art. 1.º

1 – A sociedade adopta a firma "..., Limitada" e tem a sua sede em ...

2 – A gerência poderá criar sucursais, agências, delegações ou outras formas locais de representação social onde e quando o julgar conveniente.

Art. 2.º

1 – A sociedade tem por objecto a importação, exportação e comércio de ...

2 – A sociedade poderá adquirir livremente participações noutras sociedades, mesmo que estas tenham objecto diverso do seu, e integrar agrupamentos complementares de empresas ou agrupamentos europeus de interesse económico, constituir associações em participação e consórcios.

Art. 3.º

1 – O capital social é de trinta e um mil euros, representado por quatro quotas, sendo três iguais do valor nominal de dois mil euros, pertencentes uma a cada um dos sócios F..., F... e F..., e uma do valor nominal de vinte e cinco mil euros pertencente ao sócio F...

2 – As entradas dos sócios foram integralmente realizadas do modo seguinte:

***a)* As dos sócios F ..., F ... e F ... em dinheiro; e**

***b)* A do sócio F ... em espécie *, mediante a transferência, que neste acto faz para a sociedade, do prédio rústico ... sito em ... descrito na conservatória sob o número ... e aí registado em seu nome pela inscrição ..., inscrito na matriz ... com o valor patrimonial tributário de ...**

Art. 4.º

1 – Poderão ser exigidas prestações suplementares até ao montante de ... euros, mediante deliberação tomada por unanimidade.

2 – Poderão ser feitos suprimentos à sociedade nas condições a estabelecer em assembleia geral.

Art. 5.º

1 – A administração e a representação da sociedade pertencem aos gerentes que forem eleitos em assembleia geral.

2 – A gerência não será remunerada se tal for deliberado pelos sócios.

3 – Ficam desde já designados gerentes todos os sócios F..., F..., F... e F....

4 – A sociedade obriga-se com a intervenção conjunta de dois gerentes.

5 – Além dos seus poderes normais, são conferidos aos gerentes poderes para comprar e vender veículos automóveis.

Art. 6.º

Além da reserva legal, a assembleia geral poderá criar as reservas que entender convenientes ao desenvolvimento dos negócios sociais.

Art. 7.º

A representação voluntária dos sócios nas assembleias gerais pode ser confiada a quem estes entenderem.

Art. 8.º

1 – A sociedade poderá amortizar quotas nos seguintes casos:

***a)* Com o consentimento do seu titular;**

***b)* Se o respectivo titular as ceder a não sócios sem consentimento prévio da sociedade;**

***c)* Quando a quota for arrestada, arrolada, penhorada ou, em geral, apreendida judicial ou administrativamente;**

***d)* Se o seu titular, durante dois anos consecutivos, não comparecer ou não se fizer representar em nenhuma assembleia geral da sociedade.**

2 – A contrapartida da amortização no caso previsto na alínea *b)* do número um será igual ao valor nominal da quota amortizada.

3 – A quota amortizada figurará no balanço como tal e, posteriormente, por deliberação dos sócios, poderão, em sua substituição, ser criadas uma ou várias quotas destinadas a ser alienadas a um ou a alguns sócios ou a terceiros.

Finalmente, a quarta signatária F... declarou que presta o necessário consentimento à transferência do imóvel com que o seu marido realizou a sua participação social.

Local: ...

Data: ...

Assinaturas:

Termo de autenticação

No dia ..., no meu escritório sito em ..., perante mim, F..., advogado (ou solicitador) titular da cédula profissional n.º ... emitida por ... em ... compareceram:

PRIMEIRO: F ..., NIF ..., viúvo, natural e habitualmente residente em ...

SEGUNDO: F ..., NIF ..., casado com ... segundo o regime de ..., natural de ... e residente habitualmente em ...

TERCEIRO: F ... , NIF ..., casado com ... segundo o regime de ..., natural de ... e residente habitualmente em ...

QUARTO: F ..., NIF ..., e mulher F ..., NIF ..., casados sob o regime da comunhão geral, ela natural da freguesia de ... e ele da freguesia de ..., residentes habitualmente em ...

Verifiquei a identidade dos intervenientes por ...

E por eles me foi apresentado, para fins de autenticação, o documento anexo que é um contrato de constituição de sociedade comercial por quotas, tendo declarado que já o leram e assinaram e que ele exprime a sua vontade.

Arquivado:

***a)* O relatório de verificação do valor da entrada em espécie elaborado pelo revisor oficial de contas F ... com data de ...**

***b)* A declaração para a liquidação, efectuada em ..., do imposto municipal sobre as transmissões onerosas de imóveis e o correspondente comprovativo da cobrança número ...**

Exibido:

***a)* Certidão passada pela conservatória do registo predial de ... em ..., com o número de ordem ..., por onde verifiquei o número da descrição e inscrição referidas; e**

***b)* Caderneta predial rústica, obtida hoje via Internet, por onde verifiquei os elementos matriciais do prédio.**

O certificado de admissibilidade da firma adoptada – que hoje consultei pelas ... horas e ... minutos, via Internet, através do código de acesso ... – tem o número ..., foi emitido em ... , sendo ... e ..., respectivamente, o número de identificação fiscal e o CAE da sociedade.

Adverti os intervenientes da obrigatoriedade do registo deste acto, no prazo de dois meses, a contar de hoje.

Este termo foi lido aos interessados e aos mesmos explicado o seu conteúdo.

Assinaturas: (dos intervenientes e do advogado ou solicitador)

Verbete estatístico n.º ... (rubrica)

3.ª hipótese: *aumento de capital a realizar com bens imóveis e destinado à admissão de novo sócio*

Aumento de capital

PRIMEIRO: F ...

SEGUNDO: F ...

TERCEIRO: F ...

QUARTO: F ... e mulher F ...

Disseram os primeiro, segundo e terceiro intervenientes:

Que são os únicos sócios e gerentes da sociedade comercial por quotas com a firma ..., com sede em ..., matriculada na conservatória do registo comercial de ... sob o número ..., correspondente ao número de identificação de pessoa colectiva, e com o capital de duzentos e cinquenta mil euros, integralmente realizado e definitivamente registado;

Que o aludido capital acha-se dividido em três quotas, uma do valor nominal de ... do sócio F ... e duas iguais do valor nominal de ..., uma de cada um dos sócios F ... e F ...;

Que, por unanimidade, deliberam aumentar o capital da sociedade com a importância de ..., fixando-o em ... e, em consequência, alterar parcialmente o contrato de sociedade, da forma infra indicada;

Que o aumento é feito sem o uso do direito de preferência e com a admissão de um novo sócio, o quarto interveniente F ..., o qual realizou a nova entrada no valor de ..., que fica a constituir uma nova quota de igual valor nominal, representada pela transferência que faz para a sociedade do prédio rústico...... sito em ... descrito na conservatória sob o número ... e aí registado em seu nome pela

inscrição ..., inscrito na matriz ... com o valor patrimonial tributário de ...;

Que, na qualidade de únicos gerentes, afirmam, sob sua inteira responsabilidade, que não é exigida pela lei, pelo contratoou pela deliberação a realização de outras entradas;

Que, em consequência do aumento, é alterado parcialmente o contrato de sociedade, no tocante ao seu artigo terceiro, o qual passa a ter a seguinte nova redacção:

Art. 3.º

O capital social integralmente realizado em dinheiro e nos demais bens e valores constantes da escrituração é de ... e acha-se dividido em quatro quotas: uma, do valor nominal de ..., do sócio F ...; uma, do valor nominal de ..., do sócio F ...; e duas iguais, do valor nominal de ..., uma de cada um dos sócios F ... e F ...

Pelos quartos intervenientes foi dito:

Que ele marido aceita associar-se nas condições do contrato de sociedade vigente, que são do seu conhecimento, e nas da presente deliberação de aumento de capital, e ela mulher presta o necessário consentimento à transferência do imóvel com que foi realizada a nova participação social.

Local: ...

Data: ...

Assinaturas:

Termo de autenticação

No dia ..., no meu escritório sito em ..., perante mim, F..., advogado (ou solicitador) titular da cédula profissional n.º ... emitida por ... em ... compareceram:

PRIMEIRO: F ..., NIF ..., viúvo, natural e habitualmente residente em ...

SEGUNDO: F ..., NIF ..., casado com ... segundo o regime de ..., natural de ... e residente habitualmente em ...

TERCEIRO: F ... , NIF ..., casado com ... segundo o regime de ..., natural de ... e residente habitualmente em ...

QUARTO: F ..., NIF ..., e mulher F ..., NIF ..., casados sob o regime da comunhão geral, ela natural da freguesia de ... e ele da freguesia de ..., residentes habitualmente em ...

Verifiquei a identidade dos intervenientes por ...

E por eles me foi apresentado, para fins de autenticação, o documento anexo que é um aumento de capital social da sociedade comercial por quotas ..., tendo declarado que já o leram e assinaram e que ele exprime a sua vontade.

Arquivado:

***a)* O relatório de verificação do valor da entrada em espécie elaborado pelo revisor oficial de contas F ... com data de ...**

***b)* A declaração para a liquidação, efectuada em ..., do imposto municipal sobre as transmissões onerosas de imóveis e o correspondente comprovativo da cobrança número ...**

***c)* Certidão do registo comercial.**

Exibido:

***a)* Certidão passada pela conservatória do registo predial de ... em ..., com o número de ordem ..., por onde verifiquei o número da descrição e inscrição referidas; e**

***b)* Caderneta predial rústica, obtida hoje via Internet, por onde verifiquei os elementos matriciais do prédio.**

Adverti os outorgantes da obrigatoriedade do registo deste acto, no prazo de dois meses, a contar de hoje.

Este termo foi lido aos interessados e aos mesmos explicado o seu conteúdo.

Assinaturas: (dos intervenientes e do advogado ou solicitador)

4.ª hipótese: *liquidação e partilha de bens de sociedade civil*

Liquidação e partilha de bens sociais

PRIMEIRO: F ...;

SEGUNDO: F ...;

TERCEIRO: F ...

Disseram os signatários:

Que a sociedade civil por quotas com a firma "..., Limitada", com sede em ..., NIPC ... matriculada ... tem o capital de ... euros;

Que tem por objecto a exploração agrícola e pecuária das propriedades que adquira por compra, arrendamento ou qualquer outra forma de fruição, a venda de produtos agrícolas e pecuários provenientes dessas explorações e a administração de quaisquer bens próprios;

Que o indicado capital de ... acha-se dividido nas seguintes quotas:

a) Uma, do valor nominal de ... titulada em nome de ..., correspondente a ... por cento do capital social;

b) Uma, do valor nominal de ... titulada em nome de ... correspondente a ... por cento do capital social;

c) Uma, do valor nominal de ... titulada em nome de ... correspondente a ... por cento do capital social;

Que na reunião da assembleia geral da sociedade realizada em ... foi deliberado dissolver a sociedade, aprovar o relatório e contas especialmente elaborado com vista à liquidação da mesma, e proceder imediatamente à sua liquidação e partilha, em virtude de a sociedade não ter quaisquer dívidas;

Que o activo é constituído pelos seguintes prédios rústicos:

UM – composto de ..., sito em ... descrito na conservatória de ... sob o número ... e aí registado a favor da sociedade pela inscrição ... inscrito na matriz ... com o valor patrimonial tributário de ..., igual ao que lhe atribuem;

DOIS – ...

Que é de ... euros o valor dos bens imóveis, dele cabendo ... euros a F ..., ... euros a F ... e ... euros a F ...

Que procedem à partilha desses bens do modo seguinte:

É adjudicado a F ... o prédio identificado na verba número UM, no indicado valor de ..., pelo que leva a mais a quantia de ..., que dá de tornas a F ...

É adjudicado a F ... o prédio identificado na verba número DOIS, no indicado valor de ..., pelo que leva a mais a quantia de ..., que dá de tornas a F ...

Que o sócio F ... já recebeu dos restantes a quantia de ... [68] para pagamento da sua quota social e da parte que lhe cabe no activo da sociedade.

Que o sócio F ... fica depositário dos livros, documentos e demais elementos da escrituração da sociedade.

Local: ...

Data: ...

Assinaturas:

Termo de autenticação

No dia ..., no meu escritório sito em ..., perante mim, F..., advogado (ou solicitador) titular da cédula profissional n.º ... emitida por ... em ... compareceram:

PRIMEIRO: F ..., NIF ..., viúvo, natural e habitualmente residente em ...

SEGUNDO: F ..., NIF ..., divorciado, natural de ... e residente habitualmente em ...

TERCEIRO: F ... , NIF ..., casado com ... segundo o regime de separação de bens, natural de ... e residente habitualmente em ...

Verifiquei a identidade dos intervenientes por ...

E por eles me foi apresentado, para fins de autenticação, o documento anexo que é uma liquidação e partilha dos bens da sociedade civil..., tendo declarado que já o leram e assinaram e que ele exprime a sua vontade.

Arquivado:

***a)* Fotocópia da dita acta da assembleia geral;**

***b)* Certidão do registo comercial.**

Exibido:

***a)* Certidão passada pela conservatória do registo predial de ... em ..., com o número de ordem ..., por onde verifiquei os números das descrições e inscrições referidas; e**

***b)* Duas cadernetas prediais rústicas, obtidas hoje via Internet, por onde verifiquei os elementos matriciais dos prédios.**

Adverti os outorgantes da obrigatoriedade do registo deste acto, no prazo de dois meses, a contar de hoje.

[68] Ver n.ºs 5 e 6 do art. 47.º do CN.

Este termo foi lido aos interessados e aos mesmos explicado o seu conteúdo.

Assinaturas: (dos intervenientes e do advogado ou solicitador)

5.ª hipótese: *liquidação e partilha de bens de sociedade comercial*

Liquidação e partilha de bens sociais

PRIMEIRO: F ...;

SEGUNDO: F ...;

TERCEIRO: F ...

Disse o primeiro:

Que por escritura pública lavrada ... foi constituída a sociedade ... com o capital de ... dividido em duas quotas iguais de ... uma de cada um dos segundo e terceiro intervenientes, sendo ele primeiro interveniente designado gerente;

Que a sociedade foi matriculada sob o número ..., mas por escritura lavrada ... foi dissolvida por acordo unânime dos sócios, passando ele primeiro interveniente, desde então, a ser liquidatário da sociedade, nos termos do artigo 151.º do Código das Sociedades Comerciais;

Que, tendo procedido à satisfação de todos os direitos dos credores, deu as contas por encerradas em ...;

Que as contas finais foram por si apresentadas aos sócios, acompanhadas do relatório completo da liquidação e do projecto de partilha do activo restante, tendo sido aprovadas em ... por deliberação unânime deles;

Que o activo restante a repartir entre os sócios é constituído pelos seguintes bens imóveis:

Um – prédio rústico, composto de ...;

Dois – prédio urbano destinado a habitação ...;

Que é de ... o valor do acervo a partilhar, dele cabendo ... a cada sócio para reembolso integral da sua entrada de capital inicial, devendo o restante ser repartido entre eles na proporção aplicável à distribuição de lucros, ou seja, em partes iguais, pertencendo, assim, a cada um deles a quantia de ...;

Que, de acordo com o sobredito projecto de partilha, são os aludidos bens entregues ao segundo interveniente, no indicado valor de ..., pelo que leva a mais, em relação aos seus direitos, a quantia de ... que repõe ao outro sócio e este declara ter recebido;

Que o sócio-gerente F ... fica depositário dos livros, documentos e demais elementos da escrituração.

Declarou o segundo interveniente que aceita os referidos bens.

Local: ...

Data: ...

Assinaturas:

Termo de autenticação

No dia ..., no meu escritório sito em ..., perante mim, F..., advogado (ou solicitador) titular da cédula profissional n.º ... emitida por ... em ... compareceram:

PRIMEIRO: F ..., solteiro, maior, ...

SEGUNDO: F ..., casado com F ... no regime de separação, ...

TERCEIRO: F ..., divorciado, ...

Verifiquei a identidade dos intervenientes por ...

E por eles me foi apresentado, para fins de autenticação, o documento anexo que é uma liquidação e partilha dos bens da sociedade ..., tendo declarado que já o leram e assinaram e que ele exprime a sua vontade.

Arquivado:

***a)* Certidão do registo comercial;**

***b)* Fotocópia da acta da mencionada deliberação e dos ditos relatório e projecto;**

Exibido:

***a)* Alvará de autorização de utilização n.º ... emitido pela câmara municipal de ... em ...;**

***b)* Duas cadernetas prediais, uma urbana e outra rústica, obtidas hoje via Internet, por onde verifiquei os elementos matriciais dos prédios; e**

***c)* Certidão emitida em ... pela conservatória de ..., com o número de ordem ..., comprovativa dos elementos registrais referidos.**

Adverti o primeiro interveniente da obrigatoriedade do registo de encerramento da liquidação dentro de dois meses, a contar de hoje.

A ficha técnica de habitação referente ao imóvel supra identificado sob o número dois foi entregue neste acto ao adjudicatário.

Este termo foi lido aos interessados e aos mesmos explicado o seu conteúdo.

Assinaturas: (dos intervenientes e do advogado ou solicitador)

VIII. NULIDADES DOS ACTOS

1. Nulidades substantivas

A nulidade que interessa ao nosso estudo (prática notarial) é a que pode inquinar o instrumento notarial, ou seja, a nulidade formal, e não a substantiva, isto é, a que eventualmente possa afectar o próprio negócio jurídico que se contem no instrumento.

Na verdade, pressupondo a prática notarial, como a prática de qualquer outra profissão jurídica, a aquisição de conceitos que lhe servem de suporte, se um determinado acto estiver ferido de nulidade substancial não pode equacionar-se sequer a respectiva feitura.

Dispõe, por isso, a alínea *a)* do n.º 1 do art. 173.º do CN que o titulador deve recusar a prática do acto que lhe for requisitado, se ele for *nulo*, ao contrário do que acontece se ele for *anulável* ou *ineficaz*, hipótese em que a intervenção do advogado já não pode ser recusada com esse fundamento, muito embora deva advertir as partes da existência do vício e consignar no instrumento a advertência que tenha feito, como determina o art. 174.º do mesmo diploma.

Decorre daqui que é de suma importância para os advogados conhecerem o regime da ineficácia e nulidade dos negócios jurídicos cuja formalização lhes é solicitada.

De uma maneira geral, são ***nulos*** os negócios e actos jurídicos celebrados ou realizados contra disposição legal de carácter imperativo, salvo nos casos em que outra solução resulte da lei – vide artigos 294.º e 295.º do CC –, compreendendo-se na designação disposição de carácter imperativo, quer as normas de carácter proibitivo, quer as de natureza perceptiva.

A circunstância de a lei apenas referir expressamente como categorias distintas a nulidade e a anulabilidade não obsta a que, em relação a certas espécies de negócios ou actos, se encontre estabelecida outra categoria, a de *nulidades mistas*, assim designadas na doutrina por, simultaneamente, compartilharem de certas características próprias de nulidade e de outras privativas da anulabilidade.

São nulos, por disposição expressa do CC, entre outros:

a) Os negócios jurídicos que careçam de forma legal, quando outra não seja a sanção especialmente prevista na lei – arts. 220.º e ss.;

b) Os negócios jurídicos simulados – art. 240.º;

c) Os negócios jurídicos subordinados a uma condição contrária à lei ou à ordem pública ou ofensiva dos bons costumes e, bem assim, os sujeitos a uma condição suspensiva, que seja física ou legalmente impossível – art. 271.º;

d) Os negócios jurídicos cujo objecto seja física ou legalmente impossível, contrário à lei ou indeterminável, e os contrários à ordem pública ou ofensivos dos bons costumes – art. 280.º;

e) Os negócios jurídicos celebrados contra disposição legal de carácter imperativo – art. 294.º, designadamente:

– Os actos ou negócios jurídicos de que resulte, directa ou indirectamente, a constituição de lotes destinados, imediata ou subsequentemente, à edificação urbana e que resulte da divisão de um ou vários prédios ou do seu reparcelamento ou a transmissão de lotes legalmente constituídos, dos quais devem constar o número do alvará ou da comunicação prévia, a data de emissão do título, a data de caducidade e a certidão do registo predial – art. 49.º, n.º 1, do DL n.º 555/99, de 16 de Dezembro;

– Os actos de primeira transmissão de imóveis construídos nos lotes ou de fracções autónomas desses imóveis sem que seja exibida, perante a autoridade que celebre a escritura pública ou autentique o documento particular, certidão emitida pela câmara municipal, comprovativa da recepção provisória das obras de urbanização ou comprovativa de que a caução destinada a garantir a boa e regular execução dessas obras é suficiente ou comprovativa da sua conclusão em conformidade com os projectos aprovados, quando se trate de obras de urbanização executadas pela câmara ou por terceiro, salvo no caso de alvará de loteamento emitido ao abrigo dos DLs n.os 289/73, de 6 de Junho, e 400/84, de 31 de Dezembro – cfr. n.os 2, 3 e 4 do art. 49.º do referido DL n.º 555/99;

– Os actos que envolvam a transmissão da propriedade de prédios urbanos ou de suas fracções autónomas sem que se faça prova da existência da correspondente autorização de utilização, perante a entidade que autenticar o documento particular (de cujo alvará se fará sempre menção expressa, com a indicação do respectivo número e data de emissão, ou da sua isenção, a qual, no caso de prédios submetidos ao regime de propriedade horizontal, deve especificar se a autorização de utilização foi atribuída ao prédio na sua totalidade ou apenas à fracção autónoma a transmitir) – cfr. DL n.º 281/99, de 26 de Julho;

– Os actos de aquisição a título oneroso da propriedade de prédio ou fracção destinada à habitação sem que o titulador se certifique da existência da ficha técnica da habitação – quando exigível, é claro – e de que a mesma é entregue ao comprador – n.º 1 do art. 9.º do DL n.º 68/2004, de 25 de Março.

f) A convenção, anterior ou posterior à constituição da hipoteca, pela qual o credor fará sua a coisa onerada no caso de o devedor não cumprir – art. 694.º;

g) A convenção que proíba o respectivo dono de alienar ou onerar os bens hipotecados, embora seja lícito convencionar que o crédito hipotecário se vencerá logo que esses bens sejam alienados ou onerados – art. 695.º;

h) A constituição de hipotecas voluntárias que incidam sobre os bens do devedor ou de terceiro sem os especificar no respectivo título – art. 716.º;

i) A venda de coisa ou direito litigioso – art. 876.º;

j) A venda de bens alheios como próprios, sempre que o vendedor careça de legitimidade para a realizar – arts. 892.º e 904.º;

l) Os actos de fraccionamento ou troca contrários ao disposto nos arts. 1376.º e 1378.º – n.º 1 do art. 1379.º;

m) A estipulação, no contrato de venda a retro, do pagamento de dinheiro ao comprador ou de qualquer outra vantagem para este como contrapartida da resolução – art. 928.º;

n) A doação de bens alheios – art. 956.º;

o) A cláusula que exclua um sócio da comunhão nos lucros ou que o isente de participar nas perdas da sociedade – art. 994.º;

p) O título constitutivo da propriedade horizontal quando a esta falte alguns dos requisitos exigidos no art. 1415.º – vide art. 1416.º;

q) A compra e venda entre cônjuges, excepto quando estes se encontrem separados judicialmente de pessoas e bens – vide n.º 2 do art. 1714.º;

r) A doação entre casados se vigorar imperativamente entre os cônjuges o regime de separação de bens – art. 1762.º.

Por outro lado, são, entre outros, ***anuláveis***, por disposição expressa do CC, os seguintes negócios jurídicos:

a) Os celebrados por menores, interditos e inabilitados – arts. 125.º, 139.º, 148.º e 156.º;

b) Os celebrados pelo representante consigo mesmo, seja em nome próprio, seja em representação de terceiro, a não ser que o representado tenha especificadamente consentido na celebração, ou que o negócio realizado exclua, por sua natureza, a possibilidade de conflito de interesses – art. 261.º;

c) Os negócios jurídicos relativamente aos quais alguém, explorando a situação de necessidade, inexperiência, ligeireza, dependência, estado mental ou fraqueza de carácter de outrem, obtiver deste, para si ou para terceiro, a promessa ou a concessão de benefícios excessivos ou injustificados, sem prejuízo do regime especial estabelecido nos artigos 559.º-A e 1146.º para o mútuo – art. 282.º;

d) A venda realizada pelos pais e avós a filhos e netos, sem consentimento dos outros filhos ou netos ou o seu suprimento judicial – art. 877.º; e

e) Os actos que envolvam fraccionamento efectuado ao abrigo da alínea *c)* do art. 1377.º, se a construção não for iniciada dentro do prazo de 3 anos – vide n.º 2 do art. 1379.º;

f) Os actos praticados por um dos cônjuges sem o consentimento do outro, nos casos em que esse consentimento é exigido pela lei – arts. 1682.º, n.º 3, 1682.º-A, 1682.º-B e 1683.º, n.º 2;

g) A alienação de bens de menores, e os demais actos previstos no artigo 1889.º, realizados pelos pais, como representantes daqueles, com violação do que dispõem os arts. 1889.º e 1893.º;

h) Os actos praticados pelo tutor em contravenção do disposto nas alíneas *a)* a *d)* do n.º 1 do artigo 1938.º – vide art. 1940.º.

São ***ineficazes*** os negócios jurídicos que, não tendo em si qualquer vício, não produzem, no entanto, todos os seus efeitos, por força de factores extrínsecos.

Exemplos de negócios ineficazes:

a) O que uma pessoa, sem poderes de representação, celebre em nome de outrem, se não for por ele ratificado, como acontece na gestão de negócios – cfr. arts. 268.º e 471.º do CC;

b) O acto de disposição de bens integrantes da massa insolvente celebrado pelo insolvente após a declaração de insolvência – cfr. art. 81.º do Código da Insolvência e da Recuperação de Empresas.

2. Nulidades dos actos

Ao contrário do que acontece com os negócios jurídicos, cuja invalidade, como vimos, pode revestir a forma da nulidade ou da anulabilidade, os instrumentos notariais que a lei não considere nulos são válidos, muito embora possam sofrer de irregularidades, causadoras de eventual responsabilidade para quem presidir ao correspondente acto.

É o caso, por exemplo, da violação do princípio da legitimação de direitos, a que se referem os arts. 9.º do CRP e 54.º do CN.

A nulidade do acto notarial não é a que eventualmente possa afectar o negócio jurídico que se contém no instrumento, mas sim a que inquine o próprio instrumento que dá forma ao negócio, ou seja, a nulidade formal: o negócio pode ser válido, mas não o ser o instrumento.

Os casos de nulidade por vício de forma acham-se taxativamente indicadas na lei, dominando, portanto, nesta matéria, o princípio da tipicidade.

A nulidade pode derivar da falta:

a) Da menção da data e lugar em que foi lavrado;

b) Da declaração do cumprimento das formalidades previstas nos artigos 65.º e 66.º, que se referem à intervenção dos outorgantes que não compreendem a língua portuguesa ou que são surdos e mudos;

c) Da observância do disposto na 1.ª parte do n.º 2 do art. 41.º, ou seja, da regra segundo a qual a eliminação das palavras escritas se deve fazer por meio de traços que as cortem e de forma que as palavras traçadas permaneçam legíveis;

d) Da assinatura de qualquer intérprete, perito, leitor, abonador ou testemunha;

e) Da assinatura de qualquer dos outorgantes que saiba e possa assinar;

f) Da assinatura de quem presidir ao acto;

Pode ainda derivar da incompetência em razão da matéria; do impedimento legal de quem presidir ao acto; e da incapacidade ou inabilidade dos intervenientes acidentais.

ÍNDICE